KB198217

1일 1씽킹 아이디어 수업

1일 1씽킹 아이디어 수업

다카하시 신페이 지음
김경원 옮김

윌북

인생의 모든 것에 호기심을 품는 것이야말로
뛰어난 창조자의 비밀이다.

— 레오 버넷(1891~1971)[1]

1 레오 버넷(Leo N. Burnett): 기발한 슬로건보다는 제품의 고유한 매력을 중심으로 광고를 제작하는 이른바 '광고계의 시카고 유파(Chicago school of advertising)'를 창시한 천재 카피라이터. 말보로맨, 졸리 그린 자이언트, 켈로그 토니 호랑이 등 전설적인 광고 캐릭터를 창조하여 미국적 가치와 정서를 가장 뚜렷이 구현했다.

일러두기

1. 각주는 전부 옮긴이의 주다.
2. 단행본·장편소설은 겹낫표(『』), 논문·시·단편소설은 홑낫표(「」), 학술지·신문은 겹화살괄호(《》), 그림·노래·영화 등 문서가 아닌 콘텐츠는 홑화살괄호(〈〉)로 표시했다.
3. 언급되는 도서나 콘텐츠 중 한국에 번역 출간(출시)된 것은 원 제목과 뜻이 다르더라도 그 번역본의 이름을 적고 원 제목을 병기했다.
4. 소셜미디어 트위터의 상호는 2023년 4월 '엑스(X)'로 바뀌었으나, 이 작품이 쓰인 시기를 기준으로 원서에 따라 '트위터'로 표기했다.

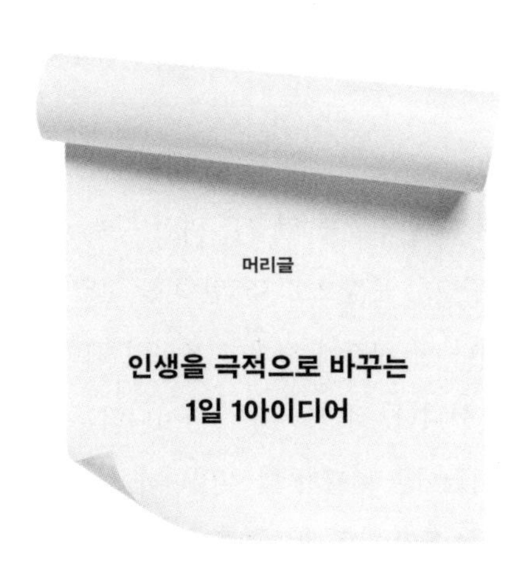

머리글

인생을 극적으로 바꾸는 1일 1아이디어

어떤 사람은 "아이디어가 일이나 인생을 편하게 해주는 마법이고 생각하는 것이 재미있다"고 말합니다. 어떤 사람은 "아이디어 같은 것은 일이나 인생에 필요도 없고 귀찮아서 생각하기도 싫다"고 말합니다.

여러분은 어느 쪽인가요? "아이디어가 중요하다는 것은 알고 있어. 나도 생각하고 싶지만 정말 아무 생각도 나지 않아" 또는 "아이디어를 생각하는 일은 좋은데 과제가 너무 어려워서 생각하기가 괴로워졌어." 이렇지는 않은가요?

'아이디어는 필요 없어', '생각이 나지 않아', '생각하는 일이 힘들어.' 이렇게 생각한다면, 여러분은 아이디어 찾기가 특별한 일을 하다가 뛰어난 성과를 올리기 위한 창조적 작업이고, 머리 좋은 사람만 정답을 낼 수 있다고 생각하지는 않는지요?

아이디어는 특별한 일을 하기 위한 것이 아닙니다. 좋은 머리와도 전혀 상관없지요.

우선 아이디어란 무엇일까요? 바로 **여러분의 일상적인 욕구를 실현하거나 고민을 해결하는 것**입니다. 일, 공부, 가족, 건강, 취미, 연애, 돈, 진로…. 마음속에 있는 바람을 실현하는 계기가 아이디어입니다.

이 책에는 다양한 아이디어 365개가 우리 사고를 이리저리 흔드는 물결처럼 쓰여 있습니다. 실제 체험과 사례를 통해 수많은 아이디어의 목록을 작성하고, 그 가운데 특히 내 삶에 지대한 영향을 미친 것을 추린 다음, 1분 만에 한 쪽씩 읽을 수 있도록 단순한 문장으로 365일 치를 실었습니다. 화제 하나를 가지고 책 한 권을 쓰거나 몇 시간에 걸쳐 전문적인 세미나를 열 수 있을 만큼 모든 아이디어가 중요합니다. 적어도 어느 아이디어든 반드시 하나쯤은 여러분 인생을 행복으로 이끌어줄 힌트가 될 것입니다. **이 책의 참된 효과는 아이디어 365개를 하나하나 만나는 동안 다음 세 가지를 차례로 자연스레 키워나갈 수 있다는 점입니다.**

1. **기지를 발휘하는 힘:** 눈앞에 나타난 고민의 씨앗을 한순간에 정리한다.
2. **생각하는 힘:** 일이나 인생에서 중요한 과제의 해결 방법을 생각한다.
3. **창조하는 힘:** 하고 싶은 일을 찾거나 완전히 새로운 가치를 낳는다.

우선 매일 사소한 생각을 즐기는 일부터 시작하고 그 습관을 익히면 평생의 무기로 삼을 아이디어 발상의 힘을 얻을 수 있습니다.

나는 다카하시 신페이高橋晋平라고 합니다. 아이디어를 내는 일이 취미입니다. 주로 두 가지 일을 하고 있습니다. 직업 하나는 장난감과 게임의 개발자입니다. 이런저런 놀이를 만들지요. 포장용 에어캡인 뽁뽁이를 손가락으로 눌러 터뜨리는 감촉을 재현한 장난감 '무한 뽁뽁이(무겐 푸치푸치∞プチプチ)', 자신이나 친구와 성격이 같은 가상 캐릭터를 관찰하는 액정 완구 '휴먼 플레이어 Human Player', 분노를 가라앉혀주는 '앵거 매니지먼트 게임アンガーマネジメントゲーム', 망상을 사고파는 웹 애플리케이션 게임 '망상 상품 마켓妄想商品マーケット MouMa(모우마)' 등등 다양한 아날로그 게임이나 캡슐토이도 잔뜩 만들었습니다. 제 이름을 상품명으로 삼은 '순간 해결 게임瞬間決着ゲーム simpei'라는 보드게임을 발매한 적도 있습니다. 상품 개발뿐 아니라 놀이의 힘으로 세상의 문제를 해결하거나 배움을 격려하거나 일하는 방식을 편하게 해주는 틀을 만드는 것이

제 특기입니다.

또 하나의 직업은 아이디어 발상 퍼실리테이터입니다. 누구나 능숙하게 아이디어를 생각해내어 풍부한 아이디어가 쏟아지는 사회를 만들기 위해 온갖 기업과 학교에서 발상법을 전하고 생각하는 일에 도움을 주고 있습니다. 내가 전하는 아이디어 발상법의 핵심은 테드x도쿄 강연을 촬영한 약 6분짜리 동영상으로 짧게 이야기했습니다. 유튜브로 한번 보시기 바랍니다.[1]

나는 고등학교에 다니던 시절까지 재미있는 일 따위는 전혀 생각하지 못했고 아이디어는 나와 무관하다고 여겼습니다. 그러던 중 텔레비전에서 개그맨이나 뮤지션에게 매력을 느끼고는 "이런저런 생각을 해내거나 무언가를 만들어 사람들을 기쁘게 해주고 싶다"는 마음을 남몰래 품었지요. 대학에 들어가 '라쿠고[2] 연구부'라는 개그 동호회에 가입해서 라쿠고, 만담, 콩트, 오기리 등을 시작했고, 다른 사람을 웃기는 아이디어를 매일 생각해내며 무대에 서는 일에 열중했습니다. 행복했습니다. 평생 남을 웃기는 아이디어를 생각하며 살아가고 싶었습니다.

이제 와 생각건대 자기 긍정을 하지 못한 채 살아가던 고등학생 시절까지도 사실 언제나 사소한 아이디어가 나를 지켜주고 인생의 즐거움을 안겨주었음을 깨닫습니다. 심장이 약해 운동부에 들어가지 못한 초등학생 때에는 집을 비운 아버지의 컴퓨터와 매뉴얼을 멋대로 만지며 프로그래밍을 독학으로 익히고, 게임을 만들어 친구들이 몰래 놀도록 나누어주었습니다. 즐거운 추억입니다. 학교에서 괴롭힘을 낭하던 시기에도 수업 때 재미있게 움직이는 전자 공작품을 만들어 영웅이 되었습니다. 기뻤습니다. 대학 입시 때 제출하는 소논문에

---

1 TEDxTalks 유튜브, 「新しいアイデアのつくり方 | 高橋 晋平 | TEDxTokyo」, 2013.5.12. https://www.youtube.com/watch?v=ldybnuFxdiQ

2 라쿠고(落語): 일본 근세부터 내려오는 화술 기반의 전통 예술로, 라쿠고카(落語家)라고 불리는 사람이 부채를 들고 무대 위에 앉아 청중에게 이야기를 풀어간다.

는 문득 초등학생 시절 흠뻑 좋아했던 미니욘쿠[3]가 생각났고, 그것을 예로 들어 공학의 미래에 관한 제안을 써내서 교수의 칭찬을 받으며 합격했습니다. 스스로 조금은 자랑스러운 기분이 들었습니다.

표현해보자면 아이디어는 **'하고 싶은 것을 실현하는 놀이'** 입니다. 회사 업무라면 '팔리는 상품을 만들고 싶다'일 수도 있고, 일상생활이라면 '멋진 수납 방법을 생각하고 싶다'일 수도 있고, 인간관계라면 '저 사람과 친하게 지내고 싶다'일 수도 있습니다. 이와 같은 갖가지 주제를 놓고 팍팍 아이디어를 생각해내어 시도해보고 문제를 해결해나가는 것이 바로 인생의 즐거움입니다.

까다로운 업무라고 여기기 쉬운 '아이디어 발상'을 게임이나 퀴즈, 스포츠 같은 취미처럼 즐길 수 있는 문화로 만드는 것, 이것이 내가 생각하는 인생의 과제입니다. 이 책은 이 과제를 수행하기 위해 썼습니다. 아이든 어른이든 아이디어 발상을 즐기고 교과로 삼아 배우길 바랍니다.

그러면 페이지를 넘겨 아이디어의 재미를 편하게 맛보십시오. 아이디어의 힘으로 원하는 인생을 빚어나갈 수 있는 사람이 한 사람이라도 늘어나기를 진심으로 바랍니다. 여러분의 인생을 바꾸어주는 '아이디어 하나'를 발견하면 좋겠군요.

---

3 미니욘쿠(ミニ四駆): 미니카 제조 업체 타미야(TAMIYA)가 발매한 자동차 모형 시리즈로서 소형 동력을 실었다. 이 장난감은 두 번이나 붐을 일으켜 일본의 자동차 모형 중에서 가장 많이 팔렸다.

이 책을 읽는 방법

1월 1일부터 차례로 날짜에 따라 아이디어 365개를 써 내려갔습니다. 날짜에 맞추어 매일 한 쪽씩 읽어도 좋고, 적당하게 페이지를 넘겨 띄엄띄엄 읽어도 좋고, 한꺼번에 끝까지 읽어도 물론 좋습니다. 한편, 먼저 맺음말을 읽고 12월 31일부터 거꾸로 읽는다고 해도 색다른 독서 체험이 가능하도록 아이디어의 게재 순서를 고안해놓았습니다. 책 마지막에 목적별 색인을 참고하여 현재 자신에게 필요한 주제를 찾으며 읽어나가는 방법도 가능합니다.

관심이 있는 아이디어는 부디 실제로 시도해보십시오. 마음에 드는 아이디어를 남에게 가르쳐주거나 독서 모임을 만들어 다 함께 의견을 내는 것도 추천합니다.

이 책의 특징

여러 사안이나 사건을 예로 들어 이야기하면서 인생에 도움이 되는 귀띔과 뜻하지 않은 행운을 얻을 수 있도록 아이디어를 소개합니다. 여기에 실은 내용이 반드시 사실이라고 할 수는 없습니다. 나라는 개인의 지론이거나 가설이거나 단지 '생각한 일'이기도 합니다. 그러나 사실상 모두 내 일이나 삶에 커다란 도움을 준 아이디어입니다. 다양한 아이디어에 공감하거나 의심을 품기도 하면서 읽어나가다 보면 아이디어 발상의 힘이 서서히 키워지도록 구성해놓았습니다.

이 책을 계기로 머릿속에 떠오른 여러분 자신의 아이디어 하나가 여러분에게 행복을 줄 뿐 아니라 세상의 공감을 얻어 다른 사람에게도 행복을 주기를 바랍니다.

차례

2월

3월

4월

6월

7월

8월

9월

12월

1월

아이디어에 대한 부담 덜기

아이디어란
고민을 덜어주기 위한 것

1월
1일

'아이디어'라는 말을 들으면 어떤 생각이 드는지요?

"잘할 수 있어! 난 생각하는 것을 좋아해!" "가슴이 설레!" 이렇게 느끼는 사람도 있겠고, "어려운 것 같아" "나하고는 관계없어" 이러는 사람도 있겠지요. 아이디어라는 말은 창의적이고 머리가 좋은 사람이 업무상 생각하는 것이라고 여기는 경향이 있는데, 본래 아이디어란 '생활 속에서 약간 도움이 되는 궁리나 고안'을 말합니다.

우리 집에서는 어느 날 아내가 열 통이 넘는 갑티슈를 예쁜 케이스에 넣어 벽 같은 곳에 매달았습니다. 그러자 티슈가 필요할 때 딱히 찾아다닐 것 없이 세 걸음만 옮겨 손만 뻗으면 티슈를 쓸 수 있으니까 아주 편해졌어요. 이런 것을 아이디어라고 합니다.

온갖 고민이나 불편함은 아이디어 하나로 얼마간 개선할 수 있습니다. 아이디어란 갑자기 어려운 일을 해내기 위한 것이 아니라 소소한 행복을 쌓아 올리기 위한 것입니다. 일하면서 아이디어가 생각나지 않아 고민하는 사람도 적지 않을 것 같은데, '아이디어가 떠오르지 않는 것이 고민의 씨앗'이 아닙니다. 반대입니다. '고민의 씨앗을 없애기 위한 것이 아이디어'입니다.

어려운 문제가 생기면 마음 가볍게 '아이디어 하나'를 생각하고 즐기는 마음으로 시도해보기도 하고, 그러다가 잘되면 남에게 가르쳐주기도 해봅시다. 그렇게 매일매일 지내면 행복한 인생을 거머쥘 수 있습니다.

내 목표는 아이디어 발상을 만화·퀴즈·게임·스포츠 같은 '놀이 문화'로서 사람들이 취미로 여겨주는 것입니다. 목표를 이루기 위해 이 책을 썼습니다.

화난 마음을 가라앉히려면

한쪽 다리로 겅중겅중 뜀뛰기를 하면서 화를 낼 수는 없습니다. 어떤 장난감을 개발하는 일 때문에 이런저런 사람과 실험을 했는데, 나도 그렇고 가족이나 친구도 외발뛰기를 하는 동안에는 화를 낼 수 없었으며 다들 웃고 말았습니다. 일이나 사생활 때문에 안절부절못하거나 기분이 우울하게 가라앉으면 얼른 남이 보지 않는 곳에 가서 한쪽 다리로 뛰어보기를 권장합니다. 외발뛰기를 하면 두 다리가 동시에 공중에 뜹니다. 사람은 땅에 발을 딛지 않으면 화를 내기가 어려워지지요.

살아가다 보면 화를 꼭 내야 하는 순간도 있습니다만, 보통 90퍼센트는 불필요하게 화를 냅니다. 그러나 사람은 이상하리만큼 자신의 감정을 조절하지 못합니다. **두뇌가 명령을 내리는 대로 움직일 수 있는 것은 대체로 마음보다는 몸입니다.**

내 취미는 줄넘기입니다. 넓은 공원 같은 곳에서 줄넘기 줄을 돌려가며 깡충깡충 뜁니다. 줄넘기를 하면서 화를 내는 것도 불가능합니다. 평소 하지 않는 '뜀' 동작이 어쩐지 어색해서 '어라, 내가 지금 뭘 하고 있지?' 하면서 히죽대며 뛰고 있습니다. 줄넘기는 마치 안정제를 먹은 듯 불안과 초조함을 쫓아줍니다.

20대였을 때 고관절을 다친 탓에 잠시 걷지 못한 적이 있습니다. 매일 풀이 죽어 짜증을 냈지요. 그때 가장 마음을 달래준 것이 자전거입니다. 자전거 페달을 살짝 밟았다가 두 다리를 번쩍 들고는 '피융' 하고 자전거를 탔습니다. 두 다리를 공중에 띄우는 방법은 여럿 있습니다.

발로 땅을 단단히 딛지 않으면 화를 낼 수 없습니다. 거꾸로 말하면 바로 이때라고 판단한 순간에 두 발로 단단히 바닥을 딛고 힘있게 화를 낼 필요도 있습니다. 자꾸만 화를 내고 마는 자기 자신을 너무 부정하지 않도록 합시다.

자신이 진정으로 원하는 것을 기획하자

1월 3일

도라에몽의 비밀 도구는 어떤 꿈이라도 이루어줍니다. **만약 비밀 도구가 있다면 여러분은 솔직히 어떤 꿈을 이루고 싶은가요?** '타임머신을 타고 싶다'든지 '부자가 되고 싶다'든지 이런저런 생각이 떠오를지 모르겠지만 과연 그것이 진짜 욕망일까요? 여러분은 미래로 가고 싶습니까? 부자가 되면 행복해질까요?

만약 여러분이 딱 하나만 정해진 기능이 있는 비밀 도구를 손에 넣는다면 무엇을 원할까요? 진지하게 생각하면 어지간히 어려운 문제임을 깨달을 수 있습니다. **사람들은 대개 자기가 진정으로 원하는 것이 무엇인지 잘 알지 못합니다.**

이 질문으로 자신이 살아가면서 일이나 취미 등 어떤 기획을 생각하고 실현하면 좋을지 알아챌 수 있습니다. 예를 들어 '먹으면 영어 회화가 유창해지는 곤약을 갖고 싶어!' 하는 생각이 떠오르면, 영어를 쉽게 습득할 수 있는 상품이나 서비스를 개발하거나 영어 학습의 아이디어를 생각해 실험해볼 수도 있습니다. 만약 결국 실현할 수 없다고 해도 진지하게 시도해보는 과정에서 자신의 영어 능력이 향상하고 행복한 결과에 이릅니다.

기획을 실현하는 과정에서 '자신의' 욕구를 실현하는 것이 일의 본질입니다. **일仕事은 '내 일私事'입니다.** 그것이 결과적으로 다른 사람들도 행복하게 해줍니다.

신사에 가서 손을 모으고 기도할 때 무의식적으로 맨 처음 떠오른 소원이 진짜 욕구입니다.

안경사에게 배운 감동을 일으키는 말

애용하는 안경이 헐거워져서 콧등으로 미끄러져 내려오기에 어느 날 동네 안경점을 찾아갔습니다. 문제의 안경을 구입한 곳은 아니었으므로 돈을 좀 내더라도 고쳐달라고 하자는 생각으로 가게에 들어갔지요.

카운터에 가서 사정을 말했더니 점장이었던 사람이 내 안경을 보고 "몇 년 전에 사셨어요?" 하고 물었습니다. "6년쯤 전이에요." 그랬더니 점장이 "15분만 기다려주세요" 하고는, 직접 보고도 믿기지 않을 만큼 내 안경을 손에 들자마자 펜치 같은 도구로 안경 정중앙과 다리 부분을 녹신녹신 구부리기 시작했습니다. 15분이 지나자 점장은 안경을 진열장 위에 올려놓았습니다. 그러자 안경 다리가 좌우 평평하게 평면에 닿았고 안경은 똑바로 모양을 잡았습니다. 내가 짐짓 놀라자 점장은 이렇게 말했습니다. **"6년 동안 피로가 쌓였을 테니까 피로를 좀 풀어주었답니다."** 그 말을 듣고 나도 모르게 '신체적 쾌감'을 느꼈습니다. 안경을 사람에 비유해 표현함으로써 마치 내 자신의 몸을 바로잡아준 듯한 감각이 느껴진 것입니다.

대사나 표현에 깃든 아이디어 하나로 상대방에게 기쁨과 웃음, 감동을 줄 수 있는 '대접'이 가능합니다. 한 발짝 더 마음을 움직일 수 있도록 자주 쓰는 표현을 바꾸어보면 어떨까요?

나아가 그날 점장은 이렇게 말했습니다. "돈은 내지 않으셔도 됩니다. 안경이 건강해진 것으로 충분해요." 언젠가 이 안경점에서 안경을 맞추고 싶다는 생각이 들었습니다.

쇼핑에 실패할수록 센스가 좋아진다

1월
5일

20대일 때 인기 좀 끌고 싶어서 별짓을 다했습니다. 화려한 도쿄 시내로 자주 옷을 사러 갔고, 점원이 권하는 대로 한 벌에 몇만 엔씩 하는 셔츠를 사기도 했습니다. 집에 돌아와 다시 입어보면 전혀 어울리지도 않고 사이즈도 맞지 않아서 금세 처박아두는 일을 되풀이했지요. 평생에 몇십만 엔이나 옷을 사는 데 실패했습니다.

아깝다는 생각이 듭니다만 이제는 옷을 사는 데 실패하지 않습니다. '센스'를 몸에 익혀 나에게 어울리는 옷을 고를 줄 알게 된 것입니다. 이렇게 변한 이유는 단 하나, 옷을 사는 데 수도 없이 실패하고서 **'아아, 또 실패다!' 하고 몇 번이나 통탄했기 때문입니다.**

회사에 들어간 첫해에 선배에게 장난감 기획 개발 일에 '센스가 없군' 하는 소리를 자주 들었습니다. 그때 나는 '센스가 뭐지? 어떻게 하면 센스를 익힐 수 있는 거야?' 하고 생각을 거듭했으나 전혀 알 수가 없었습니다.

센스란 실패를 반복함으로써 얻어집니다. 실패한 적 없는 신입사원에게 센스가 있을 리 만무합니다. 장난감을 개발하는 센스도 10년도 넘게 계속 실패한 나머지 겨우 확보할 수 있었습니다만, 지금도 팔리는 상품보다 팔리지 않는 상품이 더 많습니다. 그 덕분에 지금도 센스가 조금씩 나아지고 있습니다. 실패하지 않으면 센스의 성장은 멈춥니다. 인생의 승부가 달린 곳에서 성공하기 위해서는 기꺼이 스스로 실패를 향해 나서야 합니다.

직업상 장난감을 많이 사는데, 실패하기 위해 사는 측면도 있습니다. 구입한 상품의 상자를 열어보고는 '아니, 이게 뭐야!' 하고 아연실색하면서 센스를 키우고 있습니다.

개발 두뇌를 기르는 습관

치간 세정에 사용하는 '플로스픽'이라는 상품이 있습니다. 이쑤시개에 실이 붙은 물건입니다. 플로스픽의 무서울 만큼 뾰족한 끝을 본 적이 없는지요? 나도 플로스픽을 애용하지만 오랫동안 사용하면서 날카로운 끝부분을 볼 때마다 '넘어지거나 할 때 얼굴을 찌르면 어떡하지? 위험할 것 같은데…' 하는 생각으로 오싹해지곤 합니다.

뾰족한 끄트머리는 물론 이쑤시개 역할로 잇새를 잘 쑤시도록 고안한 모양입니다만, 이렇게까지 위험할 만큼 날카롭게 만들지 말고 좀 안전하고 잇새 청소가 쉽도록 변형할 방법이 있을 것입니다(뾰족한 것치고는 의외로 치간에 들어가지 않는 제품도 많습니다).

주변의 사물을 볼 때 '조금 더 개량할 수는 없을까?' 하고 살펴보는 버릇을 들이면 개발 두뇌는 극적으로 진화합니다. "텔레비전 리모컨의 버튼을 좀 줄여서 알기 쉽게 디자인할 수 있지 않을까?", "이 의자, 허리가 아프지 않도록 모양을 좀 바꿀 수 있지 않을까", "비닐 랩 상자에 붙은 커터를 좀 더 안전하게 만들 수는 없을까?" 등등. **약간 캐묻는 버릇**을 기르면 일이나 생활에서 느끼는 불편한 점을 차츰차츰 개선할 수 있습니다.

상품을 개발할 때 금속 거푸집이 낡기도 하고 인쇄물 표기를 바꿀 필요가 생기기도 하는 등 현재 사용하는 물건을 다시 만들어야 하는 때가 찾아옵니다. 그러한 기회가 오면 뭔가 개선할 수 있지 않을까 생각해봅시다.

월요일의 우울을 없애는 방법 1

1월
7일

나는 날이 밝아오는 월요일이 싫습니다. 개인 기업을 세우고 나서 일하는 방식을 어느 정도 조절할 수 있어진 지금도 월요일 아침에는 걸핏하면 살살 배가 아픕니다. 회사원이었던 시절, 특히 매주 월요일 아침은 회사에 나가면 골치 아픈 일이 벌어졌을지도 모른다는 막연한 불안에 떨며 눈을 뜨기 일쑤였기 때문에 지금도 그런 심정이 버릇이 되었는지도 모릅니다.

어떻게 하면 해 뜰 무렵 음습하는 우울을 없애고 언짢은 몸 상태를 회복할 수 있는지 알고 싶어 온갖 전문가와 대담을 기획하기 시작했고, 연재 기사를 쓰면서 평생 과제로 '월요일 싫어 병' 대책을 연구하고 있습니다. 이 책에서도 몇 가지 월요병 대책을 소개하려고 합니다.

우선 손쉽게 해볼 만한 일로서 **일주일을 자신의 리듬에 따라 배분해볼 것을 권합니다.** 나는 일주일의 업무 계획을 '금요 편중형'으로 잡습니다. 월요일부터 금요일까지 닷새 동안 똑같이 힘을 배분하는 것이 아니라 월요일은 80퍼센트만 힘을 내는 대신 금요일에 120퍼센트까지 힘을 끌어올려 일합니다. 나는 다음 날 쉬는 금요일이라면 마지막에 잠이 드는 한이 있어도 온 힘을 다할 수 있는 성격이기 때문에 월요일부터 목요일까지 업무 상태를 조정하면서 금요일에 전력 질주할 여력을 남겨놓습니다.

자기에게 맞는 방식으로 힘을 배분하도록 여러 시도를 거듭하고 일정을 조정해봅시다. 자기만 괜찮다면 휴일에 업무를 본들 아무 상관 없습니다. **가장 바람직한 일의 리듬을 찾는다면 월요일에 힘을 빼는 것도 게으름이 아니라 훌륭한 업무 방식일 수 있습니다.**

월요일은 미래를 대비하는 날로 정하기를 권합니다. 요즘 세간에 화제에 오른 구글의 20퍼센트 규칙(업무 이외에 따로 하고 싶은 프로젝트에 업무 시간의 20퍼센트를 할당하는 규칙)과 같이 월요일을 편하고 자유롭게 아이디어를 생각하는 날로 삼으면 좋을 듯합니다.

아이디어가 무한하게 증식하는 캡슐토이의 위대함

캡슐토이(가차가차)라고 부르는 자판기에서 파는 장난감 시장은 2021년 시점으로 약 450억 엔 규모의 어마어마한 비즈니스 시장이라고 일컬어지는데, 여러분도 쇼핑 시설 등지에서 자판기가 대량으로 줄지어선 광경을 볼 수 있습니다. 동전 몇 개만 있으면 어디서든 재미있는 장난감을 살 수 있다는 점에서 대단한 발명인데, 캡슐토이가 진정으로 대단한 이유는 **상품 아이디어가 무한하게 나올 수 있는 시스템**이기 때문입니다.

아이디어를 왕성하게 내놓기 위해서는 알맞은 제약 조건을 잘 정의하는 것이 중요합니다. 캡슐토이 상품 아이디어는 다음과 같은 세 가지 조건에만 맞으면 됩니다.

① 캡슐에 들어가는 크기일 것

② 몇백 엔이라는 가격에 맞출 것

③ 한 사람이 몇 번이나 돌리고 싶어지는 품목일 것

ⓒ Wikimedia Commons / Charles Nguyen

이 세 가지 조건만 생각하면 누구나 간단하게 상품 아이디어를 낼 수 있습니다. '재미있는 장난감을 생각해내라'는 요구가 굳이 없어도 가격과 크기를 상상하고 품목을 생각해내기만 하면 되니까요. 실로 세상에는 창작자 다수가 앞다투어 즐겁게 캡슐토이 상품 아이디어를 지어내고 있습니다.

훌륭한 아이디어를 내기 위해서는 우선 아이디어를 생각하는 '알맞은 제약 조건'을 정하는 것이 중요합니다. '뭐라도 괜찮겠지' 하고 모호하게 규정해놓으면 두뇌는 아무것도 생각해내려고 하지 않습니다.

캡슐토이 매장은 박람회와 같습니다. 아이디어를 낼 수 있는 힌트가 넘쳐납니다. 최근 캡슐 없이 공 모양으로 바뀐 장난감이 그대로 나오는 '캡슐 없는' 상품도 늘어났습니다.

대히트 상품을 생각해내는 시골뜨기의 재능

1월 9일

나는 시골에 살다가 취직을 계기로 도쿄로 상경했습니다. 처음으로 신주쿠에 가서 다카시야마 타임스 스퀘어를 봤을 때는 '이렇게 거대한 건물이 이 세상에 존재할 줄이야…!' 하고 간이 떨어지는 줄 알았습니다.

아이폰 4가 나올 즈음 추석을 맞이해 고향에 돌아갔을 때 초등학교 동창회에 나갔습니다. 별생각 없이 아이폰 4를 꺼내 들었더니 동급생 하나가 "오오! 그거, 손가락으로 휙 밀어젖히는 거 아냐! 도쿄 사람이라 다르긴 다르구나, 이야!" 하고 말했습니다. 꽤 예전에 있었던 일이지만 내가 자란 산자락 지역과 도쿄는 요즘에도 다른 나라 같다는 생각이 들 때가 있습니다.

일하다 보면 NFT나 메타버스 같은 것이 화제에 오르곤 합니다. 그런 이야기를 고향 친구에게 해봐도 "난 몰러~" 하고 맙니다. 국가 인구의 절반은 시골 사람입니다. 우리 부모님처럼 **현대 비즈니스 용어를 모르는 사람도 원하는 상품이나 서비스야말로 폭발적으로 시장을 휩쓰는 강력한 힘이 있습니다.**

우리 어머니는 텔레비전을 보다가 흥미로운 상품이 나오면 "도쿄에서 사다 주렴" 하십니다. 최근에는 캡슐토이 중 '컵 위의 후치코'[1]를 사 오라고 연락하셨지요. 피규어를 컵 가장자리나 손잡이에 올려놓는다는 단순하고 알기 쉬운 놀이 방식이 모든 사람의 본능적 욕구를 자극한 것이 아닐까요.

아직도 마음은 시골과 이어져 있기 때문에 나는 어머니가 어떤 상품을 원하는지, 감각의 차원에서 이해합니다. 이것이 바로 시골의 힘입니다. 이런 감각이 있는 사람은 히트 상품의 제작자가 될 수 있습니다.

1 컵 위의 후치코(コップのフチ子): 사무직 여성으로 보이는 피규어가 컵에 걸터앉거나 매달린 모습의 장난감.

오랫동안 전문적으로 가전제품을 평가해온 오구치 사토루(小口覺) 씨는 '의식이 낮은 계열의 마케팅'이라는 말을 제창했습니다. 의식이 높은 소비자를 열심히 설득했지만 안타깝게도 호응을 얻지 못하고 죽어버린 제품이 무수하게 많습니다만, 실은 누구나 알기 쉬운 상품이 인기를 얻는 법이라고 말합니다.

날씨 이야기 다음으로 꺼내면 좋을 잡담의 화제

잡담을 나누는 일은 꽤 까다롭습니다. 예를 들어 별로 친하지 않은 사람과 잡담할 때 '괜한 말을 한 건 아닌가?', '별 반응이 없군…' 하고 곤란함을 느낀 경험이 있지 않은가요?

잡담에 가장 적합한 화제는 '날씨'라고들 자주 말합니다. 날씨는 누구나 상관할 만한 공통 화제일 뿐 아니라 아무도 거북하게 하지 않으니까요. 처음에는 날씨 이야기로 말문을 열면 좋은데, 그다음에는 어떤 이야기를 해야 좋을까요?

나는 **'공감을 얻을 만한 사소한 푸념'을 늘어놓습니다.** 자학하는 것이 아니라 그저 웃어넘길 수 있는 궁한 소리입니다. 예를 들면 해가 갈수록 체력이 떨어진다거나 아내에게 야단맞은 이야기 같은 것 말입니다. "나도 그래요~!" 하면서 '그럴 수 있다고 끄덕여주는 이야깃거리'라면 심각해지지도 않습니다. 사소한 푸념은 공감하기 쉬우니까 마음의 거리를 좁혀줍니다.

다음은 어떤 상대방이라도 가볍게 대답해줄 수 있는 질문을 던집니다. 이를테면 "최근 보드게임이 유행이던데 해본 적 있습니까?" 하고 물을 때가 자주 있습니다. 이 물음은 제 직업인 장난감 개발과 관계가 있기 때문에 "어째서 그런 질문을 합니까?" 하고 괜한 의심을 사지 않고 자연스럽게 접근한다는 장점이 있습니다. 대답이 나오면 금세 이야기가 술술 풀리고, 보드게임을 해보지 않았다고 해서 부끄럽게 여길 필요도 없는 '중요하지 않은' 물음이라는 점이 핵심입니다.

정리하자면 누구라도 대답할 수 있고 '그럴 수 있다'고 공감을 드러낼 수 있는 화제가 잡담에는 효과적입니다. 그렇게 생각하면 뭐니뭐니해도 날씨 이야기만한 것이 없습니다.

자주 벌어지는 실패라고 하면 내가 꺼낸 화제가 하필 '자학'이나 '자만'으로 흘러가 상대가 대답하기 곤란한 경우입니다. 잡담은 상대가 웃고 안심할 수 있는 선물 같은 이야기가 바람직하겠지요.

남에게 기운을 북돋아주려면 도움을 청하자

1월 11일

가족이든 회사 동료든 기운이 없는 사람을 만나면 '부탁'을 하곤 합니다. 나도 풀이 죽어 있다가 언제 기운을 되찾았는지 돌이켜보면, 대체로 남이 부탁한 무슨 일을 하기 시작할 때였기 때문입니다.

낙담하여 기운이 없을 때는 **머릿속을 점령한 침울함의 원인을 다른 기억으로 상쇄하는 것이 우울을 벗어나는 요령입니다.** 누군가 기분이 가라앉은 것 같으면 함께 또는 분담하여 해볼 만한 일거리를 찾아봅시다. "도움이 필요한데 혹시 부탁 좀 할 수 있을까?" 하고 청하는 식으로 말하면 싫다고 내치지는 않을 것입니다. 그렇게 함께 작업을 해나가다 보면 의욕이 다시 돌아옵니다.

이때 '어떻게 하면 좋을지 고민이었는데 네가 도와준 덕분에 잘 해결했다'는 사실을 확정하고 감사를 표시하는 것이 중요합니다. 누구라도 남에게 도움을 줄 수 있다면 뿌듯해하니까요.

함께 놀자고 권유하는 것도 좋지만, 다시 말해 술 마시러 가자고 청할 때 상대를 격려하고 싶은 마음으로 청하는 것도 좋지만, **'내 고민을 털어놓고 싶다'고 청하는 쪽이 상대에게는 더 기운이 날 수 있습니다.** 나에게 의지하기보다는 내가 상대에게 의지함으로써 상대의 기운을 북돋아봅시다.

나는 우울해지면 아내 어깨를 주물러주곤 합니다. 내가 아내에게 안마를 받기보다는 안마를 해주는 편이 기운이 나기 때문입니다. 누구든 반드시 기쁘게 도와줄 만한 '도울 거리'야말로 침울한 기분의 특효약입니다.

단사리보다 간단한 연사리 정리법

정리하는 일을 둘러싸고 '단사리斷捨離'라는 말이 있습니다. '단斷'은 필요 없는 물건을 사고 싶은 욕구를 끊는 것, '사捨'는 필요 없는 물건을 버리는 것, '리離'는 언젠가 쓸지도 모른다는 집착을 멀리하는 것입니다.

이 중 가장 어려운 것이 '리'입니다. '리'는 언젠가 사용할지도 모르니까 챙겨두자는 마음을 없애는 일입니다. 내가 만든 상품이 실린 과월호 잡지라든지, 장난감 개발 샘플 등 언젠가 필요할지도 모른다는 생각에 어지간해서는 버리지 못합니다.

그래서 나는 단사리가 아니라 '연사리軟捨離'라는 방법을 쓰고 있습니다. 말하자면 유연한 단사리라는 뜻입니다. 연사리는 다짜고짜 버리거나 떨궈내지 않습니다. 필요 없을지도 모르는 것을 차곡차곡 상자에 넣어 테이프로 마감해서는 구석에 쌓아둡니다. 컴퓨터에 비유하면 파일을 버리는 '휴지통'과 비슷합니다. **무작정 버리면 후회할지도 모르니까 일단 챙겨두는 것입니다.**

만약 '그걸 썼어야 했어!' 하는 기회가 와서 반드시 사용해야 한다면 힘들여 상자를 열고 물건을 찾아볼지도 모르지만, 그렇게 힘들여 찾을 마음이 생기지 않는다면 내버려둡니다. 그렇게 두었다가 1년이 지나면 내다버립니다.

단사리는 훌륭한 사고방식이기는 해도 나처럼 척척 정리해버리지 못하는 사람도 있는 법입니다. 시원하게 물건을 버리지 못한들 그것도 괜찮지 않은가요.

'중간 지점'을 만드는 것도 정리하는 법으로 추천합니다. 옷을 벗어 바닥에 어질러놓는 아이를 위해 '내던지기 상자'를 한구석에 놓아두면, 우선 옷을 벗어 그곳에 던져 넣는 버릇이 생깁니다. 이제 그 상자를 세탁실로 가져가도록 버릇을 들이면 됩니다.

아이디어를 생각하면서도 과제를 의심하자

1월 13일

회사에서 업무를 보고 있으면 상부에서 '위에서 찍어 누르는 명령'이 내려올 때가 있습니다. 예를 들어 장난감 업계라면 '인터넷을 연결해 구독형 상거래(서브스크립션 비즈니스)를 구축할 수 있는 장난감을 생각하자!'는 식입니다.

물론 위에서 명령이 떨어지면 무시할 수는 없습니다. 한 번쯤 온 힘을 다해 아이디어를 생각해보는 것은 중요합니다. 그러나 현실에서는 주어진 제재보다 다른 제재를 연구하는 편이 좋은 결과를 종종 맺기도 합니다. 앞에서 든 예를 보면 인터넷을 연결한 상품은 판매 후에도 유지 비용이 들기 때문에 장난감 하나로 오래 놀 수 있는 상품이 장사에 성공할지도 모릅니다.

온갖 아이디어를 생각해본 다음 상부가 제시한 과제가 틀렸을지도 모른다는 생각이 들면 과제를 내준 당사자와 대화할 필요가 있습니다. **지나치게 고지식한 태도를 견지하여 남이 제시해준 과제에 몇 년이나 매달렸다가 결국은 아무것도 생산하지 못하는 일도 자주 벌어집니다.** '그 과제는 틀렸어요!' 하고 전부 부정하지는 않더라도 '지향점을 좀 바꾸어보면 더 좋은 아이디어가 나오지 않을까요?' 하는 긍정적인 자세로 몇 번이라도 과제를 조정할 기회를 만들어봅시다.

사람은 각각 자신이 생각해내는 제재의 장르가 다르고 각기 잘하는 일과 못하는 일이 있는 법입니다. 자기 성향에 맞지 않는 과제라면 다른 사람과 과제를 바꾸어 실행해서 더 나은 결과를 낳을 수 있습니다.

가족 관계가 원만해지는 가족어 만들기

현재 가정이나 본가에서 가족끼리만 통하는 독자적인 낱말을 사용하지는 않는지요? 나는 그런 말을 '가족어'라고 부릅니다. 가족어는 원만한 가족 관계의 비결이기도 합니다.

이를테면 우리 집에서는 밥을 '요네'라고 부릅니다. 내가 생각해낸 말인데 〈다라치네〉[1]라는 라쿠고에서 가져왔습니다. 가족이 모두(나, 아내, 맏딸, 막내딸) 일상적으로 흰밥을 '요네'라고 합니다. 아내: "아침밥은 뭘 먹을래? 빵? 요네?" 맏딸: "요네!" 막내딸: "요네!" 나: "빵." 이런 식입니다.

예를 들자면 한이 없으나 우리 집 가족어의 일부를 소개하면 '요구르트→요구르', '커피→티', '옛날 과자→아테', '자동차→철 멧돼지' 등입니다. 다른 사람이 이해할 수 있는 세계가 아닙니다.

아내와 아이들과 싸울 일이 있을 때 **말다툼 중에 가족어가 튀어나오기만 해도 화를 내다가 웃음이 터지고 맙니다. "요네 그릇, 설거지통에 넣어두지 않았잖아!" 이런 식으로 말이지요.**

예컨대 일이 바빠서 사흘 연속으로 아내와 별로 이야기를 나누지 못하더라도 함께 저녁 식사 때 "오늘 저녁 요네, 새로 지었어?" 하고 물으면 사흘이라는 공백이 한순간에 사라집니다. 고향에 돌아와 사투리로 이야기하면 오랫동안 떨어져 지내던 친구더라도 예전처럼 금세 친해지는 것과 마찬가지 이치입니다. 세상 기준으로 보면 딴 세상 공용어지만 그 말로 자연스럽게 함께 이야기하다 보면 영원한 인연의 끈이 단단해집니다.

1 다라치네(たらちね): 에도 라쿠고의 레퍼토리로 한자 표기는 '垂乳女'다. 집주인의 소개로 아내를 얻은 주인공이 지나치게 공손하고 격식 있는 아내의 말씨 때문에 겪는 소동을 그렸다.

회사 내에서는 커뮤니티의 독자적인 말을 만들기를 권합니다. 여러 번 다투는 일이 일어나도 딴 세상에서 하는 인사말 같은 것을 나누면 한순간에 관계를 회복하고 하하호호 웃을 수 있는 팀으로 돌아갈 수 있습니다.

가전제품을 알면 전기 요금이 내려간다

1월 15일

집에 있는 가전제품 중 어느 것에 전기 요금이 가장 많이 나오는지 의식해 본 적이 있는지요? 나는 어느 해 겨울인지 팬히터를 켰다가 목이 건조하고 아파서 낡은 전열 히터를 내내 사용했더니 한 달 전기 요금이 엄청나게 나와 깜짝 놀랐습니다. 이를 계기로 새삼 전기 요금을 조사해보기로 했지요.

가전제품에는 전력을 표시하는 W(와트) 값이 쓰여 있습니다. 내가 사용하던 전열 히터의 전력을 보니 1045W였습니다. 요금을 확인해보니 당시 1시간에 1000W를 사용할 때마다 대략 27엔을 내는 것이 계약 조건이더군요. 나는 그 시절 하루에 10시간 전열 히터를 사용했습니다. 한마디로 어림잡아 1일 270엔×20일=5400엔(한화 약 5만 원)을 내야 했습니다.

그때부터 점점 전기 요금의 진상에 흥미가 생겨 집안에 구비한 가전제품의 W 값을 조사하는 일에 흠뻑 빠져들었습니다. '이 가전제품은 이렇게나 전기 요금이 안 드는구나!' 또는 '샹들리에에 백열전구가 여덟 개 달렸는데 LED로 바꾸면 엄청나게 싸게 먹히겠는걸!' 하고 속속 파헤쳤습니다.

가전제품마다 전기 요금이 얼마 드는지 조사해본 적이 없는 사람은 한번 가전제품의 밑바닥을 살펴보십시오. **문득 떠오른 의문을 조사해보면 더 편리하고 나은 생활을 위한 아이디어가 나올 수 있습니다.**

정작 전기 요금을 조사해보면 처음에는 가전제품 하나에 드는 비용이 꽤 저렴하다는 느낌이 듭니다. 그 후 집에 있는 가전제품의 전기 요금을 전부 더하면 '티끌 모아 태산이라는 말이 바로 이거구나!' 하는 재미있는 깨달음을 얻을 것입니다.

모든 직업에 아이디어 발상이 필요할까?

결론적으로 모든 직업에 아이디어 발상은 필요합니다. 아이디어 하나가 일을 재미있고 편하게 해주기 때문입니다. 직업에 따라서는 '난 아이디어 같은 건 필요 없어!', '떠올릴 여유가 어디 있어?' 이렇게 생각하는 사람도 있겠지만, 그것은 아이디어가 창조적 성과물을 낳기 위해 필요하다고 보기 때문입니다.

만약 지금 하는 일이 괴롭고 재미없다고 느끼는 사람이라면 그 상태를 개선할 조그마한 아이디어를 생각해봅시다. 어떻게 하면 작업이 편해질까. 어떻게 하면 대하기 힘든 사람과 의사소통을 잘할 수 있을까. 소소한 아이디어가 얼마든지 일을 바꾸어줍니다. 일이 즐거워지면 당연히 성과가 잘 나옵니다. '업무 아이디어'란 **멋진 상품을 만들어내기 위한 것이 아니라 우선 일하는 즐거움을 키우고 즐겁게 일함으로써 성과를 올리기 위한 것입니다.** 어떤 업종이라도 일하는 방식을 즐겁게 만들 기획이 필요합니다.

회사의 기대에 훌륭하게 부응하기 위해 아이디어 발상법을 배우자는 생각을 하면, 아이디어를 내는 일이 내키지 않고 귀찮아집니다. 예를 들어 나는 장난감 개발자인데 장난감을 계속 만들고 싶은 것이 아닙니다. 회사 동료나 고객에게 웃음을 주고 싶을 따름입니다. 장난감 제작의 아이디어를 생각해내야 한다는 내 일을 수단으로 삼아 '남을 웃기고 싶은 욕구'를 채우는 동시에 일을 즐겁게 하고 있습니다.

최근 매일 살아가는 일이 즐겁지 않다고 느낀다면 우선 내일을 미처 기다리지 못할 만큼 즐거워지는 장치를 생활 속에 하나 준비해두십시오. 간식을 사두는 일만 해도 그럴 듯한 아이디어라고 할 수 있습니다.

2년에 걸쳐 스트레스에서 벗어나자

1월
17일

회사에 다닐 때 무지막지한 스트레스를 느끼던 시절이 있었습니다. 눈코 뜰 새 없이 바쁜 상태와 압박감, 곤두박질치는 몸 상태, 상대하기 두려운 거래처 사람…. 원인은 한두 가지가 아니었습니다. 가장 괴로운 것은 '이 일이 앞으로 몇십 년이나 계속될까?' 하는 '끝나지 않을 것 같은 느낌'이었습니다. 평생 괴로움을 떨쳐버리지 못할지도 모른다는 불안에 갇혀버린 것입니다.

스트레스에서 벗어나려면 우선 **스트레스를 졸업하는 날을 정해놓습니다.** 가벼운 스트레스라면 척척 해결해버릴 아이디어를 생각하면 되겠으나 인간관계라든지 녹초가 되어버린 몸 상태 등 중한 스트레스는 단번에 벗어나는 일이 어렵습니다. 그러나 단번에 벗어나기는 힘들어도 시간을 들이면 거의 스트레스에서 벗어날 수 있습니다.

나는 힘든 스트레스가 나타나면 2년 후 그것과 완전히 안녕을 고하는 계획을 세웁니다. 예를 들어 인간관계 때문에 고통을 당하고 있다면 2년 후 부서를 이동해 다른 일을 할 수 있도록 실력을 키우거나 신뢰할 수 있는 사람에게 상담을 청합니다. 몸 상태가 난조를 보일 때도 다양한 방법을 시도해보거나 치료에 도움이 될 만한 정보를 조사해 2년짜리 계획을 세우고 몸 상태가 나아지도록 노력합니다.

영원히 없어지지 않는 고통은 없습니다. 어떤 스트레스도 가볍게 만들 수 있는 아이디어는 존재하는 법입니다. 주위에 도움을 청하면서 조금씩이나마 편해지는 아이디어를 생각해봅시다.

심각한 스트레스는 해소해야 마땅하겠지만 가벼운 스트레스는 삶에 도움이 됩니다. 사소한 스트레스는 어려움을 견디는 힘을 길러주기도 하고, 스트레스에 떠밀려 힘을 내도록 해주며, 긴장을 풀고 쉴 때 행복감을 안겨주기도 합니다.

육아가 쉬워지는 마법의 주문

아이에게 '이렇게 행동해주면 좋을 텐데' 하는 점이 있다면 안달하거나 명령하기보다는 주문을 만들어주기를 권합니다.

우리 맏딸은 예전에 물이나 차를 잘 마시려 하지 않아서 충분히 수분을 섭취하지 않은 시기가 있었습니다. 부모가 보기에는 걱정스럽습니다. 그래서 어느 날 목욕을 마칠 때 내가 수돗물을 마시면서 "이것 봐라, 목욕을 끝내고 나서 물을 마시고 음미하면 소다 맛이 난단다!" 하고 말했습니다. 그랬더니 딸아이도 물을 마시고는 "정말 소다 맛이 나요!" 하고는 목욕을 마치면 물을 마시기 시작했습니다.

매일 아침 집을 나설 때 늑장을 부리다가 지각하기 일쑤였던 시기에는 현관에 디지털시계를 놓아두고 "시간을 봤을 때 숫자가 네 생일과 같으면 행운이 찾아온단다!" 하고 말해주었습니다. 딸아이 생일은 7월 ××일이었기 때문에 생일과 같은 7시 ××분에 현관을 나서게끔 하고, 성공하면 하이파이브를 하며 배웅해주었더니 시간에 맞추어 집을 나서기 시작했습니다.

나도 어릴 적에는 그랬지만, **아이는 옳은 소리보다 근거도 없는 주문을 믿으려고 합니다.** 주문 아이디어로 아이는 말할 것도 없고 어쩌면 어른까지 즐겁게 성장할지도 모릅니다.

유치원에 다니는 막내딸이 "죽는 게 무서워!" 하면서 울음을 터뜨리려고 한 적이 있습니다. "착한 아이는 다음에도 똑같은 가족의 갓난아기로 태어나니까 괜찮아!" 하고 가르쳐주었더니 마음을 놓았습니다. 나도 다음 생에 다시 태어난다는 것을 진심으로 믿고 있습니다.

약아빠진 아이디어도 괜찮다

1월
19일

내가 평범하게 지냈던 중학생 시절에는 이른바 불량 학생이나 다른 아이를 괴롭히는 학생이 많았습니다. 2학년에 올라갔더니 동급생 두 명이 '저놈을 계속 무시하자'와 비슷한 말을 나누며 나를 따돌리려 한 적이 있습니다. 당연히 괴로웠기 때문에 뭔가 해보자는 마음으로 어느 날 그 두 아이가 교실에 따로 떨어져 있는 틈을 노려 한 아이에게 다가가서는 아주 공손하게 말을 걸었습니다. "내가 뭐 잘못한 일이 있을지도 모르고, 부딪쳤을 수도 있을 거야. 그렇다면 미안해." **이때 나는 일부러 그 장면을 다른 아이가 목격하도록 했습니다.** 멀리서 그 모습을 지켜보던 다른 아이가 '어라? 뭐지? 왜 둘이서 얘기하지?' 하는 궁금증이 일었는지 가까이 다가왔고, 세 사람은 아무 일도 없었다는 듯 이야기를 나누었습니다. 그날 이후 따돌림은 없어졌습니다. 그 두 아이에게 정면으로 마주 보고 말을 걸었다면 무시당하거나 상대해주지 않았을 거라고 봅니다. 약간 약아빠진 방법이었을 수도 있으나 결과적으로는 인간관계의 문제를 단숨에 해결했고 누구도 불행해지지 않았습니다.

인간관계의 고민은 아이디어 하나로 해결할 수 있을 때도 적지 않습니다. 인간관계 때문에 고생한 사람일수록 괜찮은 아이디어를 생각해내는 감각이 발달한 법입니다. 반칙 같은 요소가 있다고 여겨지더라도 남에게 상처 주는 일 없이 행복한 결과를 불러올 수 있다면 훌륭한 아이디어라고 할 수 있지 않을까요.

나와 아내는 본인이 해야 할 집안일을 게을리했을 때, 상대에게 재미있었던 최근 사건이나 잡다한 정보를 늘어놓으면서 서둘러 해치우려고 합니다. 어떤 일을 무마하려고 할 때 계속 말을 거는 것도 또 다른 약아빠진(?) 아이디어라고 생각합니다.

발상력의 한계를 뛰어넘는 방법

대학 시절 '역사상 3대 발명품을 들라면 하나는 콘택트렌즈일 거야' 하고 생각했습니다. 눈에 렌즈를 넣는다는 엉뚱하고 기발한 일을 도대체 누가 떠올리고 콘택트렌즈를 발명했을까 궁금했습니다.

무언가 눈에 넣고 생활한다는 발상은 그런 경험이 없는 사람이 상상하기 어려운 일입니다. 콘택트렌즈를 사용해본 적이 있는 사람에게 묻고 싶군요. 처음 눈에 렌즈를 넣었을 때 무섭지 않았나요?

머릿속에 '그런 일은 일어나지 않아' 하는 잠재의식이 있는 경우, 그런 일을 넘어서는 발상은 거의 불가능합니다. 공상을 지어낸다면 모를까, 실현할 수 있는 아이디어를 생각한다는 전제가 깔려 있다면 내면의 상식을 넘어서는 발상은 지극히 나오기 힘듭니다.

사람은 각자 상상할 수 있는 세계에 한계가 있을 뿐 아니라 사회인이 되어 현실적인 일에만 골몰하다 보면 자잘하고 정돈된 발상밖에 하지 못합니다. 큼직하고 폭넓은 발상을 잃지 않도록 비록 실현할 수 없을 듯한 망상이라도 떠올리도록 연습합시다.

본인은 '실현할 수 없을 것 같다'고 여기는 일도 십여 종 업계의 다양한 사람에게 이야기하면 뜻밖에 누군가가 속 시원하게 "그거, 할 수 있어요" 하고 말하며 방법을 가르쳐주기도 합니다. 세상에는 온갖 지식과 기술을 보유하거나 연구하는 사람이 수도 없이 많습니다.

'이런 일을 과연 실현해볼 수는 있을까?' 이런 생각이 들 만큼 현실과 동떨어진 바람이라도 주저하지 말고 말해봅시다. 필시 누군가 실마리를 던져줄 것입니다.

현재로는 라식 수술을 당연히 여기고, 손에 마이크로칩을 심어놓자는 구상이 나오는 시대인 만큼 콘택트렌즈쯤이야 아무렇지도 않게 여깁니다. 발상은 자유롭습니다. 현실을 앞서 나가는 발상을 해보지 않겠습니까?

데이트 코스를 정하는 법

1월 21일

10년도 더 넘은 일인데 아내와 함께 둘이서 놀러 가자고 약속했을 때 강력한 후보지로 유명한 신사가 떠올라 그곳에 가자고 제안했습니다. 만날 때는 전차를 타고 현지에서 만나고, 돌아올 때는 노선버스로 함께 돌아왔습니다. 내 나름대로 성공하기 위해 아이디어를 짜낸 데이트 코스였습니다. 그러고 나서 두 달 후 나는 프러포즈를 했고 결혼에 성공했습니다.

신사神社, 즉 '신이 머무는 곳'에 좋아하지도 않는 사람을 데리고 가지는 않겠지요. **좋아하지도 않는 사람이라면 함께 비좁은 노선버스에 타지도 않겠지요.** 쇼핑몰에 가서 택시로 돌아오는 코스라면 내가 상대방을 어떻게 생각하는지 전혀 짐작할 수 없지 않을까 생각했던 것입니다. 첫 데이트 때 신사에 데려간 일을 어떻게 생각하는지 나중에 아내에게 물어봤더니 좋은 인상을 받았다고 대답했습니다.

물론 내가 고안해낸 데이트 코스는 단순한 아이디어이기 때문에 상대가 '뭐하자는 거야, 이 사람?' 해버리면 실패할 가능성도 있었을 것입니다. 하지만 내 마음을 알아주었으면 좋겠다고 바라면서 열심히 지혜를 짜낸다면 상대도 열심히 노력한 내 진심을 알아주리라고 봅니다.

연애할 때는 자신의 가치관을 반영한 시도를 해보면 좋을 듯합니다. 그래서 계속 실패한다면 상대와 감성이 맞지 않는다는 사실을 깨달을 수 있기 때문에 비록 실패한다 해도 긴 안목으로 보면 나쁘지 않은 결과가 아닐까요.

업무 효율화 아이디어:
문구를 자기 자리에 두지 않기

어느 회사가 업무 효율이 높아지는 사무실 구조를 철저하게 연구하고 설계했다는 소식을 듣고 견학을 간 적이 있습니다. 그 회사는 개인 책상을 정하지 않으며 매일 아침 소지품 상자를 들고 앉고 싶은 책상으로 가서 업무를 시작합니다. 여기까지는 자주 들을 수 있는 이야기인데, 소지품에 규칙이 있다는 점이 특이합니다. 가위와 종이찍개 등 사용 빈도가 낮은 문구를 개인이 소지해서는 안 된다고 합니다.

그런 문구는 사무실 중앙에 놓아두고 다 같이 사용하는데, 그곳에서만 사용하고 자기 자리로 돌아와야 한다고 합니다. 그렇게 함으로써 **자기 소지품을 헤집으며 '가위가 어디로 갔지?' 하고 찾거나 생각하는 행동을 없애고**, 그 결과 시간과 에너지의 낭비를 줄인다는 것입니다. 또한 그 규칙을 통해 때때로 자리에서 일어나 걷게 함으로써 다리와 허리를 가볍게 운동하도록 하거나 서로 떨어져 있는 사람과 잡담할 기회가 생기도록 하는 효과도 꾀한다고 합니다.

이 이야기를 듣고 나도 집에서 문구를 내 방에 두지 않고 거실에서 사용하기로 했습니다. 그것만으로도 방에 있는 물건을 찾는 시간이 줄어들었을 뿐 아니라 자택에서 원격 근무에 임하는 날도 가끔 서서 몸을 움직이거나 낮에 가족과 이야기를 나누는 기회를 만들 수 있었습니다.

위에서 말한 회사에서 사용하는 개인 소지품 상자는 작아서 넣을 수 있는 물건의 양에 제한이 있습니다. 또 별도로 '시간제한 상자'도 있는데, 이 상자에 물건을 넣는 것은 자유지만 여기에 넣은 물건은 정기적으로 업자들이 강제로 버린다고 합니다.

아이디어는 스스로 생각하지 않아도 괜찮다

1월 23일

일을 하다가 생각해내야 할 아이디어가 있어서 몇 날이고 몇 달이고 온힘을 다했는데도 떠오르지 않아 괴로워한 적이 있을 줄 압니다. 그럴 때 남에게 이야기했다가 갑자기 아이디어가 떠올라 당면 과제를 해결한 적이 자주 있습니다. **남에게 의견을 구하는 것도 훌륭한 아이디어 발상법입니다.**

스스로 여러 가지 아이디어 중에 무엇을 선택해야 할지 철저하게 궁리해보는 것은 습관을 들이거나 훈련한다는 의미에서 매우 중요합니다. 그러나 최후에 채용한 아이디어가 반드시 스스로 생각한 아이디어일 필요는 없습니다. 타인에게는 자신과 전혀 다른 경험과 발상의 두뇌가 있습니다. 남에게 상담하지 않으면 아무리 시간이 흘러도 껍데기를 깨고 나올 수 없습니다.

신입사원이던 시절 상사의 지시로 1년 동안 상품 아이디어 1000개를 적는 '아이디어 1000개 노크'라는 과제를 수행했습니다. 평균 하루에 아이디어 세 개를 내야 했습니다. 고행이었지요. 얼마 지났더니 아무 생각도 나지 않았습니다. 여하튼 아이디어 1000개를 적어내야 하는 과제를 제출하기 위해 남이 생각해준 아이디어까지 염치불고하고 적어나가다 보니 결과적으로 재미있는 아이디어를 적잖이 발견해냈습니다.

바깥에서 힌트를 얻기도 하고 남에게 상담도 받아가면서 아이디어를 찾아봅시다.

'망상 상품 마켓 MouMa(모우마)'라는 웹사이트를 검색해 들어가보십시오. 세계인이 창작한 상품 아이디어가 줄줄이 실려 있습니다. 그것을 보고 있으면 내가 평생 생각하지도 못해본 일이 얼마나 많은지 새삼 깨달을 수 있습니다.

공식 사이트: https://hp.mouma.app

지속 가능한 발전의 첫걸음: 이웃집 눈을 치워주기

한때 SDGs[1]라는 말이 유행하는 바람에 '지속 가능한 사회를 지향하자!'는 말을 입에 올리기 시작했는데, 어떻게 행동하면 좋다는 말인지 금세 감이 오지 않는 사람이 많을 듯합니다. 지속 가능한 사회를 조성하기 위해 우선 중요한 요소는 **사람들이 사이좋게 지내는 것입니다.** SDGs의 열일곱 목표를 다시 확인해 보십시오. 모든 항목이 다들 사이좋게 지내며 서로 협력해야만 달성할 수 있다는 점을 눈치챌 것입니다.

저는 설국 아키타현에서 태어나 자랐기 때문에 어릴 적 겨울철만 되면 눈을 치우느라 정신없었습니다. 마당에 쌓인 눈을 치우다가 이웃집 경계 언저리까지 치우고 나서는, '여기부터는 이웃집 눈이니까' 하고 우리 집에 쌓인 눈만 치웠습니다. '그때 이웃집 눈도 약간 치웠다면 좋았을걸!' 하고 나중에 돌이켜본 적이 있습니다. 그렇게 했다면 이웃집도 그 점을 알아채고 다음에 우리 집 눈을 조금은 치워주었을지도 모릅니다. 잠자코 다른 사람에게 도움의 손길을 내주면 자기가 곤란할 때나 고통스러울 때 살며시 보답이 찾아옵니다.

온 세계 모든 사람이 완벽하게 사이가 좋아지는 일은 현실적으로 어려울지도 모르나 조금씩 서로 도와주는 일이 돌고 돈다면 사회는 오래 지켜지는 방향으로 갈 것입니다. 우선은 이웃에게 행복을 나누어주는 행동이 SDGs의 실현을 향한 첫걸음입니다. 누구나 할 수 있는 일이지요. 얼른 낌새를 알아채고 소소한 친절을 베풀 수 있도록 주위를 의식해봅시다.

---

1 SDGs: 2015년 UN에서 채택한 지속 가능 발전 목표(Sustainable Development Goals) 17가지. ①빈곤 퇴치, ②기아 종식, ③건강과 웰빙, ④양질의 교육, ⑤성평등, ⑥깨끗한 물과 위생, ⑦깨끗하고 저렴한 에너지, ⑧양질의 일자리와 경제 성장, ⑨산업 혁신과 사회기반시설 구축, ⑩불평등 완화, ⑪지속 가능한 도시와 공동체, ⑫지속 가능한 소비와 생산, ⑬기후변화 대응, ⑭해양 생태계, ⑮육상 생태계, ⑯평화와 정의 제도 ⑰목표 달성을 위한 파트너십.

세계가 지속 불가능한 가장 큰 원인은 전쟁이겠지요. 전쟁의 반대는 '사이좋게'이고요.

겐다마 크로스에 깃든 역전의 발상

1월 25일

내가 아주 좋아하는 장난감인데, 2016년 히트 친 '겐다마 크로스'라는 상품이 있습니다. 한마디로 진화한 겐다마[1]라고 할 수 있습니다.

장난감 업계에서는 요요의 진화형 '하이퍼 요요', 쇠팽이 베고마의 진화형 '베이블레이드'와 같이 옛날부터 전해 내려오는 놀이를 진화시킨 장난감이 폭발적인 인기를 얻었다는 역사가 있습니다. 그렇기 때문에 '이번에는 겐다마를 또 진화시킬 수 없을까?' 하는 과제에 숱한 사람들이 도전장을 내밀었습니다. 반짝이는 겐다마, 소리 나는 겐다마 등 갖가지 상품이 탄생했으나 인기를 얻지는 못했습니다. 결국 평범하게 나무로 만든 겐다마보다 가지고 놀기에 번거롭거나 힘들었기 때문입니다.

겐다마 크로스에는 '컵'이라는 부속품이 딸려 있습니다. 구슬을 얹은 접시에 컵을 갖다 놓으면 접시가 커져서 구슬을 얹기 쉬워집니다. 난이도가 높은 놀이인 겐다마일지라도 아이들은 금세 '얹었다!' 하는 뿌듯함을 느낄 수 있고, 몇 번 반복하여 구슬을 얹다 보면 어느새 생각지도 않게 컵을 떼어놓아도 구슬을 얹는 수준에 이릅니다. 나는 이 아이디어에 절로 고개가 수그러들었습니다.

© Wikimedia Commons / Marc Wibbels

이 아이디어는 이른바 **'퇴화한 듯 보이는 진화'**입니다. 진화라는 말을 들으면 화려한 기능을 덧붙이는 방향으로 흘러가기 마련입니다만, 얼핏 놀이를 소박하게 만든 듯하면서도 커다란 '컵' 때문에 겐다마를 가지고 노는 아이가 늘어났습니다. 실로 훌륭한 아이디어입니다.

1 겐다마(けん玉): 실에 달린 공을 칼끝에 꽂아 넣거나 접시 부분에 올리며 놀 수 있는 일본의 민속놀이 장난감.

겐다마 크로스가 잘 팔린 이유는 컵이 딸려 있다는 점뿐만 아니라 디자인이 멋지다는 점입니다. 결국 겉모습이 보기 흉했다면 팔리지 않았겠지요. 구슬을 중심으로 균형을 잡는 기능의 설계도 완벽했습니다.

아이디어로 코로나바이러스도 물리칠 수 있을까?

이 책을 쓰는 현재 세계는 아직 코로나바이러스 사태로 힘들어합니다. 나는 평소에 "아이디어의 힘은 만능입니다!" 하고 호언장담하는 사람이라 "그렇다면 코로나바이러스 문제도 아이디어의 힘으로 뭔가 할 수 있어?" 하고 정곡을 찔릴지도 모릅니다.

아이디어의 힘으로 코로나바이러스 문제를 해결할 수 있을까요? 나는 다음과 같은 대답을 전하고 싶습니다. **"단번에 시원하게 해결하기는 쉽지 않겠지만 세계가 약간 좋은 방향으로 나아갈 아이디어는 얼마든지 생각해낼 수 있습니다."**

대단한 목표를 달성해주는 것은 작은 아이디어의 축적입니다. 코로나바이러스 사태는 지구 전체가 다 걸린 거대한 문제이므로 일거에 해결할 수는 없습니다. 소규모 회사의 문제 하나도 아이디어 하나로 단번에 쓱싹 처리하기는 지극히 어렵습니다.

온 세계 사람들이 다양한 전문 분야에서 능력을 발휘하여 코로나바이러스에 맞서고 있습니다. 그중 내가 할 수 있는 일은 한도가 정해져 있습니다. 장난감 개발자로서 내가 할 수 있는 일이란 가족과 친구가 무료하지 않도록 게임과 놀이를 고안해내는 것 정도입니다. 어쩌면 코로나바이러스와 직접 싸우는 의료 현장 사람들 손에 내가 내놓은 성과물이 들어가 즐거움이나 위안을 안겨줄지도 모릅니다. 이런 식으로 노력한 일이 모두 돌고 돌아 누군가에게 도움을 줄 수 있겠지요. 코앞에 닥친 일은 다들 아이디어의 순환으로 이겨나갑시다.

내 손길이 닿을 만한 좁은 범위의 사소한 문제를 해결할 수 있는 아이디어는 반드시 찾아집니다. 우선은 무엇보다 자기 자신, 가족, 소중한 친구가 조금이라도 마음 놓고 즐겁게 생활할 수 있는 아이디어 하나를 생각해봅시다.

생활비를 절약하는 요령은 횟수 줄이기

한번 값비싼 물건을 내키는 대로 사들이고 쾌감을 느끼거나 연일 진수성찬만 찾아다니며 먹다가 돈을 펑펑 쓰는 버릇이 들어버린 경험이 없는지요. 나도 젊을 때는 도시의 멋쟁이 패션을 좇아 옷을 한번 사봤다가 값싼 옷을 사기 싫어지기도 하고, 자제하지 않고 술을 마시러 다닌 적이 있습니다. 일단 버릇이 들어버리면 '이런 거였어? 돈을 펑펑 써도 아무 일 없잖아' 하는 느낌이 들어 생활 수준을 좀처럼 낮출 수 없어집니다.

미리 전제해두자면, **나이가 아직 창창하고 건강할 때는 마음껏 돈을 쓰는 것도 나쁘다고 할 수 없습니다.** 만약 병에 걸리거나 해서 원하는 대로 놀지 못하고 먹지 못하는 사태가 벌어지면 이미 때는 늦기 때문에 과도하게 소비 욕구를 억제하는 것은 그다지 좋지 않습니다.

만약 절약해야 하는 상황이 찾아온다면 쇼핑이나 식사를 **저렴한 쪽으로 바꾸기보다는 사는 빈도를 줄이는 일이 더 쉽습니다.** 예를 들어 주 5회 마시던 맥주를 값싼 발포주로 바꾸기보다는 횟수를 주 4회로 줄이는 편이 쉽습니다. 1년에 옷을 네 번 사다가 값싼 옷을 사기보다는 1년에 옷을 세 번 사는 편이 쉽지요. 쇼핑 품목 하나를 골라, 사는 횟수를 1회 줄이도록 시도해보십시오. 의외로 수월하게 해낼 수 있습니다.

해낼 수 있다는 사실을 알면 안심할 수 있습니다. 건강할 때 하고 싶은 대로 돈을 쓰고 즐기더라도 언제나 절약하는 생활로 돌아설 수 있습니다. 욕구를 지나치게 억누르지 말고 즐겁게 살아갑시다.

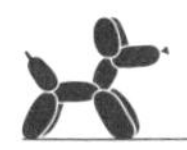

나는 언제부터인가 값이 좀 저렴한 발포주를 마시다가 일반 맥주로 바꾸었고, 마시는 횟수도 줄였습니다. 그랬더니 몸 상태가 좋아지더군요.

온라인 영어 회화로 배운 불순한 동기의 중요성

젊은 시절 온라인 영어 회화 강의를 수강했습니다. 내가 이용한 서비스에는 비교적 저렴한 금액을 냈는데, 필리핀에 사는 강사들과 이야기하고 싶은 시간에 영상통화로 한 번에 30분쯤 영어 회화를 나눌 수 있었습니다. 이야기하는 상대는 자격증이 있는 전문 강사가 아니라 현지에 사는 일반인이었고, 그들과 단지 이야기를 나누는 형식이었습니다. 갑자기 화면에 나타난 외국인과 열심히 잡담에 열중하다 보면 영어 공포증이 점차 사라지는 효과가 나타났습니다. 중고등학교 시절에 교재를 중심으로 수강한 수업보다 현실성 있는 공부라는 생각이 들더군요.

그렇게 공부하던 중 참 대단하다고 생각한 장치가 있었습니다. 필리핀 여성의 프로필을 보고 누구와 이야기할지 선택하는 시스템인데, 개중 미모가 뛰어난 여성의 얼굴 사진이 있었습니다. 모처럼 좋은 기회라는 생각이 들어 그녀와 이야기를 나누고 싶었지만 언제나 통화 중이었지요. 이른 아침이라면 기회가 있겠지 싶어 어느 날 아침 6시에 일어나 통화를 시도해보려고 했으나 역시 통화 중이었습니다. 그러자 이야기해보고 싶은 마음이 더욱 간절해졌고, 다음 날 새벽 5시에 마침내 통화할 수 있었습니다.

이 서비스 덕분에 나는 결과적으로 새벽 5시에 일어났고 영어 회화를 연습했습니다. 영어를 싫어했던 사람을 이렇게 적극적으로 행동하게 만들었다는 점은 대단합니다. 이용자의 불순한 동기를 자극하는 상품이나 서비스는 강력한 법입니다. '이 상품 좋군', '이 아이디어 괜찮네' 하고 생각하는 사람들도 여간해서는 지갑을 열려고 들지 않습니다. **행동하거나 돈을 내는 동기는 대체로 불순합니다.** 그런 동기가 사람을 움직이고 세계를 바꿉니다.

결국 그 미모의 여성과 대화를 나눠보니, 그분 성격이 까칠해서 그리 즐겁지 않았습니다.

다양한 정보를 입력하기 위해 신문을 주 2회 구독하자

1월 29일

나는 근처에 있는 신문 지국에 부탁해서 적정 금액을 지불하고 신문을 매일 구독하는 것이 아니라 수요일과 토요일만 구독하고 있습니다. 모든 신문 지국이 이런 방식을 허용해줄지는 모르겠으나 부탁하면 가능하지 않을까 합니다.

일반적으로 인터넷으로 정보를 찾으면 아무래도 자기가 원하는 분야의 정보에 치우치기 마련입니다. 신문은 세간의 흐름을 파악하거나 관심이 별로 없고 잘 알지 못하는 영역의 정보도 뜻하지 않게 얻을 수 있는 중요한 원천입니다. 그러나 바쁜 생활 중에 일주일 내내 두툼한 신문을 받아보면 다 들추어보지 못한 채 헌 신문 묶음만 방구석에 쌓이기 십상입니다.

그래서 내가 구독하던 신문을 요일별로 살펴본 다음 개중 내용이 더 알차 보이는 수요일과 토요일만 골라 주 2회 구독해보았더니 편하고 알맞게 세간의 흐름을 파악할 수 있었습니다. 실제로 대형 사건의 뉴스는 며칠간 계속 기사가 나오기도 하고 새로운 정보가 실린 날은 며칠 전 흐름을 설명해주기도 하므로 전반적 국면을 읽어내는 데는 기사를 며칠에 한 번 살펴보아도 충분합니다. **오히려 정보가 부족하여 잘 모르겠다 싶은 내용은 인터넷으로 조사해서 알아보는 버릇이 드는 바람에 뉴스를 더 심도 있게 이해할 수 있어졌습니다.**

'신문은 읽지 않아도 돼, 필요 없어', '읽지 않은 신문이 쌓여 있어.' 이런 사람은 좀 간격을 두고 '주 2회 읽기'를 실천해보면 어떨까요.

정보를 얻는 방법으로서 다양한 사람과 대화하는 것도 매우 효과적입니다. 다른 인생을 살아온 타인은 자신이 전혀 모르는 무언가를 알고 있으니까요. 책을 한 권 읽는 것보다 한 사람과 대화하는 편이 몇십 배 인생에 도움이 되는 지혜를 가르쳐줍니다.

인생의 과제를 언제나 염두에 두기

아이디어가 풍부한 사람이란 머릿속에 '삶에서 아이디어를 생각해내고 싶은 주제'가 들어 있는 사람이라고 할 수 있습니다. 예컨대 언제나 내 머릿속에는 '다음 장난감은 어떤 식으로 만들까?' 하는 주제가 들어 있습니다. 그런 상태로 다양한 사람들과 만나다 보면 이야기를 다 나눈 뒤에 반드시 새로운 장난감 아이디어가 떠오릅니다. 다른 사람에게는 나와 다른 경험과 정보가 있기 때문에 이야기를 듣기만 해도 '어라? 그건 장난감이나 게임으로 만들어볼 수 있을 것 같은데?' 하는 단서가 나옵니다.

주제는 무엇이라도 좋습니다. '센류'[1]가 취미라면 무엇을 보더라도 센류 생각이 나겠고, '인재 영입 담당자'라면 무슨 이야기를 들어도 인재 영입과 관련한 실마리를 얻으려고 할 것입니다. **머릿속에 주제가 있다는 말은 다른 사람 이야기를 경청하는 요령을 터득했다는 뜻이기도 합니다.** 상대방 이야기를 자신의 주제와 연관 짓는 자세가 있으면 누구 이야기라도 재미있게 받아들일 수 있습니다.

이를테면 회사에서 신규 사업을 담당하는 사람이 '왠지 신규 사업을 벌여보고 싶은데…' 하는 정도로 막연한 생각만 품고 있으면 아무리 흥미로운 체험을 하거나 정보를 접해도 '뭐, 재미있긴 하구나' 하는 감상만으로 끝나버립니다.

회사 일로 주어진 주제라도 자기가 좋아하는 일이나 잘하는 일 등 자신의 인생관과 연관성을 찾아내고, 일을 해냄으로써 자아실현의 만족감을 누릴 수 있도록 주제를 조정해두는 일이 중요합니다. 스스로 즐거움을 느끼지 못하는 기획은 다른 사람도 즐겁게 할 수 없습니다.

1 센류(川柳): 일본 에도 시대에 유행한 5·7·5조의 17음 정형시로서 인생의 단면을 직관적으로 파악하여 예리하게 찌르는 풍속시·생활시를 말한다.

'문제'라는 말에는 '해답을 찾는 물음'이라는 의미와 '곤란한 일'이라는 의미가 있지요. 곤란한 일은 삶을 나아지도록 하는 해답을 찾기 위해 필요한 물음이기도 합니다.

취미는 아이디어 발상이라고 선언하라

1월 31일

다음 세 가지 중 자기에게 해당하는 것을 골라보세요.

① 나는 아이디어를 잘 떠올린다.

② 잘한다고는 말할 수 없지만 아이디어를 떠올리기 좋아한다.

③ 아이디어를 잘 떠올리지 못한다.

이렇게 질문하면 대개 **'2번'**에 손을 드는 사람이 많습니다. 아이디어를 생각하거나 알아내는 일은 좋아하더라도 어지간하면 잘한다고 선언할 수는 없겠지요. 당연합니다. 나도 '자신 있습니다!' 하고 당당하게 말할 수 있기까지는 아이디어 관련 일을 시작하고 나서 10년쯤 걸렸습니다. 내가 생각해낸 상품이 몇 번쯤 히트를 치는 성과를 내고 나서야 겨우 '자신 있다'는 말을 입 밖에 낼 수 있었습니다만, 지금도 그렇게 말하면 기대치가 올라가므로 괜히 나서서 그런 말을 입에 담는 일은 없습니다.

그 대신 다른 사람에게 '아이디어를 생각해내는 것이 취미예요' 하고 말합니다. 나아가 다들 그렇게 말할 수 있는 세상을 만들고 싶습니다. '아이디어가 좋다'고 하기보다 '아이디어가 취미'라고 하면 아이디어를 떠올리거나 찾아내는 행동으로 이어지기 때문에 주위 사람들에게 도움을 청하기에 이릅니다. 그러면 결과적으로 아이디어를 내는 일이 점점 더 능숙해집니다.

오늘 당장 '취미는 아이디어를 생각해내는 것이에요' 하고 선언해보세요. 그것만으로도 발상력과 행동력이 믿을 수 없을 만큼 달라질 테니까요. **언어는 자기 자신에게 행동을 일으켜줍니다.**

'아이디어 동아리' 같은 학교나 회사의 활동이 당연하게 이루어지는 세상을 만들고 싶습니다. 결국에는 모든 학교에 '아이디어'라는 교과를 설치하도록 힘쓰겠습니다.

2월

가장 먼저 상식을 파괴하라

아이디어를 낼 때는 다트를 떠올려보자

나는 아이디어 발상 방식의 좋고 나쁨을 다트 게임에 비유해 자주 설명하는 편입니다. 다트를 하나만 건네받았는데 인상 험악한 사람이 '반드시 정중앙을 맞혀야 해!' 하고 겁주는 상황을 생각해보세요. 그런 말을 들으며 다트를 던지듯 아이디어를 내는 방식은 틀렸습니다. 그런 상황에서는 절대로 다트를 잘 던질 수 없지요. 손이 떨려 다트 보드를 맞힐 수 없을 듯합니다. 일하는 현장에서 그런 분위기를 연출하며 아이디어를 쥐어짜도록 압박하는 장면을 본 적 없습니까?

'한 방에 좋은 생각을 떠올려야 해', '시시한 아이디어를 발표하면 낮은 평가를 받을 거야' 하는 식으로 걱정이 들면 불안하고 무서워서 아무 생각도 나지 않습니다. 그렇게 쥐어짠 아이디어는 다른 사람도 생각해낼 수 있는 평범한 발상이 되어 도리어 본뜻을 벗어나버립니다.

이와 대조적으로 **무제한으로 다트를 건네받은 상태에서 다트 보드를 맞히지 않아도 좋으니까 내키는 대로 마음껏 던져보라는 말을 들으며 다트를 던지듯** 아이디어를 내는 방식이 좋습니다. 좀 서투르더라도 계속 다트를 던지다 보면 언젠가는 정중앙 가까이 맞히기도 합니다. 아이디어 발상은 이와 비슷합니다. '저쪽은 어떨까?', '이쪽은 어떨까?' 하고 편하게 기웃거리듯 아이디어를 마구 발표하다 보면 반드시 좋은 아이디어가 찾아지는 법입니다.

좋은 아이디어가 떠오를 때까지 '좋은 생각을 내야지' 하고 생각해서는 결코 안 됩니다. 아이디어의 질을 높이는 방법은 아이디어의 양을 늘리는 것뿐입니다.

다트 게임과 아이디어 발상은 계속 던지기만 하면 능숙해집니다. '아이디어는 질보다 양'이라는 말을 자주 듣는데, 발상의 힘을 향상시키는 요소는 연습의 양이라는 의미이기도 합니다.

인간의 욕구를 찾아내는 방법

내가 강사로 나가는 비즈니스 기획이나 아이디어 발상 연수 강의에서는 반드시 '여러분이 살아가는 데 어떤 욕구를 느낍니까?' 하고 묻습니다. 장사란 사람의 욕구를 채워주는 일이기 때문입니다.

이렇게 질문하면 대다수 비즈니스 관련자들은 '자고 싶다', '시간이 부족하다' 같은 욕구를 띄엄띄엄 내뱉을 뿐, 그 이상으로는 다른 대답이 별로 나오지 않습니다. 어른은 돈·일·가정에 관한 욕구를 비교적 채우고 사는 편이라 십대 청소년과 달리 딱히 별다른 욕구가 떠오르지 않을지도 모릅니다. 그러나 진심을 터놓고 이야기를 나누면 하고 싶은 일, 갖고 싶은 것, 해결하고 싶은 고민이 차고 넘칩니다.

내가 어떤 욕구를 느끼는지 깨닫는 요령은 **'시간 축'과 '장소 축'으로 일상을 되돌아보는 일**입니다. 시간 축에는 '아침, 낮, 저녁', '월화수목금토일', '춘하추동', '유년기부터 미래까지' 등 어떤 시기에 어떤 욕구를 느낀 적이 있는지 살펴봅니다. 장소 축에는 '집안 부엌', '회사 책상', '전철 안', '여행지의 가게' 등 어떤 장소에서 어떤 욕구를 느낀 적이 있는지 살펴봅니다.

온갖 시간과 장소에서 '이러했으면 좋았을 텐데' 하고 느낀 경험을 떠올리고 목록을 만들어봅시다. 그런 것을 이루어주는 상품이나 서비스를 만들어낼 수 없을까, 아이디어를 생각해보고 방법이 찾아지고 수익이 날 것 같으면 그때가 새로운 비즈니스를 창출할 기회입니다.

서점에서 책 제목을 읽어나가다 보면 자기가 원하는 것이 무엇인지 힌트를 얻을 수 있습니다. 손에 들고 들추어보고 싶은 책의 제목이 현재 자신의 욕구를 비추어주는 거울인 셈입니다. 책 제목 읽기는 자신이 하고 싶은 일이 무엇인지 가르쳐줍니다.

시간을 늘리려면
하루를 다 내어 계획표를 짤 것

2월
3일

어른이든 아이든 바쁘게 지내는 탓에 하고 싶은 일을 충분히 해낼 시간이 없다고 답답해하는 사람이 많을 듯합니다. 시간을 늘리는 방법은 시간을 잘게 나누지 않고 통째로 길게 시간을 내는 것입니다. **말하자면 빡빡한 일정 중에 30분쯤 시간이 난다고 해도 그 시간에 하고 싶은 일을 하기는 꽤 어렵습니다.** 무심결에 스마트폰을 들여다보거나 잠깐 한숨을 돌리다 보면 눈 깜짝할 사이에 시간이 훅 날아가버립니다.

누구나 마음만 단단히 먹으면 자유롭게 시간을 쓸 수 있는 하루쯤 어렵잖게 확보할 수 있습니다. 하루를 비워 '이날은 이 일을 해야지!' 하고 결심해도 막상 그날이 오면 다른 일을 하느라 정말 하고 싶은 일을 하지 못합니다. 나도 한 달에 평일 하루는 일정을 잡지 않습니다.

일정을 조정하기 어려운 직장인도 있겠지요. 나도 회사에 다닐 때는 제대로 느긋하게 휴가를 신청하기 어려웠습니다. 그래도 돌이켜보면 마음먹기에 따라 휴가를 낼 수도 있었겠지요. 유급휴가 등을 이용하면 하루쯤 얼마든지 휴가를 받을 수 있습니다. 이렇게 휴가 신청을 습관화하면 내 삶의 시간은 늘어납니다.

'내 꿈은 이것이니까 유급휴가를 내겠습니다.' 이렇게 단도직입적으로 털어놓으면 예상 밖으로 회사 동료나 상사도 호감을 내비치며 응원해줍니다.

모처럼 종일 시간을 내더라도 하고 싶은 일을 딱 정해놓지 않으면 결국 멍하게 지내다가 별 소득 없이 시간만 낭비하기 쉽습니다. 시간을 내는 날은 계획표를 짜서 '꼭 해낼 거야!' 하고 마음을 다지라고 권하는 바입니다.

시간을 늘리는 방법은 '마음을 채우는 것'입니다. 채워지지 않은 시간과 채워진 시간은 시간의 양이 다릅니다. '하고 싶은 일을 할 수 없다'가 아니라 '하고 싶은 일을 하고 있다'는 상태라면 시간은 늘어납니다.

저녁 메뉴를 고민하지 않을 순위 정하는 방법

매일매일 무얼 먹을지 생각하느라 고민하는 사람이 많은 것 같습니다.

나는 학생 시절부터 손수 음식을 만들어 먹길 좋아했습니다. 요리할 줄 아는 메뉴 100가지를 좋아하는 순서대로 노트에 적어놓고는 툭하면 순위 바꾸기를 즐겼고, 요리책을 보고 새로운 요리에 도전했습니다. 지금도 나와 아내와 아이들이 만드는 요리를 합해 우리 집 인기 메뉴 베스트 100을 적어놓고 계속 랭킹을 바꾸고 있습니다.

이렇게 메뉴 목록을 작성하다보면 새로운 요리에 도전하고 싶은 마음이 새록새록 솟아올라 오늘은 뭘 만들어볼까 하고 궁리하는 일이 즐거워집니다. 더구나 이렇게 베스트 100이라는 목록을 확보해두면 언제나 그중에 골라서 찬거리를 정할 수 있으니까 끼니마다 메뉴 고민이 줄어들어 편합니다.

요리뿐 아니라 자기가 잘하는 일 베스트를 골라 장기 목록으로 만들어두기를 권합니다. 나는 강연이나 세미나의 내용도 30가지 유형으로 분류해 목록을 만들어두고, 청중의 요청에 맞추어 그것을 조합하는 방식으로 강연 내용을 구성합니다. 장난감을 개발할 때도 '이 안건이라면 이 디자이너와 이 제조업자에게 의탁해 팀을 꾸리자' 하는 식으로 아이템을 구성합니다.

사람들은 웬일인지 베스트 100 같은 순위를 보는 것도 좋아하고 목록 작성도 좋아합니다. 순위를 매기는 수법은 갖가지 기획에 응용할 수 있습니다.

매일 아침 10분 동안 가볍게 운동할 것

나는 아침에 일어나면 단 10분 동안 가벼운 산책과 스트레칭으로 몸을 풀고 나서 일을 시작합니다. 예전에는 겨우 10분만 하는 운동도 번거로워서 하지 않았습니다. 그렇게 오랫동안 몸을 돌보지 않았더니 지금도 목과 허리 근육이 뭉치고 딱딱해져서 아픕니다. 지금이라도 좀 유연성을 되찾고 싶지만 쉽게 회복하기 어려운 것 같아 운동에 게을렀던 과거를 후회하고 있습니다.

아침에 일어나 겨우 10분만 들여 몸풀기 운동을 해도 업무 중 몸 상태가 아주 상쾌하게 달라집니다. 그것을 알고 나서는 업무 중에도 5분이나 10분 동안 바지런하게 일어서서 기지개를 켜거나 몸을 푸는 운동을 시작했지요. 예전에는 **그 시간이 아깝다**고 생각했습니다. '일이 늦어질 거야!' 하는 생각에 초조했습니다. **단 10분인데 말이죠. 우습지도 않은 얘기입니다.** 업무 시간을 10분 줄인다고 일이 늦어질 리 없습니다. 하지 않아도 될 일을 그만두거나 효율적으로 해낼 아이디어를 조금만 생각하면 일은 몇 시간이나 일찍 끝낼 수 있습니다. 하지만 건강은 한 번 잃어버리면 회복하기 어렵습니다.

'무슨 수를 써도 가벼운 운동을 할 짬조차 낼 수 없다니까!' 하고 주장하는 사람은 시간을 10분 낼 수 있는 아이디어를 생각해보세요. 솔직히 당연하기 짝이 없어서 아이디어라고 할 것까지도 없을지 모릅니다.

음, 이렇게 잘난 척하고 이야기를 했습니다만, 20분만 되어도 일할 시간이 줄어든다고 안달하고 말기 때문에 딱 10분만 내자고 정했습니다. 1분만으로도 운동 효과는 있습니다. 무리하지 않고 낼 수 있는 시간을 찾아봅시다.

아내는 취침 전 15분 동안 운동을 합니다. 물론 잠들기 전의 운동 효과는 막대합니다. 나는 자기 전에는 졸려서 운동할 마음이 들지 않습니다. 자기에게 맞는 운동 방법은 사람마다 다르지요.

족욕 세트로 배우는 발명가가 되는 방법

요사이 족욕 세트라는 제품을 애용하고 있습니다. 자루에 뜨거운 물을 넣어 족욕할 수 있는 제품입니다. 이제 내게는 겨울철 필수품이지요.

나는 발이 쉬이 차가워지는 편이라 특히 겨울에 족욕을 즐겨하는데, 족욕 세트를 사용하기 전까지는 집에서 족욕을 하기가 아주 귀찮았습니다. 그때는 왜 귀찮아했는지 깊이 생각해본 적이 없었지만, 나중에 생각해보니 딱딱한 플라스틱 양동이를 사용했기 때문입니다.

모양을 바꿀 수 없는 딱딱한 양동이에 온수를 받으려면 우선 수도꼭지가 안으로 들어가도록 이리저리 양동이 위치를 잘 잡아 온수를 받아야 하고, 그다음에는 수도꼭지를 잘 피해 무거운 양동이를 들어 옮겨야 합니다. 온수를 너무 많이 받으면 수도꼭지를 빼내려고 양동이를 기울일 때 물이 흘러넘칩니다. 족욕 한번 하려다가 '음, 이거 참 귀찮은걸…' 하는 푸념을 흘리고야 맙니다.

자루처럼 만들어놓은 족욕 세트는 발 모양에 맞추었기 때문에 양동이보다 온수의 양이 훨씬 적게 듭니다. 또 모양이 유연하게 변하기 때문에 수도꼭지 위치에 맞추어 온수를 쉽게 받을 수 있고 물의 무게도 그렇게 무겁지 않습니다. 족욕이 끝나면 빨래 건조대에 널어 말리면 되니까 족욕 과정이 매우 간편해졌습니다.

족욕 세트 제품을 손에 넣기 전까지는 내가 족욕을 번거롭게 생각한 이유를 깨닫지 못했습니다. 일상 속 자그마한 불편을 해소하려는 생각이 바로 상품 아이디어나 생활의 지혜로 이어집니다. 그러나 사람들은 주어진 현상에 웬만하면 의문을 품지 않고 당연한 듯 받아들입니다. 약간 번거롭다는 생각이 들면 왜 그런지 이유를 생각해봅시다. 그러면 발명가가 될지도 모릅니다.

자루 모양의 족욕 세트에는 양동이보다 다양한 모양의 상품을 만들어낼 수 있다는 이점도 있습니다.

아이디어를 확실하게 떠올리는 발상 기제 확보하기

2월 7일

나는 업무상 여러 기업과 함께 상품 기획이나 PR 기획 등을 생각해내야 합니다. 업무인 만큼 어느 날까지 기획을 제안해야 한다는 마감도 당연히 있습니다. 이렇게 아이디어 관련 업무에 종사하는 경우 '이렇게 행동하고 생각하면 반드시 아이디어가 떠오른다' 하는 자신의 발상 기제를 확보해두면 초조해지는 일이 없어집니다.

나의 발상 기제는 다음과 같습니다. 우선 엑셀 프로그램을 사용하여 아이디어 선택지를 대량 내놓습니다. 나는 엑셀같이 칸이 나뉜 소프트웨어를 사용하면 아이디어를 확산하여 생각하기 쉽기 때문에 이런 방법을 씁니다.

잔뜩 내놓은 아이디어 중에서 실제로 성과를 낼 것 같은 아이디어를 골라 내용을 상세하게 고안한 다음 파워포인트 등을 사용해 자료로 구성합니다. '좋았어, 이제 논의 주제로 올릴 수 있겠군!' 이렇게 준비를 마치고 회의하러 가려고 **전철에 올라탄 순간, 그때까지 떠오르지 않았던 가장 멋진 아이디어가 떠오릅니다.** 늘 이런 식입니다. 회의를 시작하면 "실은 여기로 오는 도중에 떠오른 아이디어인데 이런 건 어떨까요?" 하고 제일 먼저 전철 안에서 떠오른 아이디어를 내놓는데, 대체로 이런 흐름일 때 일이 잘 풀립니다.

이 방법을 찾아내기까지 몇 년이나 걸렸습니다만, 이렇게 확실한 자기만의 발상 기제를 보유하고 있으면 참으로 편합니다. 매일 아이디어를 생각하면서 '아이디어 발상 기제'를 진지하게 찾아보기를 권합니다.

전철을 타면 아이디어가 떠오르는 내 경우와 마찬가지로, 사안을 심각하게 생각한 뒤 산책이나 목욕 등 긴장을 풀었을 때 좋은 아이디어가 떠올랐다는 사람도 적지 않습니다. 머리를 쥐어 짜낸 뒤 무심하게 마음을 풀어놓으면 자기도 모르게 머릿속이 정연해집니다.

무슨 아이디어를 생각하란 말이지?

아이디어를 찾는 일은 실로 간단합니다. 문제가 있으면 아이디어를 좋아하는 주위 사람 몇 명에게 물어보고 함께 머리를 맞대기만 하면 됩니다. 마음 놓고 다른 사람에게 도움을 받읍시다(내게 물어봐도 좋습니다. 대환영이에요).

다만 남에게 아이디어를 구하려고 하면 자신이 어떤 문제에 발목을 잡혀 있는지, 자신이 무엇을 원하고 있는지 제대로 이야기할 줄 아는 것이 중요합니다. "아, 골치 아픈 일이 있는데 혹시 아이디어 좀 없을까요?" 이렇게 물어봤자 대답해줄 수 있는 사람은 없습니다.

실제로 "도무지 아이디어가 나오지 않아요~" 하고 하소연하는 사람에게 "무슨 아이디어가 나오지 않는다는 말인데요?" 하고 물으면 자기가 무슨 아이디어를 생각하고 있는지도 모르는 경우가 화들짝 놀랄 만큼 매우 빈번합니다. 특히 회사의 신규 사업에 관여해보면 이런 일이 자주 일어나기 일쑤입니다. 신규 사업의 '신규'가 과연 무엇을 의미하는지 회사의 고위 인사도 잘 알지 못한 채, "뭐든지 좋으니까 새로운 아이디어를 생각해오라고!" 이렇게 명령하고 부하들은 "알겠습니다. 새로운 아이디어를 생각해올게요!" 하고 대답합니다. 하지만 결국은 '그런데 무슨 아이디어를 생각해오라는 말이지?' 하고 미궁에 빠져 버립니다.

아이디어가 떠오르지 않는다는 느낌이 들면 우선 행보를 멈추고 자신이 어떤 문제와 씨름하고 있는지 언어로 표현해봅시다. 그다음 믿을 만한 사람에게 "어떤 문제를 해결하려고 아이디어를 생각하는 중인데 좋은 생각이 나지 않는군요. 함께 고민해주세요!" 하고 호소합시다. 아이디어를 좋아하는 사람은 기꺼이 나서서 이런저런 조언을 아끼지 않을 것입니다.

'처음부터 아이디어를 내놓기에는 무리가 있는 주제인데도 상부의 지시이기 때문에 억지로 생각해야 한다'는 상황 자체가 문제일 때가 심심치 않게 있습니다. 이럴 때는 사실 그 상황을 탈출할 아이디어를 원한다고 볼 수 있지요. 과연 어떤 아이디어를 진심으로 원하고 있습니까?

반드시 말솜씨가 늘어나는 1인 라디오 방법

나는 음성 미디어 보이시Voicy와 팟캐스트Podcast로 프로그램을 만들어 이런 저런 토크를 발신하는 취미가 있습니다. 이 취미 생활을 시작하고 나서 대화와 연설, 강연이 눈에 띄게 능숙해졌습니다. **내가 말한 것을 들어보고 말하는 방식을 돌이켜보기 때문입니다.**

2월
9일

익숙해지지 않은 상태에서는 자기 목소리나 이야기를 듣는 것이 부끄럽습니다. 하물며 스마트폰에 대고 혼자서 떠든 이야기를 녹음해놓고 사람들에게 들으라고 한다니, 이런 일은 사람에 따라 상상도 하지 못할 행동일 듯싶습니다. 나도 처음에 혼자 팟캐스트를 녹음할 때는 '애고, 지금 내가 뭘 하는 거야…' 하고 쑥스럽고 낯설었습니다. 그러나 익숙해진다는 것은 얼마나 놀라운 일인지요. 지금은 하루를 거르지 않고 내 이야기를 사람들에게 들려주고 있습니다.

내가 말한 이야기를 들어보고 말하는 방식이나 표현의 버릇 등을 알아채고 나서 나날이 나아지는 상태에 기뻐하다 보면, 확실히 말하는 방식과 표현이 나아집니다. 녹음기(보이스 레코더)로 자기가 한 말을 녹음해 다시 들어보기만 하면 괴로울 뿐입니다. 차라리 자기가 좋아하는 이야기를 녹음해놓고 **아무도 찾아내지 못할 팟캐스트 프로그램을 몰래 발신해보면 어떨까요.** 그러는 동안 재미를 붙이면 평생 취미가 될지도 모릅니다. '1인 라디오'는 말하는 방식과 표현을 개선하고 싶은 사람에게 꼭 추천하고 싶은 놀이입니다.

음성을 발신하는 데 쓰는 애플리케이션으로 추천하고 싶은 것은 무료로 사용할 수 있는 앵커(Anchor)입니다. 스마트폰에 대고 이야기하고 배경 음악을 설정하기만 하면 금세 팟캐스트나 스포티파이(Spotify) 등 여러 곳에서 발신할 수 있습니다.

가위바위보는 어떻게 전국으로 퍼졌을까?

2월 10일

가위바위보라는 놀이를 모르는 사람은 없겠지요? 지역마다 부르는 이름은 다를지 모르지만 노래에 맞추어 가위바위보 모양으로 손을 내밀어 승부를 내는 놀이입니다. 내가 나고 자란 아키타현 마을에서는 '빔 플래시!'라는 외침과 함께 요상한 포즈를 취하며 가위바위보 놀이를 했습니다.

가위바위보는 시무라志村 씨가 텔레비전 프로그램에서 처음 선보였다는 설이 있지만, 세상에는 기원을 알 수 없는 놀이가 여럿 있습니다. 술래잡기, 장켄구리코,[1] 깡통 차기…. 이런 놀이는 인터넷도 없는 시대에 어떻게 전국으로 퍼졌을까요? 아마도 오늘날 어른들이 대개 알고 있는 수수께끼 놀이는 매스컴의 힘이 아니라 입소문으로 전해졌을 것입니다.

현대에 들어와서도 가장 강력한 선전 방법은 입소문입니다. 입소문의 저력이 폭발하면 학교 구석구석까지 파고들 수 있으나 **대중매체만으로는 인지도를 100퍼센트까지 올릴 수 없습니다.**

개중에도 특별히 강력한 요소는 아이들이 소리 높여 말하고 싶다는 것입니다. 아이들에게는 학교, 학원, 공원, 친척 집 등 여러 '입소문 영역'이 있습니다. 사회인인 어른은 성인 대상 한정 서비스를 생각하기 십상입니다. 그러나 성인이 대상이더라도 아이들이 금방 외워 친구들에게 이야기하고 싶은 바를 내놓는다면, 엄청난 비즈니스로 성장할 가능성이 있습니다. 이를 위해서는 아이들도 쉽게 외워 외치고 싶어지는 이름 짓기, 문구와 표어, CM송 등을 '입에 올리고 싶어지도록 만들기'가 중요합니다.

1 장켄구리코: 실외 계단 같은 곳에서 가위바위보를 이긴 사람이 앞으로 나가는 방식의 놀이.

아이디어는 하나를 생각해내는 것만으로도 전국적으로 유행할 가능성이 있다는 점에서 밑천이 들지 않는 복권이라고 할까요. 아이디어에는 꿈이 있습니다. 당첨 확률이 매우 높은 무료 복권인 셈입니다.

소리 내어 말하고 싶은 캐치프레이즈는 강력하다

2월 11일

어느 날 아내가 요구르트 제조기를 사고 싶다는 이야기를 꺼냈습니다. 우유 1리터에 요구르트를 약간 넣으면 하룻밤에 요구르트 1리터를 만들어낸다고 합니다. 나는 속으로 '음, 요구르트는 사서 먹으면 그만인데 굳이 필요할까?' 의아해했습니다.

며칠 후 우연히 친구가 "집에서 요구르트 제조기를 사용하고 있는데 얼마나 좋은지 몰라" 하고 말했습니다. 그때 친구 이야기에 꼼짝없이 마음이 사로잡히고 말았습니다. "R-1(알원)을 사용해 요구르트를 만들면 전부 R-1이 되잖아. 그렇게 만들어놓은 R-1을 이용하면 대량으로 R-1을 만들 수 있으니까, 말하자면 **R-1의 무한 증식인 셈이야.**"

요구르트를 만들면 같은 종류의 균이 증식하니까 재료로 사용한 요구르트와 똑같은 요구르트 자체를 만들어낸다는 말이었습니다. 메이지유업의 R-1이라는 요구르트는 건강에 좋다는 평가를 받는 상품인데, 다른 요구르트보다 약간 비싸기 때문에 가족 전원이 먹을 분량을 매일 구입한다는 것은 좀 부담이었습니다. '그런데 뭐? R-1이 무한 증식한다고!?' 실로 놀라움과 흥분에 휩싸여 나는 곧장 아내에게 "**R-1의 무한 증식이 가능하다는 것 같아.** 우리도 요구르트 제조기를 들여놓아야겠어" 하고 말해버렸습니다. 요새 매일 아침 R-1으로 만든 요구르트를 먹으며 매우 만족하고 있습니다(실제로는 종균으로 넣는 요구르트는 매번 새로 구입하고 먹던 것을 추가하지는 않습니다만).

캐치프레이즈는 저 혼자 알아서 떠돌아다닐 때 가장 강력합니다.

메이지유업의 웹사이트에 있는 Q&A 게시판에 R-1을 종균으로 삼아 요구르트를 만들면 어떻게 되는지 쓰여 있습니다. 관심 있는 사람은 참고하세요.

달성이 눈에 보이는 목표를 설정하자

현재 내 취미는 '줄넘기'입니다. 초등학교 2학년 딸아이가 "우리 반 친구가 체육 수업 시간에 줄넘기를 3분 51초나 뛰었어요!" 하고 말한 적이 있습니다.

내가 한번 해보니까 딱 30초만 뛰었을 뿐인데 숨이 차올랐습니다. 초등학교 2학년이 4분이나 뛰었다고!? 놀랍기도 하고 경쟁심이 솟았습니다. "좋아, 나도 1년 후에는 4분 연속으로 줄넘기를 할 거야!" 이렇게 선언하고 매일 연습하기 시작했습니다. 3개월 지나자 2분쯤 뛸 수 있었습니다만, 매일 쓰러질 듯 지쳤기 때문에 '역시 4분은 도저히 무리야' 생각했습니다. 그러나 결국 매일 거르지 않고 연습했더니 반년 후 4분 연속 줄넘기라는 목표를 달성할 수 있었습니다.

내가 목표를 달성해낸 이유는 두 가지입니다. 하나는 **실제로 초등학교 2학년 아이가 달성해냈다는 사실**이 있다는 것입니다. '건장한 어른이 해냈다'는 사실이었다면 도전하지 않았을 듯합니다. 또 하나는 **'몇 분 계속했다'는 기록이 눈에 훤히 보이게 늘어났다**는 것입니다. 한두 주일 해보고 기록이 전혀 나아지지 않았다면 그만두었을 것입니다. 연습을 시작한 첫 일주일 동안 30초가 1분으로 늘어났기 때문에 미래를 기대하는 마음으로 즐겁게 연습했습니다.

이루어질지 이루어지지 않을지 모르는 꿈을 향해 나아간다는 것은 훌륭하고 멋집니다만, 현실적으로는 괴롭고 힘듭니다. 목표 설정의 요령은 성장을 실감하기 쉽도록 자잘하게 단계를 나누어놓은 목표와 달성할 수 있다는 믿음을 주는 목표를 수치로 표시해 설정하는 것입니다.

이를테면 연예인이나 만화가가 되겠다고 성공할지 못할지 불투명한 도전에 매진하는 사람을 보면 나는 진심으로 존경과 응원을 보냅니다. 전인미답의 대지를 향해 나아가는 일은 무시무시하고 대단합니다.

독서를 좋아하려면 수준을 두 단계 낮출 것

2월 13일

독서가 좋아지는 요령은 연령에 맞는 책보다는 비교적 쉬운 책을 즐겁게 읽는 것입니다. 아이들이 책을 읽기 바라는 부모가 바람직해 보이는 책을 손에 쥐여주기도 하나 어른이 골라준 책을 아이가 읽기는 힘이 들기 마련입니다.

현재 내가 책 읽기를 즐기는 원인은 **초등학생 시절에 그림책을 되풀이해 읽은 것으로 짐작합니다.** 그림책 다음에는 만화를 읽었습니다. 위인전 만화, 만화 잡지《고로코로 코믹コロコロコミック》을 몇 번이나 반복해 읽었습니다. 만화를 읽는 것도 활자를 상당히 대량으로 좇아가야 하는 훌륭한 독서입니다.

초등학생이던 어느 날 도서관에 갔다가 우연히『즛코케 삼총사ズッコケ三人組』아동 문학 시리즈를 집어 들었습니다. 이 순간이 바로 내 독서 인생에 최초로 성장의 계기를 거머쥔 도약이었습니다. 꿈속에서도 이 책을 읽었지요. 중학교, 고등학교에 올라가서도 나이에 걸맞은 소설 말고 만화만 읽었습니다.

대학 시절 취직을 준비할 때 어쩔 수 없이 나카타니 아키히로中谷彰宏 씨가 쓴『면접의 달인面接の達人』을 읽었습니다. 단순한 취직 준비용 매뉴얼이 아니라 비즈니스에 관한 책으로서 얼마나 재미있던지 읽고 또 읽었습니다. 그때부터 취직하기 위해 얇고 쉬운 비즈니스 책을 찾아 읽었고, 사회에 나와 2년쯤 되었을 때 오쿠다 히데오奥田英朗 씨의 소설과 운명적으로 만났습니다. 이것이 두 번째 성장의 도약이었습니다. 그 후로 나는 독서가가 되었습니다.

'책은 생각하기도 싫어!' 하는 생각이 들게끔 했던 계기가 없었기 때문에 필연적으로 다가온 시점에 자연스레 책을 읽을 수 있었습니다. 독서가 좋아지는 방법은 어른이든 아이든 읽기 쉬운 책을 읽고 싶을 때 읽는 것뿐입니다.

초등학교 2학년이었을 때 부모님이『톰 소여의 모험』상하권을 사주셨습니다만, 한 번도 책장을 뒤적이지 않았습니다. 그래도 부모님이 야단치지 않았기 때문에 독서가 좋아질 수 있었습니다.

과자 이름이 겐지 파이가 아니었다면?

겐지 파이源氏パイ라는 하트 모양에 바삭바삭하고 맛있는 과자가 있습니다. 왜 겐지 파이라고 이름 붙였는지 아십니까? 이 과자를 개발할 당시 마침 NHK 방송국이 대하드라마로 〈미나모토노 요시쓰네〉[1]를 방영하기로 결정했는데, 그러면 드라마 인기를 등에 업고 사랑받도록 하자는 의도로 겐지 파이라는 이름을 붙였다는 설이 있습니다.[2] 겐지 파이는 이성적으로 생각하면 붙일 수 없는 과자 이름입니다.

만약 겐지 파이의 이름이 '바삭한 슈거 비스킷'이었다면 지금쯤 이 세상에 존재하지 않는 상품이 되었을지도 모릅니다. '왜?'라는 반응을 일으키는 상품명의 의아스러움과 신선함이야말로 오랫동안 이 과자가 잊히지 않고 사랑받는 이유입니다. 결과적으로 '괜찮은 이름인걸' 하는 생각이 드는 이름입니다. 그러나 겐지 파이라는 이름은 히트를 치려고 계산한 결과가 아니라 **어쩌다가 먹힌 것**이라고 상상할 수 있습니다.

다양한 사물의 이름은 의미나 멋을 특별히 고려하여 영리하게 지어내는 일이 많습니다만, '이거 뭐야?' 하고 다들 의아하게 여기거나 남에게 얘기하고 싶어지는 이름을 붙이면 의외로 성공할지도 모릅니다. 상품명名은 곧 '상품명命'입니다. 이름은 생명이지요. 살리는 것도 죽이는 것도 다 이름에 달렸습니다. 이름은 많은 사람이 계속 불러주어야 한다는 점을 명심하고 장수할 수 있도록 붙여줍시다.

---

1 미나모토노 요시쓰네(源義經, 1159~1189): 헤이안 말기부터 가마쿠라 시대 초기의 천재적 무장이었으나 그의 명성을 견제한 이복형 미나모토노 요리토모에게 쫓기다가 비참한 최후를 맞이하였다. 기구한 운명과 비극적인 최후가 사람들의 동정을 얻어 전설의 영웅이 되었다.

2 겐지(源氏)는 미나모토(源)라는 성씨를 쓰는 씨족을 일컫는 말이다.

별난 상품명을 붙이려고 하면 회의 안건으로 제안해 인정받을 필요가 있습니다. 인정받을 수 있도록 설득하는 프레젠테이션 방법에도 아이디어가 필요하고요. 다른 사람이 자기가 내세우는 상품명의 장점을 이해하도록 작전을 세워봅시다.

아이디어가 두 배로 불어나는 니코이치 발상법

2월 15일

누구에게나 추천할 수 있는 간단한 아이디어 발상법이 있습니다. 한 가지가 떠오르면 반드시 그것을 거꾸로 생각한 아이디어를 쌍으로 내놓는 '니코이치'[1]라는 발상법입니다.

예를 들면 말 잘하는 방법을 가르쳐주는 책 제목을 생각하려고 할 때 『말솜씨가 좋아지는 방법』이라는 제목을 생각했다면 반대에 해당하는 역설적 표현으로 『당신이 무심코 말실수를 하는 이유』라는 제목도 내봅니다. 그러면 아이디어가 둘로 늘어나지요. 아주 간단합니다.

만약 상품을 개발할 때 금속 재료를 사용해보는 경우라면 시험 삼아 종이 재료 사용도 검토해봅니다. 애플리케이션을 기획하는 경우라면 그 기능을 문구로 만들어보면 어떨까 생각해봅니다. 이렇듯 **어떤 생각을 떠올리더라도 반대로 해보면 어떻게 될지 쌍으로 생각해보십시오.**

아이디어의 선택지가 늘어나면 좋은 아이디어가 될 가능성이 두 배로 늘어나기 때문에 최종적으로 선택한 아이디어의 질이 좋아집니다. 아이디어를 여러 개 생각할 수 있는 사고의 유연성을 익히기 위한 연습으로서 일단 '니코이치 발상법'이 몸에 배도록 해봅시다.

1 니코이치(ニコイチ): 복수의 개체로 하나의 개체를 구성하는 것(어원은 두 개로 한 개를 만드는 것).

옆으로 가지치기 발상법도 있습니다. 이를테면 빨강을 생각하는 경우는 파랑, 검정, 투명한 것도 생각해보고, 두 개로 된 세트 상품을 생각하는 경우는 한 개 단품 상품이나 100개 세트 상품도 생각해봅니다. 아이디어는 살짝살짝 옆으로 가지를 쳐서 점점 더 늘려갑시다.

아이디어를 생각하기 쉬운 도구는 사람마다 다르다

2020년에 시작한 코로나바이러스 사태를 계기로 아이디어 화상 회의가 늘어났습니다. 아이디어 회의의 설계나 진행을 맡고 있기에 나는 회의 때 아이디어를 생각하면서 적어넣는 웹 도구로서 구글 스프레드시트를 쓰자고 제안했습니다. 전원이 온라인으로 동시에 입력할 수 있는 엑셀 같은 표 형식의 도구입니다.

"바둑판 모양의 표 형식에 아이디어를 써나가면 아이디어가 불어나기 쉽답니다~!" 이렇게 말하며 회의를 진행했더니 참가자 한 사람이 "표에 써놓고 생각해도 전혀 아이디어가 떠오르지 않아요" 하고 말하기에 내가 "유연하게 발상을 해보지요" 하고 대꾸했습니다. 그러자 그 사람이 이렇게 말하더군요. "난 언제나 웹 화면에 메모지를 붙여놓고 아이디어를 써요. 미로Miro라는 프로그램을 사용하는데 그쪽이 생각을 떠올리기 쉬워요." 그래서 나는 "그러면 한번 그걸 써보기로 할까요!" 제안했고, 모두 **미로를 사용해 아이디어 회의를 시작했습니다. 그런데 나부터 아무런 아이디어를 떠올리지 못했습니다.** 처음으로 사용한 미로는 조작 방식부터 헷갈리는 바람에 긴장되어 아이디어를 생각할 여유가 없어지고 말았던 것입니다.

이때 경험을 통해 내가 아이디어를 생각해내기 쉬운 발상법이나 도구를 다른 사람에게 강요한다는 것이 무의미하다는 깨달음을 얻었습니다. 화상 회의라고 해도 종이에 아이디어를 써서 화면으로 보여주는 방법이 가장 편한 사람도 있으니까요. 따라서 이때 실패한 경험으로 아이디어 회의는 각자 편한 방법으로 참가할 자유가 있어야 한다는 점이 중요하다는 사실을 새삼 배웠습니다.

코로나바이러스 사태를 맞이해 화상으로 아이디어 회의나 세미나를 시작한 첫 몇 개월은 긴장한 탓에 정신을 차릴 수 없었습니다. 1년 후 화상 회의의 달인이 되었을 때 아직도 내게 성장할 구석이 있었다는 생각이 들어 기뻤습니다.

습관화의 요령: 반복·계속·정성

2월 17일

『하이큐!!ハイキュー!!』라는 배구 만화에 "반복·계속·정성은 참 기분 좋은 거야" 하는 대사가 나옵니다. 이 대사는 습관화의 본질을 표현하고 있습니다.

예컨대 양치질은 어릴 적 일단 '반복·계속'의 행동으로 배웁니다만, 양치질에 '정성'을 들이는 일이 얼마나 기분 좋은지 느끼지 못하면 기껏해야 부모의 잔소리를 듣고 꾸역꾸역 억지로 하는 행동일 뿐입니다. 그러면 이를 닦지 않고 잠들어도 아무렇지 않겠지요. 정성을 기울이는 일이 되어야 비로소 '양치질을 하지 않으면 개운하지 않다'는 감정이 생겨나 자발적으로 습관을 들이려고 합니다. 양치질이 올바른 습관으로 자리 잡는 때는 결국 성인 이후일 경우가 허다합니다.

정성이란 한순간이라도 행동의 결과를 되돌아보고 무언가 느끼고 깨달음을 얻는 것을 가리킵니다. 나는 회사원 시절 '기획 제안을 습관화해야지!' 하는 의욕 때문에 짜증스러울 만큼 빈번하게 기획서를 내놓았습니다. 그러나 내 제안은 팀 회의 때 전혀 통과하는 법이 없었지요. 어느 날 상사는 나를 불러 "일단 기획 제안을 멈추어주게" 하고 말했습니다. 그때는 '아니, 기획 제안을 말리다니 도대체 무슨 꿍꿍이일까!?' 하고 반발했으나 그 상사는 내가 '정성'을 기울여 기획 제안에 임하지 않았음을 보고 있었던 것입니다. 나는 그때 오기를 부려 기획안을 내밀었을 뿐입니다.

습관이란 단지 익숙해지는 것이 아니라 깨닫고 배우면서 익숙해지는 것을 말합니다.

'정성'을 뜻하는 일본어 '정녕(丁寧)'이라는 단어는 옛날 중국 군대가 병사들에게 경계와 주의를 강화하도록 두드려서 소리를 냈던 악기의 이름에서 유래했다고 합니다. 아무래도 '정성'과 '깨달음'은 관계가 있는 듯합니다.

야구 규칙의 변천으로 배우는 진화라는 방법

19세기 어느 시기엔가 미국 야구는 '21점을 먼저 얻은 쪽이 승리'였다는 설이 있습니다. 그리고 시합 후에는 주최 팀이 상대팀에게 요리를 대접하는 것이 관습이었다고 합니다.

21점을 먼저 내면 이긴다는 규칙이라면 시합이 끝나는 시간을 예측할 수 없습니다. 그래서 어느 날 요리사가 '요리가 다 식어버린다'는 불만을 터뜨렸고, 그 후 어느 정도 시합의 종료 시간을 예측할 수 있도록 오늘날처럼 '9회'로 운영하기 시작했던 듯합니다.

이 에피소드 말고도 야구 규칙에는 기나긴 역사를 거치며 다양한 변화가 있었고, 시행착오를 거듭하면서 현재와 같은 모습으로 정비되었습니다. 앞으로도 지역이나 대회에 따라 세밀한 규칙은 변해갈 것 같습니다.

아이디어를 생산해내는 방법은 야구가 진화해온 이야기와 닮았습니다. **물건을 만들거나 발명하고 고안해내는 일은 아이디어 한 건으로 완성되지 않습니다.** 더 나은 모습이 되도록 조금씩 변화하고 조정해나가는 일이 쌓이고 쌓여 가치 있는 것이 만들어지기 마련입니다.

업무나 동아리 활동이나 모두 함께 생각을 터놓고 이야기하고 시도해보면서 조금씩 진화를 이루어봅시다.

야구가 '9회까지'로 정해진 이유는 요리사가 빨리 끝내라고 불만을 터뜨린 시점이 우연히 시합 중 9회였기 때문이라고 합니다. 그 시간이 적당했던 탓인지, 현재 야구는 9회 경기입니다. 우연이 좋은 아이디어로 이어지는 일도 있습니다.

리더는 현자가 아니라 어리석은 사람

2월 19일

퍼실리테이터 나가오 아키라長尾彰 씨의 저서 『우주 형제 '완벽한 리더'는 더는 필요 없다宇宙兄弟「完璧なリーダー」は、もういらない。』에는 리더의 자질이 있는 사람을 '어리석어 보이는 현자'라고 불렀습니다.

현명해 보이는 현자는 주위 사람이 부담스럽게 여깁니다. 현명해 보이지만 어리석은 사람은 알맹이가 따라주지 않으니까 유감스럽게 여깁니다. 그들에 비해 어리석어 보이는 현자는 얼핏 믿음직스럽지 못하니까 다른 구성원들이 그를 도우려고 힘을 합쳐 성과를 올립니다. 더구나 실제로는 현명하니까 미처 부족한 점도 내다볼 수 있으니 실로 리더에 합당하다는 말입니다.

또한 '어리석어 보이는 현자'는 그 자리에 있기만 해도 장난치는 대상이나 눈에 띄는 인물로서 사랑받으며 웃음을 유발합니다. 반대로 현명해 보이지만 어리석은 사람은 주위 사람이 쉽게 다가가기 어렵겠지요.

이 이야기를 둘러싸고 나가오 아키라 씨와 대담을 나눈 적이 있습니다. 그때 그는 **"난 말이죠, 어리석어 보이는 어리석은 사람이 되고 싶습니다만…"** 하는 말을 꺼냈습니다. 그 순간에는 무슨 뜻인지 알아챌 수 없었지만 지금 생각해보면 이해할 수 있을 것 같습니다. 한마디로 주위를 성장시키는 능력으로 보자면 현자는 어리석은 사람을 넘어설 수 없지 않을까요.

예전에 나는 나가오 아키라 씨에게 팀 빌딩을 배운 적이 있는데, 그 덕분에 지금 어리석어 보이는 현자로서 업무 팀을 꾸린다고 스스로 평가하고 있습니다. 그러나 '어리석어 보이는 현자이기만 하면' 어리석어 보이는 어리석은 사람이 될 수 없습니다. 이런저런 약점은 있어도 주위 사람들에게 사랑받고 그들이 믿고 기댈 수 있는 사람이 주위 사람을 성장시킬 수 있습니다. 요컨대 현명한 사람은 자신을 뛰어넘는 현명한 사람을 키울 수 없을지도 모릅니다.

가정에서도 아버지로서 '어리석은 사람'이 되고 싶다고 생각합니다. 솔직히 말해 아내나 아이들에게 내가 옳다는 것을 보여준다고 능사는 아닙니다. 어리석은 사람이 되어 가족에게 기댈 줄 아는 아버지가 가정을 위해 좋은 아버지입니다.

컴퓨터의 속도는 몇 년 지나면 왜 느려지는가?

컴퓨터를 새로 사서 쾌적하게 사용하다가도 세월이 흐르면 작동 속도가 느려집니다. 컴퓨터 제조회사에 다니는 지인이 이야기하기를 최신 시스템으로 바꾸어가면 속도가 느려지는 일은 피할 수 없습니다. 결국 몇 년에 한 번씩 작동이 느려지면 새것을 사야 할 수밖에 없습니다. 왜 계속 쾌적하게 작동할 수 없을까? 좀 더 지속 가능하도록 제작할 수 없을까? 이런 의문을 품었습니다. 기능이 좋아지지는 않아도 괜찮으니까 오래 쓸 수 있도록 만들어주면 좋을 텐데 하고 말이지요.

그러던 중 지속 가능한 발전 목표SDGs에 대해 전문가에게 배울 기회가 있었습니다. "무언가를 지속 가능하게 만들려고 하면 다른 어딘가에 여파가 미치기 마련"이라는 이야기를 듣고 눈이 번쩍 뜨였습니다. 이를테면 가정의 행복을 지키기 위해서라고 말하면서 월급을 올리려고 열심히 일하는 사람이 있다고 합시다. 만약 그 사람이 매일 밤늦게까지 일을 계속한다면 어떻게 될까요? 건강을 해쳐 쓰러지거나 가족끼리 대화가 줄어들어 행복한 가정을 지속할 수 없어집니다. **지속 가능한 사회를 만들어나가기 위해서는 균형이 중요합니다.**

물론 수명이 긴 물건을 만드는 일은 중요합니다. 그러나 몇십 년 쓸 수 있는 컴퓨터를 판매하여 한 번도 새것으로 바꾸지 않아도 되는 동시에 제조회사가 경제활동을 지속할 수 있는 조건을 생각해보면, 아마도 컴퓨터 한 대 가격이 천정부지로 올라가 컴퓨터를 살 수 없는 사람도 생깁니다. 만약 그런 회사가 있다면 다른 정상적인 기업에 의해 망하고 말 것입니다. 기업은 균형을 잡아가면서 지속 가능성을 진지하게 생각해야 합니다.

플라스틱을 쓰지 말자는 뜻으로 종이 빨대를 만드는 활동은 의미가 있겠습니다만, 종이 빨대로 음료를 마시는 대신 맛있는 느낌이 줄어든다면 과연 그것이 행복한 사회를 지속 가능하게 해주었다고 말할 수 있을까요. 그런 가게에는 손님 발길이 줄어들어 결국 문을 닫지 않을는지…?

머리가 굳었다면 아이의 발상과 맞닥뜨리자

2월 21일

부모와 아이가 함께 참가하는 어떤 행사에서 '부모와 아이가 새로운 비즈니스 아이디어를 생각해봅시다!' 하는 워크숍을 연 적이 있습니다.

주제는 '가족이 사이좋아지는 식품 비즈니스 아이디어'였습니다. 회사에 다니는 비즈니스맨 부모들은 '메시지를 적어넣은 선물 초콜릿을 역에서 판매하자', '기분이 풀어지는 드링크를 정기적으로 배달하자' 같은 다양한 아이디어를 발표했습니다. 그러던 중 **그 자리에 있던 초등학생 남자아이가 '야키니쿠!' 하고 외쳤습니다.** 그 순간 다들 "아하, 그야 그렇지!" 하고 고개를 끄덕였습니다. 야키니쿠(불고기)를 먹으러 가면 당장 화목한 가족이 되어버리니까요.

어른이 비즈니스 이야기를 하면 남들과 구별되는 색다른 것, 새로운 기술과 트렌드를 사용한 것, 똑똑해 보이는 것을 말해야 한다는 강박관념이 있는 경우가 꽤 있습니다. 그러나 사회에 가치 있는 것을 널리 퍼뜨리는 비즈니스는 아이들부터 고령자까지 누구나 단번에 알 수 있어야 합니다. 직설적이고 솔직한 아이들의 발상에는 진리와 같은 힌트가 들어 있습니다.

내가 만든 장난감이나 게임은 거의 내가 어릴 적 감동한 물건을 힌트로 삼았습니다. 어린 시절의 사건이나 감정에는 비즈니스에 도움이 될 실마리가 잔뜩 담겨 있습니다. 시대는 변해도 인간은 그대로입니다.

과거의 나는
현재의 나를 가르치는 스승

나는 신입사원 시절부터 찔끔찔끔 써둔 장난감 아이디어 메모를 버리지 않고 보관해 두었습니다. 지금도 아이디어가 잘 떠오르지 않을 때 다시 들여다보면 참고가 됩니다. 그런가 하면 그것을 보고 반성할 때도 있습니다. **젊을 때 나는 정말 지나치게 에너지가 넘쳐났구나 하고 말이지요.**

지금 그 메모를 보면 대부분의 아이디어가 도저히 상품이 되리라고는 생각할 수도 없습니다만, 현재로서는 이미 발상이 미칠 수 없는 참신한 아이디어뿐이라 과거의 자신에게 경악합니다. 기획 개발의 경험을 쌓아가다 보면 실현 가능성이 높고 수지타산이 맞을 듯한 효율적인 아이디어가 아무래도 먼저 떠올라버립니다. 내가 강사로 나가는 연수회 같은 곳에서는 '우선 자유롭게 생각합시다!' 하고 말하지만 실은 나도 과거의 자신에 비해 자유로운 발상 뇌가 퇴화했을지도 모릅니다.

사람은 묵묵히 성장하기 마련입니다만, 성장과 더불어 순수함이나 저돌적인 패기는 잊어버리기도 합니다. 낡은 컴퓨터에 남아 있는 이전에 쓴 기획서, 잊어버리고 있던 추억 등 수십 년 전 자신의 흔적을 주워 모아 성장하는 대신 잃어버린 부분을 다시 복원해보면 새로운 아이디어를 찾을 수 있을지도 모릅니다.

예전에 회의 때 통과하지 못한 상품 아이디어가 몇 년 지나서 시대의 흐름이나 환경에 들어맞아 상품으로 만들어낼 수 있는 경우가 적지 않습니다. 회의 때 탈락한 아이디어는 언젠가 모두 다시 활용할 수 있는 보물입니다.

엉뚱한 아이디어를 맨 먼저 생각해야 한다

2월 23일

나는 어릴 적부터 만화 잡지《고로코로 코믹》을 좋아했는데, 2021년 3월호를 보니 오랜만에 충격적이고 재미있는 만화가 실렸더군요.「캡 혁명 보틀맨キャップ革命 ボトルマン」이라는 작품입니다. 다카라토미タカラトミー 회사에서 발매한 페트병 뚜껑을 발사해 서로 공격하는 장난감이 제재이고, 한 편씩 따로따로 읽을 수 있는 만화입니다. 무엇보다도 내용이 말도 못하게 냅다 엉뚱하고 참신하기 짝이 없습니다.

보틀맨이라는 장난감을 사랑하는 주인공이 친구와 공원에서 놀고 있는데 돈 많고 극도로 악한 적이 다가와 돈의 힘을 내세워 모두 몰아내려고 합니다. 주인공은 공원을 지키기 위해 적과 맞붙어 싸우는데, 발사한 보틀캡이 경찰관 같은 남자들이 쏜 보틀캡으로 부서지거나 화투로 만든 벽을 세워 진로를 막아버리는 등 엉뚱하고 당돌하게 전개됩니다. 마지막에 주인공이 던진 보틀캡의 회전 마찰로 화투의 벽이 불타고 승리한다는 어이없는 결말을 맞이합니다. 초등학생에게는 심각해 보이는 만화일지 모르지만 아동 만화를 읽고 나는 오랜만에 배꼽을 잡고 웃었습니다.

이 만화를 읽었더니 평소에 내가 생각한 게임이나 콘텐츠가 하나같이 너무나 평범하게 보였습니다. 상식적이고 일반적인 아이디어를 생각하고 나서 엉뚱하고 참신하게 만드는 것은 여간 어렵지 않습니다. **우선 가장 발랄하고 어처구니없는 아이디어를 생각하고 나서 규칙을 위반하거나 실현하기 어려운 부분을 수정해 나가는 편**이 재미있는 아이디어를 완성도 높게 마무리하는 방법일 수 있습니다.

애초에 '보틀맨'이라는 아이디어가 빼어나게 뛰어납니다. 인터넷에서 비드맨[1]이라는 전설의 장난감이 부활한 듯한 냄새를 피워놓고는 막상 뚜껑을 열었더니 패트병 뚜껑을 서로 쏘아대는 보틀맨이었습니다. 이런 발표 형식을 취한 것이 충격적이었습니다.

1 비드맨(Beadman): 구슬치기를 모티브로 홀드에 구슬을 끼워서 발사하는 완구이자 애니메이션.

기한을 어긴 상대를 솜씨 좋게 재촉하는 요령

약속한 날짜를 넘겼는데도 상대방이 아무런 연락도 없이 물품을 제출하지 않는 일이 있지요. 상황에 따라서는 질책해도 무방할 때가 있겠으나 그렇게 했다가 상대방의 의욕이 떨어지고 제출한 물품의 질이 낮아진다면, 업무상 달성해야 할 '좋은 물건 만들기'라는 목표와 멀어지고 맙니다.

또 제출 기한이 아직 남았는데도 걱정스러운 마음에 "지금 얼마나 진행하셨습니까~?" 하고 묻는 사람도 있습니다. 이것도 중요한 의사소통일 수는 있으나 도가 지나치면 '알아서 잘하고 있는데 참 말이 많구나~' 하고 상대가 반발하고 맙니다. 제출 기한에 관한 의사소통은 섬세하고 까다롭습니다.

나는 우선 일을 시작할 때 반드시 제출 기한을 의논해 명확하게 정해놓습니다. "지금 서로 일정표에 써넣읍시다." 이렇게 함께 메모한 다음 경과를 서로 보고하고 기한을 맞추지 못할 우려가 있으면 미리 의논하고, 그다음에는 믿고 기다립니다. 이것이 기본입니다.

경과를 전혀 보고하지 않는 사람이 있으면 "지금 얼마나 진행하셨습니까?"가 아니라 **"그러고 보니 이 부분을 좀 모호하게 남겨둔 것 같은데…, 제대로 전해졌는지요~?"** 이런 식으로 자기가 명확히 하지 못하고 잊어버렸다는 식으로 물어봅니다. 나와 당신이 함께하는 일이라는 자세를 보여주는 것이 중요하다고 생각합니다. **상대만 몰아붙이는 것이 아니라 함께 책임을 지고 제출 기한을 맞추어봅시다.**

최근에는 채팅 도구 등으로 간간이 연락을 나누다 보면 안심하는 바람에 최초의 제출 기한 결정이 모호해지는 일도 있으나 역시 맨 처음에 다 함께 계획을 정하고 "자, 한번 잘해봅시다!" 하고 일치단결하는 것이 중요합니다.

할머니와 손녀의 영상통화로 배운 기획하는 법

2월 25일

우리 딸들은 멀리 떨어진 본가에 사는 부모님과(할아버지·할머니와) 매주 일요일 밤에 스카이프Skype로 영상통화를 나눕니다. 부모님이 매우 기뻐하시지요. 하지만 코로나바이러스 사태로 귀향하지 못하는 시기가 몇 년이나 이어졌을 때 어느 날 "영상통화는 하고 있지만 만나지 못해 섭섭하지 않으세요? 어떻게든 방도를 구해 찾아뵐까요?" 하고 어머니에게 여쭈어보았습니다.

그러나 어머니는 "아니야, 영상통화가 제일 좋아!" 하고 말했습니다. 처음에 그 말을 들었을 때는 뜻밖이었지만 곰곰이 생각해보니 진심이라는 생각이 들었습니다. 영상통화 덕분에 얼굴을 보고 이야기하는 횟수가 예전보다 늘어났을 뿐 아니라 **부모님도 솔직한 심정으로 내가 아내와 아이 둘을 데리고 본가에 가면 힘드실 것입니다.** 음식이며 잠자리를 준비하는 일이 여간 신경 쓰이고 피곤하지 않을 테니까요.

우리 부모 세대의 감각이라면 영상통화를 하기보다 실제로 만나고 싶을 것이라고 상상했습니다만 내 생각은 틀렸고, 인터넷이라는 도구를 받아들이는 듯했습니다. 이런 식으로 '고령자라면 이렇겠지' 하는 선입견 때문에 사실은 원하지도 않는 것을 강요해버리는 일은 생활 속이나 비즈니스 분야에서도 자주 일어납니다. 상품과 서비스를 다루는 업무에 종사하는 사람은 될수록 다수의 고객에게 직접 본심을 들어야 한다는 것을 새삼 깨달았습니다.

어머니가 얼마 전 갈라파고스 휴대전화[1]를 스마트폰으로 바꾸려던 무렵에는 계속 "시니어폰 같은 것 말고 보통 것이 좋아. 단순한 시니어폰은 볼품이 없어!" 하고 말씀하셨습니다.

1 갈라파고스 휴대전화: 세계 표준에서 벗어나 독자적인 진화를 이룬 일본의 휴대전화를 갈라파고스 제도의 생물에 비유한 말.

반응의 0.5초 차이가 기획의 성패를 가른다

구상 중인 기획의 좋고 나쁨을 판단하고 싶을 때, 나는 지인들 열 명에게 물어보는 방법을 씁니다. 상품 기획이라면 "이거, ○○엔에 팔면, 살래?" 하고 가격까지 제시하면서 직설적으로 묻습니다.

우선 질문하기 전부터 '좀 물어보기 무서운걸' 하는 생각이 든다면 이미 그 기획은 별로 힘을 내지 못합니다. 스스로 미숙하다고 느끼기 때문에 **가격까지 내걸어 묻는 일이 아주 무섭게 느껴집니다.** 만약 열 명에게 물어보았는데 신랄한 반응이 돌아오더라도 "흥, 이 기획이 얼마나 좋은지 전혀 모르는구나. 후후후!" 하는 생각이 들면, 그 아이디어는 강력합니다. 누가 무슨 말을 하든 성공을 향해 주저하지 않고 온 힘을 다해 밀고 나갈 수 있기 때문입니다. 한마디로 상대의 반응 운운보다 자신의 본심을 확인하기 위해 남에게 묻는 것입니다.

실제로 남에게 의견을 물어보면 대다수는 미루어 헤아리기 때문에 강력하게 반대하지 못합니다. 그때 상대가 반응하기까지 얼마나 '빠른지' 보는 것이 중요합니다. 자기가 내놓은 아이디어를 듣고 "어머나, 좋군요~" 하는 것과 "야, 이거 정말 좋은데!!" 하는 것은 하늘과 땅만큼 다릅니다. 반응 속도 0.5초 차이가 진심을 드러냅니다. 정말 좋은 아이디어에는 순간적으로 입 밖으로 탄성을 내기도 하고 질투 섞인 반응을 내비치기도 합니다. 열 명 중에 두 명이라도 반사적으로 그런 반응을 보였다면 아이디어의 성공 확률이 높습니다. 다섯 명의 반응을 얻는다면 그야말로 거의 성공이지요.

나는 내 아이디어를 친척 아이들에게 이야기하는 '상상만' 합니다. 짐작으로 헤아리는 일이 미숙한 아이들에게 이야기하는 상상만으로도 어떤 반응을 보일지 무섭다는 생각이 들면, 그 아이디어는 폐기합니다.

안락楽이라는 한자로 배우는 편안해지는 법

일하다가 힘든 일이 있으면 '아아~ 편해지고 싶다!'고 생각하지요. 괴로운 마음을 달래주는 방법은 각자 다를 듯합니다만, 모든 사람에게 해당하는 편해지는 방법은 '좋아하는 음악 듣기'입니다.

락楽이라는 한자는 옛날 옛적 신에게 기도를 드릴 때 도토리를 매달아 연주하던 나무 악기의 모양을 본떴다고 합니다. 이 한자가 들어간 숙어를 살펴보면 음악과 관련 있는 숙어만 나옵니다. 악기楽器, 악단楽団, 분라쿠文楽,[1] 농악農樂, 아악雅楽…. 다시 말해 **음악**音楽**이란 소리를 즐긴다는 뜻을 넘어 '안락해지는**楽にする' **근원이었다**고 본 것입니다.

기가 죽어 우울하거나 왠지 힘이 나지 않을 때는 우선 기분이 좋아지는 음악을 들어봅시다. 음악을 들을 수 있는 애플리케이션으로 마음에 드는 플레이리스트를 만들어두는 방법도 꽤 괜찮습니다. 또 자연의 소리를 듣는 것도 음악 감상의 일종입니다.

또한 음악 듣기와 아울러 스스로 음악을 연주해보는 놀이도 추천합니다. 나 역시 잘하는 편은 아니어도 기타를 치거나 노래를 부르면 어쩐지 기운이 납니다. 발로 탁탁 바닥을 치며 박자를 맞추거나 수다를 떨며 소리를 내는 것도 음악 활동입니다. 기운이 없으면 우선 좋아하는 방법으로 소리를 내봅시다.

1 분라쿠: 일본이 세계적으로 자랑하는 대표적인 전통 무대예술로서 서민을 위한 성인용 인형극이다. 가부키(歌舞伎), 노(能)와 함께 일본 3대 고전 예능 분야로 손꼽힌다.

음악을 들으면서 공부하면 집중이 잘된다는 설이 있습니다. 집중력과 인과관계가 있는지 없는지 알 수 없으나 필시 마음을 추스르는 긍정적인 효과가 있을 것입니다.

열심히 분발하기보다 더 중요한 것

일본어로 분발한다がんばる는 말은 '인내하고 노력한다'는 뜻입니다. 분발하는 사람을 보면 대단하다고 생각합니다. 그러면 더욱 분발할수록 더 대단할까요. 쓰러질 만큼 분발하는 사람은 정도껏 적당히 분발하는 사람보다 훌륭할까요. 분발하지 않는 사람은 대단하지 않을까요. 실제로는 그토록 분발하지 않는데도 '분발하고 있는 듯 보이도록 분발하는 사람'은 훌륭하지 않을까요.

나는 **분발하는 사람도 분발하지 않는 사람도 자기 자신에게 만족한다면 더할 나위 없다고 봅니다.** 본인의 의사로 분발하지 않는 편이 행복하니까 분발하지 않는다고 말하는 사람은 옳습니다. 분발한다, 분발하지 않는다는 축으로 인생의 좋고 나쁨을 평가할 수는 없습니다. "아아, 힘들어, 힘들어…!" 하면서 쉬지 않고 분발하는 자신에게 만족한다면 행복할 것이고, 분발하든 분발하지 않든 자신에게 만족하지 못한다면 불행합니다.

아이들이나 아랫사람이 분발하기를 바란다면, '열심히 하면 기다리고 있을 기쁜 일을 맛볼 수 있다'라고 목표를 향해 분발하도록 격려해줍시다.

분발하기를 바라는 상대에게 한 번쯤 분발하는 시기와 분발하지 않는 시기를 주어봅시다. 나중에 "언제가 더 즐거웠어?" 하고 물어보면 본인이 스스로 깨닫는 바가 있을 것입니다.

3월

사실 첫 번째 생각이 가장 좋을지도

하고 싶은 일을 깨닫는 단 하나의 질문

만약 여러분이 '하고 싶은 일을 찾는다'면 다음 질문에 대답하세요.

"이제부터 1년 동안 무얼 하든 봉급을 받을 수 있다면 무슨 일을 하겠습니까?"

3월
1일

아무 일도 하지 않고 이불 위에서 뒹구는 것도 괜찮습니다. 놀이도 좋고 공부도 좋고 무언가를 연습해도 좋습니다. 지금 하는 일을 그대로 계속해도 무방합니다. 몇 가지라도 상관없으니까 떠오르는 대로 종이에 적어보십시오. 그중에 여러분이 진심으로 하고 싶은 일이 하나 있습니다. 그것을 솔직하게 골라 하루에 30분이라도 좋으니까 시간을 내어 그 일을 하면 삶이 달라집니다. 그 일로 처음부터 돈을 벌 수는 없을지도 모르겠지만 소중한 행복을 얻을 수 있습니다. 그리고 그 일을 계속하다 보면 언젠가 돈을 벌어들일 수 있는 가능성이 충분합니다.

믿을지 말지는 여러분에게 달렸으나 어느 쪽이든 이 질문의 대답을 생각하는 것만으로 마음속에 손톱만큼 설레고 즐거운 마음이 솟아오를 것입니다. 한번 상상해보십시오.

'물음(問い)'은 최고의 장난감(TOY)입니다. 장난감처럼 계속 즐기며 생각할 수 있는 물음이 있으면 다양한 깨달음을 얻고 삶이 달라집니다. 최근 내 마음에 든 물음은 '마음은 몸 어디에 있는가?'입니다. 뇌? 심장? 다리? 몸의 외부? …….

칭찬은 구석구석 질책은 세 가지만

'찬합의 구석을 쑤신다'는 일본 속담의 사전 풀이를 살펴보면, '사사로운 것에만 주목하여 트집을 잡는 일'을 의미한다고 쓰여 있습니다. 나는 이 말이 남을 칭찬할 때 쓴다고 생각하려 합니다.

애초에 **왜 남을 칭찬해야 할까요. 그 답은 바로 '성장을 위해서'입니다.** 본인조차 미처 알아차리지 못한 '좋은 점의 씨앗'을 발견해 칭찬해줌으로써 싹을 틔우고 물을 주어 꽃을 피우기 위함입니다. 성장하기를 바라는 사람이나 행복해지기를 원하는 사람이 있으면 평소에 그 사람을 잘 관찰하고, 찬합의 구석을 쑤시듯 세세한 좋은 점을 찾아내어 칭찬해줍시다.

거꾸로 질책할 때는 찬합 구석을 쑤셔서는 안 됩니다. 내게 남을 질책해도 좋다고 보는 경우는 세 가지입니다. '남에게 상처를 주었을 때', '과도하게 욕심을 부렸을 때', '약속 시간에 늦어 사람을 기다리게 해놓고도 별로 미안해하지 않을 때'입니다. 우리 아이가 세 가지 중 하나에 해당하면 야단을 칩니다. 내 가치관에 비추어 중요한 세 가지만큼은 감정을 드러내 야단치는 것을 스스로 허용합니다. 질책을 통해 자신의 소중한 가치관을 상대에게 전하는 것은 나쁜 일이 아닙니다.

다른 사안은 서로 이야기를 나누어봅니다. 대화를 나누면 영원히 이해하지 못할 사람은 없다고 믿고 있습니다.

질책하는 방식에 대해서는 분노 조절(앵거 매니지먼트) 프로그램의 장점을 참고합니다. 무슨 일이든 화를 내지 않으려고 할 것이 아니라 '화가 나는 것'과 '뭐, 이 정도는 넘어갈 수 있어!' 하는 것을 확실하게 구별해놓는 일이 중요합니다.

인상이 좋아지는 가장 손쉬운 아이디어

3월 3일

외모가 풍기는 인상은 업무를 볼 때 중요합니다. 웃는 얼굴과 청결한 모습은 타인에게 좋은 인상을 줍니다. 주위 사람들도 기분이 좋아지고 사이좋게 지내기 쉽도록 해주기도 합니다.

나는 잘생긴 외모와 거리가 멀지만, 일할 때는 특별히 외모의 인상에 신경을 씁니다. 인상이 좋아지는 가장 손쉬운 방법은 **진심으로 자신에게 어울리는 옷을 몇 벌 장만하는 것입니다.** 비싼 옷일 필요는 없습니다. 옷장을 그득 채울 필요도 없습니다.

30대일 때 패션 스타일에 정통한 사람에게 옷을 몇 벌 사달라고 부탁한 적이 있습니다. 단 한 번 그렇게 해서 참으로 자기에게 어울리는 옷이 어떤 옷인지 알면 평생 도움이 됩니다. 젊은 시절에는 갖가지 색깔 옷을 입었습니다만, 지금은 거의 특정한 감청색 옷만 입습니다. 창백한 얼굴빛과 잘 어울리고 30퍼센트쯤 더 힘이 넘치는 표정으로 보입니다. 원격 근무 문화가 퍼지고 나서도 영상통화할 때 얼굴색이 좋아 보이도록 유니클로에서 감청색 윗도리를 샀습니다. 효과 만점이었습니다.

나이에 따라 어울리는 옷은 달라지겠지만 현재 자기에게 정말 어울리는 옷이 어떤 옷인지, 다른 사람의 의견도 들어보면서 골라보기를 추천합니다. 그래도 결국에는 자기 기분이 좋아지는 옷을 고르는 것이 최선이긴 합니다만.

아름다운 드레스를 입으면 화나거나 찌푸린 표정을 지을 수 없습니다. 자기에게 어울리는 옷을 입고 있으면 미소 띤 얼굴밖에 선택지가 없어집니다. 옷의 힘을 빌려 좋은 기분을 누려봅시다.

어색한 사람을 대하는 네 가지 유형

'이 사람, 좀 대하기 어려운데…' 하는 상대는 꼭 있기 마련입니다. 하지만 이 세상에 악인은 없습니다. 상대를 불편해하는 이유는 네 가지인데, 각각 어떤 커뮤니케이션으로 다가가면 좋은지 요령을 살펴봅시다.

A 유형: 듣고 싶지 않지만 중요한 점을 지적해주는 상대

→ 자신을 성장시켜주는 고마운 존재이므로 마음을 열고 이야기를 들어봅시다. 자기가 미숙했다 싶은 경우가 적지 않습니다.

B 유형: 왠지 모르게 대화가 불편한 상대

→ 수줍어서 말이 없거나 자기 이야기만 하려고 드는 것은 대화를 주고받는 타이밍이 맞지 않을 뿐이므로 대화를 자주 나누어 서서히 본심을 전하도록 거리를 좁혀가면 좋을 듯합니다.

C 유형: 다른 일로 슬퍼하는 상대

→ 사람은 마음이 채워지지 않으면 감정이 폭주해 다른 사람에게 빡빡한 태도를 보이거나 실언을 해버리기도 합니다. 우선은 친절하고 상냥한 태도로 다가갑시다.

D 유형: 다른 사람을 통제하려는 상대

→ 타인을 제어하려는 사람은 미숙한 사람입니다. 우선은 자신이 자립적으로 살아가는 자세를 보여주면서 상대를 키워줍시다.

인간관계는 대체로 자기다운 커뮤니케이션 방식 하나로 지금보다 한 걸음 앞으로 나아갈 수 있습니다. 하지만 드물게나마 정말 나쁜 사람도 있으므로 그럴 때는 한달음에 도망가서 믿을 만한 사람에게 도움을 청합시다.

〈매직 더 개더링〉으로 배우는 세일즈 아이디어

'트레이딩 카드 게임Trading Card Game'을 아십니까. 통칭 TCG라고 부르는데, 트럼프처럼 한 상자를 사면 다 같이 놀 수 있는 것이 아니라 작게 나누어놓은 '팩'으로 카드를 사모아 수집한 다음, 자기 카드를 사용해 상대와 싸우는 게임입니다. 〈포켓몬 카드 게임〉이나 〈유희왕〉, 〈듀얼 마스터즈〉 등이 여기에 속하는데, 이 장르의 선배 격이 〈매직 더 개더링Magic: The Gathering〉이라는 게임입니다.

〈매직 더 개더링〉을 개발한 사람은 당시 한 상자 구입하면 다 같이 놀 수 있는 다른 게임을 생각했으나 회사가 그 게임의 아이디어를 상품으로 만들자는 제안을 채택하지 않는 바람에 '카드를 조금씩 사모아 자신의 카드 세트를 강화해나가는' 참신한 방식으로 나아갔다고 합니다. **놀이 방식이라기보다는 참신한 '판매 방식'이라고 말해야 할 듯합니다.** 〈매직 더 개더링〉은 발매 후 눈 깜짝할 사이에 몇억 장이나 팔려나가는 개가를 올렸습니다.

상품이 팔리는 방식에는 여러 가능성이 있습니다. 만약 지금 팔리지 않는 상품이 있다면 '어떤 것과 조합해서 팔기', '작게 나누어 싸게 팔기', '기간이나 수량 한정으로 팔기', '장소를 바꾸어 팔기' 등 다양한 방식을 시도해봅시다.

우리 회사에는 전국의 민예품(목각 인형이나 오뚝이 등)이 싸움을 벌이는 TCG 장르의 〈민예 스타디움〉이라는 게임 상품이 있는데, 한 상자에 모든 카드를 얻을 수 있다는 것을 강점으로 내세워 수천 세트 팔았습니다. 작게 나누는 것이 반드시 좋다는 이야기가 아닙니다.

으뜸 아이디어는 몇 번째로 낼까?

업무상 상사나 거래처에 기획을 제안해본 적이 있는 사람도 많겠지요. 그때 'A안, B안, C안'이라는 식으로 몇몇 후보를 마음속에 두고 순서대로 설명했을 때 가장 으뜸으로 꼽아놓은 제안을 몇 번째로 내는지요? 첫 번째인가요? 아니면 분위기를 보아가며 두 번째? 아니면 마지막인가요?

결론을 말하자면 나는 으뜸 아이디어를 첫 번째로 냅니다. 그다음 "두 번째 이하는 일단 대안으로 생각해봤습니다만, 첫 번째 안이 좋다고 생각합니다" 하고 내 의사를 전달합니다.

으뜸 아이디어가 분명한데 맨 먼저 이야기하지 않을 이유가 없습니다. **'두 번째가 좋을까? 마지막으로 내는 것이 좋을까?' 하고 망설여진다면 그것은 으뜸 아이디어가 아닐 테고, 아직 충분히 자신하지 못함을 나타내겠지요.** 진심으로 밀어붙이고 싶은 아이디어가 있다면 그것만 이야기하면 됩니다. 다른 아이디어는 '역시 으뜸 아이디어가 제일 낫다'는 확신을 주기 위한 비교 대상일 따름입니다.

여러 가지 아이디어를 놓고 망설일 때는 전체를 동시에 내놓고 상대의 의견을 들어볼 수도 있습니다. 정보는 주어지는 순서에 따라 받아들이는 사람의 생각에 편향을 불러일으킵니다. 여러 사람에게 물어본 순수한 첫인상이 올바르게 판단한 의견일 때가 많습니다.

제안을 받아들이는 쪽은 후반으로 가면 갈수록 피곤이 쌓여 판단력이 둔해집니다. 후반에 좋은 아이디어를 내놓고 싶다고 생각하는 사람은 무의식적으로 상대의 둔해진 판단력을 기대하고 있을지도 모릅니다. 그렇다면 그것은 '도피'가 아닐까 싶습니다.

워드, 엑셀, 파워포인트를 제대로 구별해 쓸 것

어떤 원고를 워드(문서를 쓰는 소프트웨어)로 집필하던 시기에 설명하려는 바가 뒤죽박죽 뒤엉켜 정신이 혼미해질 지경이었습니다.

다음 날 심기일전하여 쓰고 싶은 내용을 정리하자는 생각에 파워포인트(슬라이드를 만드는 소프트웨어)를 사용해보기로 했습니다. 우선 설명의 순서를 고려하지 않고 쓰고 싶은 내용을 떠오르는 대로 슬라이드에 한 장씩 써넣었습니다. 그러고 나서 슬라이드의 순서를 이리저리 바꾸었더니 놀랄 만큼 이해하기 쉽게 논지를 정리할 수 있었습니다. 그다음 워드를 사용해 슬라이드의 내용을 글로 서술해 원고를 완성했습니다.

3월 7일

거꾸로 파워포인트로 프레젠테이션 자료를 만들다가 생각이 잘 풀리지 않았을 때 논지를 정리하기 위해 일단 워드로 발표 내용의 줄거리를 적어보았더니 어떤 슬라이드를 만들어야 할지 생각이 쉽게 떠올랐습니다.

워드(문장), 엑셀(표), 파워포인트(슬라이드)라는 세 가지 도구를 세트로 구비해놓은 것은 필연이었을까요. 그렇다는 생각이 들지 않을 수 없을 만큼 세 가지 도구를 이것 쓰다 저것 쓰다 하다 보면 발상의 폭이 넓어지고 생각을 잘 정리할 수 있습니다.

나는 평소 아이디어를 생각할 때 엑셀을 자주 사용하곤 합니다만, 때때로 엑셀을 워드나 파워포인트로 바꾸어 전혀 다른 사고방식으로 전환할 수 있습니다. 하나의 도구를 사용하다가 막다른 길에 들어선 듯 작업이 잘 풀리지 않으면 다른 두 가지 도구를 사용해봅시다.

엑셀을 사용한 아이디어 발상법은 졸저『기획의 메모 기술(企画のメモ技)』에 그림을 넣어 자세하게 설명해놓았으니 참고 바랍니다.

떠들어도 괜찮은 도서관은 왜 없을까?

나는 도서관을 좋아합니다. 하지만 아이들이 어릴 때 도서관에 데리고 가면 금세 큰소리를 내거나 소란을 피우니까 여간해서는 데리고 갈 수 없었습니다. '어떻게 하면 아이들이 정숙하게 있을까?' 이런 생각을 하다가 문득 왜 도서관에서는 그토록 조용히 해야 하는지, 의문이 들었습니다. 물론 조용히 책을 읽는 사람을 방해하지 않도록 조용히 있는 것입니다만, 가끔은 '떠들어도 괜찮은 도서관'이 있어도 되지 않을까 하는 생각이 들었습니다.

거꾸로 말하면 조용히 있어야 하는 술집이 있어도 좋을지 모릅니다. 술을 마시면서 책을 읽거나 공부하면서 호젓한 시간을 보내고 싶은 사람이 있을지도 모르니까요. 노래해도 좋은 병원이 있거나 큰소리로 외치는 절이 있어도 좋을지 모릅니다. 옛날부터 변하지 않고 전해 내려오는 암묵적인 규칙을 깨버림으로써 누군가 바라던 쾌적한 공간을 조성할 가능성이 열릴 수 있습니다.

개인적으로는 은행 로비를 즐거운 공간으로 만들 수 있지 않을까, 언제나 망상을 펼쳐봅니다. 은행도 떠들면 안 되는 장소지요. 돈을 취급하는 엄숙한 곳이기 때문일지도 모르지만, 카페와 비슷한 공간이 되어도 좋지 않을까 합니다.

조성해보고 싶은 공원도 있습니다. 지면에 배낭을 짊어지는 어깨끈이 두 개 나와 있는 공원입니다. 그곳에 어깨를 집어넣고 누우면 지구를 짊어지고 우주에 있는 감각을 맛볼 수 있습니다. 한번 해보았더니 꽤 재미있었답니다.

아이디어를 산만하게 늘어놓기만 하지 말라

아이디어는 '질보다 양'입니다. 100명이 참가한 오디션에서 뽑힌 한 사람은 대단합니다. 다시 말해 100가지 아이디어를 생각하고 그중 1등 아이디어를 선택하면 그것만으로도 상당히 뛰어난 아이디어를 얻을 수 있습니다. 1000명이 참가한 오디션에서 뽑힌 한 사람은 더욱 대단합니다. 아이디어의 양을 늘리는 것이 질을 높이는 가장 확실한 지름길입니다.

3월 9일

이런 이야기를 하면 "알겠습니다! 이제부터 회의할 때는 제안을 100개 내놓겠습니다!" 하는 사람이 있는데, 그런 이야기가 아닙니다. 대량의 아이디어는 선택지일 뿐입니다. 다른 사람에게는 좋은 아이디어를 몇 개로 추리고 나서 제안하는 것이 좋습니다. 별 소용도 없는 제안을 포함한 대량의 아이디어를 내밀면서 "어떻습니까!?" 하면 곤란합니다. 또 기획 개발이 웬만큼 진행되어 모양을 잡아가고 있는데 "이런 아이디어는 어떻습니까?" 하고 전제를 뒤집어버리는 전혀 다른 제안을 내밀어도 곤란합니다.

조금이라도 좋은 물건을 만들고 싶다는 열의는 중요합니다. 그러므로 업무 단계에 맞지 않게 '산만하게 늘어놓는 문제'를 제기하지 않도록 **처음에는 되는대로 마구 늘어놓고 충분히 궁리한 다음 납득갈 만한 방향성을 정하고, 그다음은 속도를 올려 기획을 완성합시다.** 예컨대 제1 버전을 만들어보고 검토를 반복하며 제2 버전, 제3 버전으로 수정해가야 일이 잘 풀립니다.

덧붙이자면 아이디어를 계속 늘어놓기만 할 것이 아니라 미세하게 조정하면서 '한 걸음만 더 나아갈 수 없을까?' 하고 마감 시간까지 철저하게 살피는 일이 중요합니다.

좋은 아이디어를 어떻게 추리면 좋을까요. 주어진 제재의 전제 조건에 달렸겠지만, 나는 자기 자신을 손님이라고 가정하고 제일 기쁠 만한 선택지를 선택하라고 권합니다. 자기가 세운 기획의 첫 사용자는 바로 자기 자신입니다.

바로 전과 얼마 전을 돌이켜보면 성장 폭발이 일어난다

음성 미디어로 〈다카하시 신페이의 『1일 1아이디어』高橋晋平の『1日1アイデア』〉 라는 라디오를 매일 아침 방송하고 있습니다. 말하기가 능숙해지도록 반드시 한 번은 수록한 방송을 다시 듣고 있습니다. 표현이나 전달 방식에 관한 세심한 깨달음을 잔뜩 얻을 수 있었기 때문에 조금씩 수정해가면 프로그램 내용이 나아질 것이라고 여겼습니다.

그러나….

어느 날이었습니다. 별다른 생각 없이 오랜만에 **1년 전 방송을 들어봤더니 최근 방송보다 듣기 좋다는 느낌에 깜짝 놀랐습니다.** 말하는 방식을 세밀하게 수정한 결과 지나치게 표현이 점잖아지고 예전에 비해 정제되어 재미가 덜해지고 말았습니다. 언제나 바로 전 방송만 다시 들었기 때문에 과거의 좋은 점이 퇴화했다는 점을 깨닫지 못하고 좋아지고 있다고만 믿은 것입니다.

자신과 팀을 성장시키기 위해 과거를 되돌아보는 일은 중요합니다. 다만 직전에 있었던 일만 돌아보지 말고 '1년 전과 비교하면 어떨까?', '3년 전과 비교하면 어떻게 달라졌을까?' 하고 얼마 전 과거를 돌아보는 일도 중요합니다. **성장하기 전에는 성장 이전의 좋은 점이 반드시 있는 법입니다.**

제대로 성장할 수 있는지 과도하게 생각하다 보면 혼란스러울 수도 있습니다. '계속 퇴화하는 것은 아닐까?', '어떻게 성장해야 올바른 것일까?' 등등 고민도 있을지 모르지만, 고민하는 일도 그것대로 나쁘지 않습니다. 그러한 고민을 잊어버렸을 때가 바로 '진화'의 순간입니다.

〈나메코 재배 키트〉처럼 일하라

3월 11일

즐겁게 일하는 방법의 예로서 비디오 게임 〈드래곤 퀘스트〉처럼 하자고들 말합니다. 롤플레잉 게임을 클리어하여 경험치와 레벨을 올리는 것처럼 눈앞에 놓인 일이나 문제를 즐겁게 다루자는 사고방식입니다.

나는 '〈드래곤 퀘스트〉처럼 하자'는 사고방식에 의문을 품고 있습니다. 〈드래곤 퀘스트〉 게임은 적에게 공격을 받아도 아프지 않고 금방 초기화하여 다시 시작할 수 있지만, 현실에서는 업무를 진행하다가 심신이 아프기도 하고 초기화할 수도 없습니다. 업무를 〈드래곤 퀘스트〉 게임과 마찬가지라고 파악하는 것은 어지간히 망상에 빠지지 않는 이상 불가능합니다.

© Beeworks/SUCCESS

그러나 일을 게임처럼 생각하는 방식에는 대찬성입니다. 가끔 조직 개발 일을 도울 때가 있는데, 그때는 '일을 게임처럼 하자'는 방법을 구상합니다. 내가 머릿속에 그리는 게임은 〈드래곤 퀘스트〉가 아니라 2011년 일본에서 엄청난 인기를 누린 스마트폰 애플리케이션 게임 〈나메코 재배 키트〉입니다. 원목에 싹을 틔우는 나메코를(버섯을) 가볍게 손가락으로 수확하기만 하면 되는 방치형 게임이지요. 나메코를 따서 포인트가 쌓이면 설비 등을 사들여 더욱 풍성해진 나메코를 수확하는 놀이입니다.

이 게임의 목적인 '나메코 수확'은 매상을 올려야 하는 업무의 목표를 이해하기 쉽게 해주는 비유입니다. 설비가 좋아지면 나메코가 빨리 자라거나 진귀한 나메코가 늘어납니다. 나메코는 매력적인 사업 내용과 수치 목표라고 할 수 있습니다. 업무상 나메코 같은 것을 만들어놓으면 일은 알아서 풀려나갑니다.

이 게임을 모르는 사람은 한번 알아보고 나서 **자기 업무에 해당하는 나메코, 비료, 설비가 무엇인지 생각해봅시다.**

사내 팀의 성장 조건도 구성원 전원에게 매력적인 '나메코'를 창출해내는 것입니다.

독창적인 캐릭터나 스토리를 생각해내는 방법

일이나 놀이를 할 때 만화와 애니메이션 등 스토리나 캐릭터를 생각해보고 싶은 적이 없었는지요? 막상 생각하려고 하면 쉽지 않습니다. '캐릭터는 무엇부터 생각하면 좋을까. 그림도 못 그리고 이야기도 떠오르지 않아….' 이렇게 고민스러울지 모릅니다.

나는 캐릭터를 만들어낼 때 **캐릭터 하나가 아니라 '동료들' 캐릭터를 동시 병행으로 생각합니다.** 애니메이션 〈도라에몽〉이나 〈마루코는 아홉 살ちびまる子ちゃん〉 등에도 캐릭터가 잔뜩 나옵니다. 다양한 성격이나 특징을 지닌 캐릭터를 한꺼번에 생각하면 매력적인 캐릭터를 한 사람, 또 한 사람 만들어내기 쉽습니다. 이를테면 처음에는 자기 자신과 비슷한 캐릭터를 만들고, 그다음에는 성격이 정반대인 캐릭터를 만듭니다. 성별이 다른 캐릭터, 다른 동물 캐릭터 등 동료들을 차례로 만들어가면 어느새 세계가 만들어집니다. 그러고 나서 **그중에 어떤 캐릭터를 주인공으로 삼을지 나중에 생각합니다.** '주인공을 매력적으로 만들어야 해!' 이렇게 기를 쓰면 도리어 아무 생각도 떠오르지 않으므로 맨 마지막에 가장 매력적인 캐릭터를 주인공으로 삼는 것입니다. 생각해놓은 캐릭터를 전부 버리고 하나만 채용하는 경우도 있겠지요. 캐릭터가 탄생하면 스토리는 캐릭터들이 상상을 부추겨줍니다.

Character라는 영어 단어의 의미는 '성격, 특징'입니다. 캐릭터는 집단 안에서 탄생합니다. 외톨이는 캐릭터가 될 수 없습니다.

자기 자신과 닮은 성격의 캐릭터를 만들면 자기 일인 만큼 스토리가 어색하거나 걷잡을 수 없는 것이 되기 쉽습니다. 일러스트를 잘 그리는 사람에게 부탁해 자기 모습을 그려달라고 하고, 그것으로 외모를 비롯하여 상상할 수 있는 성격이나 특징을 붙여나가는 방법도 있습니다.

택배를 보낼 때 활용하면 좋을 멋진 아이디어

회사 동료가 장난감 샘플을 택배로 보내준 적이 있습니다. 택배 상자를 열어보니 샘플 주위에 캐러멜과 마시멜로 같은 과자가 들어 있고, 거기에 다음과 같은 메모지가 붙어 있었습니다.

"완충재입니다."

3월 13일

이 얼마나 멋진 택배(선물 보내기)인가 싶었습니다.

과자는 가벼운 선물로 보내기 가장 좋은 품목입니다. 부담을 주지 않고 먹으면 없어지기 때문에 자리를 차지하지도 않고 받으면 기분이 아주 좋습니다. 그것도 일부러 사서 넣었다는 식이 아니라 완충재라고 합니다. 금세 따라 하고 싶었습니다.

나는 남에게 책을 선물할 때가 자주 있는데 일부러 사서 준다는 인상을 주고 싶지 않기 때문에 "집에 있는 줄 모르고 또 샀어요. 재미있으니까 읽어보세요" 하면서 건네주곤 합니다.

자그마한 선물을 우연인 것처럼 주는 것이 상대나 자신에게 세렌디피티serendipity(뜻하지 않은 행운)를 안겨줄 때가 있습니다. 타이밍이 맞는다면 주변 사람에게 무심한 듯 선물을 주는 연습을 해봅시다.

실제로 '먹을 수 있는 완충재(食べられる緩衝材)'라고 이름 붙인 팝콘 상품도 있습니다.

비좁은 만원 전철에서는 괄약근 운동을 하자

전철을 탔을 때 혼잡하지 않으면 책을 읽거나 스마트폰을 보면서 시간을 보낼 수 있으나 사람이 미어터지는 만원 전철이라면 아무것도 하지 못합니다. 비좁은 곳에서는 손은 물론이고 다리나 머리를 살짝만 움직여도 주변 사람에게 폐를 끼칠지 모릅니다.

그럴 때 나는 복근에 10초 동안 힘을 주는 운동을 반복합니다. 만원 전철뿐만 아니라 짬이 나면 복근에 힘을 주자고 결심했습니다. 복근에 힘을 주는 동작은 어떤 자세로 있더라도 다른 사람이 전혀 눈치챌 수 있는 움직임 없이 몇 번이나 가능한 운동입니다. 전철 안에서는 말할 것도 없고 줄을 서서 기다릴 때, 설거지할 때, 책상 앞에 앉았을 때 등 언제든 할 수 있고 도구도 필요하지 않습니다. 이렇게 하다 보면 건강해지기 위해 근력을 키우고 있다는 생각이 들어 뿌듯해집니다.

나아가 괄약근 운동도 추천합니다. 힘을 주어 항문을 수축하는 동작을 반복하는 것입니다. 사실 이 운동은 내가 예전에 몸이 심하게 상해 근력이 현저히 떨어졌을 때 치료사 선생이 온몸을 회복하기 위한 만능 운동으로 가르쳐주었습니다. 근력, 자세, 피의 흐름, 냉증, 자율신경 등이 좋아지고 건강 수명이 늘어나는 효과가 있는 듯합니다. 꽤 힘이 듭니다만 한번 해보십시오.

에스컬레이터 한쪽이 비어 있으면 성미가 급한 사람은 뛰어 올라가려고 합니다. 에스컬레이터에서 뛰면 위험합니다. 안달하지 말고 복근 운동이라도 하면서 천천히 이동하면 어떨겠습니까.

발상이 막히면 다른 업계의 아이디어를 상상할 것

대부분 비즈니스 업계 사람은 언제나 눈앞의 과제, 즉 자기가 있는 업계에 관한 문제만 주목하기 마련입니다. 그러다 보면 비슷한 생각이 맴돌기만 하고, '아아, 새로운 생각이 아무것도 떠오르지 않아!' 하는 고민에 빠집니다.

좋은 아이디어가 떠오르지 않아 답답할 때는 다른 업계의 문제를 생각하거나 다른 업종의 비즈니스 아이디어를 생각해보길 권합니다. 우선 생각이 신선해져서 아이디어 발상이 괴롭지 않아집니다. 자기 업종과 다른 영역의 아이디어라면 무책임하게 망상을 펼쳐볼 수 있기 때문에 아이디어 발상을 순수하게 즐길 수 있습니다.

이런 방법을 추천하는 가장 중요한 이유는 **다른 업계의 아이디어를 생각해보고 자신의 업무 과제에 적용해볼 수 있는지 생각하면** 새로운 발상이 나오기 쉽기 때문입니다. 늘 눈앞의 문제를 정면으로 도전하다 보면 좀처럼 돌파할 수 없습니다. 이웃 세계에 빠져나갈 길이 있는 경우가 많지요. 업계 지도 등을 들여다보면서 온갖 업계의 문제를 상상하고 해결 방법을 가볍게 궁리하고 나서 다시 눈앞에 놓인 문제를 생각해보길 바랍니다. 시야가 넓어진답니다.

다른 업계의 정보를 모으는 일도 중요합니다. 자기 회사의 오랜 약점을 미처 몰랐던 다른 업계의 상식으로 단번에 해결할 때도 있습니다. 여러 업종에서 일하는 친구가 생기면 문제를 해결하거나 기획하는 수준이 더욱 올라갑니다.

위와 같은 다른 업종의 아이디어 발상을 놀이 삼아 해볼 수 있는 〈가케아이(かけアイ)〉라는 카드 게임이 있습니다. 공식 사이트: https://kake-ai.com

분위기를 띄우는 즉흥 말놀이

나조카케なぞかけ라는 수수께끼 말놀이를 아십니까? 동음이의어를 활용하는데 이런 형식입니다. "노래방이라 쓰고 장례식이라고 풀겠습니다. 그 마음은? 곡 소리가 끊임없이 들리지요."

대학에 들어가 라쿠고 연구부 활동을 시작했을 무렵부터 무대에서 즉흥으로 나조카케를 선보였습니다. 그곳에 참석한 관객에게 주제어를 받아 그 말로 금세 수수께끼를 만들어내는 오락입니다. 회사에 들어가서도 회식 자리에서 장기자랑으로 자주 이 놀이를 했습니다.

나조카케를 즉흥적으로 지어내는 연예인을 보면 '우와, 대단해!' 하고 감탄스럽지만 여기에 필요한 기술은 연습하면 누구나 익힐 수 있으므로 여러분에게도 권해봅니다. 더구나 이 놀이는 순식간에 아이디어를 떠올리는 발상의 연습도 됩니다.

우선 낱말 하나를 정합니다. 예를 들어 '회식'이라고 정하면 그 자리에서 회식과 관련 있는 말을 머릿속에 차례로 떠올립니다. '맥주', '안주', '건배' …. 그중 동음이의어가 되는 말을 찾으면 곧장 변환합니다. **'안주에는 술 마실 때 곁들이는 안주와 현재 처지에 만족한다는 안주가 있지.'** 그러면 동음이의어를 포함한 문장을 생각합니다. '고향에 돌아가 안주를 꾀한다'는 식으로 말입니다.

그다음에는 문장을 정리해서 이렇게 말하면 됩니다. "회식이라고 쓰고 귀향이라고 풀겠습니다. 그 마음은? 고향에 돌아가는 마음으로 '안주'를 얻을 수 있지요." 나 같으면 "회식 자리에서 마시는 시원한 맥주라고 쓰고 귀향해서 농사짓고 사는 생활이라고 풀겠습니다. 그 마음은? 어릴 적 정겨운 고향에 돌아가 안주하는 것이겠지요" 하고 말을 좀 불려볼 수 있지 않을까 합니다.

즉흥 말놀이도 발상의 힘을 훈련하기에 적당합니다. 커튼을 본 순간 '커튼을 커트하지 마!' 같은 말놀이를 떠올릴 수 있도록 연습해보세요.

우체통에 가득한 남을 기쁘게 하는 힌트

어릴 적에 왠지 우체통이 좋았고 동경했습니다. 금방 눈에 띄는 빨간색, 정체 모를 우체국 표시…. 아이들에게도 인상 깊은 특징으로 가득합니다만, 우체통의 최고 매력은 모양이 풍겨내는 '마법 느낌'입니다.

어렸을 때 보통 우체통과 처음으로 대면하는 순간은 아마도 누군가 "여기에 편지를 집어넣으면 할머니가 편지를 받아보실 거야" 하고 가르쳐준 장면으로 기억할 것입니다. '도대체 어떻게 하면 편지가 할머니 집에 도착한다는 말이지?' 나는 이상하다는 생각밖에 들지 않았습니다. **가느다란 통 같은 다리로 버티고 있는 현대의 우체통 모양을 보고 나는 땅속에 연결된 통으로 편지가 지하로 떠내려가다가 멀리 있는 할머니 집에 도착한다고 생각했습니다.** 그 후 초등학교 사회 수업 때 가끔 우체국 직원이 우체통을 열어 편지를 나른다는 사실을 배우고 나서는 실망하기는커녕 '우체부가 되고 싶다!'고 생각했습니다.

우체통은 숱한 사람들의 아이디어를 통해 변화를 거듭하는 동시에 기나긴 역사 속에서 계산과 우연이 적절히 어우러져 매력적인 물건이 되었습니다. 그렇게 성립한 한 가지 물건에는 아이디어의 힌트가 가득 차 있습니다. 우체통뿐 아니라 **어떤 물건을 보면 자세히 관찰하고 그 속에 있는 매력을 꼽아봄으로써 사람들에게 기쁨을 안겨주는 발상의 실마리는 없는지 생각해봅시다.**

일본의 우체통은 처음에 검은색이었던 듯합니다. 하지만 사람들이 쓰레기를 집어넣기도 하니까 특별한 물건임을 표시하기 위해 빨간색으로 바꾸었다는 설이 있습니다. 사회 시설로서 우체통이 '빨간색'을 얻었다는 사실은 사람들의 특별한 인식을 얻었다는 의미에서 중요합니다.

그림책 나뭇조각 맞추기로 배우는 재료 선택

'그림책 나뭇조각 맞추기絵本のつみき'라는 상품을 아주 좋아합니다. 여러 그림책에 나오는 캐릭터 모양의 나뭇조각을 맞추는 놀이입니다. 예를 들면 〈논탄〉[1] 시리즈, 〈까마귀네 빵집からすのパンやさん〉, 〈아기곰こぐまちゃん〉 시리즈 등 나도 어렸을 때 읽었고 부모가 되고 나서는 우리 아이들에게 실컷 읽어준 단골 그림책 캐릭터가 줄줄이 다 모여 있습니다.

먼저 평면인 그림책 세계에서 튀어나온 듯한 입체 캐릭터로 만든 나뭇조각을 자유롭게 움직이며 놀 수 있다는 점이 흥미로울 뿐 아니라 팬이 보기에는 다수의 그림책 캐릭터를 섞어서 놀 수 있다는 점이 가장 즐겁습니다.

이 상품의 최대 강점은 그림책 종이에 손으로 그린 그림과 나무에 그려진 그림이 드러내는 친화성입니다. 이것이 나무 재질이 아니라 플라스틱 장난감이었다면 이렇게 세계관에 몰입할 수 없지 않았을까요. 종이와 나무는 소재가 비슷하니까 그림의 질감이 어울리고 그림책에서 튀어나온 것처럼 보입니다.

'이것을 표현하니까 이 소재를 사용하자'는 필연성은 대단히 중요합니다. 예컨대 고급스러운 일본풍 무늬의 상품 상자가 번들번들 코팅한 얇은 종이라면 보기에 좋지 않습니다. 물건 만들기의 재료 선택은 중요합니다.

전혀 다른 이야기입니다만, 사람도 마찬가집니다. 유명한 사람이라고 해서 무슨 일이든 부탁하면 성공해내는 것이 아닙니다. 지명도나 사회적 지위보다 일하는 상대와 일의 내용이 얼마나 친근한지가 중요합니다. 약은 약사에게 맡겨야 합니다.

---

1 논탄(ノンタン): 기요노 사치코의 그림책 시리즈이자 주인공 이름이다. 굵은 선으로 그린 소박한 풍의 그림이 특징이다. 한국에는 '개구쟁이 아치'라는 이름으로 나왔다.

그림책 나뭇조각 맞추기는 그림책과 함께 선물하기 쉽기 때문에 그림책 판매에도 도움이 되는 윈-윈(Win-Win) 구조가 이루어진다는 점이 훌륭합니다. 나도 남의 아이들에게 선물하거나 지인 기자들에게 마음 내키는 대로 이 상품이 좋다고 선전하고 있습니다.

물결과 불꽃을 이용한 스트레스 줄이기

마음 챙김mindfulness이란 명상 등으로 '지금, 이 순간'에 의식을 집중하는 상태를 말합니다. 과거나 미래에 붙들리지 않고 현재의 감정을 단지 관찰하는 연습인데, 스트레스가 줄어드는 효과가 있다는 것이 과학적인 근거로 증명된 듯합니다. 걱정거리와 불안이 머릿속에 떠오를 때는 마음 챙김을 의식하자는 말이 자주 들려옵니다.

3월 19일

나도 일 때문에 머리가 복잡하고 기운이 빠지던 예전에 마음 챙김 상태를 확보하기 위해 열심히 명상하던 시기가 있었습니다만, 솔직히 말해 여간 어렵지 않습니다. 오로지 지금 이 순간에만 의식을 집중하라는 말을 들어도 머릿속은 고민에 지배당합니다.

어느 날 바닷가 근처에서 바비큐로 고기를 굽고 있는데 흔들리며 타오르는 장작불을 보다가 나도 모르게 계속 멍하니 쳐다보고 있었다는 것을 깨달았습니다. 바다나 강물이 물결치는 풍경을 보고 있어도 마찬가지입니다.

생각해보니 물이나 불은 '자동 마음 챙김 장치'입니다. 불규칙하게 흔들리는 물결이나 불꽃을 보고 있으면 시선이 줄곧 그 움직임을 좇는 동안 의식도 따라가므로 다른 생각을 할 여지가 없어집니다. 이것이야말로 '지금, 이 순간'에 의식을 집중하는 상태입니다. 이 깨달음을 통해 피곤할 때나 불안할 때는 열심히 명상하느라고 애쓰기보다 흔들리는 물결이나 불꽃을 바라보려고 합니다.

물결이나 불꽃이 흔들리는 자연의 영상은 유튜브 등에 올라와 있으므로 쉽게 찾아볼 수 있습니다.

AB형 전용 상품을 생각해보자

'AB형 노트'라는 상품 아이디어를 생각하는 중입니다. 혈액형이 AB형인 사람을 위한 전용 노트입니다. 좌우 양쪽 페이지가 'A면'과 'B면'으로 나뉘어 있는데, 무언가를 생각할 때 A면에는 진지하고 꼼꼼하게 생각한 아이디어를 적고 B면에는 자유분방한 아이디어를 적습니다. 그리고 균형을 취한 아이디어는 한가운데에 적습니다. 이렇게 하면 섬세하면서도 대담하고 재미있는 아이디어를 내놓을 수 있습니다.

3월 20일

내 혈액형은 AB형입니다. AB형은 네 가지 혈액형 중 가장 수가 적어 열 명 중에 한 명 정도라고 합니다. 내가 AB형이라서 잘 아는데, AB형 인간은 왠지 AB형이라는 사실을 약간 자랑스럽게 생각하는 기질이 있습니다. 다른 혈액형보다 수가 적기 때문이기도 하고 '이중인격'이라든지 '천재'라는 말을 듣는 일이 적지 않기 때문에 살짝 어깨가 으쓱해지는 모양입니다.

물론 이 노트는 AB형이 아닌 사람도 사용할 수 있습니다만, 굳이 'AB형 전용입니다!' 하고 티가 나게 내세우면 AB형인 사람들 귀에 이 정보가 들어가 흥미를 일으킬 수 있습니다. AB형은 자신이 AB형이라는 의식이 강하기 때문에 뚜렷한 반응을 이끌어낼 확률이 높다고 예상할 수 있지요. 게다가 이 상품의 고객층인 AB형은 전체 인구의 10퍼센트나 됩니다.

상품 아이디어로 대상자 전원을 끌어들일 수 있는 'OO 전용'이라는 돌파구를 생각해봅시다.

일이 잘 풀리면 'AB형 전용 ○○'을 다양하게 개발해 '주식회사 AB'를 설립하고 싶습니다. 스태프도 AB형만 참가할 수 있습니다. 그렇게 하면 AB형이 아닌 사람도 흥미를 느끼기 시작해 어떤 흐름을 만들어내지 않을까요.

좋은 이름을 어떻게 생각해낼까?

내가 경영하는 회사의 이름은 '주식회사 우사기'[1]입니다. 우사기는 두 사람이 세운 회사인데 회사명은 동업자가 내준 아이디어입니다. 솔직히 말해 지금까지 이 회사명을 뛰어넘는 창작물은 아직 만들어내지 못한 것 아닐까 생각할 만큼 빼어난 이름입니다.

3월
21일

'우사기'라는 아이디어가 나오기 전에는 회사명에 특별한 의미를 부여하는 것이 좋다고 생각해 멋진 서양 글자 등을 허다하게 떠올렸지만, 다시 생각해보니 'Apple'이라는 회사는 '사과'이고 일본에도 'LION', '기린', '구로네코 야마토'[2]처럼 동물이나 음식 등 단순한 말을 이름으로 붙인 조직이 적지 않습니다.

여하튼 우사기라고 하면 대다수 사람들에게 '회사 이름이 귀엽군요' 하는 말을 자주 듣습니다. 초기에 거래처 회사를 방문했을 때는 "아까 로비에서 '우사기 씨가 오셨습니다' 하고 연락해주는 바람에 다들 웃음을 터뜨렸답니다" 하는 말을 자주 들었습니다. 담소를 나누는 자연스러운 계기가 되었지요. 이제까지 얼마나 회사 이름의 덕을 보았는지 모릅니다.

이름을 붙이는 일도 아이디어 발상의 기본과 통합니다. 먼저 아이디어를 잔뜩 내놓고 자신이 부르기 쉽고 마음에 드는 것을 선택하면 됩니다만, 상대가 어떤 인상을 받을지 의식한다면 더욱 좋은 이름을 선택할 수 있을 것입니다. 귀여운 인상을 남기고 싶으면 귀여운 이름을 짓고, 성실한 인상을 내보이고 싶으면 성실해 보이는 이름을 짓습니다. 이름 하나로 원하는 인상을 줄 수 있습니다. 여러분은 어떤 인상을 주고 싶습니까?

---

1 주식회사 우사기(株式会社ウサギ): 우사기는 일본어로 '토끼'라는 뜻.

2 구로네코 야마토: 구로네코(クロネコ)는 '검은 고양이'라는 뜻이고(회사 로고에 그려졌다), 야마토(大和)는 창업자가 회사 설립을 준비한 곳의 지명이라고 한다.

우사기라는 이름이 떠올랐을 때 '이렇게 흔하고 친근한 동물 이름을 붙인 회사는 이미 많지 않을까' 하고 정작 조사해보았더니 거의 눈에 띄지 않았습니다. 얼마나 행운이었는지요.

쌓인 재고는 재앙인가, 아이디어의 원천인가?

재고가 쌓이면 괴롭습니다. 나도 독립 기업을 일으키고 나서 기껏해야 재고가 수백 개였는데도 몇 개월 동안이나 일터에 쌓여 있을 때는 스트레스가 상당했습니다.

다이소의 창업자 야노 히로타케矢野博丈 씨의 인터뷰 기사에서 '재고는 보물'이라는 사고방식을 읽어내고는 경악했습니다. 회사원 시절부터 '재고는 죄의 자식이니 절대 품지 말라'고 배웠을 뿐 아니라 지금도 참을 수 없이 두려운 대상이기 때문입니다. 다이소라는 강력한 매장을 설립한 사람이니까 그렇게 당당하게 말할 수 있을지도 모르겠으나 재고는 언젠가 돈으로 바뀔 자산이라고 생각하다니, 도저히 흉내 낼 수 없는 터무니없는 사고방식입니다.

재고가 전혀 없도록 영업 상황을 조성하기 어려운 경우는 셀 수 없이 많습니다. 상상 이상으로 재고가 남는 일도 있겠지요. 그럴 때는 하다못해 새로운 판매 방법을 생각하는 호기라고 여기고 다 함께 힘을 모아 판매 아이디어를 내봅시다. 재고의 처리 방법을 둘러싸고 여러 사람에게 도움을 청하는 한편 아이디어 회의를 연다면 의욕도 생기고 자신과 회사의 성장 기회로 삼을 수도 있습니다.

나 같은 맥없는 인간은 '적극적으로 재고를 쌓아두고 물건을 계속 만들어라. 재고는 보물이다!' 같은 말은 도저히 입 밖에 낼 수 없으나 커다란 성장은 언제나 위기에서 싹트는 법입니다. 자기 자신도 그렇고 친구 기업가의 성공 사례를 돌이켜보더라도 성공 스토리는 대체로 위기가 출발점입니다.

재고를 쌓아두지 않아도 되는 상황을 부러워하기도 합니다만, 'IT 비즈니스는 참 좋겠다. 재고가 없으니까 말이야~' 하는 생각으로 경솔하게 판단하고 IT업계에 진출하면 따끔한 맛을 볼 수도 있습니다.

운전 학원에서 배운 발상의 기술

3월 23일

열여덟 살 무렵에 자동차 운전 교습소에 다녔습니다. 그때 수업 초기에 배운 것 중 아직도 인상에 남는 내용이 있습니다. 한 쪽에 1부터 30까지 숫자가 무작위로 적혀 있었는데 이를 순서대로 전부 찾은 사람은 손을 들라는 게임이었습니다. 그때 반에서 가장 먼저 내가 손을 들었습니다. "다카하시 군이 왜 맨 처음 숫자를 찾았는지 알겠어요?" 선생이 수강생에게 물었습니다. 좀 불량기가 있어 보이는 학생이 "머리가 좋으니까 그랬겠죠" 하고 대꾸하자 선생은 **"그렇지 않습니다. 키가 크기 때문입니다"** 하고 말했습니다.

나는 허약한 아이였지만 키는 큰 편이었습니다. 선생은 이렇게 가르쳐주었습니다. "시선을 교과서에서 멀리 떨어뜨리고 보니까 전체가 눈에 들어와 숫자를 찾기 쉬웠던 것입니다. 그에 비해 OO군은 열심히 찾으려고 교과서에 고개를 처박았지요. 운전할 때도 가까운 곳이 아니라 먼 곳을 보고 상황 전체를 파악해야 합니다."

이 비유적인 가르침을 참고해야 할 장면은 일상생활에도 수없이 많습니다. 예를 들어 최근에 상사나 가족이 화를 냈다고 합시다. 그럴 때 화를 낸 원인은 당사자 안이 아니라 주변 환경에 있는 경우가 적지 않습니다. 누군가 다른 사람에게 스트레스를 받은 영향 탓에 괜히 자신에게 화를 냈거나, 아니면 자기 자신이 성을 내는 가장 근본적인 원인일 수도 있습니다.

어떤 문제의 해결법을 궁리하기 위해 아이디어를 생각할 때는 뒤로 물러나서 시야를 넓게 확보해 전체를 보면 미처 알아채지 못한 실마리가 적잖이 눈에 들어옵니다.

허리가 아플 때는 허리를 문지르기보다 허벅지나 복부, 또는 다른 곳을 문지르면 좋아지기도 합니다. 두통도 마찬가지로 머리가 아닌 다른 곳을 문지르면 좋아지기도 하지요. 자기 몸 전체가 어떻게 이어졌는지 잘 관찰하면 통증의 원흉이 무엇인지 알아챌 수 있습니다.

넘겨받은 기획을 성공시키는 단 하나의 질문

'기획 업무에 자칫 실패하기 쉬운 때'가 물론 있는데 그중 하나가 '전임자가 생각한 기획을 넘겨받으면 웬만해서는 잘 풀리지 않는다는 것'입니다.

회사에서는 부서 이동이나 이직으로 인해 업무를 인계하는 일이 자주 생깁니다. 매뉴얼이 있는 업무라면 인계받기 쉽지만, '이런 일을 하고 싶다'는 전임자의 아이디어가 섞인 기획을 물려받으면 전임자가 원하던 일을 그대로 실현하는 것이 좋은지, 아니면 자기 생각을 반영해 적극적으로 바꾸어나가야 좋은지 고민스럽습니다. 전임자와 자기의 생각을 적당히 얼버무려 기획을 진행하면 어설픈 결과를 낳고 실패합니다.

새 담당자로서 자신이 넘겨받은 업무는 완벽하게 자기 것으로 만들어야 합니다. '남의 것'이라고 여기며 기획을 진행하면 일이 제대로 풀리지 않습니다. '내 기획입니다!' 하고 가슴을 펴고 말할 수 있도록 내 것으로 만들 필요가 있습니다.

이때 기획을 인계받으면서 **전임자에게 '이 기획의 목숨줄은 어디 있습니까?' 하는 질문을 해두는 것이 특히 중요합니다.** 다시 말해 '이곳을 없애면 기획이 죽어버리는 부위는 어디인가?'를 말합니다. 전임자가 성공하기 위해 진행해온 기획이라면 반드시 목숨줄이 있을 것입니다. 그것만 없애지 않도록 하고 나머지는 전부 자기가 성공시켜나갈 내용으로 바꾸는 것이 바람직합니다. 전임자가 아직 기획의 목숨줄을 명확히 알지 못한다면 전부 자기 기획으로 바꾸어 밀고 나가야 업무를 수행해낼 수 있습니다.

거꾸로 말하면 하나부터 손수 작성한 기획도 남에게 넘겨줄 때는 결코 소홀하게 대해서는 안 되는 '생명'이 어디에 있는지 알아야 합니다.

아이디어는 3초 만에 도망간다

인간의 뇌는 하루에 6만 번 사고한다고 합니다. 뇌는 언제나 온갖 일을 생각하고 떠올리고는 다음 순간 거의 잊어버립니다.

때로는 '어머, 재미있는 생각이 났어!' 했는데 막상 기억해내려고 하면 '어라, 뭐였지?' 하고 잊어버린 적이 있지 않은가요. 나도 그런 일이 일상다반사입니다. 자신의 아이디어 발상법 연수회에서는 "아이디어가 떠오르면 곧장 메모합시다!" 하고 말하는 주제에 나 역시 평소에 어떤 생각이 떠올랐다가 잊어버리고 후회하고는, '다음부터 반드시 메모해두어야지…' 하고 반성합니다.

3월
25일

실패를 반복하는 것은 망각의 속도가 지나치게 빠르기 때문입니다. 3초 만에 잊어버립니다. **조금이라도 방심하고 '이 아이디어는 정말 재미있으니까 잊어버리지 않을 거야. 나중에 메모하자' 하는 식으로 지나쳐버리면 끝장입니다.** 만약 업무나 취미 활동에서 메모를 해야 한다면 단단하게 각오하고 메모할 수 있는 도구를 늘 지참합시다.

스마트폰의 메모 애플리케이션, 보이스 메모, 종이 메모장과 펜 등 사용하기 편한 것이면 무엇이든 상관없습니다. 메모하는 버릇은 행운을 가져다주는 습관입니다.

나는 평소에 '산책할 때 스마트폰을 들고 가서는 안 돼. 자연에 파묻혀 무심하게 걷고 싶거든' 하는 생각을 품고 있었습니다. 그러나 메모를 할 수 없었기 때문에 스마트폰을 들고 걷기로 했습니다. 결국 메모가 가져다주는 실리에는 항복하고 말았습니다.

수동적인 표현이 행동에 미치는 영향

시나 미치椎名美智 씨가 쓴 『'시킴을 받들겠습니다'의 사용 방법「させていただく」の使い方』이라는 책을 읽고, 요사이 업무를 보다가 '시킴을 받들겠습니다'[1] 하는 표현을 상당히 자주 사용했다는 점을 깨달았습니다. 납기 일이 언제냐는 질문에는 "이날까지 제출시킴을 받들겠습니다" 하고 대답하고, SNS로 신상품이 나왔다고 알릴 때는 "이번에 이런 상품의 발매시킴을 받들겠습니다" 하고 인사말을 적어 각 곳으로 전했습니다.

이 책 서두에서는 일본의 두 남성 아이돌 그룹 SMAP(스마프)와 V6(브이식스)가 해체를 발표했을 때의 차이를 언급하고 있습니다. SMAP는 "해체시킴을 받들겠습니다" 하는 인사말을 각 곳으로 전한 것과 대조적으로, V6는 "우리, 이제 해산하겠습니다" 하고 말했다고 합니다. 이 표현으로 두 그룹의 해체 상황을 미루어 짐작할 수 있다는 말도 나왔지요. 묘하게 설득력이 있는 듯합니다.

책에서 저자는 '시킴을 받들겠습니다'라는 말을 사용해서는 안 된다고 말하지 않습니다. 다만 이 책을 읽고 **나는 '하고 싶으니까 그렇게 하겠습니다' 하는 뜻이 있으면 그 뜻을 적절한 언어로 상대에게 전해야겠다고 생각했습니다.**

언제까지 제출'하겠습니다.' 이런 상품을 발매'합니다.' 이런 표현은 '시킴을 받들겠습니다'와 딱히 뜻이 다르지 않은데도 일을 하겠다는 의사나 하고 싶다는 마음이 우러납니다. 여러분이 직설적 표현에 익숙하지 않을지도 모르지만, 뜻을 드러내는 버릇을 들이면 행동력도 바뀌어갑니다.

1 시킴을 받들겠습니다: 하겠습니다(します)의 일본어 겸양 표현.

회사에 다니던 시절 결혼이 정해졌다고 부서에 보고했을 때 "결혼하겠습니다" 하고 말한 것이 기억납니다. 무의식적인 발언이었지만 '결혼시킴을 받들겠습니다' 또는 '결혼하는 것으로 되었습니다'는 이상한 겸양법이라는 생각이 들었습니다.

싫증 나지 않는 콘텐츠의 비결

어떤 콘텐츠가 화제에 올라 인기를 얻어도 1개월 지나면 사람들의 관심은 다른 곳으로 떠나버릴 만큼 어지럽게 속도가 빠른 시대에 진입했습니다. 인터넷을 중심으로 새로운 콘텐츠가 쉼 없이 생겨나면 아무래도 새로운 것으로 눈길이 돌아가고 맙니다.

무언가에 싫증 난다는 것은 '그것에 의한 자신의 성장이 멈춘다'는 뜻입니다. 예컨대 좋아하는 만화를 몇 번씩 반복해 읽어도 읽을 때마다 새로운 것을 발견하거나 감동을 느낀다면 무의식적으로 성장하고 있다는 뜻입니다. 이것이 바로 싫증 나지 않는 상태입니다.

바꾸어 말하면 오래 사랑받는 콘텐츠를 만들어내려면 사용자를 계속 성장시키는 장치를 생각해야 합니다. 이를테면 싫증 나지 않는 유튜브 영상을 만들고자 한다면 제작자가 시청자보다 항상 한걸음 먼저 성장하면서 재미있는 내용을 제공할 필요가 있습니다. 누구나 이렇게 할 수 있으면 얼마나 좋겠습니까마는 실로 어려운 작업입니다.

사용자를 끊임없이 성장시키고 싫증 내는 일이 없도록 콘텐츠를 매개로 **사용자끼리 서로 성장시키는 장치를 만드는 방법**을 고안해볼 수 있습니다. 예를 들자면 게임 속에 감추기 요소나 고찰 요소 등 다양한 장치를 설치해두고 사용자끼리 서서히 찾아내어 서로 가르쳐주도록 하면 참가자가 계속 성장할 수 있습니다. 나아가 사용자가 파생(스핀오프) 작품을 만드는 등 놀이 방식이 독립적으로 움직이기 시작하면 언제까지나 질리지 않을 수 있습니다. 모든 사람에게 끊임없이 만지작거릴 수 있는 '장난감 요소'가 싫증 나지 않을 핵심입니다.

사람은 눈에 띄게 성장하는 십대에 좋아한 음악을 몇십 년이나 싫증 내지 않고 듣는 경우가 꽤 있습니다. 그리움이란 옛날로 돌아간 듯 즐거운 느낌입니다. '성장, 싫증 나지 않음, 그리움.' 이들 키워드는 서로 관계가 있을 듯합니다.

매니지먼트는 스포츠 심판에게 배울 것

계획을 달성하기 위해 팀을 관리하는 것이 '매니지먼트'입니다. 매니저라는 역할을 맡아본 사람도 있겠지요. 이것저것 여러 가지를 생각할 필요가 있는 만큼 참으로 힘든 역할입니다.

그런데 스포츠 대회에서 심판을 본 적이 있는지요? 나는 스포츠 심판 경험은 없으나 우승자를 정하는 진지한 카드 게임 대회에서 심판장을 맡은 적이 있습니다. 참으로 힘든 일이더군요. 출전한 사람은 물론 이날을 위해 연습하고 반드시 이기겠다고 다들 이를 악물고 덤비기 때문에 조금이라도 게임이나 대회 규칙을 모호하게 처리하면 따지고 대듭니다. 그때 판단을 해야 하는 심판이 흐릿한 태도를 보이면 대회 자체가 한순간 무너집니다. 게임 대회는 시간을 들여 언어로 정리할 수 있기 때문에 괜찮은 편이지만 동적인 스포츠의 심판이 얼마나 힘들지 상상만 해도 소름이 끼칩니다. "지금 저놈이 내게 부딪쳤단 말입니다!" 이런 말을 들어도 의연한 태도로 대응해야 하기 때문이지요.

승패에 관해서는 엄격하게 대응해야 하지만 게임 방이 덥다든가 몸이 좋지 않은 관객이 쓰러졌다든가 예측하지 못한 사태에는 유연하게 대응할 필요가 있습니다. 대회 성공이라는 목적을 달성하기 위해 **절대로 휘뚝거리면 안 될 규칙과 유연성을 발휘해야 할 규칙을 명확하게 구분할 필요가 있습니다.**

업무 매니지먼트를 할 때는 비즈니스의 수치 계획을 뒤흔들어서는 안 됩니다. 숫자라는 지침을 흔들리지 않는 축으로 삼아야 그것을 전제로 사람의 기분을 좌우하는 문제를 유연하게 판단하고 대응할 수 있습니다.

자신의 계획을 실현하는 자기경영(self-management)이라는 것도 있습니다. 비록 자기 혼자의 계획이라고 해도 움직일 수 없는 규칙을 정해놓지 않으면 전부 적당하게 넘어가고 맙니다. 여러분은 무엇을 흔들리지 않는 자기 규칙으로 정해놓았습니까?

신칸센에서 깨달은 영어 회화 능력 향상의 첫걸음

신칸센의 안내 방송은 일본어 이외에 영어로도 나옵니다만, 어느 날 신칸센에서 들은 안내 방송 영어가 이른바 '일본어식 영어' 같은 발음이었습니다. 글로 적어보면 '자 스파 에크스프레스 / 노조미… 디스 트레인 이즈…'와 같이 초등학생이 처음 영어를 말하는 것 같았습니다. 하지만 나로서는 오히려 무슨 말인지 이해할 수 있었고, 우연히 옆에 탄 외국인 승객도 별 거부감 없이 듣는 듯 보였습니다.

10년 전쯤 홍콩에 출장 가서 열차에 탔을 때는 중국어, 영어, 일본어 안내 방송이 흘러나왔습니다. 그때 일본어 발음은 애니메이션에 나오는 '중국어식 일본어' 같은 발음이었습니다. 의미도 이해할 수 없었고 우습게 들렸습니다.

어른이 영어 회화를 배우면 정확한 발음이나 문법만 의식하는 경향이 있습니다. 비즈니스 영어를 익히려고 하면 더욱 그렇습니다. 그러나 발음이 일본어식 영어라도, 문법이 틀려도 뜻은 전해집니다. 자신이 말할 수 있는 발음과 문법으로 자신만만하게 대화를 나누면 상대가 잘 받아줍니다.

이 점을 알면 영어 회화가 두렵게 느껴지지 않습니다. 영어 회화책에서 회화에 **쓸 수 있을 것 같은 표현만 따로 뽑아 외우고 자주 쓰는 단어만 암기하면, 서양식 영어가 아니어도 괜찮으니까 당당하게 이야기하면 됩니다.** 일단 그렇게 외국인과 대화할 기회를 만들어보십시오. 갑자기 이중 언어 사용자가 될지도 모릅니다.

나는 일본어 말하기 실력이 향상하도록 성심을 다해 공부하고 있기 때문에 영어 회화에는 시간을 내지 않을 테지만, '내 방식으로 말하는 바보 같은 일본어식 영어'만은 다음에 해외로 나갈 때 열심히 습득해보려고 합니다.

당신의 아이디어 뇌는 선공형인가, 후공형인가?

아이디어를 생각하는 방법 가운데 '선공先攻'을 잘하는 사람과 '후공後攻'을 잘하는 사람이 있습니다.

선공형은 자신이 생각해낸 아이디어를 거침없이 말할 수 있는 사람입니다. 선공형인 사람이 최초로 내놓은 아이디어는 쓸 만한 아이디어일 필요가 없고 다른 사람이 아이디어를 내는 계기가 되어주는 역할을 담당합니다. 마치 축구로 말하면 킥오프[1] 같은 역할입니다. **좋고 나쁨에 얽매이지 않고 맨 처음 아이디어를 툭 던져놓는 능력은 값진 것입니다.** 그때 치고 나오듯 누군가가 좋은 아이디어를 낼 수 있다면 최초의 패스가 좋았다는 뜻이 됩니다. 축구로 비유하면 '어시스트'입니다.

후공형은 남이 내놓은 아이디어를 듣고 다른 무언가를 떠올리는 능력이 뛰어난 사람입니다. 물론 남의 아이디어를 비평할 뿐 아니라 더욱 발전적인 아이디어를 제안하는 능력을 가리킵니다. 완전히 후공형인 까닭에 혼자서는 첫 아이디어를 내놓기 힘들어하지만 남의 아이디어를 디딤돌로 삼아 빼어나게 우수한 아이디어를 제출하는 사람도 있습니다. 이 또한 무척 대단한 능력입니다.

선공형과 후공형 중 어느 쪽이 더 낫다고 할 수는 없습니다. 다만 양쪽 유형이 서로 보완해준다면 회의를 하며 아이디어가 줄지어 나올 수 있습니다. 여러분은 선공과 후공 중 어느 쪽 능력을 키우겠습니까?

1 킥오프: 축구에서 경기를 시작하거나 득점 후 경기를 재개할 때 중앙선 가운데에 공을 놓고 차는 행위.

그런데 대안도 없이 무작정 남의 아이디어를 부정하기만 한다면 자기 편 공을 적에게 패스하는 꼴과 같습니다.

출세하지 않더라도
입세를 선택하면 된다

회사에서 출세하면 기쁘고 뿌듯한 일도 많겠지만 당연히 힘든 일도 있기 마련입니다. 대표가 되어 팀을 책임져야 할 때도 있고, 좋아하는 업무 현장을 떠나야 할 때도 있습니다. 스트레스도 과중해지고 쥐꼬리만큼 올라간 월급으로는 보상받지 못할 고생도 해야 합니다. 출세에는 긍정적인 측면과 부정적인 측면이 있습니다.

회사에 몸담고 있다면 연수에 맞게 출세하지 못했다는 사실에 슬퍼할 사람도 많을지 모르지만, 진정으로 좋아하는 현장 업무를 할 수 없다는 것이 훨씬 더 애달픈 인생으로 보입니다. 회사원이었을 때 우리 후배들은 출세하지 않고 본인이 잘 해낼 수 있는 기획 개발을 신이 나서 계속하던 선배에게 애정이 갔습니다. 나는 그렇게 일하는 선배를 부러운 듯 바라보았습니다.

출세出世의 반대는 '입세入世'라고 생각합니다. 자기의 세계를 찾아내어 그곳에 들어가는 것입니다. 자기가 좋아하는 세계에서 즐거움을 누리는 사람은 평생 활약할 수 있습니다. 그러면 자기의 세계에서 함께 놀아줄 친구도 나타나는 법입니다.

회사에 다닐 때 나는 출세할 기색이 없어 보이는 사원이었습니다. 10년 동안 괴팍한 상품만 만들었지만, 그래도 비슷한 상품을 제작하거나 아이디어를 좋아하는 선배·후배 등 지금도 자주 어울리는 친구가 생겼습니다.

이미 존재하는 거대한 세계를 향해 나아가는 것이 좋습니까, 아니면 자기의 세계를 구성하는 것이 좋습니까. 정답은 없겠으나 둘 다 매력적인 삶의 방식입니다.

출세란 '세상에 나간다'는 뜻입니다. 참된 출세란 회사 내부만 의식하는 것이 아니라 회사 바깥의 다양한 사람과 만나 활동을 넓혀가는 일일지도 모릅니다. '승진(昇進)'이라는 말을 생각해봐도 올라가(昇) 나아가는(進) 곳은 각자 다를 터입니다.

4월

프로는 완벽이 아니라
끈질긴 방황을 추구한다

'평생 친구'를 사귀는 1분 자기소개 방법

어디 가서 자기소개를 하라고 하면 어쩐지 말문이 막힙니다. '지금까지 이루어낸 훌륭한 실적을 말해야 할 텐데…', '취미라든지 좋아하는 요리를 말한들 의미가 없을 듯한데…' 하고 쭈뼛거립니다.

내가 언제나 채용하는 '1분 자기소개'는 다음과 같습니다. "다카하시 신페이라고 합니다. 직업은 장난감 개발자입니다. 친구들의 특기나 고민을 주제로 장난감을 만드는 일을 하는데 괜찮은 소재가 있으면 함께 장난감 아이디어를 생각해보고 싶네요. 좋아하는 음식은 야키토리(닭꼬치)이고 취미는 친구들과 꼬치구이 집에 가는 것입니다. 잘 부탁합니다."

4월 1일

1분도 안 걸립니다. 30초쯤 되겠지요. **'앞으로 여러분과 무엇을 함께 도모하면 즐거울까요?' 하는 이야기를 업무(활동) 분야와 놀이 분야로 나누어 각각 전달하는 것이 핵심입니다.** 지금까지 뛰어난 실적을 내왔다고 이야기하면 '음, 대단한 사람일지도 모르겠군…' 하는 생각에 거리가 느껴집니다. 별로 득이 없지요. 자기소개는 앞으로 같이 살아갈 평생 친구를 사귀기 위한 행동이기도 합니다. 미래를 위한 자기소개를 생각해봅시다.

참고로 말하건대 만약 눈앞에 있는 사람과 친구가 되고 싶지 않으면 과거 얼마나 잘나갔는지 자랑하여 거리를 둘 수 있습니다.

요코이시 다카시(横石崇) 씨도 저서 『단 1분 만에 일과 인생이 바뀌는 자기소개 2.0(たった1分で仕事も人生も変える 自己紹介2.0)』에서 자기소개의 순서는 '현재→과거→미래'가 아니라 '미래→과거→현재'로 하자고 기술했습니다. 나도 이 생각을 참고했습니다.

2등을 목표로 삼으면 좋은 일이 가득하다

나는 어릴 적부터 2등 그룹에 들어가는 일에 집착했습니다. 중학교·고등학교 시험을 볼 때도 반드시 압도적으로 성적이 좋은 1등을 이겨보겠다는 생각은 전혀 없이 그저 2등 그룹에 들어가기 위해 온 힘을 다했습니다. 2등 그룹에 들어가지 못했을 때는 분함을 참지 못해 발버둥쳤습니다.

공부 말고 다른 것으로 경쟁할 때도 최우수상이 아니라 '우수상'을 타면 만족했고, 대학 시절의 연구나 동아리 활동도 그러했으며 회사인이 되어서도 그런 식이었습니다. 그런 자신이 싫다는 생각은 들지 않았고, 오히려 자신을 이해하려고 노력하며 목표를 달성했으니 장하다고 여겼습니다.

'2등'에는 좋은 점이 가득합니다. **1등을 하면 남의 눈에 띄어 번거로워질 뿐 아니라 지켜야 할 것이 생깁니다.** 남에게 쫓긴다는 생각에 압박을 느낄지도 모릅니다. 만약 내가 장난감 개발자라는 직업으로 명실상부하게 최상위에 올라 있다면 감히 실없는 상품을 몇 개만 만들어 파는 놀이를 하기는 어렵겠지요. 업무 의뢰가 쏟아져 들어와 전부 수용하지 못해 거절하면 거만한 인상을 주는 일도 늘어날지 모릅니다. 2등의 위치에 있으면 잘 봐주는 동료도 많아지고 감당할 수 있는 양으로 즐거운 업무가 들어옵니다.

이런 이야기를 하면 패기 없는 놈이라고 생각할지 모르겠으나 사람들이 생각하는 '높은 위치'는 각자 다릅니다. 자기에게 행복한 도달 지점을 알고 그곳을 향해 나아가는 것이 참된 실력입니다.

어렸을 때 나는 공부도 못하고 운동도 못하는 약한 아이였습니다. 그런데도 성실하게 노력하면 2등까지는 올라갈 수 있었습니다. 어떤 의미에서 2등은 누구나 노려볼 만한 '최고 위치'입니다.

3억 엔 피규어로 배우는 마케팅의 마음가짐

회사원 시절에 '3억 엔3億円'이라고 이름 붙인 장난감을 기획하고 개발해 판매한 적이 있습니다. 무려 3억 엔이 들어 있는 돈다발 피규어입니다. 100만 엔짜리 돈 묶음 피규어 30개가 두랄루민 케이스 가방에 들어 있는 미니어처인데, 돈다발을 꺼내 늘어놓거나 가지고 놀 수 있습니다.

4월 3일

'도대체 무슨 목적으로 만든 상품이냐?' 하고 의아하게 여길지도 모르겠지만 이 상품을 발매하자마자 다양한 캐릭터 피규어의 팬들이 돈다발을 사용한 사진을 인터넷에 올리기 시작했습니다. 이를테면 돈다발로 채운 목욕탕에 몸을 담근 험악한 캐릭터, 두랄루민 케이스 가방을 들고 도망가려고 하는 미소녀 캐릭터…. 이런 사진이 올라오자 '재미있다' 싶은지 주목하기 시작했고 텔레비전에도 나오는 등 이 상품은 신속하게 품절을 기록했습니다.

실은 이 장난감을 캐릭터와 결합하는 식으로 이용할 줄은 전혀 예상하지 못했습니다. 단지 어른을 대상으로 사무실 책상을 장식하거나 복권과 함께 불단에 올려놓는 농담조 장난감(조크 토이)으로 팔려고 했습니다. 우연히 불이 번진 인터넷의 움직임을 지켜보고 당시 부장님은 **"우리가 앞장서서 이런 식으로 꾸몄어야 하는데 말이야…" 하고 말했습니다.** 나도 같은 생각이었습니다. 계산하지 않은 시점에 어쩌다가 성공은 거두었으나 이 상품은 실패한 것이 아닐까 하고 말입니다. 계획하지 않은 우발적 성공은 성공일까요, 실패일까요. 무슨 일이 있을 때마다 이 상품을 떠올리곤 합니다.

이후 자기가 좋아하는 피규어를 꾸미면서 놀 수 있는 작은 피규어나 캡슐토이 상품은 꾸준히 자리를 잡고 있는데, 이런 장르의 상품을 의도적으로 개발하는 사람이 있다면 실로 존경할 만한 기획의 전문가일 것입니다.

1년에 아이디어 1000개를 던져라

장난감 회사에 취직하자마자 상사는 상품 아이디어를 1년에 1000개 궁리해서 종이에 적어 제출하라는, 이른바 '아이디어 1000개 노크'라는 과제를 던져주었습니다. 처음에는 아이디어 1000개쯤이야 여유 있다고 생각했습니다.

매일 3개씩 아이디어를 적어가다가 200개쯤 적었을 때 펜은 멈추었고 아무 생각도 나지 않았습니다. 그때까지 써놓은 200개와 똑같은 아이디어만 머릿속을 맴도는 바람에 얼마 동안은 주어진 과제를 해낼 수 없었습니다.

반년쯤 지나 규슈에 있는 유후인 온천을 여행했는데 길가에 예쁜 잡화점이 한없이 줄지어 있었습니다. 구경하는 동안 '이것도 저것도 다 장난감에 쓸 수 있을 것 같아!' 하고 뭔가 풍부한 영감을 받으며 정신없이 마구 메모했고, 집에 돌아와 1000개 노크를 적는 종이에 옮겨 적었습니다. 그 후에도 거리에 나가 힌트를 찾아 나섰다가 눈 깜짝할 사이에 아이디어 1000개를 적어넣을 수 있었습니다.

아이디어 1000개를 적은 종이 다발을 제출했을 때 상사는 이렇게 말했습니다. **"이번 과제는 스스로 머릿속에서 낼 수 있는 아이디어가 얼마나 근소한지 깨닫기 위한 훈련이었어.** 외부 정보나 다른 사람에게 들은 이야기 중에 아이디어는 무한하게 존재한다네." 이 경험이 내게는 아이디어 발상의 기본이 되어주었습니다

4월
4일

숫자를 채워본 경험은 자신감을 줍니다. 학생은 무엇이든 상관없으니 자랑할 수 있는 횟수를 채워보기를 바랍니다. 나는 대학에 다닐 때 관객 앞에서 라쿠고를 120회 공연했습니다. 기껏해야 120회에 지나지 않는데도 취직할 때 면접관 눈이 휘둥그레지더군요. 겨우 120회인데 말이지요.

헛짓을 깡그리 없애는 방법

내게는 초강력 집중력을 발휘하여 업무를 진행하는 '철통같이 확고한 방법'이 있습니다. 카페에서 커피 이외에 값이 비싼 케이크도 먹으면서 일하는 것입니다.

당분을 섭취하여 두뇌의 활동을 좋게 하자는 뜻이 아닙니다. '비싼 돈을 냈으니까 그만큼 일을 하지 않으면 본전을 건지지 못해.' 자기 자신에게 이런 압력을 가하기 위함입니다. 나는 절약하는 사람이고 나쁘게 말하면 '쩨쩨한' 성격입니다. **자신의 쩨쩨함을 충분히 활용해 집중력을 확보하고 있습니다.** 이러면 반드시 좋은 아이디어를 얻는 결과로 이어질 수 있습니다.

4월
5일

'돌려받겠다는 근성'이 있으면 헛짓이 깡그리 없어집니다. 돈을 쓰는 일이 유익해지기 때문입니다. 2000엔짜리 책을 사면 '업무에 활용해 이익을 2만 엔 내야지!' 하고 생각합니다. 100엔숍에서 산 물건조차 어떻게 만들었는지 정보를 알아내어 상품 제작 현장에서 활용합니다.

구입한 물건이나 놀이 경험담을 SNS에 소개하는 것도 헛짓이 되지 않도록 하는 방법입니다. 혼자 즐길 뿐 아니라 SNS 친구와 이야기를 나누며 기쁜 감정을 맛보는 일도 인생의 즐거움을 얻으니까 이익입니다. 이익이란 돈만 가리키지 않습니다. 자신이 원하는 이익을 얻을 수 있는 지출이라면 모두 다 유익합니다. 자기가 바라는 이익이 무엇인지 아는 것만으로도 모든 행동에는 의미가 있기 마련입니다.

사업을 벌인 만큼 이제까지 쓴 돈을 만회하기 쉬우리라고 생각할지 모르지만 어떤 일을 하든지 마찬가지입니다. 직장에 가서 쇼핑 성공담이나 실패담, 알아낸 것을 이야기해주기만 해도 훌륭한 업무가 됩니다.

망설이는 사람이 성장하고, 성장시킨다

예부터 마흔을 불혹不惑이라고 하는데 이미 사어死語가 되었을지도 모르겠습니다. 마흔은 눈에 띄게 성장할 수 있는 나이입니다. 망설임이 없어지면 성장은 멈춥니다.

나는 여러 라디오 방송을 담당하고 있는데 어느 날 청취자에게 "망설이면서 이야기하는 느낌이 좋더군요" 하는 댓글을 받았습니다. 매우 기뻤습니다. 실로 그런 느낌으로 이야기하고 싶었으니까요.

세미나 강사로 나갈 때도 마찬가지입니다. 따로 진행 대본을 정하지 않고 그때 느낀 것, 망설이는 바가 무엇인지 생각하면서 솔직하게 의견을 털어놓습니다. 이런 스타일에 대한 수강생들의 의견은 찬성과 반대로 나뉠지도 모릅니다. '강사라면서 왜 망설이는 거야? 확실하게 가르쳐주지 않으면 곤란한데….' 따라서 강사로 부임한 초기에는 'OO입니다!' 하고 단정해서 말하려고 노력했습니다. 그러나 이렇게 단언하는 일은 상대방의 자발적인 성장을 가로막을지도 모릅니다.

강사가 어떤 말을 단언하듯 명확하게 말하면 수강생은 단지 받아들입니다만, 망설이듯 말하면 수강생은 과연 어느 쪽인지 생각해봅니다. 다 함께 생각하는 것이 성장입니다. 전문가나 프로는 어떤 생각에 도달하는 것이 아니라 누구보다 열심히 쉬지 않고 망설일 수 있는 사람이라고 생각합니다. 강사의 책임은 수강생보다 더 진지해지고 충분히 망설이는 것입니다.

이 책에서도 'OO라고 생각합니다!' 또는 'OO일지도 모릅니다!' 같은 표현을 자주 사용하고 있습니다. 함께 즐겁게 망설이면 좋겠습니다.

월요일의 우울을 없애는 방법 2

나는 쇼가쿠칸小学館 출판사의 공식 사이트 '앗토다임@DIMEアットダイム'이라는 웹 미디어에서 2016년부터 「우울한 월요일을 즐겁게 만드는 연구회」라는 제목으로 글을 연재하고 있습니다. 갖가지 직업의 달인에게 '휴일 다음 날인 월요일이 즐거워지는 요령이 있습니까?' 하고 물어가는 대담 연재인데, 이것을 시작한 이유는 월요일을 싫어하는 자기 자신을 위해서였습니다.

4월 7일

자신의 약점을 콘텐츠로 삼아 우울해지는 시점에 그 내용을 발신하도록 추천하는 바입니다. 누군가 공감해주거나 흥미롭다고 반응해주면 자신의 약점을 인정받은 듯한 기분이 들어 마음이 편해집니다.

월요일을 힘들어하는 나로서는 '월요일은 싫어!' 하고 괴로워하는 자신을 콘텐츠로 삼아 이런저런 사람들은 어떤지 물어보고 헤어날 방법을 재미있게 정리해 기사를 써서 월요일에 발신합니다. 내가 쓴 기사를 읽고 비슷한 사람이 어떻게 반응하는지, 한 명이라도 위안을 얻는 사람이 있는지 기대해봄으로써 자신도 설레는 마음으로 기운을 얻지요. 우선은 친구나 동료에게 털어놓고 '맞아, 나도 그래~' 하며 마주 보고 웃기만 해도 효과가 있습니다.

자신의 문제를 드러내놓고 자기와 비슷한 누군가에게 '나 말고도 비슷한 문제로 고민하는 사람이 있구나!' 하고 안심할 수 있는 오락적인 '공감 콘텐츠'를 만들어 세상에 내놓고 반응을 기대해보면 고민하는 일도 즐거운 시간을 만드는 재료가 될 수 있습니다.

무엇보다 이런 책을 내고 성공을 이루어낸 듯 이야기하는 필자가 매주 월요일마다 '으아, 월요일 싫어!' 하고 투덜거리고 있다는 점을 기억해주십시오. '내가 좀 낫구나' 싶은 생각이 들지도 모릅니다.

아이디어 메모는 적당히 해도 괜찮다

막 떠오른 생각을 메모하는 습관이 들은 사람이라도 그것을 실천하는 방식은 천차만별일 것입니다. 종이나 디지털 메모 도구를 언제나 휴대하고 다니며 정해진 장소에서 메모하는 사람도 있겠지요. 때와 장소가 그때마다 달라지는 사람도 있을 것입니다.

나는 원노트OneNote라는 애플리케이션을 사용해 스마트폰과 컴퓨터의 같은 곳에 메모를 써넣고 있습니다. 한 곳에 써놓으면 다른 곳에도 반영되므로 언제 어디서나 들여다볼 수 있고 검색할 수 있어 메모 보는 일을 놓치지 않습니다.

그렇지만 메모는 몇백 페이지나 펼쳐져 있기 때문에 결국 어디에 무엇을 썼는지 찾아보기 힘들 때도 있습니다. 또한 누구와 만날 때 그 자리에서 즉시 적어놓은 종이 메모는 잃어버리기도 합니다. 메모를 완벽하게 정리하기는 힘듭니다. **정리하는 일에 지나치게 신경을 빼앗긴다면 시간과 에너지가 아깝습니다.**

다만 한 가지, 꼭 익혀두길 바라는 습관은 '바로 이거야!' 하는 운명 같은 아이디어가 탄생했을 때 절대로 잃어버리지 않도록 '제1선' 같은 이름을 붙인 메모 장소를 만들어 거기에 옮겨적는 것입니다. 장르를 나누지 않더라도 제1선 메모에 들어 있다면 잊어버리는 일은 없습니다. 기타 아이디어는 다른 곳에 적어두고 아이디어 발상이 막혔을 때 적당히 열어보고 '그러고 보니 내가 이런 생각도 했구나~' 하고 돌이켜보거나 우연히 연관성을 발견하고 기뻐할 수 있으면 그만입니다.

사토 네지(佐藤ねじ) 씨의 저서 『초강력 노트 기술(超ノート術)』에서는 제1선 노트와 제2선 노트의 활용법을 깊이 있게 해설해놓았습니다. 제2선 노트에서 제1선 노트로 옮겨적을 때 더 나은 아이디어로 진화하는 방법 등 참고할 만한 점이 실려 있습니다.

규모가 큰 업무를 경험하면 발상의 스케일도 커진다

내가 독립 기업을 일으키기 전에는 대기업 장난감 제조사에 있었습니다만, 회사를 그만둔 뒤에도 '아아, 회사에 있을 때 지금까지 해본 적 없는 거대한 비즈니스 기획을 제안해서 도전해볼 기회를 만들었더라면 좋았을 텐데…' 하고 자주 돌이켜볼 때가 있습니다.

회사원 시절 전반에는 거의 수백 엔에서 수천 엔 가격의 장난감 상품 제작을 담당했기에 적은 예산으로 어떻게 하면 재미있는 상품을 만들까 하고 아이디어를 줄곧 궁리했습니다. 그 일은 그 일대로 제약 조건 속에서 재미있는 아이디어를 내는 발상의 뇌를 단련할 기회였고 그런 점에서 행운이었습니다. 하지만 새로운 상품을 기획할 때 커다란 상품을 만들 가능성은 그다지 생각하지 않는 버릇이 들고 말았습니다.

4월 9일

커다란 장난감을 만들어본 경험이 풍부한 동업자와 이야기해보면 고안해낼 수 있는 장난감의 폭이 넓다는 것을 느낍니다. 어떤 업계도 마찬가지입니다. **규모가 큰 업무를 경험하면 그만큼 스케일이 큰 아이디어를 떠올릴 힘이 생깁니다.**

그런 의미에서 따로 시간과 비용을 들여 자기 투자를 하지 않아도 상품을 제작하고 사업을 일으킬 수 있는 회사원은 매우 운이 좋은 편입니다. 만약 회사를 그만두겠다는 시기가 다가오면 회사에 있는 동안 지금까지 해본 적 없는 스케일의 업무를 경험해 성공을 거두어보는 등 미진한 점이 없는지 생각해보십시오.

회사원 시절 후반에 가서야 겨우 투자금과 규모가 커다란 상품을 개발하거나 대규모 신규 사업을 담당했습니다. 당시 몇 년 동안은 솔직히 일이 힘들었으나 그때의 경험이야말로 현재 사업에 막대한 이점을 제공해주었습니다.

남과 의견이 둘로 나뉠 때 선택할 한 가지

회사나 가정에서도 그렇고 동아리 활동에서도 누군가와 의견이 갈릴 때가 자주 있습니다. 그럴 때는 다음 중에 어느 쪽인지 선택합시다.

A. 자신의 의견을 힘 있게 밀어붙이고 자신이 책임을 진다.

B. 상대의 의견을 받아들이고 자신이 책임을 진다.

한마디로 자신이 결과의 책임을 지는 형태로 어느 쪽인가를 선택해보십시오. 어느 쪽이든 **책임은 자신에게 있다는 선택입니다.** 그렇게 하는 이유는 멋있게 보이기 위해서나 의리 때문이 아니라 **성공 확률을 높이기 위해서**입니다.

예를 들어 상대가 의견을 밀어붙이는 경우, '그래, 그렇게 해도 좋아. 다만 책임은 지도록 해' 하는 태도로 단지 상대방에게 양보한다면 좋은 결과가 나올까요? 그것은 진심으로 어느 쪽이 성공을 거둘지는 생각하지 않는 행동일 뿐입니다.

관계자 전원이 결과에 책임을 진다는 전제 아래 선택지를 생각할 수 있다면 당연히 사고방식의 진지한 정도가 달라집니다. 자신이 당사자라는 의식이 없는 아이디어는 실로 힘이 없는 법입니다.

Idea라는 영어 단어는 '문득 생각이 남', '생각', '예상' 이외에 '관념, 이념' 같은 의미도 있습니다. 아이디어란 먼저 자기 자신이 어떤 사물을 어떻게 생각하느냐를 의미합니다.

팩트나 데이터의 활용법을 착각하고 있지는 않은가?

젊은 시절 업무 회의 때 "○○라고 생각합니다" 하고 발언하면 "이봐, 네가 '생각합니다' 하고 말한들 별수가 없어. 데이터를 보여달라고!" 하는 말을 들은 경험이 있습니다.

최근 가짜뉴스가 늘어난 탓인지, '팩트를 명확히 밝히라', '팩트를 가지고 말해라' 하는 이야기를 듣는 일이 늘어났습니다. 하지만 팩트라는 말을 잘못 사용하면 미래를 만들어가는 데 방해가 되어버릴 수도 있다고 봅니다.

4월
11일

예컨대 '과거에 실패했다는 팩트가 있으니까 이 기획은 실패한다'는 말은 논리적이지 않습니다. 시대와 상황은 변하기 마련이니까요. 또 예컨대 '이 약은 이 증상에 효과가 있다'는 팩트는 중요하지만 '이런 증상에 효과가 있는 약은 선례가 없으니까 앞으로 만들지 않겠다'고 말할 수는 없지 않습니까.

물론 팩트와 데이터를 무시하고 아무 근거도 없이 무모하게 도전하는 일을 추어올릴 수는 없습니다. 팩트와 데이터는 중요한 정보입니다. 그것을 참고로 **미래를 향해 '나는 ○○라고 생각합니다' 하고 자신감 있게 자기 감각과 가설을 말할 수 있는 태도는 대단히 중요합니다.** 이와 동시에 누군가 '생각한' 일에는 유심히 귀를 기울여야 합니다. 아이디어를 내는 사람이 되기 위해 유연한 자세로 '생각'합시다.

베스트셀러 『팩트풀니스(Factfulness)』에는 "주관적 믿음에서 해방되면 불안이 줄어들고 위안을 받는다"고 쓰여 있습니다. 팩트란 안심할 수 있는 재료입니다. 안심을 손에 넣으면서 미래를 만들어나갑시다.

색깔 디자인의 마술사가 되는 연습

어릴 적부터 현재까지 그림이나 디자인에는 별로 소질이 없습니다. 장난감 개발을 할 때도 디자인은 전문 디자이너에게 부탁하고, 나는 소비자의 시선으로 '매장에서 손님이 발견하고 사고 싶어지도록 좀 더 이렇게 해야겠다', 또는 '좀 더 다가가기 쉽게 이런 레이아웃을 해보고 싶다'는 식으로 의견을 개진할 따름입니다. 그런데도 자료를 작성하거나 간이 점포 앞 POP의 디자인을 스스로 생각해 만들어내야 하는 경우는 지금도 자주 있습니다. 그럴 때면 디자인 작업에 애를 먹습니다.

4월 12일

어느 날 그림을 잘 그리는 아내가 **"두 가지 색깔 조합은 어떤 쌍이라도 어울리지 않는 법이 없다"**고 말했습니다. 이를테면 옷을 고를 때나 디자인을 할 때 세 가지 색이라면 이상해질 때가 있지만 두 가지 색으로 한정하면 누가 하든 이상해지지 않는다는 것입니다. 과연 정말일까 하고 시험 삼아 수십 가지 색연필 세트에서 두 가지 색을 골라 적당히 그림을 그려보았더니 확실히 어떤 조합도 '어울리지 않는' 일은 없었습니다. 분홍과 감색은 어울리지 않을 듯했으나 칠해보니 멋진 일본풍 느낌이 났고, 빨강과 초록은 어떨까 싶어 칠해보니 크리스마스 색깔로 보였습니다. 두 가지 색의 조합에는 전부 '이미지 이름'을 붙일 수 있었습니다.

그 후 나는 세 가지 색 이상은 포기하고 무엇이든 두 가지 색으로 디자인을 생각하기로 했습니다. 그러자 이미지의 방향성만 어긋나지 않으면 꽤 순조롭게 일이 풀렸습니다. 두 가지 색깔의 마술사를 지향하면 누구나 컬러 디자인을 쥐락펴락해볼 수 있습니다.

스스로 본격적인 디자인 작업을 해볼 예정은 없습니다. 어도비(Adobe) 소프트웨어도 해약했습니다. 인생의 시간은 자기가 잘하는 일에만 쓰고 싶습니다. 하지 않을 일은 하지 않겠다고 결심하고 서투른 일은 잘하는 사람에게 도움을 받을 것입니다.

억지로 만든 커뮤니티는 관계의 수명을 줄인다

'커뮤니티를 만들고 싶다'는 언사를 듣는 일이 늘어났습니다. "상품을 좋아하는 팬 커뮤니티를 형성하고 확장해나가는 연결고리를 만들어 커뮤니티가 독립적으로 움직인다면 상품이 오랫동안 팔릴 텐데 말이야. 그렇게 만들고 싶군." 여러 기업의 회의실에서 이런 이야기가 오고 가는 것을 상상할 수 있습니다.

사람들이 생활을 즐기고 살아가는 보람을 느끼는 커뮤니티는 숱하게 있습니다. 하지만 "너희들은 이 커뮤니티의 구성원이야. 다들 사이좋게 사귀고 흥을 내보라고. 그리고 상품 좀 선전해줘. 탈퇴하지 말고!" 이런 분위기를 피우는 곳도 때때로 봅니다. 그런 커뮤니티(같은 것)는 금세 개점휴업에 들어갑니다.

4월 13일

커뮤니티의 효시는 수렵과 농경을 시작한 원시시대의 마을이고, 오늘날로 치면 '동洞'입니다. '살고', '살림할' 목적으로 사람이 자연스레 모였습니다. 힘을 모으고 서로 돕지 않으면 생활할 수 없으니까 커뮤니티를 이루어 강해졌던 것입니다. 그러나 커뮤니티에는 반드시 수명이 있습니다. 생물의 모임이기 때문에 언젠가는 필연적으로 종말을 맞이합니다.

'커뮤니티'라고 선언함으로써 친구 관계의 수명이 짧아지는 경우가 있습니다. 커뮤니티에 참가할 수 없어졌을 때 '커뮤니티를 탈퇴한 것 같아서 얼굴을 내밀기 어색해지는' 경우가 있지 않습니까. 이는 본말전도입니다. **나도 동료들과 동아리 같은 놀이 모임을 할 때가 있는데 반드시 기간을 정해놓고 어느 지점에 이르면 일단 종료합니다.** 종료하고 나서야 다들 영원한 친구가 됩니다.

비즈니스 목적의 팬 커뮤니티에는 확장해나가는 연결고리가 정말 필요할까요? 상품과 고객이라는 일대일 관계가 무수하게 존재하면 안 되는 걸까요? 안 된다면 그 이유는 뭘까요?

의식이 높은 SNS와 의식이 낮은 SNS를 나눌 것

나는 몇몇 SNS와 미디어로 내 이야기를 발신하고 있습니다만, 다음과 같이 '의식이 높은 미디어'와 '의식이 낮은 미디어'라는 명칭을 붙여 구분해 사용하고 있습니다.

- 의식이 높은 미디어: 트위터, 노트, 보이시
- 의식이 낮은 미디어: 인스타그램, 메일 매거진, 팟캐스트

의식이 높은 계열의 미디어로는 업무로 제작한 상품을 소개하고 누군가에게 도움이 되는 정보를 공유합니다. 한편, 의식이 낮은 계열의 미디어로는 모두 단순한 일기, 취미 이야기, 자기가 저지른 실수 이야기 등을 소개합니다. 이렇게 두 부류가 있기 때문에 마음이 맞는 친구를 잘 찾을 수 있고 그 결과 새로운 일이 계속 생깁니다.

의식이 낮은 계열의 미디어가 최초로 눈에 띄는 일은 거의 없습니다. 맨 처음에는 도움이 된다는 이유로 의식이 높은 계열의 미디어에 실은 투고 기사를 찾아 읽어주는 사람이 있습니다. 그래서 팔로우해준 사람이 어느 날 문득 잡담, 푸념, 약한 소리 등이 적혀 있는 의식이 낮은 계열의 미디어를 보고, '이 사람과 마음이 맞을 것 같다'는 생각에 메시지를 보내줍니다. 그렇게 연결되어 서로 공감할 수 있는 이야기를 주고받으며 마음이 통하면 함께 기획을 생각하기 시작한다는 식으로 흘러갑니다.

품위와 격식을 갖춘 자신을 보여주는 곳과 체면을 차리지 않고 흐트러진 자신을 보여주는 곳을 마련해놓으면 만남이 성사되기 쉽습니다.

여러분과 우선은 트위터로 이어지면 기쁘겠습니다. @simpeiidea

망설이지 않고 비용 견적을 내는 방법

독립 기업을 창업할 당시에는 일을 의뢰받을 때 얼마냐고 물어도 어떤 식으로 요금을 정하면 좋을지 전혀 알지 못했습니다. 가격을 낮게 말하면 상대가 기뻐하니까 마음은 편하겠지만 회사를 지속적으로 운영할 수 없습니다. 가격을 높게 말하면 일을 거절당해 안타까울지도 모릅니다. 견적을 내는 일은 상당히 어렵습니다.

어느 선배의 조언을 듣고 나는 '○시간 걸리는 일은 □엔', '이익은 △퍼센트' 하는 식으로 **업무 보수를 완전히 정해놓기로 했습니다.** 가격을 절충할 때마다 일일이 생각하지 않고 기계적으로 판단하고 있습니다. 가격이 맞으면 일을 받고 가격이 맞지 않으면 일을 받지 않습니다. 그것만으로도 서투른 견적 내기 때문에 고민하는 일은 일어나지 않았습니다.

조언을 들려준 선배는 "어떤 가격으로 일을 하느냐에 따라 자신이 어떻게 되어갈지 정해지는 거야" 하고 말했습니다. 가격을 낮게 부르면 일이 늘어나 경험도 쌓이지만 바빠집니다. 가격을 높게 부르면 난도가 올라가 고품질을 요구하는 일을 해내야 합니다. 수준이 높은 일로 성장하는 경우도 있으나 눈높이에 맞지 않으면 스트레스도 심해지지요. 자신에게 딱 맞는 '가격 붙이기'가 있는 법입니다.

나는 회사원 시절과 똑같이 수입을 반드시 벌어들여야겠다는 작정으로 역산逆算하여 업무 보수를 정했습니다. 그랬더니 지나치게 쉽지도 않고 어렵지도 않고 내게 도움이 되는 수준의 일거리가 모였습니다. 사업을 시작할 때는 이전에 받던 월급을 참고하는 것이 적당할지 모릅니다.

빵집은 빵 가격을 정해놓고 그보다 비싸게 팔지도 않고 싸게 팔지도 않습니다. 맛있고 먹음직스러운 빵을 구워 사람들에게 미소 지으며 팔 따름입니다. 환경의 요인으로 값을 올리는 일도 있겠지요. 어떤 일이든 그런 사정은 마찬가지입니다.

망했다는 것을 깨달으면서 계속 망하자

아이디어 발표는 실제로 여간 부끄러운 일이 아닙니다. 자기가 떠올린 아이디어를 엄숙한 회의 때 말하거나 처음 만난 사람에게 이야기하기를 주저하는 사람도 많을 것입니다.

'아이디어는 기본적으로 툭하면 퇴짜를 당하는 것'임을 모두 당연하다고 여기는 세상이 되었으면 좋겠습니다. 사업으로 망하면 손해를 보고 남에게 폐를 끼치기 때문에 바람직하지 않지만, **아이디어를 입 밖으로 드러내기만 한 단계에서는 아무리 쓸모없는 아이디어를 내도 결코 마이너스로 작용하지 않습니다.**

최종적으로 좋은 아이디어를 찾아낸 사람이란 무엇이든 자기가 착안한 것을 말로 표현하는 사람입니다. 99퍼센트가 망하더라도 1퍼센트라도 좋은 아이디어가 어쩌다가 입으로 술술 풀려나온다면 성공입니다. 그러기 위해서는 퇴짜 맞는 것을 아무렇지도 않게 생각하는 편이 좋습니다. 이를테면 회사에서 아무리 계속 퇴짜를 맞더라도 가치가 있는 아이디어를 단 한 가지 내기만 하면 평가가 올라간다는 것이 아이디어의 좋은 점입니다.

하나만 짚고 넘어가고 싶군요. 퇴짜를 맞았을 때는 퇴짜를 맞았다는 것을 제대로 자각해야 합니다. '이건 망했다', '이건 성공 가능성이 있는 아이디어였다' 하는 점을 주위 반응과 더불어 확실히 인지하지 않으면 무의식적으로 계속 실패를 거듭할 뿐 성공하지 못합니다. 망했다는 것을 알면서 망합시다.

만담에서 '실패'는 웃음을 얻지 못했다는 의미입니다만, 물론 업무 아이디어는 '망함=만담의 실패'를 뜻하지 않습니다. 오히려 관객의 웃음만 얻으려고 일부러 망하는 사람을 옛날부터 봐왔지요. 바로 사회인 1년 차 다카하시 신페이입니다.

페달 없는 자전거로 배우는 교육의 기술

딸아이가 유치원에 다닐 무렵 자전거 타는 연습을 시작했을 때 '스트라이더'라는 훌륭한 발명품이 나왔는데, 손쉽게 자전거를 탈 수 있게 해주어 깜짝 놀랐습니다. 간단히 말해 스트라이더는 어린이가 페달 없이 타는 자전거입니다. 다리로 땅을 차면서 앞으로 나아갑니다. 네 살부터 땅을 달리듯이 피융피융 앞으로 나가듯 타다가 자전거로 갈아탑니다. 처음에는 스트라이더와 마찬가지로 땅을 차면서 앞으로 나가지만 어느새 페달에 발을 올리고 자연스레 자전거를 탈 수 있습니다.

내가 어릴 적에는 보조 바퀴를 달고 자전거를 타다가 어느 날 갑자기 보조 바퀴를 제거했습니다. 그러면 전혀 자전거를 탈 수 없는 사태가 벌어지니까 그때부터 몇 번이나 땅바닥에 넘어지면서 특훈을 시작했고 오랜 시간이 걸려서야 겨우 자전거를 탈 수 있었습니다.

이 체험담을 육아 과정에 적용해보면 나도 아이들에게 갑자기 성장을 강요한 적이 있다는 생각에 반성합니다. 책상을 정리하는 방법을 가르친 적이 없는 주제에 "책상을 깨끗이 정리해야지!" 하고 야단치거나 공부에 집중하는 방법을 가르친 적이 없는 주제에 "집중하라니까!" 하고 요구했습니다. **갑자기 보조 바퀴를 풀어버리는 것과 마찬가지입니다.**

처음 하는 일을 가르칠 때는 스트라이더와 같이 단계적으로 가르치는 방법이 바람직합니다. 30분 집중하기를 원한다면 '1분만 집중해볼까?', '자, 3분 동안 집중해보자' 하는 식으로 성장을 위한 단계를 마련해줍시다.

다만 갑자기 보조 바퀴를 제거해 자꾸 넘어지다가 불현듯 어느 날 '어라, 되는데!?' 하고 감동하는 일도 중요한 경험일지 모릅니다.

최강 팀을 구성하는 방법이란

파트너와 이야기하는 형식의 팟캐스트 방송을 여러 가지 운영하고 있습니다만 호흡이 잘 맞고 주거니 받거니 재미있게 진행했던 프로그램의 파트너는 대체로 우연히 만난 상대였습니다. 딱히 특별한 이유 없이 이야기를 나누다가 "그럼 일단 해볼까요!" 하고 시작했는데, 여러 번 녹음을 해나가는 사이에 자연스레 서로 장점이 나오거나 상대의 부족한 점을 지원하는 등 죽이 척척 맞았습니다.

대학 시절에 만담 동아리 '라쿠고 연구부'에 들어가 만담 콤비를 짰을 때도 그러했습니다. 같은 학년이 한 사람밖에 없었기 때문에 다른 선택 없이 성격이 정반대인 동급생과 콤비를 짰습니다만, 마치 화음이 맞아가듯 서서히 웃음이 생겨났습니다.

거꾸로 '재미있고 이야기를 잘하는 상대와 함께 해보자'는 의도로 콤비로 불렀는데 조합이 맞지 않아 제대로 팀이 굴러가지 않을 때도 적지 않습니다. 참 이상하지요. 축구 스타로 꾸린 군단이 반드시 승리하지 않는 것과 비슷할까요. 강점을 '凸(철)'로 나타내면 서로 凸과 凸이 부딪치고 마는 것 같습니다.

라쿠텐대학 학장인 나카야마 신야仲山進也 씨의 저서 『현재의 구성원으로 '뜻밖의 승리'를 거두는 팀의 법칙今いるメンバーで「大金星」を挙げるチームの法則』에서는 "팀 구성은 조각 맞추기 퍼즐과 비슷합니다" 하고 설명합니다. 凸(강점)과 凹(약점)이 꼭 들어맞는 조합을 찾아내기 위해 조각을 삐뚤빼뚤 맞추어보듯 팀을 구성해나가는 작업이 중요하다는 것입니다.

어쩌다가 모인 구성원이 서로 약점을 드러내고 강점으로 보완하면서 성장해가면 강한 팀이 된다는 것은 진리인 듯합니다.

팟캐스트도 그렇고 만담도 그렇고 개인의 뛰어난 말솜씨나 지식보다는 '즐기면서 할 수 있는지 없는지'가 중요합니다. 즐거움은 凹凸(요철)에서 생겨나는 법입니다.

좋은 동영상의 핵심은 최고의 한 장면

시대의 흐름에 따라 동영상 관련 업무도 늘어났기 때문에 연습과 공부를 시작했습니다. 동영상 제작의 전문가 관점으로 보면 다양한 기술(테크닉)이 있겠으나 누구나 창작자(크리에이터)가 되어 좋은 동영상을 제작하려면 한 가지 핵심이 있습니다. 바로 '마음을 찌르는 그림 한 장'을 생각하는 일입니다.

여러분은 아주 많은 동영상을 본 적이 있겠습니다만 '좋아하는 동영상을 떠올려주세요' 하면 마음에 남아 있는 순간, 또는 기껏해야 1초에서 몇 초를 잘라낸 식으로밖에 떠올리지 못하는 것이 아닐까요.

4월 19일

어느 정도 길이가 있는 동영상이라도 기억에 새겨지는 것은 '잘라낸 순간'입니다. 동영상 하나에 그런 순간만 만들 수 있다면 성공입니다. 먼저 동영상 소재를 대량으로 촬영하고 나서 가장 전하고 싶은 순간을 찾아보세요. 그 부분을 줄기로 놓고 가지와 잎사귀를 붙이듯 흐름을 만들면 전하고 싶은 바를 신선하게 전할 수 있습니다.

참고로 내가 좋아하는 동영상 중에 〈낮의 목욕탕과 술昼のセント酒〉이라는 드라마의 오프닝이 있습니다. 주인공이 망상 속에서 자기 앞으로 날라 온 생맥주를 보고 최고의 웃는 얼굴을 보여줍니다. 그 순간을 떠올리는 것만으로 웃음, 그리고 살짝 눈물이 날 것 같은 애수를 느낍니다. 오프닝은 그 순간밖에 기억하지 못해도 그 덕분에 드라마를 몇 편이나 보았습니다.

제라돈(ジェラードン)이라는 만담 그룹의 유튜브 채널 섬네일이 최고였고, 솔직히 말해 동영상 본편보다 섬네일이 더 웃겼습니다. 언제나 최고의 섬네일을 만들겠다는 마음으로 동영상의 내용을 생각하면 일이 잘됩니다.

심리적 안전성을 지키는 규칙 완화 방법

심리적 안전성이 송두리째 무너져 내린 순간을 기억합니다.

신입사원 시절 팀 빌딩 연수라는 과정이 있었습니다. 처음에 "연수 중에는 전원 별명으로 부르니까 명찰에 자기 별명을 써서 널리 알립시다" 하기에 나는 모두 앞에서 "신페이라고 불러주세요!" 하고 말했습니다. 그랬더니 입사 동기생이 "어라? 그건 별명이 아니잖아. 재미없어. 별명으로 지으라고!", "신페이니까 페이라고 해, 페이로 짓자!" 하는 말을 꺼냈고 억지로 '페이'라는 이름으로 불렸습니다. 그 순간 '팀 빌딩 연수'는 내 마음속에서 완전히 끝장나고 말았습니다.

이 이야기는 '본명은 별명이 아니야!' 하는 무의미한 규칙이 반론의 여지도 없이 분위기에 눌려 파국을 맞이한 예입니다. 굳이 누가 나쁘다고 할 것도 아니고 가벼운 사고 같은 일이겠지만 규칙이나 관습은 바꾸면 안 된다는 믿음 때문에 심리적 안전성이 무너져 내리는 일이 자주 벌어집니다.

규칙에는 신중하게 바꾸어야 하는 것과 유연하게 바꾸어도 무방한 것이 있습니다. **바꾸기 힘든 것은 '물리 규칙', 바꾸기 쉬운 것은 '감정 규칙'입니다.** 공장의 작업 매뉴얼을 툭하면 바꾸는 것은 좋지 않으나 관계자의 감정을 고무하는 규칙 변경은 중요합니다. 때로는 같이 모여 대화하며 생각해봅시다.

"우리 팀은 '반말'로 이야기하는 규칙 덕분에 잘 굴러가고 있습니다." 이런 이야기를 들은 적이 있지요. 물론 괜찮다고 봅니다만, '무조건 반말'을 강요할 것이 아니라 존댓말로 이야기하는 사람은 존댓말도 OK라는 식이 좋지 않을까 합니다.

인생에서 하고 싶은 일을 기획하기

4월 21일

회사에서 이루고 싶은 기획과 인생에서 이루고 싶은 기획을 생각하고 둘을 연결하는 강좌를 부정기적으로 개최하고 있습니다. 참가자 각자 '할 수 있는 일', '원하는 이익' 같은 관점으로 자신의 인생관에 따라 하고 싶은 일을 생각하는 프로그램입니다.

어느 날 스스로 설계한 그 프로그램의 유용성을 검증하기 위해 가정주부인 아내에게 그 프로그램에 따라 삶 속에서 이루고 싶은 기획이 무엇인지 생각해 달라고 부탁했습니다. 아내는 육아 때문에 일을 그만두었다가 아이들이 웬만큼 자라자 앞으로 어떻게 자신의 시간을 누리면 좋을지 고민하던 시기가 있었습니다.

아내는 "언니 집을 청소하고 싶어" 하고 말하더니 며칠 후 실제로 언니 집을 정리하고 매우 만족하며 귀가했습니다. 나는 이러한 흐름을 보고 '기획이란 정말 이런 것이로구나' 하고 깨달았습니다. **인생의 기획은 돈을 벌어들이거나 여러 사람을 기쁘게 할 필요가 하나도 없습니다.**

'기획企画'은 주로 비즈니스 용어로서 금전적 대가와 교환으로 고객에게 가치를 돌려주는 사업의 기획을 가리킬 때가 많습니다. 그러나 원래 기획이란 말은 그저 '어떤 일을 해야겠다는 뜻을 품고 계획을 세우는 일'을 뜻합니다. 기企라는 한자는 까치발로 먼 곳을 바라보는 사람을 표현했다고 합니다. 기획은 일뿐만 아니라 인생 가운데 가슴이 뛰고 설레는 일을 도모하는 것입니다. 자신이 어떤 이익을 얻으면 흡족한지 아는 것이 중요합니다. 돈? 명예? 기쁘다는 감정? 타인의 기쁨? 얻고자 하는 이익을 위해 사소한 기획을 잇달아 쏘아 올려봅시다.

오랫동안 주부로 지내던 친구가 대기업에 취직하더니 나중에는 사업을 벌였습니다. "'주부로' 직업을 옮겼다가 '주부에서' 다른 직업으로 옮기는 일이 당연하다고 여기는 사회가 되었으면 좋겠어." 그 사람은 이렇게 말하면서 활동하고 있습니다. 주부는 중요한 정보와 기술을 갖춘 비즈니스맨입니다.

세기의 대발명품 화장지로 배우는 발명의 기술

세계에서 가장 대단한 발명품은 무엇일까요? '나사'나 '바퀴'는 세계를 뒤바꾼 발명품이라는 이야기를 들었습니다만, 나는 화장지도 위대한 발명품이라고 손꼽고 싶습니다. 이제 우리는 화장지가 없는 생활을 상상할 수 없습니다.

화장지는 원래 전쟁 중 의료 처치에 사용했다고 합니다. 그 후 킴벌리클라크Kimberly-Clark라는 미국 회사가 화장을 지우는 소모품으로 판매하기 시작했고 점차 코를 푸는 용도로 사용했습니다.

4월 22일

화장지는 조금씩 진화했습니다. 오늘날 우리가 쓰는 화장지는 두 겹입니다. '까칠까칠한 종이 안쪽끼리 맞붙여 매끈한 면만 피부에 닿도록 한다', '종이 두 장 사이에 간격을 두어 수분을 흡수하기 쉽도록 한다', '두꺼운 종이 한 장보다 얇은 종이 두 장이 부드럽다' 등 이유는 여러 가지입니다. 현대에 들어오면서 살갗에 닿는 촉감이 좋은 보습 타입도 생겼지요.

화장지가 지극히 대단한 점은 여러분이 잘 아는 **'한 장을 뽑으면 다음 한 장이 나온다는 점'**입니다. 편리해도 너무 편리합니다. 앤드루 올슨Andrew Olson이라는 발명가가 고안해낸 방식이라고 합니다.

이렇듯 역사를 알면 화장지는 수많은 사람들의 아이디어를 모아 조금씩 진화해온 발명품이라는 사실을 깨달을 수 있습니다. 발명은 반드시 혼자 하는 일이 아닙니다. 최초로 시도한 사람이 뿌린 씨를 여러 사람이 가꾸어 완성하기도 합니다. **불완전한 아이디어도 누군가가 다른 아이디어를 덧붙여준다는 전제 아래 세계를 향해 마구 뿌려보면 어떨까요.**

전쟁에서 탄생한 기술이 전후 생활의 편리를 가져다준 예는 한두 가지가 아닙니다. 국가 사이의 대규모 전쟁으로 위대한 발명이 나온다는 사실은 역설인 듯합니다.

참고: 키스 소여(Keith Sawyer), 『그룹 지니어스 Group Genius』(북섬, 2008).

퀴즈 쇼로 배우는 기획의 물꼬를 트는 방법

초등학생 때 〈퀴즈 세계는 SHOW by 쇼바이!!クイズ世界はSHOW by ショーバイ!!〉를 좋아했습니다. 장사라는 발상으로 이런저런 퀴즈를 내는 TV 프로그램입니다. 득점을 정하는 '밀리언 슬롯' 룰렛도 있고, 다른 선수의 점수를 빼앗는 '가로채기 40만'도 있었지요. 매주 두근두근 기대하며 시청했습니다.

4월 23일

사회인이 되고 나서 이 프로그램의 프로듀서였던 니혼테레비 방송국의 고미 가즈오五味一男 씨와 만났을 때 이렇게 말했습니다. "초등학생 시절에 〈퀴즈 세계는 SHOW by 쇼바이!!〉를 왜 그렇게까지 좋아했는지 지금도 말로 설명할 수 없어요." 그랬더니 고미 가즈오 씨는 "프로그램 전체의 반짝반짝하는 느낌 때문일지도 모르겠군요" 하고 말했습니다. '그렇구나' 하는 정도로 당시 대화는 끝났습니다만, 이제 와 새삼 생각해보면 장사라는 주제는 극도로 반짝반짝합니다. 매일 돈으로 물건을 사는 이 세상은 장사로 이루어져 있으니까 어린 마음에도 동경하는 세계로 보였겠지요.

돌이켜보면 장사는 '비즈니스'나 '업무'라는 말로 바뀌어 일반 소비자에게 좀 더 친근하게 다가간 말로서 실로 그릇이 큰 주제입니다. **모든 화제는 '장사'라는 그릇에 넣을 수 있습니다.** 장사와 떨어져 살아가는 생활인은 존재하지 않으며 누구에게나 쇼핑은 즐거운 법입니다.

주제 만들기는 곧 언어 만들기입니다. 예를 들어 '구루메グルメ(미식/미식가)'라는 주제는 텔레비전이나 책 등 온갖 장르로 다루어지고 있습니다. 이런 상황에서 **'B급 구루메'[1]라는 말이 탄생한 순간 완전히 새로운 그릇이 태어났습니다.** 기존의 주제라도 말 한마디에 따라 발명이 되기도 합니다.

1 B급 구루메: 저렴하고 부담 없이 먹을 수 있는 요리, 또는 그런 요리를 즐겁게 먹는 것을 가리킨다.

당시 부모님이 〈퀴즈 세계는 SHOW by 쇼바이!!〉라는 보드게임도 사주셨습니다. 좋아하는 다른 퀴즈 프로그램의 보드게임도 다량 출시되었지만, 부모님께 사달라고 조른 품목은 오직 이것이었습니다. 밀리언 슬롯의 룰렛을 꼭 가지고 싶었습니다.

그만두는 연습을 하려면 그만둘 수 없는 일을 하자

국민 과자 새우깡의 광고 문구 '손이 가요, 손이 가'처럼 과자를 집어 드는 손길을 멈출 수 없는 사람이 많을 것입니다. 나도 간식을 좋아하기 때문에 나도 모르게 과식하고 맙니다.

'자기 의지로 그만두는 연습'은 중요합니다. 과자를 지나치게 먹고 있을 때, 매일 밤 습관처럼 술을 마실 때, 가끔은 '그래, 그만두자' 하고 습관을 딱 끊어버리도록 시도해봅시다. 즉 '자기 통제'입니다.

4월
24일

자기 통제가 가능하면 행동을 재빨리 바꿀 수 있으므로 가족이나 동료가 '이것 좀 도와줘', '이거 치워줘' 하고 도움을 청할 때 싹싹하게 금방 움직일 수 있습니다. 예전에는 나도 집안일을 하려고 하면 좀처럼 날랜 동작이 나오지 못했지만, 이제는 아내의 교육 덕분에 척척 움직일 수 있습니다(예전보다는…).

아이들에게 일단 스마트폰을 건네주면 끝도 없이 동영상을 보거나 라인[1]을 하는 등 스스로 그만둘 수 없는 모습이 걱정스럽습니다. 하지만 자기 통제를 연습하도록 스마트폰을 줄 수 있다고 봅니다. 처음에는 어른도 손에서 놓기 어려운 스마트폰을 아이가 손에서 놓기는 퍽 어렵습니다만, 조금이나마 그렇게 할 수 있으면 공부나 생활에 유용합니다. **우리가 소싯적 '게임은 하루 한 시간!'이라고 정해놓고 지킨 일도 상당한 자기 통제의 연습이었을 터입니다.**

1 라인(LINE): 일본인이 주로 사용하는 글로벌 모바일 메신저 서비스.

자기 통제에 따라 삶의 시간도 늘어납니다. 지나치게 일에 몰두하여 가족과 지내는 시간이 줄어든 것을 반성하는 중입니다. 그만두는 일에 익숙한 사람은 뛰어난 사람입니다.

인터넷 쇼핑 시대에 직접 판매하는 상품을 만든 이유

우리 회사에서 판매하는 제품 중 〈가케아이かけアイ〉라는 아이디어 발상 카드 게임이 있습니다. 이 상품은 인터넷에서 살 수 없습니다. 내가 실제로 만난 사람에게만 '직접 판매'합니다. 귀찮은 구입 방식이라서 '왜 편하게 살 수 없는 거야?' 하고 불평을 들을 때도 있지만, 이런 판매에는 좋은 점이 많습니다.

우선 직접 판매했을 때 '가능하면 그 자리에서 함께 아이디어를 내면서 놀아주기를' 부탁합니다. 그러면 고객에게 이 게임으로 즐겁게 노는 요령을 직접 가르쳐줄 수 있기 때문에 상품을 가지고 집에 가서 놀 때 더욱 신나게 게임을 즐길 수 있습니다. 직접 판매로 게임의 재미를 최대한 끌어올리는 것입니다. 또 직접 판매하면 나중에 고객의 친구도 이 상품을 구입할 가능성이 높아집니다. 말하자면 고객이 '게임 마스터 겸 전도사' 같은 역할을 해주는 것입니다.

당연한 얘기지만 고객과 직접 만나 놀아보면 사이가 좋아집니다. 이는 무엇과도 비할 수 없는 즐거움입니다. 대기업에 다닐 때는 사실 내가 만든 상품으로 노는 고객을 본 경험이 거의 없었습니다. 아마도 의식하지 못하는 사이에 고객에게 실망을 안겨주고 만 적도 있을 듯합니다. 일은 사람을 기쁘게 해줍니다. **고객이 기뻐하는 모습을 보는 것은 '보람'이자 '책임'입니다.** 고객이 친구가 되는 그런 일을 합시다.

이 게임을 사기 위해 다른 지방에서 일부러 와주는 사람도 여럿 있는데, 그럴 때마다 송구한 마음이 듭니다. 하지만 그런 사람과는 하나같이 인연을 이어가는 인생의 친구가 되었습니다. 참으로 행운입니다.

여러 과제를 병행하면 아이디어를 내기 쉽다

신규 사업을 일으키고자 할 때 본인의 희망이나 상부의 판단으로 담당자가 신규 사업의 전임자가 되는 경우가 있습니다. 내가 힘을 보태고 있는 회사에서도 때때로 그런 일이 있는데, 나는 신규 사업의 전임자라는 역할에 약간 반대하는 편입니다.

단 하나의 과제에만 매달리면 아이디어 발상이 막힙니다. 이를테면 신규 사업 80퍼센트, 기성 사업 20퍼센트 같은 비율도 좋으니 다른 과제를 병행하는 편이 사업 전체를 원만하게 진행하는 데 도움이 될 때가 많습니다. 여러 과제를 떠안고 정보를 받아들여야 다양한 아이디어를 발견하기 쉽기 때문입니다.

과제 A의 힌트를 찾는 인풋 작업 중에 과제 B에 관한 중요한 정보를 자주 발견하기도 합니다. 아웃풋도 마찬가지입니다. 과제 B의 아이디어를 생각하고 있다가 과제 A에 적용해볼 만한 아이디어가 떠오르기도 합니다.

단 하나의 과제에 매달려 모든 노력을 쏟아부어야 성공 확률이 올라가는 것처럼 보일지 모르겠습니다. 그러나 내 생각에는 **노력으로 뛰어넘을 수 없는 벽을 단번에 돌파할 수 있는 것이 아이디어이므로 아이디어의 착상을 최우선으로 고려하고 싶습니다.** 그러기 위해서는 여러 과제라는 안테나를 가지고 있어야 가장 효율이 높아집니다.

과제를 늘리는 것에는 스트레스를 줄이는 효과도 있습니다. 나는 장난감이나 게임을 개발할 때 언제나 프로젝트를 약 열 가지 동시에 진행합니다. 프로젝트가 하나뿐이라면 재미있는 것을 만들어낼 수 없을 듯합니다.

부업이나 사회 활동이 본업 성공의 열쇠가 되는 일도 꽤 있습니다.

스트레칭 선생에게 배운 전문가의 자세

스트레칭을 전문적으로 가르치는 헬스장에 다니며 개인 트레이너에게 운동을 배운 적이 있습니다. 첫 시간은 체험 클래스였는데, 우선 '폼 롤러'라는 딱딱한 원통형 기구에 허벅지를 올리고 체중을 실어 근막을 마사지하는 운동을 배웠습니다. 허벅지가 아파서 "아야, 아야, 이거 무척 아프군요…!" 하고 말했더니 **선생도 같은 폼 롤러로 마사지하면서 "아야, 아야!" 하고 소리를 냈습니다.** '뭐야? 선생도 아픈 거야?' 하는 생각에 무슨 일이냐고 물어보니, "나는요, 몸이 굳어서, 이 폼 롤러, 아파요. 아야, 아야!" 이러면서 얼굴을 찡그리며 운동했습니다.

4월
27일

그 후에도 이야기를 나누는 사이에 선생은 딱히 완벽하게 건강한 몸이 아니라 자기도 스트레칭을 하고 싶으니까 고객과 함께 운동하는 듯 보였습니다. 그 모습에 호감을 느껴 그 헬스장에서 운동을 배우기로 결정했습니다.

전문가가 완벽한 존재여야 하는 것은 아닙니다. 오히려 어디까지나 불완전하다는 자각이 있기 때문에 끊임없이 성장할 수 있습니다. 완벽한 상태에 도달했다고 느끼고 더는 변화하지 못하면 시대와 나이의 변화에 따라 격차가 발생해버립니다.

전문가란 다른 사람보다 더 많이 노력할 수 있는 사람인 동시에 자신과 타인 양쪽이 다 보이는 사람입니다. 그것만으로도 계속 생각할 수 있고 성장할 수 있습니다.

육아에 전념하는 부모나 조직의 윗사람은 지금 잘 못하거나 옛날에 하지 못했던 일을 아이들이나 아랫사람에게 드러내놓고 함께 성장해가면 일이 뜻대로 되어갈 것입니다.

누군가 한 사람을 위해 만들자

혼자서 음성 프로그램을 방송하는 보이시의 진행자로 나섰을 때 눈앞에 아무도 없는 조건에서 혼자 이야기하고 녹음하는 일이 괴롭기 짝이 없었습니다. 어느 날 누군가 실제로 존재한다고 상상하고 그를 향해 말하기 시작했더니 갑작스레 이야기를 편하게 풀어나갈 수 있었습니다. 그다음부터는 방송 내용도 특정한 사람에게 전하고 싶은 것을 직접 이야기해준다는 마음으로 임했더니 다수의 청취자가 호평을 보내주었습니다.

독립 기업을 세우고 나서 모든 장난감을 개발할 때마다 나는 특정한 한 사람을 기쁘게 해주자는 마음가짐과 사고방식으로 일을 합니다. 자기와 비슷한 가치관을 지닌 한 사람에게 깊은 감명을 주는 상품이라면 그 사람과 닮은 수많은 사람에게도 감동적일 것입니다.

막연하게 많은 사람이 좋아할 것 같은 상품을 생각하면 결과적으로는 아무도 그다지 좋아하지 않는 물건이 탄생하고 맙니다. 대기업에 다닐 즈음에는 가능하면 한 가지 상품을 대량으로 팔아야 한다는 발상에 얽매여 있었기에 한 사람을 위한 기획은 떠올리지 못했습니다. 만약 지금 대기업으로 돌아간다면 한 사람을 위한 상품을 만든 다음 대기업의 강력한 시스템을 활용해 세상에 널리 전달하는 방식으로 일해보고 싶습니다.

누군가 한 사람을 위한 상품을 온 힘을 다해 만든다고 할 때 그 '누군가'가 자기 자신이라면 성공할 확률이 높아집니다. 자신이 원하는 상품이 되어가는지 확인하면서 만들 수 있고, 갖가지 장벽을 뛰어넘어 끝까지 포기하지 않고 작업을 완성할 수 있습니다. 물론 개인의 창작도 으뜸 고객은 바로 자기 자신입니다.

자기 자신이 아니라 가장 사랑하는 사람에게 주기 위한 선물을 만드는 것도 좋은 상품을 만드는 방법입니다. 여성용 상품 개발을 담당했을 때 좋아하는 여성에게 주기 위해 만들었더니 꽤 괜찮은 성과물이 나와 히트 친 적이 있습니다.

세계를 바꾸는 것은 망상이 아니라 맹신

앞으로 다가올 시대에 '새로운 가치를 낳으려면 한 사람 한 사람의 망상이 중요하다'는 말이 여러 방면에서 들려옵니다. 아타카 가즈토安宅和人 씨가 저술한 『신 일본シン・ニホン』, 레키모토 준이치暦本純一 씨가 집필한 『망상하는 뇌 사고하는 손妄想する頭 思考する手』 같은 책에서도 망상의 힘을 주장하고 있습니다.

망상을 형체로 표현한 장난감을 만들고 있는 나도 오랜 세월 망상의 힘에 대해 고찰해왔습니다만, 최근 '망상으로는 세계를 바꾸어나가는 길이 너무 멀다. 맹신이 필요하다'는 생각에 이르렀습니다.

4월 29일

망상이란 '아아, 저 아가씨, 나를 좋아하는 거 아닐까~' 하고 멋대로 김칫국을 들이켜는 것입니다. 반면 **맹신이란 '저 아가씨는 틀림없이 날 좋아하고 있어!' 하고 근거도 없이 믿어버리는 것입니다. 자기가 바라는 결과가 확실히 이루어진다고 믿으면 깊이 생각하지 않고 행동을 개시해보는 계기로 이어집니다.**

내가 개발한 상품이 잘 팔릴 때는 아이디어에 착안한 순간부터 근거는 없지만 어쩐지 잘될 것 같다고 믿어버립니다. 반대로 별로 팔리지 않을 때는 굳건히 믿지 않은 채 일을 진행합니다. 믿고 있으면 행동의 양이 변하기 때문에 일이 잘 풀릴 확률이 높아집니다.

만약 무언가를 맹신할 수 있다면 그것은 재능입니다. 모처럼 주어진 재능이므로 괜히 의심하지 말고 힘차게 달려나갑시다.

점술사인 친구가 말했습니다. "점은 들어맞느냐 아니냐보다 상대가 발전적이고 긍정적으로 행동할 수 있다는 말을 전할 수 있느냐 없느냐가 중요하다네." 근거가 없는데도 믿음을 견지하는 태도는 가장 듬직한 원동력입니다.

아이디어 전문가가 되는 네 가지 유형

'아이디어 전문가'로서 일하고 싶다면 크게 네 가지 유형을 노릴 수 있습니다. 여러분의 적성은 어느 유형에 맞는지요? 어떤 일을 하고 싶은지요?

1. 크리에이터: 아이디어의 힘으로 **새로운 것을 만들어내는 사람.** 디자이너, 공연인, 프로그래머, 작가, 아티스트 등. 아웃풋을 내는 방법이 다양하다.
2. 프로듀서: **아이디어로 돈을 벌 수 있도록 일의 얼개와 구조를 마련하는 사람.** 크리에이터와 손을 잡으면 서로 힘을 발휘할 때가 많다.
3. 큐레이터: 세상의 여러 아이디어를 **조사하거나 편집하여 많은 사람에게 정보로 전달하는 사람.** 조사하는 힘도, 전달하는 힘도 필요.
4. 퍼실리테이터: 다른 사람이 아이디어를 낼 수 있도록 **발상의 기술을 가르치거나 발상하기 쉬운 자리를 만들어주는 사람.**

아이디어를 좋아하고 아이디어를 생업으로 삼고 싶은 사람은 위의 네 가지 패턴 중 자신이 어디에 속하고 무슨 일에 적성이 맞는지 생각해보면, 구체적인 목표의 이미지가 떠올라 의욕이 솟아납니다.

덧붙여 네 가지 유형 전부에 걸친 전문가가 되어 일하는 것이 나와 우리 회사의 방식이자 성실하게 걸어가는 길입니다. '만들고', '팔고', '조사해서 전달하고', '가르치고' 있습니다(기업 비밀입니다).

5월

창의성에도 정답은 있다

안달복달하지 않고 성장하는 마음가짐

인생 100년 시대라는 말이 흔하게 들려오는 날을 맞이했습니다. 몇 년 전까지는 '수명은 80년쯤 되려나?' 했으나 린다 그래튼Lynda Gratton의 『100세 인생The 100-Year Life』 같은 책을 보면 100년 사는 시대가 왔다는 말이 나오기 시작하니 어쩐지 그렇게 믿어지는 듯합니다. '인생은 생각한 것보다 길구나. 아직 이런저런 일을 할 수 있다고 하는군.' 이렇게 생각하니 시간에 쫓겨 초조해하는 마음이 조금은 누그러졌습니다.

5월
1일

그 후 나는 다양한 전문가가 주장하는 '수명 120년 시대가 온다'는 이야기를 조사해보기 시작했습니다. 이 말에 관심이 간 것은 **좀 더 시간에 쫓기지 않고 안달복달하지 않는 인생을 손에 넣고 싶었기 때문입니다.** 실제로 120년을 살아간다는 주장에 신빙성이 느껴지면 느껴질수록, '매일 이렇게 장시간 일하지 않더라도 내일 할 수 있는 일은 내일 하면 되잖아. 하고 싶은 일은 시간을 들여 이루어내면 될 테고. 느긋하게 성장해가면 만사형통이야.' 이런 생각이 들었고 심신이 건강해졌습니다. 인생이 120년이라면 60세가 되었다고 해도 아직 절반이나 남아 있는 셈이니까요.

인생 120년이라고 생각하면 '건강 수명'이 더욱 중요해집니다. 고령에 이르러도 튼튼한 다리와 허리를 움직이며 활기차게 활동할 수 있느냐 없느냐가 인생의 행복을 좌우합니다. 코앞에 닥친 일에 쫓겨 운동하거나 쉬지 못하고 건강을 해치는 일이 가장 위험합니다.

매일 자기도 모르게 '빨리 이것도 하고 저것도 해야 하는데!' 하고 애태우는 마음을 느끼는 사람이 많은 줄 압니다만, 건강이 최고라는 기분으로 안달복달하지 말고 성장해나갑시다.

'인생 120년 시대'라는 키워드로 검색해보면 관련 글이나 동영상을 찾을 수 있습니다. 한번 조사해보십시오.

디즈니 리조트는 장사의 교과서

도쿄 디즈니 리조트에 가면 돈을 펑펑 쓰고 맙니다. 그러나 싫다는 마음이 들기는커녕 쾌감조차 느낍니다. 공원 안으로 들어가면 머리에 '귀'를 붙인 사람들이 신명 나게 까불며 뛰어놉니다. 그 모습을 보자마자 일단 귀가 달린 머리띠를 삽니다. 나는 아저씨지만 아이들과 함께 귀를 달고 신나게 껑충거립니다.

다음으로 일찌감치 선물을 사두자는 생각에 초코 크런치 과자를 삽니다. 그 다음 조금 걷다 보면 다른 가게가 나오는데, 가게 안을 엿보면 다른 깡통 디자인에 다른 맛 초코 크런치가 보입니다. 나는 마치 홀린 듯 다른 사람에게 줄 요량으로 하나를 더 사버립니다.

팝콘을 사면 곁들여 팝콘 케이스가 갖고 싶어집니다. 케이스가 없어도 먹는 데는 아무 상관이 없는데 말이지요. 지난번 산 것이 집안 구석 어딘가에 굴러다니고 있다는 것을 잊은 채 결국 현지에서 새로운 디자인의 케이스를 삽니다. 디자인은 그곳에 갈 때마다 새것이 나와 있습니다.

최근에는 리조트에 들어갈 때 자주 사용하는 스마트폰 애플리케이션으로 어디에서 무엇을 파는지 정보가 들어옵니다. 놀이기구를 타는 입구에는 기업 광고가 걸려 있습니다.

꿈의 공원은 꿈을 선사하면서 실컷 수익을 올립니다. 이것이 바로 전문가가 하는 일입니다. **고객에게 기쁨을 안겨주는 일도, 자기들이 돈을 버는 일도 끈기 있게 해냅니다.** 디즈니 리조트를 관찰하면 세세한 장사 기술의 힌트를 듬뿍 찾아볼 수 있습니다.

망상입니다만, 디즈니 리조트의 상품 개발 회의실에서는 '또 날개 돋친 듯 팔렸네요…' 하고 말하면서 싱글싱글 웃으며 상품 아이디어를 고안할 것 같습니다. 만약 그렇다면 신규 사업 개발의 교과서로서 본받고 싶습니다.

남에게 잘 보이고 싶다는 동기로 일하라

사람이 물건을 사는 이유는 거의 다 '남에게 잘 보이고 싶기 때문'입니다. 적어도 나는 대체로 남의 눈을 의식하고 물건을 삽니다. **이성에게 잘 보이고 싶다는 연애 감정만 말하는 것이 아니라 친구나 가족을 포함해 모든 사람에게 '호감'을 얻도록 의식한다는 뜻입니다.**

옷을 살 때는 당연히 남에게 좋은 인상을 풍기고 싶다는 기준으로 옷을 선택합니다. 책을 살 때도 '남에게 독서 감상을 말하고 싶다', '사회생활에 도움을 받고 싶다'는 이유일 때가 적지 않습니다. 예컨대 슈퍼에서 자기가 먹을 간식을 고를 때조차 '이걸 먹고 무슨 맛인지 남에게 말하고 싶다', '아내가 좋아할 과자를 사고 싶다' 같이 타인을 신경 씁니다.

5월 3일

한편 상품을 만드는 사람도 잘 보이고 싶다는 이유로 물건을 만들면 성공합니다. 사업 개발은 즐거우면서도 힘듭니다. 특히 대규모 회사에 근무하는 신규 사업 담당자의 일은 모질고 가혹합니다. 연구 개발 과정에서는 몇 번이나 기술의 장벽에 부딪힙니다. 기획을 통과시키기 위해 시간을 들여 준비한 프레젠테이션도 상사에게 '이런 건 팔리지 않아' 하는 말이나 듣고, 거래를 트러 가서도 상점 주인에게 '이런 건 팔리지 않아' 하는 말이나 듣습니다. 참으로 멀고 먼 길입니다.

세상 사람들에게 도움을 주는 상품을 내놓으려면 '잘 보이고 싶다'는 불순하고 강력한 동기로 자신을 밀어붙여 움직여야 여러 장벽을 돌파할 수 있겠지요. 사업을 개발할 때도 남에게 잘 보이고 싶다는 마음이 굳은 사람이 타협하지 않고 물건을 만들어 성공을 이루어낼 수 있습니다. 잘 보이고 싶다는 마음으로 죽도록 노력하는 사람이 성공할 수 있습니다.

현재 관여하고 있는 일이 대성공을 거두어 매스컵이 취재하러 온 경우에 무슨 이야기를 할지 망상을 펼쳐봅시다. 이 망상의 인터뷰에 나오는 발언을 그대로 캐치프레이즈로 쓸 수 있을지도 모릅니다.

최후의 한순간까지 매달리기의 중요성

『미스터 맛짱ミスター味っ子』이라는 데라사와 다이스케寺沢大介 선생의 만화 작품을 아는지요. 주인공 소년 아지요시 요이치가 온갖 궁리를 짜내어 요리 대결을 펼친다는 작품입니다. 두 번 튀긴 돈가스 덮밥, 파인애플 카레, 파이로 감싼 그라탕….

만화가 아니고서는 표현할 수 없는 아슬아슬하고 대담한 기술이 쉬지 않고 등장합니다. 요이치가 보여주는 요리법의 최대 핵심은 **궁리하고 또 궁리한 끝에 요리를 완성하고 나서도, '마지막으로 한 가지 더, 요리를 최고로 완성하는 방법이 없을까?' 하고 또다시 생각하고** 마지막 결정타로 날린 아이디어를 갖고서 최고의 요리를 완성한다는 점입니다. 자세한 이야기는 직접 만화를 읽어보십시오.

나는 어릴 적부터 좋아한 『미스터 맛짱』에 적잖은 영향을 받았습니다. 일할 때도 상품 제작을 잘 마무리한 뒤 '마지막으로 무언가 빠뜨리지는 않았을까?', '마지막으로 더 궁리할 일은 없을까?' 하고 돌아보는 버릇을 들였습니다. 상품 패키지 중 빈구석에 고객의 마음을 매혹할 만한 아이디어를 집어넣을 수는 없을까? 매장에 결정적인 문구를 써넣은 POP를 세워놓을 수는 없을까?

아이디어를 덧붙여가기만 해서 좋다고 할 수는 없으나 마지막에 살짝만 성공 확률을 올릴 수 없을까를 생각하는 버릇을 들이면 업무의 질이 현격히 올라갑니다.

5월 4일

『미스터 맛짱』의 아이디어를 제대로 맛보려면 만화 제2화부터 나오는 스파게티 대결을 읽어보십시오. 최후로 터무니없는 고안을 덧붙이고는 심사위원 아지오가 "요리 연구에는 이렇게 하면 된다는 것은 없다"는 명언을 쏟아냅니다.

아이도 어른도 기뻐하는 역할 놀이

코로나바이러스 사태 때는 가족끼리 혼잡한 곳에 외출하기가 여간 힘들지 않았기 때문에 휴일마다 딸아이와 둘이서 새로운 놀이 아이디어를 생각했습니다. '오늘은 아이와 어떻게 지낼까?' 하고 언제나 고민하는 엄마 아빠도 많을 것입니다만, 놀이 아이디어는 무한합니다.

집에 있는 장난감 하나를 가지고 다양한 놀이를 생각할 수 있습니다. 특히 여러 의미에서 역할 놀이를 추천합니다. 집 안 어딘가에 보물을 감추어놓고 다른 사람이 찾도록 하는 보물찾기 놀이, 블록을 음식이라고 빗대어 노는 레스토랑 놀이, 이불 위에서 하는 소꿉놀이, 망상 토크로 이어가는 모험 놀이….

어른이 망상 대화를 폭발시켜 힘껏 '역할 놀이'를 하면 어린이는 매우 기뻐합니다. 예를 들어 우리 집은 가끔 '집 안을 캠프장으로 바꾸자!' 하고서 텐트를 치기도 합니다. 텔레비전에 유튜브의 장작불 영상을 틀어놓아 분위기를 내고, 내가 기타를 치면서 노래를 부르며 실제로 캠핑할 때 지은 것 같은 밥을 부엌에서 먹습니다. "우와, 저 파란 하늘 좀 봐!", "어머, 나무에 일곱 가지 색깔 과일이 열렸네!" 하며 어른이 진심으로 공상을 펼치면 아이는 그 세계로 빠져듭니다.

진정한 망상 토크는 어른 사회에서도 효력을 발휘합니다. **업무를 '역할 놀이'로 여기고 성공과 실패를 묻지 않고 놀이하듯 해나가면 성과를 올릴 수 있습니다.** '일거리를 받아오는 놀이' 같은 것 말입니다.

특히 모든 사람에게 추천하고 싶은 놀이는 '온몸 눈싸움 놀이'입니다. 얼굴뿐 아니라 온몸으로 분노를 표현하면 웃음이 납니다. 어른끼리, 그러니까 부부나 동료끼리 해보기를 권합니다. 온몸으로 눈싸움을 하면 세계 평화가 이루어질지도 모릅니다.

풀이 죽을 때는 아이디어를 생각하지 말 것

누구나 풀이 죽을 때가 있습니다. '우울해지더라도 아이디어의 힘이 있으면 헤어날 수 있다!'고 말하고 싶지만, 기운이 빠지면 그다지 적극적으로 아이디어를 생각할 수 없습니다.

심각하게 우울한 기분에 잠겨버렸다면 일단 우울함을 잊기 위해 아무것도 생각하지 말고 무심하게 무슨 일이든 하면서 움직입시다. 우선 걷거나 달리거나 깡충깡충 뛰십시오. 좋아하는 음식을 먹거나 마시며 놉시다. 그런 다음 머리를 별로 쓰지 않아도 좋은 단순 작업에 몰두합시다. 그리고 머릿속에 떠오르는 친구에게 뭔가 구실을 찾아 연락을 합시다.

이런 일을 하는 동안 조금씩 확실하게 기운이 차려집니다. 사람은 **기억을 지우고 다시 쓸 수 있습니다.** 과거의 사건이나 마음속을 지배하는 나쁜 상상을 다양한 활동이 안겨주는 새로운 기억이나 피로한 느낌으로 덮어버림으로써 다시 심신을 추스릅시다. 그 과정에서 더욱 기운을 낼 수 있는 행동의 아이디어가 자연스레 떠오를 것입니다.

현재의 고민을 새로운 고민으로 덮고 다시 쓰는 방법도 효과적입니다. 성장할 수 있고 즐겁기도 한 질이 좋은 고민으로 질이 나쁜 고민을 잊어버립시다.

모든 고민은 시간이 해결해줍니다. 시간은 자비롭습니다.

말이 어눌한 사람이 해야 할 첫 번째 훈련

막 사회인이 되었을 무렵 휴대전화의 인터넷 서비스 '아이모드iモード'의 개발자였던 마쓰나가 마리松永真理 씨의 강연을 들었습니다. 그때 마쓰나가 씨가 **"이야기를 잘하기 위해서는 독서를 많이 해야 한다"**고 말했습니다. 20대였던 당시에는 그 말이 피부로 느껴지지 않았으나 지금은 매우 지당한 말이라고 실감하고 있습니다. 책을 읽을 때 '과연!', '어라, 정말 그럴까?' 하면서 저자나 등장인물과 대화하듯 읽으면 나중에 업무 이야기를 할 때 책에서 읽은 표현이나 뉘앙스를 자신의 언어로 쓸 수 있습니다. 말하는 연습을 하고 싶지만 말하기가 정말 어색하고 괴로운 사람은 일단 읽으십시오. 그다음 읽은 내용을 마음속으로 이야기해봅니다. 이것이 첫걸음입니다.

다음으로 글을 쓰는 연습을 해야 합니다. 생각한 바를 노트나 블로그 등에 글로 써봅시다. 그다음 글로 쓴 내용을 친구에게 이야기해봅시다. 그 후 이야기한 내용을 글로 써봅시다. 이런 과정을 반복하다 보면 글로 쓴 주제에 관해 이야기를 잘 풀어나갈 수 있습니다. 어떤 화제에 관해 이야기를 잘할 수 있으면 그다음부터는 마치 눈덩이를 굴려 눈사람을 만들 듯 다른 화제도 별문제 없이 이야기할 수 있습니다.

참고로 나는 얼마 동안 글 쓰는 일을 멈추고 보이시나 팟캐스트로 이야기만 하던 시기가 있었습니다. 1년쯤 지나 오랜만에 글을 썼더니 문장을 꽤 술술 써나갈 수 있었습니다. 말하는 능력과 글 쓰는 능력은 함께 향상합니다.

작가가 직업인 내 친구는 대개 말하기도 능숙합니다. 현재 이야기하기와 글쓰기 중 어느 한 쪽만 잘하는 사람은 서투른 쪽에 도전해봅시다. 그러면 반드시 잘하는 쪽도 더욱 진보해 양쪽에 다 통달할 수 있습니다.

상품 개발 중 PR을 생각할 타이밍은 언제일까?

여러분이 비즈니스맨이라면 다음 중 하나를 경험한 적이 있지 않을까요?

① PR을 전혀 생각하지 않고 물건을 만들었더니 팔리지 않았다.

→ 좋은 상품을 만들었으나 화제를 일으킬 요소가 없어서 누구에게도 알려지지 않은 채 팔리지 않았다.

② PR만 노리고 물건을 만들었더니 팔리지 않았다.

→ 매스컴에서 화제는 불러일으킬 수 있었으나 고객이 지갑을 열지 않았다.

5월 8일

둘 중 어느 쪽이든 비즈니스 세계에서는 자주 벌어지는 일입니다. 상품이나 서비스를 제작할 때 언제 어느 단계부터 어느 정도로 PR을 생각하면 좋을까요. 결론은 이렇습니다. '개발을 진행하면서 자기 손으로 보도자료를 쓰고, 양쪽을 병행하여 다듬어가면' 성공할 수 있습니다. 써놓은 보도자료를 보고는 '이 글을 본 매스컴 관계자는 이 상품을 뉴스로 내보내고 싶을 것 같다'는 생각이 들고, 개발을 진행하고 있는 상품을 보고는 '뉴스를 본 사람은 이 상품을 사고 싶을 것 같다'는 생각이 드는 식으로 머릿속 구상을 실현할 수 있다면 성공합니다.

개발 담당자는 PR을 공부합시다. 거꾸로 PR 담당자는 개발을 공부합시다. 그렇게 하면 담당 업무 능력이 더욱 세련되게 능숙해지고 모든 사람이 '장사꾼'이 될 수 있습니다.

PR은 '공공 관계(public relations)'의 머리글자입니다. 기업이 사회 구성원과 양호한 관계를 맺어 서로 신뢰하고 협력하기 위한 홍보 활동입니다. '보도자료'나 '프로모션'의 일부가 아닙니다. 모두 PR을 공부하기를 바랍니다.

인간의 욕구가 혁명을 일으킨다

어린이 대상의 교육 서비스 신켄제미[1]는 이 세상에 혁명을 일으켰습니다. 학습 콘텐츠 내용이 훌륭한 것은 당연하지만, 무엇보다 **아이들이 자발적으로 '공부하고 싶으니까 돈을 내주세요!' 하고 부모를 조르는 모습을 보여주는 방식이야말로** 대단합니다.

현재도 우리 집에는 딸아이를 위한 입회 안내 팸플릿 우편물이 옵니다만, 내가 어릴 적에도 빈번하게 만화 형식의 전단 우편물이 왔습니다. 그것을 읽고 나도 "신켄제미, 하고 싶어요! 시켜주세요!" 하고 요란을 떨며 부모님을 졸라 소원을 이루었습니다.

일본에는 30년 전쯤 나온 만화 형식의 팸플릿을 기억하는 세대도 많을 것입니다. 빼어난 스토리였지요. 처음에는 공부가 신통찮은 주인공이 신켄제미를 시작했더니 성적이 쑥쑥 올라가고 동아리 활동에도 두각을 나타내다가 마지막에는 좋아하는 여자애와 연애에 성공한다는 줄거리입니다. 그것을 읽고 부모에게 '하고 싶다!'고 말한 것입니다. 나아가 우편으로 매달 빨간펜 선생님의 시험문제를 받으면 스티커를 모아 호화로운 선물과 교환할 수 있다는 점도 매력으로 느껴졌습니다.

혁명을 일으키는 방법은 인간의 근원적인 욕구에 호소하는 것입니다. "즐겁게 공부해서 마음도 편해지고 주위 사람들에게 멋지게 보이면 선물을 받을 수 있잖아요." 나는 이러한 불순한 동기를 바탕으로, 다시 말해 속마음의 욕구를 채우기 위해 '공부가 하고 싶다'고 부모님께 말했습니다. 바르고 정의로운 말을 정면으로 주입하려고 하기보다는 인간의 강한 욕구를 채우는 쪽이 세상을 바꿉니다.

1 신켄제미(進研ゼミ): 베네세 코퍼레이션(Benesse Corporation)이 초등학생, 중학생, 고등학생을 대상으로 진행하는 첨삭 방식의 통신교육 강좌.

교과서에 '혁명'이라는 이름으로 실린 사건은 '살기 위해', '돈을 벌기 위해', '쾌락을 얻기 위해' 등 모두 인간의 근원적 욕구 때문에 일어났습니다.

의심에서 시작하는 비즈니스 아이디어

스마트폰의 화면 보호 필름을 울지 않게 붙이는 일이 어마어마하게 어렵지 않습니까? 대체로 표면이 좀 울거나 공기 방울이나 먼지가 들어가는 등 내게는 고난의 행군 같습니다.

어느 날 보호 필름을 붙이려고 했을 때 불현듯 처음부터 보호 필름을 붙일 필요가 없는 세계를 만들 수는 없을까 하는 생각이 들었습니다. 왜 소비자가 그렇게나 고난도 작업을 해야 할까요. 필름을 붙이지 않으면 화면이 깨질 위험을 피할 수 없을까요? 필름을 붙인 상태와 비슷하게 흠이 생기기 어렵고 더러워지기 어려운 본체를 만들 수는 없을까요? 스마트폰 개발에 종사하는 사람은 보호 필름이 필요하다고 여기는 것일까요? 제품을 출하할 때 필름을 붙여놓으면 비용이 드니까 소비자에게 떠넘기는 것일까요? 아니, 어쩌면 실은 필름 붙이는 일을 권하지 않을지도 모릅니다.

'그거, 있는 게 좋은 거야? 아니면 없는 게 좋은 거야?', '왜 이런 귀찮은 일을 해야 하지?', '좀 이상하지 않아?' 등등 비즈니스맨이 사소한 불편함을 알아챈다면 바로 그 시점부터 장사나 일의 아이디어가 무성하게 생겨납니다.

5월 10일

사와 마도카(澤円) 씨는 저서 『'의심하기'에서 시작하라(「疑う」からはじめる)』에서 모든 것을 의심함으로써 결국 자기실현으로 나아간다고 표현했습니다. 시간과 명령을 의심하라, 규칙과 관례를 의심하라, 나아가 최종적으로는 자기 자신을 의심하라고 합니다.

설문 조사를 하지 않는다는 선택지도 있다

자신이 관여한 상품이나 서비스의 '설문 조사'를 해본 경험이 있는지요. 나도 회사원 시절에는 설문 조사를 자주 했습니다. 조사 결과가 참고가 될지도 모르겠지만 현재 나는 거의 설문 조사를 하지 않습니다. **부정적인 감상이 하나라도 보이면 상품을 세상에 널리 확산해야겠다는 자신이 흔들리기 때문입니다.**

물론 설문 조사로 의견을 들으면 세세한 점을 개선할 수 있기도 합니다만, 그보다는 상품을 성공시키는 추진력으로서 제작자의 '자기 확신'이 더 중요합니다. 판매할 때와 전달할 때 자신감 넘치는 언어는 긴요한 성공 조건입니다. 그것을 잃어버릴 정도라면 모호한 타자의 평가는 듣지 않는 편이 좋습니다.

5월 11일

특히 요즘은 아무리 좋은 제품을 만들어도 SNS나 쇼핑 사이트에서 다소는 안 좋은 댓글이 달립니다. 설문 조사는 그래도 괜찮을지 모르나 인터넷 댓글만큼 믿을 수 없고 불확실한 말은 없습니다. 그런 말을 두려워하다가는 히트 상품 창작에 도전할 수 없는 시대가 되었습니다. 히트를 칠수록 안티 세력이 나타납니다. 히트를 치기 위해서는 눈치를 보지 않고 맹신으로 밀어붙이는 힘이 필요합니다.

현대에는 설문 조사의 위력보다 '스스로 객관적으로 보는 능력'이 필요하다고 생각합니다. 자신도 이용자의 한 사람으로서 정직하게 스스로 만든 물건을 어떻게 생각하는지, 시선을 돌리지 말고 꼿꼿이 지켜봅시다.

내가 회사에서 몇몇 히트 상품을 출시한 2000년대는 트위터도 없고 비방 댓글의 쇄도도 없었기 때문에 마음껏 상품을 세상에 내놓을 수 있었습니다. 만약 오늘날 같았다면 소심한 내가 과연 히트 상품을 내놓을 용기를 낼 수 있었을지 확신하지 못하겠네요.

감기의 효용으로 배우는 마음 치유법

노구치 하루치카野口晴哉 선생의 저서 『오래 살고 싶으면 감기에 걸려라風邪の効能』를 좋아합니다. 앞으로 행복한 삶을 살기 위한 '의미 바꾸기 방식'을 배웠습니다.

나는 어릴 적부터 감기에 자주 걸릴 뿐 아니라 한 번 걸리면 오래 끌어 금세 목이 상하고 맙니다. 물론 감기를 아주 싫어하므로 이에 걸리면 남보다 갑절이나 기분이 가라앉습니다.

『오래 살고 싶으면 감기에 걸려라』에서 주장하기를, 감기는 병이 아니라 균형이 흐트러져 딱딱해진 몸을 일단 정비하기 위해 일어나는 현상이고, 몸을 훑고 지나간 감기가 나으면 몸이 본래 상태로 돌아옵니다. 한마디로 감기는 인간에게 필요하다고 합니다.

여러 설이 있는 만큼 진실을 알 수는 없으나 나는 이 주장을 알고 나서 감기에 들어도 심하게 기운이 없어지지 않았습니다. 이 책은 내게 감기의 고통을 완화하고 인생을 바꾸어준 신과 같은 존재입니다.

이렇듯 인생의 힘든 일이나 고통스러운 일도 의미를 바꾸어보면 어느 순간 심신이 편해질 때가 있습니다. 부정적인 일이 일어나더라도 '감기의 효용' 책이 설파하듯 그것을 긍정적인 일이라고 받아들이면 어떨까요. 그것이 자기뿐 아니라 세상의 누군가를 행복하게 해줄지도 모릅니다.

나는 일이 바쁠 때는 감기에 걸리지 않고 일을 마무리 지으면 감기에 걸릴 때가 많습니다. 역시 감기는 쉼을 위해 몸이 필요하다고 인지한 시점에 걸리는 것이 아닐까 싶습니다.

창조적인 팀을 꾸리기 위한 리더의 자세

나는 여러 회사에서 '기획팀' 조직에 도움을 주고 있습니다. 구성원이 기획 아이디어를 적극적으로 고안할 수 있는 팀이 있으면 그 조직은 막강합니다.

기획팀 조성의 핵심은 **팀 리더가 평소에 늘 '자신이 회사에서 도전해보고 싶은 일'을 입에 달고 사는 것입니다.** 그러면 '아하, 하고 싶은 일이 있으면 무엇이든 말해도 괜찮구나' 하는 공통인식이 생기고, 다들 머릿속에 아무런 제어 장치 없이 아이디어를 활발하게 떠올릴 수 있습니다. '회사에서 이런 일을 하고 싶어요~' 하는 개인 발언이 늘어나면 그것은 모조리 새로운 기획의 씨앗이 됩니다. 회사의 명령에 따른 무난한 의견만 내놓으면 새로운 아이디어가 탄생하지 않습니다. 팀이 창출하는 새로운 아이디어의 원천은 구성원의 개인적 욕구입니다.

5월 13일

다만 리더가 갑작스레 결코 실현할 수 없는 황당무계한 아이디어를 이야기하면 다들 곤혹스럽습니다. 예컨대 리더가 '반드시 타임머신을 만들어낼 테야!' 하고 계속 말하는 팀은 창조적이지 못할 듯합니다. 리더가 이야기하는 '하고 싶은 일'은 현재 회사의 과제와 무관하더라도 실현 불가능하지는 않은 수준이 좋겠습니다.

자기가 하고 싶은 일과 회사가 하고 싶은 일을 조정하고 융합해나가는 능력이 리더의 자격 조건 중 하나입니다.

'지금 이 회사에서, 지금 이 팀에서 하고 싶은 일을 해내고 싶다'고 꾸준히 이야기하는 것이 중요합니다. '회사를 나가서 하고 싶은 일을 이루어내겠다!'는 말이 나온다면, 팀은 결코 성장하지 않겠지요.

네 잎 클로버를 잘 찾는 사람은 아이디어도 잘 찾는다

네 잎 클로버를 찾으면 행운이 찾아온다는 미신 이야기는 유명합니다. 세 잎 클로버 풀밭 속에서 네 잎 클로버가 있을 확률은 몇만 분의 1이라는 듯합니다. 나는 어릴 때 네 잎 클로버를 잘 찾아냈습니다. 요즘은 어버이의 날 아이들과 함께 네 잎 클로버를 찾으러 나가 매년 아내에게 선물하고 있습니다.

내가 네 잎 클로버를 잘 찾아내는 까닭는 매년 네 잎 클로버를 찾아내는 장소를 알고 있기에 **반드시 발견하리라고 확신하기 때문입니다.** 땅이 비옥하니까 발견하기 쉽다기보다는 '있다'고 믿기 때문에 발견하는 것입니다. 잡초가 비실비실해 보이는 곳이라면 '없을지도 몰라' 하고 반신반의 상태로 찾기 때문에 결과적으로는 눈에 잘 띄지 않아 발견하지 못합니다.

아이디어 발상의 측면에서도 이러한 이치는 진리로 통합니다. 아이디어란 그럴싸한 답이 있다고 믿는 상태에서 찾아지는 법입니다. 진심으로 아이디어를 찾아 나설 수 없는 이유는 좋은 아이디어가 나올 수 있는 주제가 아니라는 점을 눈치채고 있기 때문입니다. 그런 경우는 심기일전하여 다른 주제를 파고드는 편이 좋을지도 모릅니다.

아이디어를 꼭 생각해낼 수 있다고 믿으려면 다양한 주제를 둘러싸고 좋은 아이디어를 반드시 하나 내놓고, 그 결과를 중시하며 연습을 반복해야 합니다. 이는 스포츠와 대동소이합니다. 아이디어 발상은 훈련으로 필시 숙달할 수 있습니다.

토끼 모자로 배우는 회사원의 승부 방식

내가 좋아하는 잡화 중 '움직이는 토끼 귀 모자'라는 상품이 있습니다. 토끼 귀를 좌우로 길게 늘어뜨린 모양으로 모자 양쪽에는 긴 팔이 뻗어 있습니다. 팔에 있는 살집을 손가락으로 꼬집으면 귀가 쫑긋쫑긋 세워집니다. 마치 예전부터 있었던 팔짝 뛰는 개구리 장난감과 같은 원리로 팔 부분에 에어펌프가 들어 있어 귀가 쫑긋쫑긋 튀어 오르는 구조입니다. 모자를 쓰고 귀를 움직이면 귀엽습니다.

이 제품은 유명인의 SNS 동영상 등으로 소개되면서 유행했습니다. 만들자 작정하면 만들었을지도 모르는 단순한 기구 같은 상품이 엄청나게 히트 치면 동업자로서 부러운 마음이 듭니다. 나는 이 상품의 매력에 심한 질투심을 느꼈습니다.

5월 15일

다만 이 상품의 성공을 질투만 하는 것은 번지수가 틀렸다는 점도 잘 알고 있습니다. **이 상품이 날개 돋친 듯 팔려나간 요인은 재미 이상으로 '대량으로 만들어 널리 파는 것을 승부로 삼았기 때문'**입니다. 비록 내가 이 아이디어에 착안했다 해도 세상에 널리 유통시킬 만큼 대량으로 제작하기 위한 개발 자금을 투자할 수는 없었을 것입니다.

회사에 다닐 때는 회사의 자금으로 다양한 상품 개발에 도전할 기회를 얻었고, 그 결과 몇몇 히트 상품을 내놓을 수 있었습니다. 하지만 그것은 100퍼센트 회사의 덕택입니다. 같은 아이디어라도 독립 기업을 일으킨 다음에 생각해냈다면 많은 상품은 세상에 빛을 볼 수조차 없었겠지요.

회사원은 히트 상품을 창작하기에 무척이나 유리합니다. 타석에 서지 않으면 홈런을 칠 수 없습니다. 기회가 있다면 한 번이라도 더 타석에 서봅시다.

회사원이 혜택을 받고 있다는 점을 깨달았던 시점은 회사를 그만두고 나온 다음입니다.

단념한다는 아이디어도 있다

'관념'이라는 말의 의미를 알고 있는지요. 사전을 찾아보면 '사물에 관해 품은 주관적인 생각'이라는 풀이가 나옵니다. 고정관념이나 강박관념 같은 말에서 짐작할 수 있듯 '자기 머릿속에서 생각한 것'이 관념입니다.

또한 일본에서는 단념하거나 각오하라는 뜻으로 '관념해라!' 하는 식으로 이 말을 사용합니다. 옛날을 그린 역사 드라마에 나오는 말입니다. 바싹 뒤쫓던 상대에게 '이제 그만 단념하라!'는 뜻으로 하는 말입니다.

실은 '관념'이라는 말을 영어로 번역하면 'idea'입니다. 머릿속에서 생각한 것을 가리키는 idea에 대응하는 단어라고 생각합니다만, 나는 '단념도 아이디어다'라는 사고방식을 좋아합니다. 아이디어의 힘으로 어떤 어려운 문제라도 해결할 수 있느냐고 물으면 그렇지는 않습니다. 눈앞에 놓인 험난한 문제를 해결 가능한 문제로 바꾸는 일이 아이디어를 착안할 때 맨 처음 달려드는 대응입니다. 회사 사장이 '100억 엔 팔리는 상품을 만들라!'고 지시했다면 '그 일보다도 회사를 잘 운영하기 위해 이런 주제로 모두 아이디어를 내보지 않으렵니까' 하고 제안하는 쪽이 문제 해결을 앞당깁니다.

'이 주제에 더는 매달리지 말고 다른 일을 한다'는 생각도 훌륭한 아이디어입니다. 깨끗이 포기하고 그 대신 무슨 일을 할지 아이디어를 궁리해보면 어떨까요.

5월
16일

포기한다(あきらめる)는 말의 어원은 '분명히 깨닫는다(明らめる)'입니다. 불교 용어로 '사물의 이치를 명료하게 밝혀 그것에 맞지 않는 것을 버린다'는 뜻입니다. 이유를 분명히 파헤친다든가 마음을 밝힌다는 의미가 있습니다. 그야말로 아이디어의 효과 자체입니다.

정직함은 어떤 아이디어도 이긴다

내가 좋아하는 가방 가게의 메일 소식지에는 본문 맨 앞에 '수신 거부는 이쪽'이라는 안내가 있습니다. 메일 소식지를 수신할 필요가 없어졌을 때 이용하라는 안내입니다. 나는 이 회사에 호감을 느끼고 있습니다. 성실함이 진하게 풍겨 나오기 때문입니다.

인터넷으로 물건을 사면 가게에서 소식지를 보낼 때가 있습니다. 불필요할 때 클릭 한 번으로 금방 수신을 거부할 수 있을 때도 있고, 반대로 '수신을 거부하려면 로그인이 필요합니다'가 나와 일부러 로그인을 했는데도 어떻게 수신을 거부하는지 알 수 없을 때도 있습니다. **고객을 슬쩍 속일 수는 없습니다. '정직함', '성실함'이 어느 정도인지 손쉽게 들통나는 시대입니다.**

5월 17일

가게의 가격 표시를 보더라도 소비세를 포함한 표시인지, 소비세 포함인 듯 보이지만 불포함인지에 따라 인상이 매우 달라집니다. 포인트 현금화 시스템에도 100포인트=10엔과 같이 많이 환원해주는구나 오해하기 쉬운 것도 있습니다.

상품 내용도 강조하는 방식이 잘못되었으면 금세 리뷰를 보고 다 알아낼 수 있는 시대가 되었습니다. 속마음을 말하자면 제작자가 살아남기 힘든 시대가 되었다고 생각합니다. 그러나 **애초에 고객이 오해하도록 하거나 구매한 물건이 실망스러우면 장사의 지속성이 떨어집니다.** '정직함을 고수하려면 어떻게 해야 할까?'부터 생각하기 시작하면 선택해야 할 아이디어가 무엇인지 알 수 있습니다.

위에서 소개한 가방 가게에서 물건을 사고 며칠 지난 뒤 '미세한 결함이 있었다'는 연락이 왔고 이어 교환 부품이 도착했습니다. 전혀 알아채지 못한 결함이었습니다. 이런 일이 있으면 팬이 될 수밖에 없습니다.

벽에 마법 카드를 매달았더니 아이들 싸움이 줄었다

어느 시기에 큰딸과 작은딸이 매일 장난감을 놓고 싸우거나 집 안을 어지르기에 '마법 카드'라는 아이디어를 시험해보았습니다. 마법 카드에는 '이 카드가 있으면 ○○를 할 수 있다'는 주문 같은 말과 큰딸과 작은딸의 어릴 적 사진이 담겼습니다. 예를 들어 '싸움을 하지 않는 카드', '정리를 좋아하는 카드' 같은 식으로 마법이 하나 쓰여 있습니다. 이 카드를 막과자 가게의 '브로마이드 추첨' 같은 모양으로 작은 봉투에 넣어 벽에 매달아 놓았습니다. 뭔가 열심히 했다거나 착한 일을 했다고 스스로 생각한 날, 마법 카드를 한 장 뽑을 수 있다는 것이 규칙입니다.

5월
18일

첫날 마법 카드를 한 장씩 꺼내더니 둘 다 "아~, 내일도 카드를 뽑고 싶어!" 하고 말했습니다. 다음 날 저녁 무렵이 되니까 "카드를 뽑기 위해 심부름 할게요", "착한 일 할게요" 하더니 목욕탕을 청소하기도 하고 둘이서 사이좋게 노는 방법을 의논하기 시작했습니다. 그러고는 "오늘 우리 노력했어!" 하고 카드를 뽑았습니다. 그다음 날부터도 카드에 쓰인 사진이나 말이 상대에게 합당할 때는 자발적으로 카드를 바꾸었습니다.

이 장치는 아이들의 성장을 돕기 위해 설계했습니다. 이것은 **① 자기도 모르게 해낸다, ② 실제 삶에 깨달음을 준다**는 점이 핵심입니다. 이렇듯 놀이를 통해 사람의 행동 변화를 적극적으로 촉발하는 일을 게임화gamification라고 합니다.

그날 카드를 뽑을지, 처음부터 그 놀이를 할지 말지, 본인 의사에 맡기는 것이 중요합니다. 행동을 강제하면 그것은 본인들의 게임이 아닙니다. 자발적으로 행동하고 깨달음을 얻어야 행동에 변화가 일어납니다.

'스포일러 주의!' 콘텐츠의 제작 방식

〈언더테일Undertale〉이라는 게임을 아는지요. 모르는 사람을 위해 설명하겠습니다. **스포일러를 피하기 위해 자세한 것은 절대로 말할 수 없지만** '아무도 쓰러트리지 않아도 되는 착한 RPG'라는 말을 들을 만큼 스토리나 구조가 정말 빼어납니다. 첫 회차 플레이를 할 때라도 몇 시간 안에 클리어할 수 있는데 2회째에 들어서야 다 알 수 있는 이야기가 심오합니다. 나는 감동해 눈물을 흘렸고 마지막 끝맺음에도 충격을 받았습니다. 2021년에 방송한 〈텔레비전 게임 총선거〉라는 프로그램에서는 기존 게임 소프트 중에서 한 자리에 나란히 있던 강력한 타이틀을 누르고 13위를 차지했습니다. 소프트의 가격도 쌉니다. 꼭 이 게임을 즐겨보았으면 합니다.

5월
19일

어떻습니까. 한번 이 게임을 해보고 싶지 않습니까. '자세한 것은 스포일러가 되니까 절대로 말할 수 없다'는 말을 들으면 어느새 흥미가 생기는 것이 인지상정입니다. 나도 그렇게 말하는 감상을 듣고 이 게임을 알고 나서 홀린 듯 구입해 놀아보았습니다. 실제로 최고의 게임이었습니다.

'스포일러 금지'라는 소문이 도는 콘텐츠는 강력합니다. 그러나 '스포일러 금지'을 목적으로 내용을 구성하면 그저 설명하기 까다로운 제품이 탄생하고 맙니다. 스포일러 금지 콘텐츠는 굳이 금지하지 않았는데도 필연적으로 스포일러를 안 저지르고 싶어질 만큼 놀라움과 반전이 있어야 합니다. 자기가 체험한 것을 자랑하고 싶으나 그 이야기를 해버리면 상대가 느낄 재미가 줄어들고, 그러면 도리어 자신이 실망할 것을 알기 때문에 자연스레 말해줄 수 없는 것이어야 합니다.

이 게임은 배경음악이 근사합니다. 음악을 듣고 싶어서 게임을 반복할 정도지요. 사실 이 게임을 만든 토비 폭스(Toby Fox) 씨는 원래 작곡가입니다. 개발 배경에 이런 이야기가 있다는 점도 누군가에게 말해주고 싶은 중요한 특징입니다.

젊은이들이 TV를 보지 않는 데서 얻는 발상의 힌트

'젊은이들이 더는 텔레비전을 보지 않는다'는 화제가 벌써 식상하게 느껴질 만큼 인터넷 중심의 생활 방식이 상식인 듯합니다. 개인적으로는 텔레비전에서 인터넷 동영상으로 이행하는 것 자체가 문제라고 생각하지 않습니다만, '누구나 보는 단골 프로그램'이 없어졌을지도 모른다는 위기의식은 느끼고 있습니다.

우리 세대는 다 커서 사귄 동년배 친구와 '어릴 때 그 프로그램에 홀딱 빠졌었지' 하는 이야기를 나누면 분위기도 달아오르고 박장대소도 할 수 있습니다. 장난감 업계에서는 어린 시절 유행한 것을 리메이크한 복고풍 상품이 잘 팔리기도 합니다. 다양화가 더 진전하면 20년 후에는 함께 그리워하며 웃을 수 있는 '그땐 그랬지' 하는 개념은 없어질지도 모릅니다. '그땐 그랬지'라는 공감은 안심에 기반한 커뮤니케이션을 낳습니다. **지금 아이들 세대의 '그땐 그랬지 소재'를 지켜주기 위해서는 어떤 미디어를 사용하든 무관하니까 대히트 상품의 창출에 도전해야 할 책임이 어른에게 있습니다.**

현대에는 좋아하는 것이 세분화되는 시대 배경에 맞추어 다들 틈새에 깊이 파고드는 기획을 중시하기 쉽지만, 인생에 한 번은 인류 전체의 본능에 푹 꽂히는 메가히트 기획을 궁리해보면 어떨까요? 우선은 어떤 가능성이 있는지 즐겁게 생각하는 것만으로도 평소와는 결이 다른 일감과 창작 아이디어가 나올 수 있습니다.

나는 동갑 친구와 〈쾌걸 근육맨〉, 〈드래곤볼〉 같은 이야기로 분위기가 달아오릅니다. 초콜릿 과자 '빅쿠리맨' 스티커, 소형 동력 자동차 '미니욘쿠(ミニ四駆)' 등 장난감 화제도 뜨겁습니다. 메가히트는 모든 미디어로 만들어질 수 있습니다.

현장에서 찾는 아이디어는 SNS에서와 질이 다르다

우리 집 근처에는 대형 쇼핑몰이 있습니다. 가끔 그곳에 가면 현실 점포에서 찾을 수 있는 힌트가 얼마나 많은지 알 수 있습니다.

나는 보통 트위터에서 정보를 수집합니다만, 내가 좋아하는 계정만 팔로우하므로 정보가 한편으로 기울어져 있습니다. 이와 대조적으로 이런저런 가게를 돌아다니면 전혀 모르던 상품이 눈에 띄어 놀라곤합니다. 내가 찾고자 하지 않던 정보 속에 새로운 힌트가 잔뜩 들어 있습니다.

5월 21일

인터넷 동영상으로 보는 것보다 실물을 보면 신선한 발견을 하게 됩니다. 패키지의 크기나 종이 질은 이런 느낌이구나, 본체는 이런 소재로 만들었구나, 이런 각도로 보면 이렇구나 하고 말입니다. 나 같은 상품 제작자에게는 현물을 보는 것이 역시 중요합니다. 예를 들어 서점에 가서 히트친 책을 실물로 보아야 왜 잘 팔리는지 비로소 언어로 표현할 수 있습니다. **동영상만으로 얻는 정보에는 한계가 있습니다.**

선전 문구가 쓰인 POP도, 손님을 대하는 점원의 말투도 공부가 됩니다. 어떤 일을 하는 사람이라도 다른 사람이 장사하는 장소에 가면 적잖은 아이디어를 얻을 수 있습니다. 히트로 이어지는 아이디어는 실제로 물건이 팔리는 현장에 있습니다.

회사에 다닐 때도 그렇고, 사업을 일으킨 뒤에도 그렇고, 여러 차례 장난감을 시연하고 팔았습니다. 실로 소중한 경험이었습니다. 만약 상품을 만들면 웹에서 팔 뿐 아니라 꼭 자기 상품을 실제로 시연하고 팔아보길 바랍니다. 수많은 배움을 얻을 것입니다.

쓸모없는 잡화점 '왕의 아이디어'

1965년 탄생하여 수많은 사람을 매료했으며 현재는 인터넷 통신판매 사이트가 된 '왕의 아이디어王様のアイデア'라는 가게가 있습니다. 후후훗 웃음이 나오는 세계의 아이디어 상품을 즐비하게 진열해놓았는데 훑어보기만 해도 가슴이 뛰고 팬도 많습니다.

© PARTNERS

아이디어 상품이라고 불리는 것에는 '등유 펌프' 같은 필수품도 있지만, 왕의 아이디어가 다루는 상품은 거의 웃음과 즐거움을 주는 데 그치는 '불필수품'입니다. 100만 엔 모으는 저금통, 끝없이 물을 마실 수 있는 드링킹 버드, 손가락 사이를 움직여 보여주는 모라[1] 등등이 있습니다. 과연 이런 요상한 상품이 세상에 필요할까요? 왜 이런 물건을 만드는 창작자가 끊이지 않고 등장할까요? '사회 문제를 해결하자'고 외치는 시대에 이런 일이 가당하기는 할까요?

한 사람 한 사람의 머릿속 아이디어를 실현해 세상에 내보내는 일은 미래를 향한 배턴 터치라고 생각합니다. 개중에도 웃음이 나오는 불필수품 아이디어 상품이 지향하는 역할에는 특별한 가치가 있습니다. 아이든 어른이든 '오직 웃음만 위한 것을 생각해도 돼!', '아이디어는 자유로운 거야!' 하는 메시지를 전하고 발상을 유연하게 해주며 다음 아이디어의 힌트를 제공합니다. 웃음을 매개로 다른 누군가가 생각한 새로운 웃음을 통해 미래 세계는 바뀌어갈 것입니다.

사람을 웃게 하는 것은 병을 치료하는 의료에 버금가는 중요한 일입니다.

1 모라(モーラー): 꼬물꼬물한 몸의 털복숭이 벌레 모양을 한 장난감으로 살아 있는 듯이 조종하도록 숨겨진 끈이 달렸다. 영어로는 squirmles라고도 한다.

왕의 아이디어에서 요상한 상품을 판매하는 창작자들은 거의 서로 친구인데 어쩐지 하나같이 '아주 좋은 사람'입니다. 주위 사람들이 좋아하는 착한 사람들뿐이지요. 불필수품은 선량한 사람이어야 만들 수 있는 듯합니다. 공식 사이트: https://www.kingsidea.jp

내 돈으로 상품을 1000개 만들 때 깨어난 감각

〈민예 스타디움民芸スタジアム〉이라는 카드 게임을 개발해 우리 회사에서 판매한 적이 있습니다. 최초에 300개 만들어 순식간에 다 팔았기에 '좋았어, 그럼 이번에는 1000개 만들어볼까!' 하고 아무런 의심 없이 인쇄회사에 발주를 넣었습니다. 참고로 1000개 만드는 데 드는 비용은 약 100만 엔이었습니다. 내가 세운 회사에서 만들었으니까 당연히 내 자금입니다. 1000개는 순조롭게 팔렸고 결국 총합 3000개 넘게 팔렸습니다. 한편 다른 게임을 만들 때 '음, 뭐 처음이니까 100개만 만들어볼까…' 생각하고 100개 발주했는데 판매도 100개로 끝났습니다.

5월 23일

회사원 시절이라면 자기 자금으로 100만 엔을 들여 재고가 될지도 모르는 상품을 만들다니, 겁이 나서 그런 일은 도저히 할 수 없었을 것입니다. 〈민예 스타디움〉은 직관적으로 팔린다고 확신했기 때문에 아무 생각 없이 100만 엔을 낼 수 있었고, 그 결과 1000개를 팔았습니다. 100개밖에 발주하지 않은 다른 게임 상품은 그 시점에 패배를 자인한 셈입니다.

회사에 다닐 때는 진정한 의미의 장사 감각이 없었다고 생각합니다. 무슨 일을 해도 회사의 자금으로 충당할 수 있었기 때문입니다. **자기 자금으로 장사를 하면 두려울 만큼 감각이 예리해집니다.** 기회가 있을 때 조그마한 일이라도 자기 돈을 들여 장사를 해보면 비즈니스맨으로서 진화할지도 모릅니다.

© Usagi inc.

부업을 금지하는 회사도 많지요. 모든 회사가 공공연히 부업을 허용한다고는 생각하지 않습니다만, 회사에 기대지 않고 작은 사업을 벌여보는 경험을 통해 회사원은 두드러지게 성장하고 본업에 긍정적인 영향을 미친다고 봅니다.

비즈니스의 트렌드 워드에 흔들리지 말라

현재 '웹3', '메타버스', 'DAO(탈중앙화된 자율조직)' 등 비즈니스 신조어가 세상을 어지럽게 떠돌고 있습니다. 비즈니스 트렌드는 시대마다 새로 태어납니다. 그것을 기회로 삼아 새로운 비즈니스 영역을 공부하고 흐름을 타는 사람도 많습니다.

나는 내가 좋아하는 것과 관계없는 비즈니스의 트렌드 워드는 무슨 뜻인지 찾아보는 데 그칠 뿐 딱히 마음에 두지 않습니다. 내가 하고 싶은 일은 장난감과 게임의 개발이므로 이와 연관 있는 유행은 좇아가는 편이지만, 관심을 기울이지 않는 분야에는 시간을 들이지 않습니다. 인생의 시간은 유한하니까요.

트렌드는 그대로 세계를 바꾸어가는 것도 있습니다만 아무 일도 없었다는 듯 사라지는 것도 가득합니다. 트렌드에 휘둘릴 틈이 있다면 자기가 무엇을 좋아하는지 잘 알고 그것에 시간을 씁시다. 남들과 다른 능력을 익히면 남에게 도움도 되고 즐거운 인생을 살 수도 있습니다.

물론 새로운 비즈니스 트렌드를 운명적으로 받아들이고 실로 '내 인생은 이것을 위해 있는 거야!' 하는 확신이 든다면, 그 세계에 정신없이 열중함으로써 보람찬 삶을 손에 넣을 수 있습니다. 그렇게 인생을 걸 수 있는 대상을 발견하기 위해서는 **세상보다 자기 자신을 똑똑히 응시해야 한다는 점이 중요합니다.**

작사가 아키모토 야스시(秋元康) 씨는 "고장난 시계도 하루 두 번은 맞는다"고 발언했습니다. 자기를 굽히지 않으면 언젠가는 활약할 수 있는 시대를 맞이하겠지만, 주위에 떠밀려 내려가기만 한다면 영원히 시대보다 5분 늦게 달릴 수밖에 없습니다.

발가락 양말로 배우는 탐구력의 중요성

나는 발가락 양말을 신습니다. 발가락 양말은 좌우가 정해져 있습니다. 곤혹스럽게도 걸음걸이 버릇 때문인지 반드시 오른쪽 엄지발가락 부분에만 구멍이 납니다.

구멍이 나기 어려운 발가락 양말은 없을까 하고 어느 날 근처 쇼핑몰의 의복 코너를 찾아갔습니다. 그곳에 갔더니 다양한 종류의 발가락 양말은 팔려나갔으나 심플한 검은 단색 양말은 없었습니다. 하나같이 기묘한 원포인트 자수를 놓거나 발가락마다 색깔이 다르거나 발목 부분에 줄무늬 모양이 들어가 있습니다. 혈안이 되어 찾다가 마침내 검은색 발가락 양말을 발견했으나 뒤집어 보았더니 발바닥에 'L', 'R'이라는 글자를 프린트해 놓았더군요. '아니, 이렇게 써놓지 않아도 알 수 있잖아!' 하고 마음속으로 불평을 내지르기에 이르렀습니다. 결국 심플한 색깔 양말은 하나도 팔고 있지 않았습니다.

5월
25일

'왜 검은 단색 양말이 없을까? 프린트나 자수를 넣으면 제작 비용이 비싸질 것 같은데 말이야.' 이런 의문이 들었습니다만, 아직도 그 이유를 모르겠습니다. 어떻게든 조사해서 알아내려고 합니다. 필시 이유가 있을 것입니다.

의문을 발견하고 조사하는 '탐구력'이 있으면 사람들이 모르는 정보를 손에 넣을 수 있습니다. **누구나 아는 것보다 아무도 모르는 것을 알아야 가치가 있습니다.** 자기만의 아이디어는 다른 사람이 모르는 정보로 탄생하는 법입니다. 남과 반대 방향으로 탐구해봅시다.

무늬가 있는 발가락 양말밖에 없다는 수수께끼는 아직 정확하게 풀지 못했으나 기성복(어패럴) 분야에서 일하는 친구는 "전부 팔리고 남은 상품이었으니까 싸게 들여와 진열한 것이 아닐까?" 하고 예상했습니다. 혹시 아는 사람 있으면 가르쳐주십시오.

처음 만난 사람의 이름을 기억하고 잊지 않는 법

젊을 때 사람 이름을 잘 외우지 못했습니다. 두 번째 만남에서 상대는 내 이름을 외우고 있는데 나는 상대의 이름을 잊어버렸을 경우 미안한 마음과 거북한 마음에 다시 이름을 묻지 못하고 대충 얼버무린 적이 많았습니다.

지금은 처음 만난 사람에게 이름을 들으면 같은 글자의 유명인을 떠올려 연상하는 방법으로 이름을 외웁니다. 예를 들면 요시다 씨라는 사람과 만나면 이름에 요시다가 들어가는 유명인을 생각나는 대로 헤아려둡니다. 요시다 에이사쿠, 요시다 사오리, 블랙 마요네즈 요시다….

개중에서 어떤 공통점을 찾아내 그 사람과 유명인을 연결해두고 다음에 만날 때 유명인을 떠올리면 이름을 알 수 있습니다. 이때 공통점을 억지로라도 끌어낼 수 있느냐 없느냐, 바로 이것이 유연한 발상의 힘을 보여주는 대목입니다. **외모의 특징이 전혀 닮지 않았더라도 '안경이 금테' → '금메달' → '프로레슬러 요시다 사오리' 하는 식으로 연상해나갑니다.** 이른바 '원숭이 엉덩이는 빨개' 같은 언어유희 게임입니다. 한번 해보면 이상할 만큼 다음에 만날 때, 비록 안경이 바뀌었어도 '요시다 씨'라는 이름이 나옵니다.

옛 추억은 그 시절 풍경과 함께 기억하는 일이 흔합니다. 인상적인 시각 정보와 연관 지으면 기억으로 남기 쉬운 효과가 있겠지요.

유명인이 떠오르지 않는 이름이라면 시시한 익살도 효과적입니다. 예를 들어 데시가와라 씨라면 '자갈밭(가와라)에 손이 네 개(데시=手四)' 같은 이미지와 함께 떠올리면 기억하기 쉽습니다. 자기 나름대로 '연상'하는 방법을 시도해봅시다.

빨간색 화장실로 배운 선택해서는 안 되는 아이디어

어느 시설을 방문했을 때 화장실에 들어갔더니 벽 한 면이 빨간색이었습니다. 순간적으로 '으이쿠! 여자 화장실에 잘못 들어왔나!?' 하고 당황했습니다. 변기 모양을 보니까 남성용이었습니다. 그 순간 앞으로도 뒤로도 움직일 수 없어 다른 손님에게 방해가 되었지요. '남성용 화장실은 파란색'이라는 약속이 오랫동안 머릿속을 지배했던 탓에 뇌가 혼란을 일으키고 만 것입니다.

이 화장실의 디자인을 고안한 사람에게는 악의가 없었겠지요. 하지만 미처 예상하지 못하고 선택한 아이디어가 어떤 사람에게는 충격을 가할 위험성이 있다는 사실을 새삼 깨달았습니다. 물론 빨간색 화장실에 놀란 것은 나만의 개인적 감각일지 모르지만 한 사람의 심장에 좋지 않은 체험을 주었습니다.

5월 27일

나는 과거에 만화 『주술회전呪術廻戦』의 실사판과 비슷한, 그러니까 손바닥에 눈이 달린 괴물 같은 CG 일러스트 카드 게임을 기획하고 디자인까지 진행한 적이 있습니다. 그러나 완성한 CG는 상상 이상으로 리얼했고 기분이 나빴습니다. '어쩌면 누군가 엄청난 정신적 충격을 받을지도 모르겠어' 하는 생각에 그런 장르에 정통한 친구에게 조언을 구했더니, "이런 표현이라면 확실히 혐오감을 느끼는 사람이 있을지도 모르겠군" 하는 의견을 주었습니다. 이에 급작스럽게 완전히 다른 작품으로 교체했습니다.

참신하고 재미있을 가능성이 있다고 해도 누군가에게 해를 입힐 우려가 있는 아이디어는 선택하면 안 됩니다. 이것은 규칙입니다. 실행하기 전에 한번 일손을 멈추고 심사숙고해보십시오.

아이디어란 '무언가를 지금보다 더 낫게 하는 생각'입니다. 그러면 사람을 공격하는 방법의 아이디어는 아이디어라고 할 수 있을까요. 나는 그렇지 않다고 단언합니다. 아이디어는 '사랑'이라고 생각합니다.

사업을 일으킬 때는 아르바이트부터 시작한다

내가 대기업을 사직하고 인생 최초로 사업을 일으켰을 때 한 가지 성공한 일이 있습니다. 처음 2개월 동안 아르바이트 같은 일만 한 것입니다.

음식점 주방일 같은 아르바이트는 아니었지만, 슈퍼의 실연 판매, 동영상 촬영 조수, 녹취록 원고 작성 등 지인이 '일손이 부족해', '도와주면 좋겠어' 하면 무엇이든 기꺼이 했습니다. 2개월 동안 수입은 합계 20만 엔이었습니다. 지금 돌아보건대 한 달에 10만 엔이라고 하면 적은 액수지만 나는 '도와주기를 원하는 사람은 얼마든지 있고 사람들을 도와주면 일거리가 없어지지 않는다'는 사실을 이해했습니다. 당시 문득 눈에 들어온 인터넷 기사에서 "도쿄에서는 1인당 일거리가 1.6인분 있으므로 일손이 부족하다"고 한 것을 기억합니다.

월급을 넉넉하게 받는 대기업을 그만둘 때는 '내가 실패하면 우리 가족 다 거리를 헤맬지도 몰라' 하고 진심으로 생각했습니다. 그만큼 세상 모르는 철부지였지요. 도움을 주면 기뻐하는 사람은 세상천지에 널려 있습니다. 온갖 사람들에게 힘든 점을 묻고 웃는 얼굴로 정성껏 도우면 그것만으로도 '사업을 일으켰다'고 말할 수 있습니다. 사업이란 사람을 잔뜩 고용하고 대규모 회사를 세우고 어마어마한 사회 변혁을 일으키는 것만 가리키지 않습니다. 우선은 '스스로 할 수 있는 일이 세상에는 얼마든지 있다'는 것을 이해하고 한 걸음씩 성장해 갑시다.

오늘날은 사업을 벌여 성공하지 않더라도 인터넷으로 직장을 옮기려고 노력하면 재취업할 수 있습니다. 그렇게 생각하면 평생 한 번쯤은 사업에 도전해볼 수도 있습니다. 사업을 해 본 경험이 있으면 기업의 사원으로서도 활약할 수 있을 듯합니다.

아이디어를 남에게 가르치면 세계에 보존할 수 있다

엉뚱한 이야기입니다만, 여러분에게 꼭 추천하고 싶은 간단한 요리 레시피 아이디어를 소개하려고 합니다. 무슨 음식에든 뿌리더라도 맛있는 '파 소금 양념'입니다.

파를 한 뿌리 다져 지퍼백에 넣고 참기름을 넉넉하게 부은 다음 소금과 설탕, 치킨스톡을 넣어 한나절 냉장고에 보관하면 완성입니다. 구운 고기, 튀김, 두부, 쌀밥… 어디에 뿌리든 엄청나게 맛있어집니다. 아내가 공원에서 아이 엄마들과 잡담하다가 우연히 주워 들은 요리 아이디어입니다.

모든 사람에게는 '하루 하나 아이디어'가 있습니다. 아이디어 하나만이 아니겠지요. 매일 여러 가지 생각을 떠올리기도 하고 새로운 사실을 깨닫기도 하고 정보를 얻기도 합니다. 다만 대체로 시간이 지나면 거의 잊어버립니다.

재미있는 아이디어와 유용한 아이디어를 발견하면 꼼꼼하게 메모해두는 것이 중요할지 모르지만, **누군가에게 그때그때 이야기해주기만 해도 아이디어는 세계에 남아 저절로 세상을 돌아다니며 누군가를 행복하게 해줍니다.** 아이디어를 찾아내어 적극적으로 다른 사람에게 이야기해주면 누군가는 기뻐할 것이고, 그러다가 자기에게도 좋은 일이 생겨 삶이 즐거워집니다.

아이디어가 나오기 쉬운 조직은 생각난 것을 편하게 이야기하거나 지금 당장 관련이 없는 정보라도 가벼운 마음으로 서로 가르쳐줄 수 있는 풍토가 자리 잡은 곳입니다. 좋고 나쁨을 혼자 판단하려고 하기보다는 세계에 풀어놓음으로써 아이디어는 성숙하고 완성됩니다.

망상을 사고파는 서비스 'MouMa'가 산출하는 가치

'망상 상품 마켓 MouMa(모우마)'라는 웹 애플리케이션을 개발했습니다. **'이런 상품이 있으면 좋을 텐데' 하는 망상 속 상품의 이름을 19글자 이내로 쓰고 가격을 붙여 출품하고 매매하는 게임입니다.**

이를테면 '어디에서도 순간이동 할 수 있는 문 30만 엔'이라고 쓰고 팔려고 내놓습니다. 이것을 보고 '만약 정말 이런 것이 이 가격이라면 사고 싶다'는 사람은 찰칵 클릭하여 매입합니다. 돈은 게임 포인트일 뿐 현금이 아닙니다만, '엔'의 가격 감각은 현실과 동일합니다. 팔리면 자기 돈이 불어납니다. 매일 대다수 사람은 망상을 펼치고 그것을 즐겁게 매매합니다.

5월
30일

자신의 망상 상품이 팔리거나 다른 사람의 망상 상품을 사는 동안 **자기 내면의 소망에 눈을 뜨는 일이 벌어집니다.** '난 이런 것을 해결하기를 바라고 있었던가!' 또는 '남의 상품을 보고 깨달았어. 내게 이런 욕구가 있다는 것을!' 등등. 다양한 사람의 욕구를 알아채면 비즈니스에 임할 때도 이런 상품이나 서비스가 나오면 사려 하는 고객이 있지 않을까 하고 아이디어가 퐁퐁 샘솟습니다.

일반적인 업무에서는 아무래도 현실적인 상품을 먼저 생각하기 때문에 팔릴지 안 팔릴지 알 수 없는 망상 상품은 잊어버립니다. MouMa를 사용해 망상이라도 상관없으니 원하는 것을 떠올리고 난 다음 현실성을 고려하는 버릇을 들여봅시다.

MouMa에서 출품하거나 사들이는 상품은 전부 메모에 남습니다. 자기 자신과 타인의 욕구 정보를 축적해두면 가치 있는 비즈니스 아이디어의 실마리가 됩니다. 아무쪼록 'MouMa'를 검색해 게임을 해보세요. 무료입니다. 공식 사이트: https://hp.mouma.app

크리에이터 활동 중 영원히 생각거리가 마르지 않는 방법

글, 그림, 음성, 동영상…. 누구나 좋아하는 표현 방법으로 크리에이터가 될 수 있는 시대입니다. 하지만 다음에 무엇을 내놓을지 '생각거리가 바닥나는 일'은 여간 고민이 아닙니다. 나는 '창작의 생각거리가 마르는 일은 영원히 없다'고 호언장담합니다. 정확히 말하면 **처음부터 질을 문제 삼지 않는다면 제재는 무한하게 나온다는 뜻입니다.**

창작이란 '만물을 주제로 들고 자기라는 변환 장치를 통과시키는' 방법으로 실행합니다. 예를 들어 누군가 '갓파[1]를 모티브로 삼은 장난감을 하나 만들어라!' 한다면 나는 갓파가 그려진 접시를 만지고 기분이 좋아져 미소 짓는 피규어를 만들거나 갓파를 찾아내는 게임을 만들 것 같습니다. 이는 내가 감촉을 즐기고 웃는 장난감이나 게임을 잘 만드는 '변환 장치'이기 때문입니다. 갓파가 무엇으로 바뀌든 아이디어를 낼 수 있습니다.

변환 장치인 자기 자신을 알고 소질을 연마하면 생각거리는 마르지 않습니다. 창작의 질적 향상은 그다음입니다. 무엇보다 먼저 생각거리를 잔뜩 내놓고 스스로 평가하고 다른 사람의 의견을 묻는 사이에 창작의 질은 올라갑니다.

참고로 자기라는 변환 장치는 장점보다 약점이나 결점을 주목하면 더 빛이 납니다. 내가 감촉 상품이나 게임을 만드는 까닭은 다른 장르의 장난감을 잘 만들지 못하기 때문입니다. 서투른 분야를 포기하면 자신의 매력이 시야에 들어옵니다.

1 갓파(河童): 강 속에서 산다는 상상의 동물로 모습은 사람과 비슷하고 울음소리는 어린아이 같다고 한다.

내가 만약 유튜브로 '멘토스 콜라'[2] 동영상을 만들면 비실비실한 내가 멘토스 콜라의 가벼운 폭발로 공중에 날아가는 동영상을 만들 것입니다. 약점이 곧 매력입니다.

2 멘토스 콜라 : 설탕에 뒤덮인 캔디 멘토스를 넣으면 콜라가 세차게 분출하는 현상을 말한다.

6월

뜻밖의 행운을 불러들이는 법

내 아이디어 발상이 왜 서투른지 진단해보자

수수께끼입니다. "차가운 동물은 무엇일까요?"

여기에서 사람은 두 유형으로 나뉩니다. 이후 해답 발표를 기대하고 뇌를 가동하지 않는 사람. 몇몇 동물을 머릿속에 떠올리기 시작하는 사람. 여러분은 어느 쪽입니까?

뇌를 가동하지 않는 사람은 왜 그런다고 보십니까? 예컨대 타이밍이 좋지 않았을지도 모릅니다. 나도 바쁠 때는 생각하려 들지 않습니다. 또는 물음이 너무 어려웠을지도 모릅니다. '빵은 빵인데 먹을 수 없는 빵은?' 하는 수수께끼였다면 해답을 생각했을까요?

6월 1일

아이디어 발상이 서투르다고 하는 사람에게는 반드시 이유가 있습니다. 자기 적성에 맞지 않는 문제만 다루는 환경에 있든지, 만성 피로에 시달리든지, 틀린 해답을 내놓기가 죽기보다 싫은 성격이든지…. 어려운 수수께끼에도 즐겁게 달려들었던 어릴 적과 지금은 무엇이 달라졌나요? 해답이 떠오르지 않는 이유를 짐작하기만 해도 아이디어가 마구 솟아나는 사람으로 변신할 수 있습니다.

참고로 위에서 낸 수수께끼의 해답으로 내 머릿속에서는 몇 가지가 떠오릅니다. 미리 이 말을 먼저 꺼냈다면 생각해볼 마음이 났을지도 모르겠네요. 참 묘하지요.
해답: 미꾸라지('추어'탕에 들어가니까), 빙어(이름에 얼음[氷]을 품고 있어서), 백로(추운 날에는 맺히는 백로[이슬]와 동음이의어.)

신규 사업 아이디어를 생각하는 첫걸음은?

회사에서 '신규 사업을 생각해봐. 하고 싶은 일은 무엇이든 제안해도 좋다!' 하는 지시가 내려온다는 이야기는 흔히 있습니다. 그래서 자기가 하고 싶은 기획을 제안했는데 '그건 우리 회사가 할 일이 아닐세' 하고 거부당하고 나면 '그럼 어쩌란 말이야?' 하고 푸념한 적이 있을지도 모릅니다.

회사의 강점을 살리면서도 개시하기 쉬운 신규 사업은 '마케팅 믹스 4P'라고 일컬어지는 장사의 실행 전략 네 가지 중 **하나만 평상시와 바꾸는** 정도입니다. 4P란 제품Product, 가격Price, 유통Place, 판촉Promotion을 가리킵니다.

4P라는 네 가지 요소에서 어떤 회사도 장점이 있기 마련입니다. 예컨대 장난감 회사라면 '텔레비전 프로그램 캐릭터 상품을 몇천 엔 정도의 가격으로 장난감 매장에서 팔고, 방영 중간에 텔레비전 광고를 넣는다' 같은 것이 평상시의 4P입니다. 이를 바탕으로 신규 사업을 벌이기 위해 이렇게 바꿀 수 있습니다.

6월
2일

- 제품을 바꾼다 → 손자를 데리고 쇼핑하러 온 노인을 위한 상품을 만든다.
- 가격을 바꾼다 → 월정액 요금으로 대여 상품을 제공한다.
- 유통을 바꾼다 → 기성복 매장에서 판다.
- 판촉을 바꾼다 → 병원에서 선전한다.

이런 식으로 우선 한 가지 요소만 엇갈리게 아이디어를 생각해봅시다. 한꺼번에 세 가지, 네 가지를 바꾸면 회사의 강점을 발휘하기 어렵습니다.

덧붙여 내가 좋아하는 신규 사업의 예는 어느 날 세상을 바꾼 편의점 디저트나 편의점 커피입니다. 이런 것은 단순한 신상품 개발이 아니라 모범적 신규 사업이라고 생각합니다.

성공한 신규 사업은 '새롭고 기이한 사업'도 아니고 '내키지 않는 사업'도 아닙니다.

가장 팔리지 않은 장난감으로 배운 것

이 책을 쓰는 시점으로 18년 정도 장난감 개발 일을 계속하고 있는데, 내 삶의 역사 속에서 가장 팔리지 않은 상품이 캡슐토이 '새 인간鳥人間'입니다.

'새 인간'은 팔을 벌린 사람 모양 피규어의 턱을 가느다란 받침대에 얹어놓으면 둥실둥실 떠 있는 것처럼 움직이는 장난감입니다. 시험 삼아 작품을 만들어본 단계에서 '이런 움직임은 참으로 재미있군!' 하고 흥분해 상품을 제작하기로 했습니다. 그런데 발매 이후 석고대죄라도 하고 싶을 만큼 팔리지 않았습니다.

6월
3일

위의 설명을 읽고 눈치를 챈 사람도 있을지 모르겠는데, 이 상품은 움직임을 보지 않으면 어떤 점이 재미있는지 전혀 알 수 없습니다. 캡슐토이는 자동판매기에 꽂아놓은 설명 POP 한 장만 보고 고객이 '사고 싶다!'는 마음이 들지 않으면 결코 팔리지 않습니다. '새 인간'의 설명 POP에는 물론 움직이지 않는 상품 사진이 실렸고 '신기해! 떠 있는 듯 보여!' 하는 광고 문구가 쓰였습니다. 자동판매기를 본다고 뭐가 뭔지 알 수는 없습니다. 개발한 본인은 어떤 점이 재미있는지 알기 때문에 다들 알아주리라고 착각하고는 아무도 전혀 이해하지 못하는 제품을 만들고 말았습니다.

자기에게는 당연하고 잘 이해하는 대상이기 때문에 도리어 중요한 점을 전달하는 데 실패하고, 그 결과 아무도 이해해주지 않는 사태가 놀랄 만큼 자주 일어납니다. 아무것도 모르는 상대에게 상품을 곧장 이해할 수 있도록 보여주고 이야기하는 방식이 무엇인지 객관적으로 생각해봅시다.

당시는 고양이를 모티브로 삼은 캡슐토이가 잘 팔렸는데, '새 인간'이 아니라 '하늘을 나는 고양이'였다면 잘 팔렸을까요.

이갈이와 이 악물기를 멀어주는 아이디어

나는 10대부터 잠잘 때 무의식적으로 이를 심하게 악물어 20대부터는 마우스피스를 사용하고 있습니다. 업무 스트레스 때문인가 싶었으나 개인 사업을 벌여 스트레스가 줄었는데도 이를 악무는 버릇이 고쳐지지 않았습니다. 마우스피스가 치아의 손상을 줄여주기는 해도 일단 사용하기 시작하면 깨무는 버릇이 들기 때문에 꼭 좋다고는 할 수 없습니다.

10년 전부터 이갈이 전문 치과에 다니고 있습니다. 그곳 선생님의 조언으로 갖은 방법을 다해보고 시행착오를 겪었습니다. 한약을 지어 먹어도 효과가 없고 턱 체조를 해도 변화가 없었습니다. 그러는 동안 마사지로 풀어주면 이갈이가 가벼워지는 몸의 부위를 발견했습니다. 우선 후두부를 의자 등받이에 대고 근육통이 생길 만큼 문지르면 턱 주변의 통증이 나아졌습니다. 겨드랑이를 허벅지용 롤러로 문지르는 것도 효과가 있었습니다. 신체 여러 곳의 뭉치거나 결리는 부위가 이갈이를 조장했구나 싶었습니다.

어디까지나 나에게 맞는 방법일 뿐 모든 사람에게 효과가 있는 방법은 아닙니다. 인터넷에는 믿음이 가지 않는 정보도 있습니다. 책 두 권에는 각각 정반대 내용이 쓰여 있기도 합니다. **고민의 해결법은 정보를 모으고 모든 방법을 시도하여 효과를 검증하면서 자기에게 맞는 것을 찾아낼 수밖에 없습니다.**

덧붙여 나는 두통이 있을 때는 대흉근 근처를 문지릅니다. 몸은 전부 연결되어 있습니다. 흥미롭지요.

치과 의사는 '저녁 식사 때 흰 쌀밥을 먹지 말라'고도 권했습니다. 잠자기 전에 당을 섭취하면 위의 영향으로 이를 갈기 쉬운 듯합니다. 그러나 나는 쌀밥을 좋아하기 때문에 거부했습니다. 못하는 것은 못합니다.

아이디어 메모는 어디까지 적어야 할까?

아이디어를 던져줄 만한 정보와 착상을 메모하는 것은 중요합니다. 그러나 정보는 매일 방대하게 흘러나오고 머릿속은 끊임없이 이런저런 것이 떠오릅니다. 모두를 적어두는 일은 불가능합니다. 아이디어의 메모는 도대체 어디부터 어디까지 적어놓으면 될까요?

떠오른 아이디어를 무엇이든 적어야 하는 것은 아닙니다. '일이나 활동에 이익이 될 만한 것'만 쓰기를 권합니다. **한마디로 '쓸 만한 것'만** 쓰십시오.

나는 평소에 잘 팔릴 듯한 장난감 아이디어를 찾습니다. 그럴 때는 '이건 팔릴 것 같구나', '이 상품은 돈을 주고 사고 싶었어', '이 광고 문구나 패키지는 참고할 수 있을 것 같아', '이 제작 방식은 참고해야겠는걸' 등등 구체적으로 팔리는 장난감을 만들겠다는 목적 달성에 필요한 아이디어만 써두려고 합니다. 이를테면 '이건 재미있고 신선하기는 한데 팔리지는 않을 것 같군' 하는 메모는 하지 않습니다.

이렇듯 쓸 만한 정보만 써두는 이유는 **찾아낸 아이디어에 가치가 있는지 없는지 하나하나 생각하는 버릇을 들이고 감각을 키우기 위해서입니다. 나는 자신의 감성 수준을 향상하기 위해 메모를 활용하고 있습니다.** 쓸 만하지는 않아도 재미있다고 판단하고 그 감각으로 '메모하지 않기'를 선택하는 일은 곧 자신의 가치관이 됩니다.

신입사원 시절에는 '신기하다', '참신하다', '재미있다' 같은 기준으로 메모했습니다. 그런 요소를 기준으로 고안한 기획은 재미있어도 돈을 내고 사지는 않는 상품이 되었고, 이런 실패를 몇 번이나 거듭했습니다.

성장은 늦을수록 좋다?
'1.001배×2년간' 법칙

자기 자신, 부하, 아이들의 성장 속도를 지켜보고 '별로 성장하고 있지 않구나' 하고 고민한 적이 있을지 모릅니다. 나는 20대 후반에 몸이 상했는데 좀처럼 낫지 않는다는 초조함과 짜증, 고통 때문에 주치의에게 "몸이 전혀 좋아지지 않아요!" 하고 덤벼든 적이 있습니다. 그러자 의사 선생님은 **"악화하지 않고 현상을 유지한다는 것은 나아지고 있다는 거예요"** 하고 말했습니다. '정말 그럴까?' 하고 그 순간은 고개를 갸웃했으나 결국 2년쯤 지나자 몸이 좋아졌습니다.

사람은 일상생활을 영위하기만 해도 매일 1.001배 성장한다는 것이 내 지론입니다. 환경과 목표가 바뀌어 여간해서는 일이 잘 풀리지 않는 시기가 몇 번이나 있습니다만, 무슨 일이든 우직하게 2년 동안 계속하다 보면 무언가 반드시 한 단계 돌파하는 성장을 이루어낼 수 있었습니다. 대학교 시절에 동아리에서 만담을 시작할 때도 2년 동안 한 번도 관중을 웃기지 못했습니다만, 3년째부터 웃기기 시작했습니다. 회사에서도 입사 후 2년 동안은 한 번도 기획이 채택되지 못하다가 3년째에 히트 상품을 만들었습니다. 하루 단위로는 별다른 변화가 없는 듯 보여도 사람은 성장하고 있습니다. 1.001에 2년, 즉 730일을 제곱하면 2배가 넘습니다(1.001의 730승≒2.07). 매일 아주 근소한 성장을 쌓아감으로써 사람은 두 배로 진화를 이루어내는 것입니다.

서두르는 마음으로 '성장할 수 없잖아!' 하고 포기하고 그만두기보다 의식하지 못할 만큼 천천히 한 걸음씩 나아가야 성장을 지속할 수 있습니다.

아이들이 별로 성장하지 않는다고 불안해하는 시기도 있겠지만, '관찰'이 부족한 탓일지도 모릅니다. 주의 깊게 살펴보면 조금씩 변하고 있습니다. 성장이란 직선이 아니라 어느 날 갑자기 곡선을 그리며 위로 뛰어오르는 법입니다.

와이파이가 없는 곳에서 일하면 아이디어가 폭발한다

와이파이가 없는 지방의 오래된 민가를 빌려 숙박하며 일을 한 적이 몇 번 있습니다. 그곳에는 스마트폰도 3G밖에 접속할 수 없어서 인터넷을 전혀 연결할 수 없었습니다.

대체로 게임 제작의 최종 마무리를 하거나 원고를 완성할 때 민가를 방문하는데(이 글을 쓰는 지금도 민가에 있습니다), 평소와 집중력이 현격하게 다릅니다. 인터넷이 없기 때문에 SNS에 신경을 빼앗기지 않고 이메일 답장도 포기할 수밖에 없습니다. 여기에 오면 아침 5시부터 밤 10시까지 식사·차·산책 말고는 완전히 일에 집중할 수 있습니다. 건강에 좋은지 나쁜지는 알 수 없으나 쾌감을 느낍니다.

6월
7일

인터넷으로 온갖 정보와 연결되는 상태와 '집중'은 서로 어긋날 때가 있습니다. 업무에는 물론 인터넷이 없어서는 안 되지만 인터넷 때문에 당장 집중해야 할 사안을 벗어나는 것도 사실입니다.

코로나바이러스 사태로 워케이션[1]이라는 말이 유행했습니다. 워케이션 장소로 추천하는 시설을 찾아보면 어디나 와이파이를 완비하고 있지요. 시험 삼아 한번 와이파이가 없는 곳에서 워케이션을 해보지 않으렵니까? '인터넷을 연결하지 않으면 무슨 연락이 왔는지 신경 쓰인다'고 말하는 사람이 많을 것 같습니다만, 솔직히 이틀쯤 연락이 없다 해도 아무도 내게 신경 쓰지 않습니다. 하루쯤 답장을 하지 않는다고 해도 아무렇지 않다고 여겨집니다.

1 워케이션(workation): 관광지나 휴양지에서 휴가를 보내면서 원격으로 근무하는 일.

자택의 빈방에 아무것도 올려놓지 않은 넓은 책상을 놓아두면 시간이 늘어나는 방이 됩니다. 그 방에 있는 사람에게는 가족도 말을 거는 것을 금지합니다. 그곳에 필요한 것만 가지고 들어간다면 고도로 집중해 작업을 진행할 수 있습니다.

파이어족을 동경하면 위험하다

파이어FIRE(Financial Independence, Retire Early)라는 말이 유행했습니다. 투자 같은 불로소득으로 생활비를 벌고 일찍 일에서 해방되는 생활을 가리킵니다. 이런 말을 들으면 '와, 부럽다!'고 동경하는 사람도 있겠지요. 나도 회사에 다니던 어느 시기에는 '아, 아, 부자가 되어 조기에 퇴직할 수 있으면 얼마나 좋을까~' 하고 망상을 품었습니다.

과연 돈 걱정 없는 조기 퇴직은 행복하다고 일률적으로 말할 수 있을까요. 은퇴는 곧 리타이어(기권)입니다. 일찍 은퇴하고 싶은지요. 자기의 장점을 발휘할 수 있고 즐거우며 남을 즐겁게 해주는 일을 건강한 몸으로 계속해나간다면 훨씬 더 행복하지 않겠는지요.

원래 파이어는 능력이 뛰어난 사람만 가능합니다. 그것은 투자 같은 지식이나 능력을 말하는 것이 아니라 **'파이어 해도 행복한 인생을 지속하는 능력'**을 말합니다. 만약 파이어를 가능하게 해준다는 신의 제안을 간편하게 받아들이면 아무런 즐거움이 없는 인생을 몇십 년이나 살아가야 하고 틀림없이 불행해집니다. 일할 필요에 등을 떠밀리지 않는 상태로 보람과 즐거움을 느끼기는 지극히 어렵습니다. 만약 지금 일과 삶이 고통스러워서 파이어를 동경하는 마음이 생긴다면, 그보다는 최고의 일을 얻기 위한 아이디어를 생각해보지 않으렵니까.

단지 참고하기를 바라는 마음으로 말씀드립니다만, 나는 일이 힘들고 생각한 대로 되지 않는 상황을 벗어나기 위해 철저하게 '대화하는 힘'을 연마했습니다. 대화의 달인이 되어 누구에게나 의논하고 부탁할 수 있다면 비록 돈이 없더라도, 중한 병에 걸렸더라도 해결하지 못할 일은 없습니다. **불 화火(파이어)보다 대화입니다.**

만담가나 화술의 달인들을 상상하면 그 사람들이 입 밖에 내는 제안은 무엇이든 자연스레 이루어질 것 같다는 생각이 들지 않는지요? 대화하는 힘은 무엇이든 이루는 만능 마법입니다.

부정적 감정에서 히트 상품이 탄생할 때가 있다

젊은 회사원 시절에는 상품 기획도 통과시키지 못한 내가 히트 상품을 제작할 수 있었던 것은 '강렬한 질투심'과 '뻔뻔함'이 싹트기 시작했기 때문입니다.

부정적인 성격에도 좋은 점은 있습니다.

사회인으로 발걸음을 뗀 초기에는 실적을 내지 못하는 시기가 이어졌습니다만, 입사 동기들이 활약하기 시작하고 다른 상품이 히트 치는 모습을 계속 목격하면서 '부럽다, 지고 싶지 않은데 내가 참 한심하구나' 하고 좋지 않은 감정의 일종인 '질투심'이 샘솟았습니다. 그리하여 투쟁심에 불타올라 잘 팔리는 기획을 짜내려고 노력했고, 제1회 일본장난감대상을 수상한 '무한 뽁뽁이'라는 대히트 상품을 출시할 수 있었습니다.

또 장난감 대상 수상식에서는 취재하러 온 기자들 앞에서 무한 뽁뽁이 기획에 관해 이야기하면서 반사적으로 아직 출시하지 않은 다음번 상품을 꺼내어 카메라 앞에서 보여주는 딩돌한 행동을 저질러버렸습니다. 그 결과 그 상품은 동영상과 함께 인터넷 뉴스로 퍼져나갔고 다시 한 번 매상을 올리는 결과를 낳았습니다. '뻔뻔함' 덕분에 성공도 낚아챌 수 있었습니다.

'강렬한 질투심'이나 '뻔뻔함'이라는 말을 들으면 부정적인 인상을 받기 마련이지만, 그런 감정이 막힌 상황을 돌파하는 열쇠가 될 때가 있습니다.

히트곡 가사를 되돌아보면 하나같이 괴로움이나 슬픔 등 다양한 부정적 감정의 경험을 바탕으로 쓰였을 것이라고 상상할 수 있습니다. 100퍼센트 긍정적인 사람은 남의 가슴을 울리는 가사를 쓸 수 없지 않을까 싶습니다.

나아가지 못할 때는 '시간'을 바꿀 것

시간에 관한 무언가를 바꾸어 비즈니스가 성공한 예는 한둘이 아닙니다. 예를 들면 10분 1000엔 헤어커트 미용실의 등장은 혁명적이었습니다. 이제까지 '머리는 정성과 시간을 들여 깎는 것이 좋다'고 여겨왔는데, '단시간에 머리를 깎아 시간을 절약할 수 있을 뿐 아니라 값이 싸니까 좋다'는 새로운 가치가 등장해 사람들이 기뻐했습니다.

내가 어릴 때 살던 동네에서는 모든 이발소가 매주 월요일 휴업이었습니다. '이발소는 월요일 휴업으로 정해져 있어' 하고 부모님이 알려준 기억이 있습니다. '한 집쯤 다른 요일에 쉬면 월요일에 머리를 자르고 싶은 사람도 좋고 장사도 잘될 것 같은데…' 하는 생각이 어린 마음에도 들었습니다. 같은 업종이 휴업하는 요일이나 조조 시간처럼 영업시간 외에 가게를 열면 반기는 사람도 있을 것입니다.

시간축을 다양하게 바꾸면 새로운 가치가 생겨납니다. 시간을 절약하고 싶은 사람이 대다수인 시대인데도 일부러 시간을 들여 텐트를 치거나 장작불을 피우는 캠핑이 인기가 있습니다. 도착 시간이 몇 날 늦어져도 괜찮다면 가격이 저렴해지는 상품 배달 서비스도 있습니다.

지금 진행 중인 사업을 둘러싸고 **시간과 타이밍을 바꾸거나 속도를 바꾸면 다른 가치가 생겨나지는 않을지 고려해봅시다.**

시간 이야기뿐 아니라 '최근 어쩐지 몸 상태가 좋지 않다'고 느끼면 금세 무언가를 바꾸어 보는 실험을 해봅시다. 그래도 잘 풀리지 않을 땐 다시 원래대로 돌아가면 그뿐입니다. 막다른 길에 멈추었다면 바로 실험해봅시다!

실언을 줄이려면 불안한 상태를 먼저 전해두자

실언은 쓸쓸한 마음이나 불안에서 나옵니다. '나도 모르게 실언을 해버렸다'는 기억이 없는지요. 예를 들어 긴장한 나머지 그 자리를 무마하려고 괜히 쓸데없는 말을 해버리기도 하고, 쓸쓸함이나 질투심 때문에 무의식적으로 상대에게 심술궂거나 비굴한 말을 해버리기도 합니다.

상대에게 현재 자기 마음 상태를 명료하게 전달하면 놀랄 만큼 실언이 줄어듭니다. 나는 중요한 거래처 사장과 이야기할 기회가 있으면 처음부터 **"실은 오늘 제가 좀 긴장하고 있습니다"** 하고 확실하게 말합니다. 좀 이상하게 들리겠지만 상대가 자신의 상태를 안다는 전제 아래 대화를 이어나갈 수 있기 때문에 억지로 무마하는 일 없이 자연스럽게 이야기를 나눌 수 있습니다. 또 기분이나 몸 상태가 나쁠 때도 상대에게 반드시 이야기해둡니다. 그렇게 하기만 해도 안심할 수 있습니다.

인터넷의 부적절한 발인도 거의 같은 메커니즘으로 이루어집니다. '이놈을 공격해야지!' 하는 계획적인 댓글은 거의 없으며, 대체로 마음이 채워지지 않기 때문에 의도하지 않았는데도 나쁜 말을 해버리는 것입니다. SNS로는 눈부시게 성공한 남의 활동이나 나쁜 뉴스가 눈에 들어오기 때문에 마음의 에너지를 빼앗깁니다.

우선 모두 다 할 수 있는 일로서 다른 사람의 실언을 용서합시다. 상대가 실언했을 때는 그 사람의 마음을 채워주도록 말을 걸거나 친절을 베풉시다.

직접 얼굴을 마주할 때는 '방금 한 말은 실언일지도 모르겠어요. 그게 아니라 정말 하고 싶은 말은…' 하는 식으로 고쳐서 말하면 되지만, SNS의 댓글 등은 받아들이는 방식이 왜곡될 수도 있고, 변명할수록 최악의 상황으로 빠져들기 때문에 매우 주의해야 합니다.

스마트 뻐꾸기시계로 배우는 새 시대의 커뮤니케이션

개발에 관여한 과거의 상품 중에서도 특히 깊이 생각하고 제작한 것은 'OQTA(오쿠타)'라는 뻐꾸기시계입니다. 이 뻐꾸기시계에는 3시에 뻐꾸기가 세 번 나와 우는 방식의 시간 알려주기 기능이 없습니다. 그 대신 시계에 와이파이가 연결되어 등록한 사람이 스마트폰 버튼을 누르면 원격으로 울릴 수 있습니다. 인터넷으로 연결되어 있기 때문에 지구 반대편에서도 물론 탭 한 번으로 뻐꾸기시계를 울릴 수 있습니다.

나는 아키타에 있는 본가의 거실에 뻐꾸기시계를 놓아두었습니다. 본가에는 70대 부모님이 단둘이서 살고 있습니다. 내가 가끔 본가의 뻐꾸기시계를 울리면 부모님은 '이유는 모르겠으나 아들이 본가에 있는 우리를 떠올리고 뻐꾸기를 울리는구나' 하는 생각에 대단히 기뻐하십니다. 나도 또한 이런 식으로 부모님께 안부를 물을 수 있어서 매우 기쁩니다.

이제까지 커뮤니케이션에는 예외 없이 '용건'이 필요했습니다. 라인LINE 스탬프에도 반드시 '의미'가 붙어 있습니다. 그러나 오쿠타의 뻐꾸기를 울리는 데는 용건이 필요 없습니다. 의미도 필요 없다고 할까, 원래부터 의미를 전달하지 않습니다. **뻐꾸기 소리를 들은 '수신자'가 멋대로 의미를 해석할 따름입니다.** 그리고 뻐꾸기를 일부러 울리는 데 악의가 있을 리 없기 때문에 반드시 '좋은 의미'로 받아들입니다.

시골에 계신 부모님께 용건이 없으면 전화나 이메일을 보내지 않는 세월이 계속 이어졌습니다만, 뻐꾸기시계 덕분에 교류가 잦아지고 지금은 영상통화로 사이좋게 대화를 나누고 있습니다. 의미가 없는 일방통행 커뮤니케이션은 친밀한 관계를 맺어주는 매개가 됩니다.

'부재 시에는 뻐꾸기가 울었는지 안 울었는지 알 수 없다', '뻐꾸기를 울린 사람은 상대가 뻐꾸기 소리를 들었는지 못 들었는지 알 수 없다', '회신을 할 수 없다'는 것이 이 장치의 핵심입니다. 결국에는 뻐꾸기가 울든지 울지 않든지 상관없이 상대를 매일 떠올리기에 이릅니다.

자신감을 가지려면
하나라도 깊게 지식을 습득할 것

아무리 좁은 분야라도 좋으니까 단 한 가지를 깊이 파고들어 조사해보고 남에게 이야기할 수 있으면 평생 자신감이 꺾이지 않습니다.

내 전문 분야는 장난감과 게임인데 말할 필요도 없이 이 세상 모든 장난감과 게임을 심오하게 이야기할 수는 없습니다. 하지만 매우 좋아하는 상품은 몇 시간이라도 열정적으로 이야기할 수 있습니다. 이를테면 〈냥코 대전쟁にゃんこ大戦争〉이라는 스마트폰 애플리케이션 게임을 10년 동안 매일 플레이하고 있는데, 이 게임에 관해서라면 누구보다 깊게 말할 수 있습니다. 개발 업무에도 모든 것을 〈냥코 대전쟁〉에 비유해 이야기합니다. 그러면 상대가 신빙성 있게 내 의견을 들어줍니다. 10년이나 쉬지 않고 계속했으니까 당연합니다.

단 한 가지 게임이라고 해도 그에 관한 '박사'가 된다면 확고한 자신감을 가질 수 있습니다. **자신감이란 넓이보다 깊이로 얻어집니다.** 만약 무엇에 대해서도 자신감이 없는 시기가 있다면 앞뒤 가리지 말고 흥미가 느껴지는 것을 철저하게 조사해봅시다. 한 분야에 관한 책을 열 권 읽기만 해도 사람은 변신할 수 있습니다. 그것만으로 '전문가'라고 부르기 시작한들 별문제 없습니다. 변신은 의외로 간단합니다.

조사 작업이 서투르다면 한 가지를 꾸준히 계속해봅시다. 몇 시간 동안 이야기할 수 있는 것을 확보한다면 반드시 인생에 변화가 일어납니다.

'넓고 얕게'가 특기인 반면 '좁고 깊게' 파는 일은 잘하지 못하는 사람도 있습니다. 깊은 구멍을 파본 적이 없다면 꼭 경험해보기를 권합니다. 덧붙여 '넓고 얕게의 달인 되기 자체를 깊이 파고드는 방법'도 있습니다.

3분 만에 소설을 쓰는 게임이 참고한 것

창작 플랫폼 노트note의 협력을 얻어 〈쇼트쇼트noteショートショートnote〉라는 카드 게임을 개발했습니다. 단어가 쓰인 수많은 카드 중에서 두 장을 뽑아 제목을 짓고 힌트 카드를 사용해 해당 제목의 소설을 쓰는 게임입니다. 컴퓨터와 스마트폰을 사용해 실제로 소설을 집필하고 온라인 툴을 통해 서로 보여주며 감상을 나눈다는 점이 이 카드 게임이 주는 새로운 체험입니다.

© PARTNERS

이 게임의 놀이 설계를 생각할 때는 '노래방'을 참고로 삼았습니다. 난생처음으로 노래방에 가서 남들 앞에서 노래할 때 '기쁘기도 하고 부끄럽기도 한' 감정을 느끼지 않았는지요. 하지만 한번 노래를 부르면 마이크를 놓고 싶지 않을 만큼 쾌감을 느낀 사람도 있을 것입니다. 그런 식으로 소설 쓰기를 좋아하는 사람이 늘어나고 미래의 작가가 탄생할지도 모르는 놀이를 만들었습니다.

6월 14일

처음으로 소설을 쓰는 사람끼리 모여 놀 때 누군가의 작품을 읽으면 다른 사람이 반드시 칭찬해준다는 점도 노래방을 참고한 이 게임의 특징입니다. 다들 자기가 처음으로 쓴 이야기를 부정당하고 싶지 않기 마련이니까 다른 사람의 작품을 부정하는 일이 없습니다. 이런 심리를 자극하여 모든 사람의 작품이 칭찬받는 흐름이 정착하면 집필 놀이는 점점 더 즐거워지고 자발적으로 반복하기에 이릅니다.

사람을 움직이는 장치를 제작할 때는 기존의 다양한 놀이를 바탕으로 삼습니다.

이 놀이는 전부터 구상했으나 상품 제작을 결정한 것은 코로나바이러스 사태를 기점으로 영상통화가 상식으로 자리 잡았을 때였습니다. 컴퓨터를 이용해 놀 때는 대면 방식보다 원격 방식이 놀기 쉽습니다. 아이디어는 실현 시점도 중요합니다.

커뮤니티는 먹을거리를 중심으로 삼으면 잘된다

예전에 다니던 회사의 동기가 교토에서 막과자 가게를 경영하고 있습니다. 아이들을 중심으로 다양한 사람이 모이는 놀이터인 셈인데, 그 친구는 사람이 모여 커뮤니티가 생겨나는 데 막과자라는 먹을거리의 역할이 막대하다고 말했습니다. 그녀는 과거 회사에 다닐 때도 사무실 구석에 막과자를 놓아두어 사람의 이동 흐름을 만들고 대화를 나누도록 했습니다.

지방에서 시설을 운영하는 다른 친구도 비슷한 이야기를 했습니다. 처음에는 시설에 사람들이 좀처럼 모이지 않았으나 시설 중앙에 카페가 생기자마자 사람들에게 발길을 옮길 이유가 생기고, 걸음을 멈추고 이야기할 이유가 생기고, 급기야 커뮤니티가 생겨나기 시작했다고 합니다.

6월
15일

주위의 지인들 예를 주의 깊게 살펴보면 주먹밥 가게에서 커뮤니티를 만들고 있는 친구, 위스키를 즐기는 모임에서 커뮤니티를 만들고 있는 친구 등 먹을거리를 중심으로 커뮤니티를 조직하는 사람이 숱한 만남의 기회를 활발하게 만들어나갑니다. **먹을거리나 마실 거리는 사람의 행동을 북돋습니다.**

만약 지금 회사의 인간관계가 원만하지 않다든가 자기가 주최하는 모임 분위기가 가라앉는 등 관계의 흐름이나 연결에 문제가 있다면 맛있는 음식을 활용해보면 어떨까요.

다만 먹을거리를 나누어주기만 하면 된다는 말은 아닙니다. 좋은 커뮤니티를 만드는 사람들의 공통점을 찾아본다면, 개인적으로 여러 사안을 감안해 먹을거리를 준비하고, 그것에 관한 스토리를 전하는 것이 핵심인 듯합니다.

행동과 성장을 북돋우는 게임화 전략

'게임화gamification'라는 말을 아는지요. 게임 요소를 이용해 사람의 행동과 성장을 촉진하는 것입니다. 한번 빠져든 게임은 계속 반복해 플레이하고 맙니다. 빠져드는 조건 중 가장 중요한 것은 다음과 같습니다.

- 명확한 목표가 있고, 그 목표 달성에 매력이 있다(최후의 적을 쓰러뜨리는 등).
- 목표를 이루기 위한 과제가 나뉘었고, 이룰 때마다 보수가 있고, 현상이 눈에 보인다(작은 적을 물리치고 레벨을 올려 새로운 마법을 익힌 다음, 중간 적을 쓰러뜨리고 다음 마을로 가는 등).
- 상쾌한 느낌이 든다.

현실 세계에서 숙달하고 싶고 습관화하고 싶은 것이 있을 때는 그 목표에 도달하는 과정을 게임으로 만들면 성공합니다.

목표 설정에 관해서는 '달성할 수 있을 듯한 레벨로 해둘 것', '달성하면 좋아하는 사람에게 칭찬받을 조건을 미리 마련해둘 것' 등 도중에 하기 싫어지지 않도록 조치를 취해둡니다. 목표까지 이르는 과정에서는 '작은 목표로 분해하여 일정표를 작성할 것', '목표를 달성하면 동그라미(○)를 표시할 것', '할 일을 해내면 좋아하는 음료를 마시기로 할 것', 'SNS에서 서로 보고할 것' 등을 규칙으로 정하면 즐거운 마음으로 계속해나갈 수 있습니다.

우선은 자신이 가장 빠져드는 리얼 게임을 만들어 현실 세계에서 레벨을 올려봅시다. 더불어 게임에서 가장 중요한 요소는 '상쾌한 느낌'입니다.

사람에 따라 '완벽해지고 싶은 욕구', '탐구하고 싶은 욕구', '다른 사람과 교류하고 싶은 욕구', '이기고 싶은 욕구' 중 어느 것이 강한지 다 다릅니다. 자기가 가장 강렬하게 바라는 것에 따라 게임의 보수를 설계해봅시다.

글쓰기가 나아지면 평생 득을 본다

지금 나는 야스다 미네토시安田峰俊 씨의 『모든 이의 보편적 문장 기술みんなのユニバーサル文章術』이라는 서적을 참고로 삼아 이 책을 집필하고 있습니다. 이 책에는 이런 문장이 있습니다. "남이 읽어줄 만한 글을 쓰려면 우선 객관적 시각의 확보가 중요하다. 자기가 쓰는 글에 취하지 말고 철저하게 다른 사람이 읽기 쉽도록 쓰자."

이를 위한 중요한 기술이 '문장의 다이어트'입니다. 이를테면 "아이디어는 중요하다고들 자주 말합니다" 하고 에둘러 쓰지 말고 "아이디어는 중요합니다" 하면 됩니다. 나도 글을 단순하게 쓰자고 의식하려 애씁니다.

6월 17일

그 밖에도 이 책은 세세한 기술적 측면을 잔뜩 소개하는데, 무엇보다 '머리말'에 쓰인 다음 설명에서 크나큰 배움을 얻었습니다. "비즈니스맨이 하루에 받는 이메일의 수는 평균 12통이다. 그 외에도 프레젠테이션 자료를 만들고 SNS에 글을 올리거나 하면 일주일에 3만 자, 1년이면 140만 자 이상 쓰는 셈이다. 누구나 정보를 발신하는 시대이기 때문이야말로 알기 쉬운 문장을 쓸 수 있는 사람이 살아남는다."

이 설명만 들어도 문장이 좋아지면 좋아질수록 득이 되는 시대라는 점을 잘 이해할 수 있었기에 당장 문장을 쓰기 시작했습니다. **위의 인용문을 맨 처음에 전달한 것이야말로 독자의 문장력과 집필 의욕을 높이는 가장 효과적이고 대단한 기술이라고 생각합니다.**

하룻밤 자고 나서 전날 써놓은 글을 읽으면 부끄러울 때가 있습니다. 하룻밤 지나면 자기가 써놓은 글을 잊고 객관적으로 읽을 수 있기 때문입니다. 하룻밤 자고 나서 다시 읽어보는 것이 효과적입니다.

책을 출판하는 첫 번째 방법은 냅다 '써버리기'

내가 처음으로 책을 출판한 때가 2012년인데, 무명 저자인 내 기획이 출판사에 받아들여진 이유를 돌이켜보면 '원고를 완성해놓았기 때문'이었다고 생각됩니다.

당시 나는 책을 내고 싶었습니다. 출판 과정은 기본적으로 집필하기 전에 출판사에 기획서로 제안하는 것이 보통입니다만, 회사원이었던 나는 출판을 잘 몰랐기에 주말 오전 시간을 할애해 반년에 걸쳐 원고 200페이지 분량을 써놓았습니다. 나는 프린트한 두툼한 원고 묶음을 들고 지인에게 소개받은 편집자 모임에 잠입했고, 그곳에 참석한 어느 출판사 사장에게 읽어달라고 말하며 원고를 내밀었다가 나중에 출판이 정해졌습니다. 눈앞에 바로 원고가 존재했기 때문에 책을 낼지 말지 판단을 신속하게 내릴 수 있었다고 봅니다.

후일 다른 친구의 출판기념회에 초대받았을 때 손님으로 온 출판 관계자가 인사를 나누며 이런 말을 했습니다. "어떤 사람이 책을 낼 수 있느냐 하면 바로 책을 쓸 수 있는 사람입니다. '쓰고 싶다고 말만 하는 사람'과 '쓰고 있는 사람'의 차이입니다."

물론 글을 썼다고 누구나 출판할 수 있는 것은 아닙니다. 하지만 써놓은 원고가 있다는 것은 출발점이 앞서 나간 상태가 아닐까 합니다. 시간이 없으니까 글을 쓸 수 없다는 사람은 그렇게까지 책을 내고 싶지 않은지도 모릅니다.

다른 편집자와 이야기를 나눌 때는 '완성한 원고를 가져오면 곤란하다. 먼저 기획서를 보고 싶다'는 말을 들었기 때문에 내 이야기는 출판업계의 상식을 벗어난다고 봅니다. 그래도 써놓은 원고는 '쓸 수 있다는 증거'가 될 터입니다.

인터넷이 진화할수록 아날로그 기획의 기회가 늘어난다

매년 등장하는 인터넷 신조어는 화제를 일으킵니다. 앞으로 인터넷은 더욱 진화하여 편리해지고 안전해질 뿐 아니라 어쩌면 현실 세계보다 중요한 '제1의 세계'가 될지도 모릅니다. 참으로 그런 세계가 도래할지 안 할지는 모르겠으나 만약 그런 세계가 온다면 '인터넷 피로'도 더 빠르게 가중되겠지요. **언제나 다양한 사람과 정보에 연결되어 있다는 것은 편리한 동시에 정보와 커뮤니케이션을 피할 수 없다는 피로감을 낳습니다.** 어려운 지식이 필요해지면 질수록 스트레스도 늘어납니다.

인터넷을 연결할 필요가 없는 상품에는 단순한 강점이 있습니다. 예를 들어 2019년 일본장난감대상 커뮤니케이션 토이 부문 우수상을 수상한 세가토이즈 회사의 '드림 스위치ドリームスイッチ'라는 장난감은 수십만 대나 팔려나가는 대성공을 거두었습니다. 프로젝터로 영상을 천장에 비추면서 이야기를 읽어 들려주는 유아용 장난감인데, 이 상품이 어마어마한 매상을 올린 까닭은 본체를 사기만 하면 수십 가지 이야기 콘텐츠를 즐길 수 있는 단순한 상품이었기 때문입니다. '사물인터넷'이 유행하는 흐름에 올라타 인터넷 접속이 필요한 상품으로 만들었다면 구매할 수 있는 사람이 한정적이라 그리 팔리지 않았을지도 모릅니다.

인터넷 진화론이 세상을 지배하면 '흐름에 뒤처지지 말고 새로운 인터넷 기술을 사용한 비즈니스를 생각해야지!' 하는 움직임이 늘어납니다. 이 또한 중요하겠으나 그 이면에서는 아날로그나 로테크low tech 상품 수요가 생겨난다는 점도 기억해둡시다.

6월 19일

만화 잡지 《고로코로 코믹》 지면에는 닌텐도 등 디지털 게임기와 미니카, 베이블레이드 등 아날로그 장난감이 몇 번이나 서로 엇갈리며 유행해온 역사가 있습니다. 시대가 아무리 발전한다고 해도 사람은 반드시 아날로그로 회귀하는 법입니다.

추천 도서를 진지하게 생각하면 상대를 알 수 있다

서점 직원 하나다 나나코花田菜々子 씨의 저서 『만 권의 기억 데이터에서 너에게 어울리는 딱 한 권을 추천해줄게出会い系サイトで70人と実際に会ってその人に合いそうな本をすすめまくった1年間のこと』는 남에게 책을 추천하고 다닌 의사소통 체험담을 소개하고 있습니다.

하나다 나나코 씨와 대담을 나누었을 때 스게 슌이치菅俊一 씨의 『관찰의 연습観察の練習』이라는 책을 추천받았습니다. 그토록 수많은 책을 알고 있는 사람이 무슨 이유로 이 책을 추천해주었을까 의아했습니다만, 자신과 대화하면서 깊이 있게 읽으라는 뜻이었음을 깨달았습니다.

그러고 나서 나도 지인에게 책을 추천하거나 선물할 기회가 불어났습니다. **스스로 책을 골라 남에게 선물하려고 하면 상당히 긴장하고 맙니다.** 상대를 위해 책을 고르려고 하면 그 사람이 어떤 사람인지 곰곰이 생각하고 관찰해야 한다는 것을 알았습니다.

서점에 들러 아내를 위해 만 엔어치 책을 내 마음대로 골라 선물해보았습니다. 2시간이나 걸렸습니다. 소설, 실용서, 사진집 등 여러 장르의 책을 사서 건네고는 어떤 순서로 읽는지, 어떤 책을 마음에 들어하는지 흥미롭게 관찰했습니다. 일련의 행동으로 아내를 좀 더 깊이 이해할 수 있었습니다.

타고난 됨됨이를 잘 모르는 상대에게 책을 골라주면 그 사람의 인상, 그 사람과 맺은 관계가 조금 달라질지도 모릅니다.

다른 사람이 기뻐하는 모습을 보기 위해 열심히 책을 찾을 때는 그 사람의 기대에 어긋나지 않도록 좋은 책을 선택하려고 합니다. 그런데 결국에는 자신도 그 책을 읽어보고 싶은 마음이 듭니다. 남을 위해 책을 고르면 자기를 위한 양서를 발견할 수 있습니다.

말하기가 능숙해져서 생기는 문제

말을 잘하는 사람이란 어떤 사람이라고 생각하는지요? 알아듣기 쉽고 유창하게 말하는 사람일까요? 이야기하는 뜻이 정확하고 알기 쉬운 사람일까요? 상대방의 이야기를 경청하고 응답해줄 수 있는 사람일까요? 나도 모르게 미소가 떠오르는 이야기를 할 수 있는 사람일까요?

나는 오랫동안 말을 잘하고 싶어서 말하기 방식을 의식하고 연습하려고 해왔습니다. 그러던 중 보이시라는 음성 미디어로 방송을 맡았고, 1년 동안 매일 이야기를 했더니 말하기 실력이 좋아지고 설명하고 싶은 바를 정확하게 이야기하는 능력이 생겼습니다.

그와 동시에 아내와 이야기할 때 **'어쩐지 이야기하고 싶은 마음이 달아난다'**는 말을 듣는 일이 많아졌습니다. 음성 발신 프로그램으로 불특정 다수 청취자를 향해 정확하게 설명하는 일이 익숙해지는 바람에 가족과 이야기할 때도 쓸데없이 논리를 내세워 이야기하는 버릇이 생겼넌 것입니다. 예컨대 아내와 육아를 의논할 때 논리정연한 듯 이야기함으로써 불쾌감을 안겨주는 일이 일어났습니다.

6월 21일

말을 잘한다는 것은 상황에 따라 상대에게 맞는 방식으로 이야기할 수 있다는 뜻입니다. 이야기의 기술보다 분위기를 파악하고 상대에게 맞추는 능력이 중요합니다.

불특정 다수가 듣는 프로그램이라고 해서 정확하게 설명하는 것이 좋다고만 할 수는 없습니다. 말투나 표현은 좀 틀리더라도 어깨에 힘을 빼고 이야기해야 듣기 편할 때가 있습니다. 말하기 방식은 끝까지 계속 익히고 단련하고 싶습니다.

누구나 라디오 방송으로 작은 기업을 일으킬 수 있는 시대

라디오 진행자가 되어보고 싶은 적이 없었는지요? 나는 초등학생 시절부터 라디오 전파에 목소리를 흘려보내는 장난감을 이용해 다른 방에서 이야기하고 라디오로 방송하는 놀이를 했습니다. 중고등학교 시절에도 라디오를 사랑했기 때문에 언젠가 라디오 프로그램을 맡아보고 싶다고 생각했습니다.

오늘날 라디오는 웹에서 스마트폰이나 컴퓨터로 듣는 사람이 늘어났고 팟캐스트 등으로 자기 이야기를 발신하는 일도 무료로 가능해졌습니다. 나도 최근 몇 년은 언제나 음성 프로그램을 두어 개 만들어 발신하고 있습니다. **라디오 프로그램은 이야기하는 사람을 친근하게 느끼면 느낄수록 싫증 내지 않고 계속 듣기 마련입니다.** '이 사람이 이 주제로 이야기하면 재미있거든!' 하고 빠져든 사람은 과거로 거슬러 올라가 그 사람 방송을 찾아서 전부 듣기도 합니다.

라디오 프로그램을 진행하고 싶은 사람을 몇 명 모아 정기적으로 녹음한 다음 인터넷에 올려 발신하고 월정액으로 계약한 사람만 들을 수 있도록 등록제 라디오 방송국을 만들어보면 어떨까요. 음성 프로그램은 동영상 프로그램보다 편집의 수고가 덜 들고 질이 높은 방송을 만들어낼 수 있습니다. 월정액의 결제 시스템도 지금은 간단하게 쓸 수 있는 것이 여럿 있고, 일단 시작해보는 것만으로는 거의 초기 비용을 들이지 않고 도전할 수 있습니다. 금세 대규모로 성공하기는 그리 쉽지 않겠지만, 바라는 대로 라디오 방송국을 차리고 팬을 늘리면서 소소한 부업으로 운영해본다는 아이디어는 어떻습니까? 관심이 끌리면 한번 생각해보십시오.

일본에서는 라디오의 세계에서 이야기를 진행하는 사람을 '퍼스낼리티'라고 자주 말합니다. 모습도 보이지 않고 만난 적도 없는 사람의 이야기에 매력을 느끼는 이유는 그 사람의 '개성' 때문입니다. 물론 개성이 없는 사람은 이 세상에 없지만요.

우연한 아이디어 발견의 확률을 높이는 법

솔직히 까놓고 이야기하자면 아이디어를 발견하는 계기는 우연밖에 없습니다. 새로운 생각이 머리에 번득이는 일은 스스로 제어할 수 있는 영역이 아닙니다. 잡다하게 생각을 펼치는 동안 뇌가 떠올려줄 따름입니다.

히트 상품의 아이디어를 내놓은 계기가 무엇이냐는 질문을 자주 받습니다. 그렇게 물으면 대답은 하지만 솔직히 말해 언제나 '음, 나중에 그럴듯하게 갖다 붙였을 뿐인데…' 하고 생각하면서 이야기합니다. 거짓말을 하지는 않으나 아이디어가 생겨난 이유는 나중에 갖다 붙일 수밖에 없습니다.

경력을 논의하는 분야에 '계획적 우발성 이론'이라는 사고방식이 있습니다. 경력을 좌우하는 요인은 예기치 않은 사건이므로, 바람직한 경력을 밟아나갈 수 있는 우연이 일어날 확률이 높아지도록 의도적으로 행동하면 기회가 늘어난다는 주장입니다. 1999년 진로상담 이론으로 알려진 심리학자 존 크럼볼츠John D.Krumboltz라는 사람이 발표한 논문에 나옵니다. **아무 일도 하지 않거나 뒷걸음질 치는 태도만 취해서는 좋은 우연이 일어날 리 없습니다.** 오히려 무슨 일을 하면 좋은 우연이 일어나기 쉬운지 생각해보면 쉽게 상상할 수 있지 않을까요. 존 크롬볼츠 씨는 좋은 행동 특성에는 '호기심', '지속성', '낙관성', '유연성', '모험심'이 있다고 설명합니다.

이러한 특성은 행복하게 일하는 방식을 확보하기 위한 행동 기술이기도 합니다만, 아이디어 발상에도 들어맞습니다. 새로운 아이디어를 찾아내는 방법은 의도적인 행동과 적극적인 시각입니다. 아이디어가 생각나지 않을 때 어떤 감정으로 어떻게 행동하면 행운의 아이디어와 마주칠 수 있는지 생각해봅시다.

내가 좋아하는 책, 와카미야 가즈오(若宮和男)의 『하우 투 아트 씽킹(ハウ・トゥ アート・シンキング)』은 스무 장을 임의로 순서를 바꾸어 기술해놓았습니다. 2장부터 시작인데 멋진 독서 체험을 맛보여줍니다.

교수님께 야단맞고 배운 발상의 기술

대학 시절 속해 있던 연구실의 교수님은 내 장난감 개발이나 아이디어 발상 업무의 길을 닦아주신 은인입니다.

교수님은 매우 착하고 온후한 분으로 언제나 웃는 얼굴로 이런저런 도움말을 주셨는데, 이 분께 딱 한 번 10초 동안 엄하게 야단맞은 적이 있습니다. 대학원에 다닐 때 학회에 참가할 기회를 얻어 센다이에서 도쿄로 가서 연구 논문을 발표했습니다. 그리고 학회가 끝나자마자 연구할 시간을 아낄 요량으로 신칸센을 타고 센다이로 돌아가 한걸음에 연구실로 돌아갔습니다. 그곳에서 공부하고 있었더니 교수님도 돌아오셨습니다. 그런데 교수님은 모처럼 학회에 참가했으니 가능하면 다른 사람의 발표를 충분히 들어야 하지 않겠느냐, 또 도쿄까지 갔는데 거리라도 산책하면서 새로운 지식과 정보를 얻어와야 하지 않겠느냐, 이런 이유로 따끔하게 혼을 내셨습니다.

이 경험은 후일 일하는 방식에 무시할 수 없는 영향을 미쳤습니다. 그 일이 있은 지 1, 2년 후 나는 회사에 취직해 장난감 아이디어를 고안하는 업무에 착수했습니다. 신입사원 때에도 급하고 안달하는 성격 때문에 나는 언제나 '시간을 아까워하면서' 책상에 붙어 앉아 업무에 몰두했습니다만, 가끔은 교수님의 말씀을 떠올리고 바깥에 나가 여러 사람과 정보에서 힌트를 얻기 위해 거리를 헤매고 다녔습니다. 그때 야단맞지 않았다면 어땠을까 생각하면 오싹해지기도 합니다. 결국 그때 그 일 덕분에 나는 언제나 호기심을 잃지 않고 폭넓게 정보를 수집하는 일의 중요성을 배웠고, 그 결과 아이디어 상품을 제작하여 성공을 거둘 수 있었습니다.

이제 와 돌이켜보면 온화하고 인자한 교수님은 야단치는 기술의 달인이었으리라 생각합니다. 짧은 말 한마디로 마음을 움직이는 것입니다. 나도 이것을 육아에 참고하곤 합니다. 연구실 선배들에게 이 이야기를 들려주었더니 입을 모아 '부럽다'고들 했습니다.

〈고독한 미식가〉로 배우는 업무 자세

식사를 인생의 즐거움으로 삼고 독신의 삶을 긍정적으로 그려내는 인기 드라마 〈고독한 미식가孤独のグルメ〉를 매일 밤 비디오로 보던 때가 있습니다. 그 무렵 나는 **〈고독한 미식가〉를 보면 볼수록 일에서 행운이 폭발적으로 따라붙었습니다.** 이 드라마에는 물론 미식가의 영상을 보는 즐거움도 있으나 본받아야 할 일하는 방식의 핵심이 한둘이 아닙니다.

주인공 이노가시라 고로는 검색을 해서 가게를 선택하는 법이 없고, 언제나 분위기나 실내 장식 등을 보고 직감으로 좋은 가게를 선택합니다. 현대인은 음식점을 찾을 때 사이트에 실린 누군가의 평점이나 댓글을 참고합니다. 이와 대조적으로 고로는 '눈썰미'로 가게를 선택합니다. 세간의 평판이나 타인의 추천에 의존하지 않고 실패도 겪어가면서 어떤 사람이나 어떤 사물이 기대에 부응하는지 알아내는 능력을 익히는 것입니다. 실제로 그것은 그의 본업인 수입 잡화상이라는 일에 도움이 됩니다. **자기 눈으로 보고 선택하는 것은 업무 능력을 확실히 높여줍니다.**

6월
25일

또한 이노가시라 고로가 식사할 때 기쁜 마음을 감추지 않고 빙긋빙긋 표나게 웃는다는 점도 일에 도움이 되는 핵심이라고 생각합니다. 그는 침착하고 성실하게 일하는 남자이지만, 배가 고프면 흥분하여 속엣말을 뱉어내면서 식당을 찾아다닙니다. 그리고 먹고 싶은 음식을 마음껏 주문해 먹으면서 기쁨을 만끽합니다. 기쁜 마음으로 흥분하고 좋아하는 것을 마주하는 일은 매우 중요합니다. **좋아하는 것이 눈앞에 있을 때 기쁨을 미처 감추지 못하고 드러내는 사람은 주위 사람들이 지지해주고 좋아하는 일을 응원해줍니다.**

이노가시라 고로는 식사하면서 다양한 명대사를 뿜어냅니다만, 나는 아이스커피를 마실 때 '잘 먹겠습니다' 하고 외치는 장면을 좋아합니다. 문득 나는 그 말을 하지 않았다는 것을 새삼 깨달았습니다. 그다음부터는 나도 그렇게 말합니다.

고추냉이 포장으로 배우는 시각 정보의 중대성

나는 튜브 용기에 넣은 고추냉이와 겨자를 살 때 반드시 S&B의 '혼나마本生 시리즈'라는 상품을 선택합니다. 내가 자주 들르는 슈퍼에서는 '혼나마 시리즈'가 타사 제품보다 50엔 더 비싼데도 굳이 그것을 삽니다. 절약가인데도 그렇니다. 맛의 차이도 모르면서 그럽니다.

그것을 사는 자잘한 이유가 몇 가지 있습니다. 고추냉이는 서양 고추냉이를 쓰지 않았고, 겨자는 개어서가 아니라 '갈아서' 만들었다는 내용물의 차이, 금박을 입힌 포장 상자, 식품 카테고리 넘버원임을 강조한다는 점 등입니다. 그러나 내가 본능적으로 이 상품을 선택하는 첫 번째 이유는 **포장에 찍힌 음식 사진이 맛있어 보이기** 때문입니다.

특히 고추냉이의 포장에 찍혀 있는 참치회가 타사 상품보다 분명히 맛있어 보입니다. 만약 이 사진의 힘으로 나 같은 절약가에다가 맛의 차이도 모르는 놈에게 약간 비싼 상품을 팔고 있다면 코스트 퍼포먼스가(가격 대비 성능이) 엄청납니다. 촬영에 사용한 참치회가 아무리 고급이라도 고작 1000엔밖에 차이 나지 않을 테니까요.

예산이 없으면 스스로 디자인하거나 개인 스마트폰으로 찍은 사진으로 상품 포장이나 광고 전단지를 제작하는 일이 많을지도 모릅니다. 그러나 때와 장소에 따라 전문가에게 디자인이나 촬영을 맡김으로써 장사는 이익을 봅니다. 전문가에게 부탁하지는 않아도 인터넷을 통해 겉보기에 매력이 있는 폰트와 사진, 일러스트 등을 수백 엔~수천 엔으로 살 수 있는 시대입니다. 그렇게 해서 득을 많이 낼 수 있지 않은지, 한번 생각해보십시오. 시각 정보의 영향은 어마어마합니다.

포장의 소재도 중요합니다. 상품을 개발할 때 비용이 맞지 않으면 상자의 종이 질 저하를 제일 먼저 검토하기도 하는데, 상자 종이가 흐르르하고 얇아서는 상품이 죽어버릴 수도 있습니다.

회화 학습의 열쇠는 초등학생용 국어사전

미래에는 영어 회화와 중국어 회화 학습이 중요하다고들 하는데, 나는 외국어 회화를 공부할 시간이 있으면 오히려 일본어 회화 공부를 하자고 결심했습니다. 내가 앞으로 평생 가장 회화를 많이 나눌 상대는 일본인이기 때문입니다.

나는 대학에서 라쿠고 연구부라는 동아리에 들어가 말하기 공부를 했습니다. 그 무렵부터 화술에 관한 어떤 책을 읽든, 말을 잘하는 선배에게 물어보든, **'누구나 이해할 수 있는 알기 쉬운 이야기가 최고'**라는 사실을 배웠습니다. 사회인 생활 20년을 되돌아볼 때 진정 이 말이 옳다고 생각합니다. 라쿠고는 에도 시대의 등장인물이 오늘날에는 쓰이지 않는 표현을 이야기하기도 합니다. 그러나 동작이나 의성어 등을 동원하여 초등학생도 이해하고 웃을 수 있도록 표현한 라쿠고가 어른에게도 가장 재미있게 느껴질 것입니다.

사회에 나와 업무에 익숙해지면 외래어나 어려운 숙어를 쓰고 싶어지는 법입니다. 나도 그랬습니다. 똑똑해 보이는 말을 사용해야 말을 잘하는 것이라고 스스로 착각하고 맙니다. 그러나 상대와 이야기의 내용을 공유할 수 없다면 의미가 없습니다. **초등학생 딸아이에게 어려운 숙어를 말했을 때 "그게 무슨 소리야?" 하는 대꾸를 들으면 나 자신도 무슨 뜻인지 제대로 답하지 못할 때가 있습니다.** 이 경우 의사소통이 이루어졌다고는 할 수 없지요.

아이가 학교에서 사용하는 초등학생용 국어사전을 보면 숙어를 알기 쉽게 설명해놓았을 뿐 아니라 평소에 쓰이는 숙어 중 상당수를 싣지 않았습니다. 초등학생용 사전에 실리지 않은 말은 굳이 사용하지 않아도 좋고, 또 숙어를 쓰지 않아도 알기 쉽게 설명해내야 회화를 잘한다고 할 수 있습니다.

나는 앞으로 외국어 커뮤니케이션은 진화하고 있는 AI 번역기에 맡기려고 합니다.

선거 때 누구를 투표할지 못 정했다면

국회의원 선거는 솔직히 참 어렵습니다. 최근에는 각 정당의 공약을 알 수 있는 무료 동영상도 많고, 자기 생각을 입력하면 어느 정당의 이념과 가까운지 진단해주는 웹사이트도 늘고 있습니다. 그래도 결국 입후보자의 됨됨이를 이해하기 어렵기 때문에 누구에게 투표해야 좋을지 명확히 판단할 수 없습니다.

망상일지도 모르겠는데 미래 선거의 방법으로서 개인이나 정당이 아니라 지지하는 '정책'에 투표하고 더 많은 사람이 지지한 정책을 공약으로 내건 정당의 당선 비율을 높이는 방법을 혼합해보면 어떨까 하는 아이디어를 품어봅니다. 쉽지는 않겠으나 요컨대 **'어떤 나라가 되기를 바라는지', 한 사람 한 사람이 더 명확하게 생각할 수 있는 시스템이 성립하기를 바랍니다.**

6월 28일

국가가 떠안은 숱한 문제에 대한 정당과 정치가의 정책 방향성은 나뉘어 있습니다. 안전 보장 문제를 예로 들면, 다른 나라의 도움을 받을 것인가, 자국의 방위력을 강화할 것인가로 갈립니다. 빈부 격차 문제를 예로 들면, 돈 있는 사람의 세금을 계속 올릴 것인가, 균형을 취할 것인가로 갈립니다. 쉬운 문제가 하나도 없습니다. 하지만 국민 한 사람 한 사람이 자기 나름대로 이런 문제를 생각해보는 것이 선거의 가장 중요한 의미가 아닐까 싶습니다. 선거는 자신이 어떤 인생을 살고 싶은지, 사회는 어떻게 해야 행복에 다가갈 수 있는지를 생각하는 기회입니다.

선거를 기회로 국가의 현실을 알고 자기가 할 수 있는 범위에서 사회를 위한 아이디어와 기획을 생각해보는 것이 한 표를 행사하는 행위보다 커다란 의미가 있을지도 모릅니다.

정치가가 비판의 도마 위에 올라가기 쉬운 시대입니다만, 우선 어려운 문제와 씨름하고 있다는 점만큼은 감사합니다. 같은 문제를 자기가 직접 생각해보면 왜 감사한지 알 수 있습니다. 생각해본 적도 없는 주제에 비판만 해서는 안 된다고 생각합니다.

크리에이터 안테나를 세우는 취미와 메모

무언가를 창작하는 취미가 있습니까? 소설, 공작, 만화, 음악, 팟캐스트, 동영상….

창작 취미를 오랜 기간 지속하면 자연스럽게 생각거리를 메모하는 습관이 생깁니다. 그러지 않으면 아이디어가 다 말라버리기 때문입니다. 나도 팟캐스트 방송을 오랫동안 운영하고 있는데, '아, 이번에는 이 이야기를 해야지' 하고 생각이 떠오르면 메모하는 버릇이 있습니다. 처음에는 메모하는 습관이 별로 없었습니다만, 내가 하는 일이나 취미는 메모로 적어두지 않으면 생각거리가 말라붙어 곤경에 처하기 때문에 어쩔 수 없이 메모 습관이 들어버렸습니다.

메모 습관이 완전히 굳으면 그때부터 아이디어를 찾아내는 안테나가 발달합니다. 언제나 '뭔가 있으면 메모하고 싶은데…' 하는 임전 태세가 갖추어져 있으므로 늘 '뭔가'를 찾으려고 하는 것입니다. 그렇게 하면 일상 속 의아한 점이나 우스운 점 등 다양한 종류의 '재미있는 것'에 민감해지고, 아이디어를 속속 찾아내기에 이릅니다.

6월 29일

억지로 대규모 창작 활동에 나설 필요는 없습니다. 세상에 발표하는 일이 내키지 않는다면 가족에게 들려주는 재미있는 이야기를 매일 찾아내고 소소하게 즐거워하는 수준이라도 괜찮습니다. 나는 인스타그램으로 일기를 쓰고 있는데, 그것만으로도 민감하게 알아채는 능력이 향상합니다.

장난감과 게임 개발이라는 본업을 위해서도 메모하지만, 실은 하지 않아도 되는데 자발적으로 계속하는 취미의 메모가 순수하게 본인이 재미있다고 느끼는 아이디어를 모을 수 있는 뛰어난 안테나가 되어줍니다.

어른이 지금부터 공부한다면 인문계? 이공계?

막연하게 '무슨 공부를 할까?' 하고 생각하는 순간이 없었는지요. 사람은 배우기를 즐기는 생물이기 때문에 짬이 생기면 문득 새로운 분야의 공부가 하고 싶어집니다.

대학의 체계를 따라 굳이 '인문계'와 '이공계'로 나누어 이야기한다면 어느 쪽을 배우고 싶은가요. 물론 양쪽을 다 공부하는 것도 즐거울지 모르겠으나 우선순위를 따져보고 **자기가 잘한다고 느끼는 쪽의 반대 분야를 공부하면 새로운 자신으로 변해가는 감각을 느낄 수 있습니다.** 그렇게 하면 배움이 좋아지는 효과도 있겠지요.

공부는 조금만 했을 뿐인데 현저한 변화가 찾아오면 배움의 매력에 빠져듭니다. 10대 시기에 나는 명실공히 이과생의 삶을 살았습니다. 고등학교까지 수학 과목을 잘했고 대학은 공학부로 진학했습니다. 기계와 프로그래밍을 배웠습니다만, 대학 시절 후반에 독서에 매료당해 도서관에 틀어박혀 책만 읽었습니다. 대학의 어려운 이공계 공부에서 도피하려 한 것도 독서에 빠진 이유인 듯도 싶지만(웃음), 이공계 공부를 계속하는 동안 필연적으로 문학과 심리학에 관심이 갔다고 기억합니다.

결국 인문계와 이공계는 한쪽만 추구하면 필연적으로 다른 한쪽에 관심이 생기는 관계입니다. 따라서 어느 쪽이 먼저라도 좋으니까 살아오는 동안 거리가 좀 있었던 학문을 우선 들추어보면 단번에 이것저것 공부해보고 싶어집니다. 인문계 전공자는 시험 삼아 수학과 과학, 전자공학 등을 가볍게 접해보기를 바랍니다. 실로 전기 충격을 받은 듯 인생이 변할지도 모릅니다.

'인문계'를 영어로 옮기면 humanities입니다. humanity(인류)라는 말에서 유래했습니다.

7월

아이도 이해할 만큼 쉽게

웃기는 이야기의 핵심은 공감할 수 있는 이질감

내가 평소에 활용하는 웃음 유발 방법을 소개하겠습니다. 바로 '공감할 수 있는 이질감'을 이야기에 얹는 방법입니다. 한마디로 '이거 참 이상하지 않아?'→'그럼, 알고말고' 하는 커뮤니케이션이 생기도록 하는 것입니다.

예를 들어볼까요. 과거에 '네코제猫背(고양이 등)'라는 이름의 캡슐토이 상품을 개발했습니다. 이 상품은 끔찍하게 등이 굽은 고양이가 사람과 비슷하게 두 다리로 걸어 다니는 피규어입니다. 책상에 붙여놓으면 쳐다볼 때마다 '허리를 곧게 펴!' 하고 경고하는 피규어입니다. 이 피규어는 겉모습도 이상하고 **콘셉트 자체도 이상하다는 것을 알 수 있고 다른 사람에게 보여주면 이상하다고 공감해주기 때문에 웃을 수 있습니다.** 상품 개발의 장르 가운데 내 특기라 할 수 있는 농담 장난감(조크 토이)은 대개 이런 식으로 많은 사람이 공감해주는 이질감을 자아내기 위해 만들고 있습니다.

7월 1일

대화 중 웃음을 유발하기 위해서는 '살다 보면 이런 일 있잖아!' 하고 **본인의 실패담을 자신만만하게 이야기해야 합니다.** 이야기를 들은 상대와 화자 사이에 '그런 일은 분명 실패지만 누구에게나 일어날 수 있지~' 하는 공감이 생기면 사람은 웃습니다. 인생에서 일어나는 골치 아픈 일은 누군가에게 웃음을 유발하는 계기인 동시에 남들과 사이가 좋아질 수 있는 기회입니다.

© BANDAI

라쿠고의 등장인물은 얼빠진 짓이나 실수를 저지르는데, 자신만만하게 저지르기 때문에 웃깁니다. '나 같은 것이야 어차피…' 하고 겸손하거나 자기를 비하하면 웃을 수 없습니다. 약점과 실패담은 자신만만하게 이야기합시다.

잘하는 것에 무엇이든 덧붙여 내면 사업을 벌일 수 있다

지인 중 우주 전문가가 있습니다. 그 사람은 '우주×OO'는 전부 비즈니스가 될 수 있다고 말합니다. 예컨대 '우주×가구'라면 우주 공간의 이미지를 본뜬 가구를 만들 수 있을지 모릅니다. '우주×교통안전'이라면 GPS를 사용해 지금보다 안전한 교통 환경을 조성할 수 있을지 모릅니다. 이렇듯 **우주×OO에 언어를 채워가면 얼마든지 새로운 발명이 가능해진다**고 말합니다.

다시 말해 이 사람의 '우주'에 해당할 만한 것을 하나 확보한다면 얼마든지 사업 아이템이나 즐거운 활동을 내놓을 수 있습니다. 나는 당연히 '장난감'이라는 말을 넣어봅니다. '장난감×돌봄'이라면 돌봄 현장에 도움을 줄 만한 장난감 아이디어가 나오고, '장난감×화목'이라면 싸움을 끝내는 장난감 아이디어가 탄생합니다. 실로 한이 없습니다.

우선은 자기가 좋아하거나 잘하는 것을 떠올려봅시다. 그다음 그것에 온갖 단어를 붙여놓고 무엇이 가능한지 생각해보십시오. 실제로 실현해낼 수 있는 것은 겨우 몇 가지밖에 되지 않을 듯하지만, 이런 사고방식을 견지하면 사업과 활동의 아이디어를 적극적으로 찾아낼 수 있습니다.

'난 좋아하는 것도, 잘하는 것도 없는 것 같아…' 하는 사람도 있겠지요. 그런 사람은 주위 사람에게 '내가 뭘 좋아하는 것 같아? 내가 잘하는 건 뭐야?' 하고 물어보십시오. 이상한 질문으로 들리겠지만 다른 사람이 나를 더 잘 알고 있기도 합니다.

자유탐구 주제로 권장하는 '보드게임 연구'

자유탐구 주제를 찾지 못하는 초등학생이 주위에 있다면 '보드게임 자유연구'를 추천해보십시오. **보드게임을 만들면서 '어떻게 하면 더 재미있는 게임이 될까?'를 둘러싸고 시행착오를 동반하며 완성을 향해 나아가는 연구입니다.**

예를 들어 '낚시 게임'을 만든다고 합시다. 뒤집힌 물고기 카드를 순서대로 뽑아나가다가 마지막에 득점 합계가 높은 사람이 이깁니다. 물고기는 거의 1점, 2점짜리인데 100점짜리 대어 카드를 한 장 끼워 넣습니다. 시험 삼아 첫 연습게임을 해보면 100점 카드를 뽑은 사람이 반드시 이기기 때문에 재미가 없다는 것을 알 수 있습니다.

다음으로 대어 카드에 5점을 매기고 두 번째 연습게임을 해봅니다. 그러면 비슷한 점수로 접전은 이루어지지만 100퍼센트 운으로 승부가 정해질 뿐 대역전이 없기 때문에 역시 재미가 별로 없습니다. 이번에는 카드 몇 장을 보고 나서 선택할 수 있는 먹이 카드, 남이 집은 물고기를 빼앗는 가로채기 그물 카드 등 특수한 카드를 끼워 넣어 세 번째 연습게임을 합니다.

7월 3일

이상과 같이 규칙을 계속 바꾸어가며 주위 사람들이 연습게임을 해본 결과를 평가하고, 게임을 개선하면서 '재미'란 무엇인가를 연구합니다. 게임 개발에는 실로 탐구의 기본 요소가 가득합니다. 탐구란 ① 과제 설정 → ② 정보 수집 → ③ 정리·분석 → ④ 마무리·표현 → ① (새로운) 과제 설정 → …이라는 과정을 순환합니다.

자유탐구 숙제라는 모처럼 주어진 기회를 즐겁게 활용해보십시오.

이러한 사고방식은 어른에게도 권합니다. 탐구 과정의 순환을 습관으로 삼아 일과 삶에 활용한다면 성장과 바람직한 변화가 줄지어 찾아옵니다.

마케팅의 돌파구:
하나도 안 팔릴 물건을 생각하자

상품 개발과 마케팅을 담당하는 비즈니스맨은 언제나 '팔리는 물건'을 생각하려고 합니다. 그런 사람에게 한번 '하나도 팔리지 않을 물건'은 무엇인지 생각해보라고 권해봅니다. '더럽고 냄새나는 걸레'를 신상품으로 개발한다고 생각해보십시오. 그런 것이라면 아무도 사지 않는다고 생각할지 모르지만, 텔레비전 예능프로그램의 충격적인 기획에 쓰이는 귀중품으로서 한 장쯤 팔릴지도 모릅니다. **절대로 팔리지 않는 상품을 생각하기란 의외로 어렵습니다.**

이런 발상을 해보면 어떤 상품이든 하나도 안 팔리는 일은 일어나지 않는다는 사실을 알 수 있습니다. 그러기는커녕 '팔리지 않는 상품'이라는 의식을 작동시키면 그 상품 아이디어에 뾰족한 특징이 생겨나서 누군가 한 사람이 강렬하게 원하는 것이 되기도 합니다. 그 뾰족한 특징을 다수가 원하는 것으로 만들면, 사람들이 적극적으로 찾을 가능성이 있습니다. 아까 위에서 예로 든 걸레는 '더럽고 냄새나는데 만져보니까 안전하고 깨끗한 것'으로 개발할 수 있다면 벌칙 게임 등 이벤트에 활용할 수 있을지도 모릅니다.

팔리는 것을 생각하는 데 궁지에 몰리면 팔리지 않는 것을 생각해봅시다. 그러면 돌파구가 나타날 때가 있습니다.

아이디어 회의에서도 누구나 글렀다고 판단하는 발상은 가차 없이 결점을 지적하고 재빨리 버리려고 하기 마련입니다. 하지만 아무리 가망이 없는 아이디어라도 조금 뾰족한 특징을 살리면 딴판으로 변하는 특징이 있습니다. 구제 불능처럼 보이는 아이디어는 눈을 질끈 감고 억지로 칭찬해봅시다.

아이디어는 머리보다 입이 먼저 말한다

아이디어는 누군가와 대화를 나눌 때 떠올리기 쉽습니다. 무언가를 생각해야 할 때 혼자서 끙끙 앓으며 머리를 쥐어짠다고 해도 뚫고 나아갈 수 없습니다. 두뇌를 움직이려 해도 뜻대로 움직이기는 여간 어렵지 않습니다. 먼저 이야기를 꺼내면 '무엇을 이야기해볼까~' 하고 뇌가 멋대로 움직이기 시작합니다.

아이디어를 떠올리고 싶은 과제나 고민이 있으면 긴장하지 않고도 즐겁게 대화를 나눌 수 있는 상대와 의논해봅시다. 상대가 아이디어를 제공해줄 때도 있을지 모르겠지만, 실은 즐겁게 이야기를 나누는 동안 **자기 입이 멋대로 아이디어를 말하도록** 하는 것이 정말 중요합니다.

가장 아이디어를 떠올리기 쉬운 주체는 평소에 해당 문제를 누구보다 더 생각하고 있는 자기 자신입니다. 이미 자기 안에서 아이디어를 찾아내고도 미처 자각하지 못하는 때도 있습니다. 상대가 이야기를 들어주는 것만으로도 열심히 뇌가 작동하고 어느새 자기 입이 아이디어를 말하고 있다 싶을 때가 자주 있습니다.

참고로 나는 아이디어 발상이 막히면 아내에게 상담을 요청합니다. 아내가 아이디어를 가르쳐주지는 않습니다. 다만 고개를 끄덕이며 이야기를 들어줍니다. 그렇게 생각을 털어놓는 동안 입이 멋대로 아이디어를 뱉어냅니다. 그러면 "과연! 그런 거였어! 고마워!" 하고 일터로 돌아갑니다.

이야기를 나누면 아이디어가 떠오르는 '대화 친구'가 몇 명 있습니다. 대화 친구의 요소로는 뛰어난 아이디어의 발상력 같은 것이 아니라 즐겁고 편한 마음으로 이야기할 수 있는 '좋은 성격'이 가장 중요합니다.

'재미있다'와 '재미있어 보인다' 중 어느 쪽이 중요할까?

몇 년 동안 마블주식회사マーブル株式会社가 주최한 '게임 아이디어 콘테스트'라는 아날로그 게임 창작 대회의 심사위원장을 역임하고 있습니다. 대학생이 만든 하이레벨 보드게임과 카드 게임이 응모 작품으로 다수 올라옵니다.

매년 반드시 심사위원들과 열띤 논의를 벌이는 문제가 바로 "게임을 생각할 때 '재미있다'와 '재미있어 보인다' 중 어느 쪽이 중요할까요?" 하는 것입니다. 물론 게임은 재미있어야 하므로 '재미있다'가 중요하다고 여길 법합니다. 그러나 사람은 재미없어 보이는 놀이를 일부러 즐기려고 하지 않습니다. **플레이되지 않는 게임은 아무런 즐거움도 주지 않기에 아무리 재미있더라도 사람에게 가치를 전해줄 기회가 생겨나지 않습니다.** 놀도록 유도하기 위해 '재미있어 보인다'가 아주 중요합니다. 그렇게 생각하면 재미있기 이전에 재미있어 보이는 것이 중요하다는 느낌이 듭니다.

가게에서 판매하는 게임 상품은 당연히 재미있고 또 당연히 재미있어 보여야 합니다. 돈을 내고 사고 싶다는 생각이 들도록 하기 위해 디자인과 표현을 궁리할 필요가 있지요. 그러면 상품 개발이 아닌 학생 대상의 게임 아이디어 콘테스트는 어떨까요? 나는 역시 재미있어 보이는 인상을 주는 것이야말로 '창조성'이 있다고 봅니다. 노력하면 재미있는 게임을 만들 수 있습니다. 그러나 재미있어 보이게 하기는 어렵습니다. 이 이야기는 게임에만 해당하지 않습니다. '재미있어 보이는 것이 사람들에게 재미있다고 느끼도록 한다'고 생각합니다.

'장난감은 상자를 여는 순간이 기쁨의 90퍼센트를 차지한다'고들 자주 말합니다. 정말 그럴지도 모릅니다. 어릴 때 부모님이 사준 장난감의 포장 상자를 열었던 순간을 떠올리기만 해도 눈물이 그렁거릴 듯합니다.

칠월칠석 띠종이에 소원을 쓰면 사업 아이디어를 얻는다

어른이 되고 나서 칠월칠석 나무에 매다는 띠종이[1]에 진심으로 소원을 써넣은 적이 있는지 돌아봅니다. 소원은 세 종류로 나뉩니다.

- 금세 이루어질 수 있는 것(맥주를 마시고 싶다)
- 이루어질 가능성이 있는 것(살을 빼고 싶다, 요통이 낫고 싶다, 결혼하고 싶다, 해외로 나가 살고 싶다, 책을 출간하고 싶다, 히트 상품을 만들고 싶다)
- 이루어질 수 없는 것(디즈니 왕자가 되고 싶다)

어른이 진지하게 소원을 써넣는다면 1번이나 3번은 별로 없을 것입니다. 대개 2번이 아닐까요. 바로 2번에 해당하는 소원이 상품이나 서비스 기획의 힌트입니다.

7월 7일

성인의 감각으로 볼 때 '이루고 싶지만 보통 수단으로는 이룰 수 없다. 그러나 불가능하지는 않다'고 여겨지는 자신의 욕구를 발견하고 그것을 실현할 방법을 발견했을 때 비즈니스에 도입할 수 있습니다. **칠월칠석에 매다는 띠종이에 '돈이 있으면 좋겠다'고 쓰는 사람은 좀 더 솔직하게 구체적으로 진짜 소원을 써봅시다. 그것을 계기로 돈을 버는 사업을 벌일 수 있을지도 모릅니다.**

1 나무에 매다는 띠종이: 일본에서는 칠월칠석을 다나바타(たなばた)라고 하며 소망을 적은 종이 단자쿠(短冊)와 색종이 장식을 대나무 가지에 매다는 풍습이 있다.

나는 매해 '가족의 건강을 빕니다' 하고 띠종이에 써넣습니다. 모두 건강한데도 그런 말을 쓰는 이유는 내가 진심으로 원하는 바가 건강보다 '안심'이기 때문입니다. 막연한 불안을 안심으로 바꾸는 방법은 생명보험 가입 말고도 얼마든지 있을 듯합니다.

월요일의 우울을 없애는 방법 3

쉬는 날이 끝난 월요일에 몸 상태가 좋지 않은 것은 당연합니다. 휴일에 편하게 쉬고 있으면 몸이 '부교감신경 우위' 상태가 됩니다. 그 후 이른바 활동 모드인 '교감신경 우위'로 바꾸어주는 것은 자율신경입니다. 스스로 조절하는 일은 매우 어렵고 몸도 힘듭니다.

그런 상태에서 한 주가 바뀌면 '그 주에 할 일 리스트'가 눈앞에 나타나 몸이 노그라듭니다. 그래도 힘을 내보자 합니다만 몸 상태가 따라주지 않고 효율이 오르지 않아 초조하거나 힘을 내지 못하는 자신에게 실망하여 기분이 우울해집니다.

몸 상태가 회복되지 않을 때는 '도움닫기'를 잘 활용해봅시다. 전속력으로 달리기 전에 거리를 두고 가볍게 달리는 듯한 작업을 준비해 서서히 속도를 높여가는 것입니다. 그러기 위해 한 주를 마무리하는 금요일에 간단한 작업만 골라 월요일을 위해 '도움닫기 업무'를 남겨두기를 권합니다.

나는 오랜 기간 개발에 관여하고 있는 웹 게임의 디버그debug를 반드시 매일 아침 맨 처음에 합니다. 게임 중 잘못이나 불편한 일이 일어나지 않는지 살펴보고 메모하는 작업입니다. 중요한 일이지만 사업 기획의 세부를 마무리하는 것처럼 부담이 심한 일은 아니기 때문에 담담하게 진행할 수 있습니다. 그 일을 하는 동안 몸 상태가 괜찮아집니다.

금요일에 다음 주 분량까지 업무를 마무리해버린 탓에 월요일에 할 일이 아무것도 없으면 '뭔가 해야 하는데!' 하고 불안이 밀려올 때도 있습니다. 할 일이 있다는 것은 다행입니다. 건전한 연속성은 행복하게 일하기 위해 중요한 요소입니다.

『양생훈』으로 깨우친 함양이라는 배움 방식

가이바라 에키켄貝原益軒 선생이 1713년에 저술한 『양생훈養生訓』을 좋아합니다. 병에 걸리지 않도록 건강 관리를 잘하는 일이 중요하다는 내용입니다만, 이 책의 특징은 처음부터 끝까지 같은 말을 몇 번이나 반복한다는 점입니다.

'욕구를 억제하라', '먹은 후 금세 잠자리에 들지 말라', '8할만 배가 부르도록 먹어라', '흐르는 물처럼 계속 활동하라', '마음을 건강하게 유지하라' 같은 말이 계속 나오기 때문에 솔직히 웃음이 비어져 나옵니다. 그러나 이 책을 읽고 있으면 기분 좋게 써 있는 내용을 행동으로 옮기고 싶어집니다.

실은 이 『1일 1씽킹 아이디어 수업』이라는 책은 『양생훈』을 참고로 써 내려가고 있습니다. 여러 실례를 들어가면서 전달하려는 바는 대체로 열 몇 가지밖에 안 됩니다. 행동으로 옮기면 좋겠다 싶은 중요한 일을 티 내지 않고 반복적으로 전달함으로써 독자가 기분 좋게 이해하는 구성을 생각하고 있습니다.

함양涵養이라는 말이 있습니다. 무리하지 않고 자연스럽게 스며들듯 서서히 가르치고 기르고 키운다는 의미입니다. 비즈니스 책이든 세미나든 무언가에서 배우는 순간 '좋았어, 행동으로 옮기자!' 하는 생각이 들어도 다음 날에는 잊어버리곤 합니다. **가르침이 스며들려면 땅속 구석까지 깊이 물이 스며드는 것처럼 시간이 걸리는 법입니다.**

이 책은 어디부터 읽어도 상관없고 한 번에 얼마만큼 읽어도 상관없습니다. 다만 몇 번이든 이 책을 펼쳐보기를 바랄 뿐입니다. 곧장 실천할 수는 없더라도 의식하지 못하는 사이에 실천해냈다고 체험한 사람이 많으면 기쁠 것 같습니다.

물론 이 책에 쓰여 있는 것을 모두 심각하게 받아들일 필요는 없습니다. 단 하나, 여기서 인생을 바꾸는 아이디어를 발견할 수 있다면 그것으로 이 책의 역할은 충분합니다.

샐러리맨 유튜버에게 배우는 최고의 일하는 방식

중고품을 매입하고 판매하는 '하드오프ハードオフ'라는 점포 그룹이 있습니다. 그중 한 점포의 점장인 나가타永田 씨의 유튜브 채널을 좋아해서 자주 보고 있습니다. 영업을 끝내고 점포 안에서 가게에 있는 폐품 악기로 혼자 여러 역할을 맡아 수차례 녹화하는데, 주로 비주얼계 밴드[1]의 곡을 시원시원하게 연주하는 동영상입니다. 재미도 재미지만 나는 이 활동에서 감명과 더불어 힌트를 얻었습니다.

이른바 일개 회사원이 발신하는 취미 활동이 사회를 향한 대대적인 선전이 된다는 점입니다. 나가타 씨와 만나기 위해 하드오프에는 신규 손님이 다수 방문해주었다고 합니다. 이것은 오늘날 같은 시대에 모든 회사가 본보기로 삼을 수 있는 사례입니다. 부업을 추진하는 회사도 있고 금지하는 회사도 있습니다만, 어느 쪽이 바람직하다는 논쟁은 차치하고, 개인이 하고 싶은 일을 회사의 비즈니스에 활용하는 것은 모든 관계자가 행복해지는 궁극적인 방법일지도 모릅니다.

7월 10일

무리하지 않고 자기가 잘하는 일을 한다는 것이 핵심입니다. 누구나 나가타 씨처럼 유튜브로 특별한 퍼포먼스를 보여줄 필요는 없습니다. 자기가 할 수 있는 일을 하기 때문에 성공한 것입니다. 문장이든 그림이든 공작이든 특별히 눈에 띄지 않는 평범한 작업이든 가리지 않아도 좋습니다. 가장 좋아하는 일과 가장 잘하는 일을 스스럼 없이 해나감으로써 회사에 공헌할 수 있는 아이디어가 없을까 생각해보고 주위 사람과 의논도 해가면서 한 걸음씩 내디뎌봅시다.

1 비주얼계 밴드: 일본의 록밴드 및 뮤지션 양식의 하나로, 언어가 아니라 화장·패션 등 시각 표현으로 음악의 세계관이나 형식미를 구축하는 밴드를 가리킨다.

나는 오랫동안 비주얼계 밴드의 곡을 듣지 않고 살아왔습니다만, 나가타 씨 동영상의 영향으로 GLAY 같은 비주얼 록밴드 곡을 자주 듣습니다. 회사 선전의 부산물로 다른 사람의 일상을 바꾸었다는 점도 참고할 만합니다.

유명한 퍼실리테이터 두 사람의 이야기: 한 사람

회사에 다닐 때 특히 훌륭하다고 여긴 상사가 두 사람 있었습니다. 전혀 다른 타입이지만 두 분은 팀의 업무를 원만하게 진행하는 대단히 뛰어난 '퍼실리테이터'였습니다.

그중 한 사람은 입사 1년 차일 때 팀의 매니저였는데, 처음에는 어떤 일을 의논하거나 보고하면 낮은 목소리로 한마디 엄하게 지적하는 것 같아 무섭기 짝이 없었습니다. 매주 아이디어 회의 때마다 장난감 기획서를 냈는데도 이분은 거의 반응을 드러내지 않아 언제나 긴장했습니다.

그 후 2년 차가 끝날 무렵에야 진심으로 제안하고 싶은 상품 기획서를 겨우 작성할 수 있었습니다. 아이디어 회의 때 그 기획서를 제출하니까 상사는 평소와 좀 다른 태도로 "이거, 팔릴 것 같군" 하고 중얼거리듯 말했습니다. 약 2년 동안 흐릿한 반응만 보여주다가 이 한마디를 들었을 때 내 마음이 불붙은 듯 뜨거워졌음은 말할 나위도 없습니다. 그분이 그렇게 말해준 이상 끝까지 해낼 수밖에 없다고 다짐하고 마지막까지 온 힘을 다해 상품을 개발한 결과, 히트 상품을 출시할 수 있었습니다.

이 상사는 참으로 근사한 퍼실리테이터가 아닙니까. 형편없으면 형편없다, 괜찮으면 괜찮다 하고 내가 하는 일을 지켜보고 있었던 것입니다. 이렇듯 아랫사람이 무슨 일을 하는지 제대로 지켜보는 상사가 되고 싶다는 생각이 들었습니다. **퍼실리테이터의 기본 자질은 주의 깊게 지켜보는 것입니다.**

퍼실리테이션이란 프로젝트나 회의·이벤트 등 집단 활동을 순조롭게 진행하도록 지원하는 일입니다. 퍼실리테이터란 전문적으로 그 일을 담당하는 사람입니다.

유명한 퍼실리테이터 두 사람의 이야기: 또 한 사람

앞에서 소개한 일화에 이어 또 한 사람, 팀을 유능하게 움직인 상사를 소개하겠습니다.

그 사람은 언제나 이상한 기획을 몰래 준비해와서는 갑자기 회사의 대규모 회의 때 예정에 없던 프레젠테이션을 펼쳐서 임원들의 원성을 사는, 어떻게 보면 좀 괴팍한 사람이었습니다. 얼핏 보면 믿음직스럽지 않게 보였지만 팀 구성원들은 다들 '이 사람은 우리가 지지해주어야 합니다…!' 하고 한마음으로 일했습니다. 이때 팀은 사이가 좋았습니다.

이 상사는 우리 부하들에게 넘칠 만큼 사랑받았습니다. 물론 인품도 훌륭했으나 장난감 개발에 관해 매우 수준 높은 기술이 있었다는 점이 중요합니다. 이를테면 생산 과정에 골치 아픈 문제가 생겨 우리로서는 도저히 어떻게 대처해야 할지 모르는 절박한 사태가 벌어졌을 때, 그는 재빨리 해외 출장을 가서 해결해오곤 했습니다. 그의 실력을 잘 알기 때문에 우리 팀 구성원들은 그를 중심으로 일치단결했다고 생각합니다.

좋은 퍼실리테이터란 자신의 성격과 특기를 잘 알고 자기 나름대로 일할 수 있는 사람입니다. 다른 사람의 퍼실리테이션 기술을 참고할 수는 있어도 완벽하게 모방할 수는 없습니다. **퍼실리테이션이란 사람과 사람 사이의 관계 속에서 생겨납니다.**

회사원 시절 나는 신규 완구를 만드는 팀에 소속해 있었기 때문에 매년 실적을 올리기 위해 고전을 면할 수 없었습니다만, 앞에서 소개한 분과 함께 두 상사가 매니지먼트를 담당했던 2년 동안에는 실적 목표를 완수했습니다.

먼저 익살스러운 상품 이름을 생각해보자

2021년 소니가 비접촉 IC 페리카FeliCa 모듈을 내장한 열쇠고리를 출시해 시험 판매했습니다. 캐릭터를 인쇄한 아크릴 열쇠고리를 단말기에 대면 전자 화폐를 지불할 수 있는 제품이었지요. 이 설명만으로는 어떤 상품인지 잘 모를 것 같은데 그 이름이 '오시하라이 열쇠고리推し払いキーホルダー'입니다. 돈을 결제하는 일(오시하라이お支払い)에 좋아하는 캐릭터나 아이돌을 가리키는 '최애(오시押し)'라는 말을 집어 넣었습니다. **이름부터 재미있는 느낌이 들지 않습니까?**

나는 '말장난스러운 상품 이름만한 것이 없다'는 설을 주장하고 있습니다. 그 주요한 이유는 두 가지입니다. 하나는 어떤 물건인지 알기 쉽고 기억에 남으며 호기심이 작용하는 동안 고객은 사고 싶어지거나 남에게 이야기하고 싶어진다는 점입니다. 또 하나는 대부분의 경우 개발자 본인이 상품 이름이 마음에 들어야 기획을 실현하는 과정에서 애정이 쌓이고 마지막까지 타협하지 않고 뛰어난 상품을 만들 수 있다는 점입니다.

이름은 아이디어에 힘을 실어줍니다. 나는 먼저 익살스러운 상품 이름을 생각하고 마음에 들면 '정말 그런 상품을 만들 수는 없을까?' 하고 나중에 상품 내용을 구체적으로 고안하는 것이 궁극적인 발상의 기술이 아닐까 하는 생각까지 합니다.

익살스러운 상품 이름 짓기의 신적인 존재라고 하면 역시 고바야시 제약을 손꼽을 수 있습니다. 해열(네쓰사마시＝熱さまし) 시트 상품인 '열님 시트(네쓰사마 시트＝熱さまシート)' 같은 것은 최고입니다. 이름만 들어도 어떤 물건인지 금방 알 수 있습니다. 익살의 힘을 키웁시다.

'최강의 힘 결정 토너먼트'로 배운 일생에 가장 중요한 힘

트위터에서 '최강의 힘 결정 토너먼트'라는 기획을 한 적이 있습니다. 'OO 하는 힘'이라는 제목을 붙인 책은 이 세상에 모래알만큼 있습니다. 예를 들자면 과잉 행동하는 힘, 감동하는 힘, 연애하는 힘, 거절하는 힘, 질문하는 힘, 잡담하는 힘…. 이렇게 다양한 힘 가운데 인생에 가장 중요한 힘은 무엇이라고 생각합니까? 트위터의 설문 기능을 이용해 토너먼트, 즉 승자 진출 방식으로 일반 투표를 시행하여 승자를 가리기로 했습니다.

숱한 힘끼리 대전을 펼친 끝에 결선에 올라간 항목이 '건강한 힘'과 '재미있어하는 힘'이었습니다. 건강한 힘은 말 그대로 건강하게 지내는 힘이고, 재미있어하는 힘은 무슨 일이든지 재미있어하는 힘입니다. 사전 댓글에는 '역시 건강이 최고죠!'가 많았고, 나도 결국 건강이 인생에 가장 중요하다고 생각했습니다. **그러나 막상 결승 투표 때는 '재미있어하는 힘'이 가장 중요한 힘으로 뽑혔습니다.**

7월
14일

왜 재미있어하는 힘이 더 지지받았는지, 투표자의 댓글을 참고로 고찰해보았습니다. 건강은 두말할 필요도 없이 인생의 기본입니다. 그러나 병에 걸리거나 다쳤을 때 만약 그것조차 재미있어할 수 있다면, '어째서 이런 일이 생겼을까?', '어떻게 하면 나을 수 있을까?' 하고 관심을 기울여 시행착오를 했을 때 괴로운 마음이 누그러지기도 하고 병이 나은 뒤 인간적으로 성장할 수 있습니다. 그렇게 생각하면 '재미있어하는 힘'은 볕도 있고 그늘도 있는 인생에서 모든 것을 더욱 긍정적으로 바꿀 수 있는 가장 중요한 힘인 셈입니다.

행복해지는 아이디어는 언제나 재미있어하는 일에서 찾아낼 수 있습니다.

준결승에서는 '재미있어하는 힘'과 '행복을 느끼는 힘'이라는 비슷한 두 항목이 순위를 다투었습니다. 행복을 느끼는 힘은 '고생스러운 일이 있어도 행복을 느끼는 힘'이고, 재미있어하는 힘은 '모든 것을 재미있다고 느끼는 힘'입니다. 이렇게 비교해보면 역시 재미있어하는 힘이 더 강력하게 보입니다.

전국 규모의 대항전을 기획하고 매달려보자

텔레비전 프로듀서 시즈메 히로미치鎮目博道 씨는 '포토 패널 애호가'로서도 활약하고 있습니다. 포토 패널이란 관광지에 가면 보이는, 그림 가운데 구멍이 뚫려 있어서 얼굴을 내밀고 사진을 찍는 패널을 말합니다. 이전에 대담을 나누었을 때 얼굴을 내밀고 찍은 포토 패널 고시엔[1], 이름하여 '얼굴 고시엔'이라는 이벤트 기획 구상을 알려주었습니다.

포토 패널을 만들기는 쉽습니다. 아이디어 하나만 있으면 패널에 그림을 그리고 얼굴에 구멍을 뚫기만 하면 되니까요. 더구나 SNS로 사진을 널리 전하기에 딱 알맞은 모양과 형식입니다. 예를 들어 자기 지역을 PR할 수 있는 디자인으로 포토 패널을 만든다면 선전 효과를 발휘해 다른 지역 사람들을 불러들일 가능성도 있습니다. 이것으로 학교 단위 대항전에서 경쟁하고 나서 전국 대회를 개최한다면 각 지역의 매력을 전달할 수 있을 것입니다. 행사 기간 중 얼굴을 대고 사진 찍은 사람 수로 경쟁하는 경기 방법도 있을 수 있겠지요.

7월 15일

'전국 규모의 대항전'은 개인전이나 학교 대항전과 비교해볼 때 성대하고 열기를 띨 확률이 높습니다. **모든 사람에게는 자기와 인연이 있는 지역이 반드시 있기 마련이니까요.** 또한 누구나 전국 규모의 대항전 기획을 꾸며볼 수 있습니다. 이를테면 SNS에서 출신지마다 무언가를 경쟁하는 투고를 기획하면 금세 몇 명은 참여할 것이고, 그러면 불씨가 불꽃을 일으키듯 대규모 운동으로 번질 수도 있습니다. 한번 전국을 주제로 삼은 기획 아이디어를 생각해봅시다.

1 고시엔(甲子園): 효고현 니시노미야 시에 있는 야구장 이름으로, 이곳에서 열리는 선발 고등학교 야구 대회를 흔히 '고시엔'이라 한다.

〈비밀의 지역민 SHOW(秘密のケンミンSHOW)〉'는 일본에서 오랫동안 상당히 인기를 누린 텔레비전 프로그램입니다. 우리 부모님은 이 프로그램을 아주 좋아해서 거주하고 있는 아키타현이 나오면 말할 것도 없고 아키타현을 포함한 도호쿠 지방이 나오기만 해도 뛸 듯이 기뻐합니다. 전국 기획은 지방 단위의 응원도 받을 수 있습니다.

목소리는 타인의 기억에 새겨지기 쉽다

오랜 기간 만나지 않은 옛날 동급생을 기억해내려고 할 때 당시 그 사람의 '얼굴'과 '목소리' 중 어느 쪽이 더 쉽게 떠오릅니까? 물론 사람에 따라 대답은 다를 듯한데 나는 '목소리'로 그리운 사람을 떠올릴 때가 많습니다. 대학원에서 연구할 때 주위 사람들에게 묻는 정도로 조사하고 세운 빈약한 가설이지만 목소리가 사람의 개성 정보로 기억에 더 새겨지기 쉽지 않을까 추측합니다. 데이터로 보면 동영상보다 음성이 훨씬 용량이 적습니다. 목소리가 정보량이 적기 때문에 얼굴보다 기억하기 쉽고 선명하게 떠올리기 쉬울지도 모릅니다.

대학원에 다닐 때 나는 옛날 라쿠고 음성에 반자동으로 라쿠고가의 표정 애니메이션을 덧붙이는 연구를 진행했습니다. 재미있고도 우습게 움직이는 얼굴 표정을 덧붙이면 라쿠고가 더 재미있어지는지 아닌지 판단하는 실험이었습니다. 그 결과 화자 얼굴에 표정을 덧붙이면 오히려 재미가 없어졌습니다. 귀로 듣는 내용의 재미를 순수하게 느끼는 일이 표정에 방해받은 것입니다.

목소리는 사람의 기억에 새겨지고 사랑받는 요소입니다. 오늘날에는 유튜브나 틱톡 같은 동영상 미디어가 주류라고들 하니까 기업이나 개인이나 '동영상 미디어를 하나 소유해야 하지 않을까?' 하고 생각할지도 모릅니다. 하지만 **동영상은 표정이나 동작 같은 시각적 표현력이 없으면 매력을 발휘하지 못합니다.** 목소리만 사용하면 목소리의 질이나 말하는 방식으로 개성을 발휘할 수 있고 열심히 이야기하다 보면 누군가 반드시 매력이 있다고 생각해줍니다. 자기 목소리를 살려 남에게 기쁨을 주는 아이디어를 생각해봅시다.

녹음한 자신의 목소리를 들으면 처음에는 실제로 자기에게 들리는 목소리와 달라 불편하게 느껴집니다만, 불가사의하게도 들으면 들을수록 자기에게 들리는 목소리와 다른 사람에게 들리는 목소리가 같다고 느껴질 것입니다. 자기 목소리에 익숙해집시다.

아이도 알기 쉬운 아이디어가 어른도 알기 쉬운 아이디어

중학생일 때 노구치 유키오野口悠紀雄 선생의 『초학습법「超」勉強法』이라는 책이 베스트셀러가 되었습니다. 나와 동급생들은 그 책을 읽고 화제로 삼았습니다. 명백히 성인 독자를 겨냥한 책이었으나 제목도 귀에 쏙 들어오고 본문에 소개한 공부법도 '낙하산 공부법'이라고 부르는 등 이름과 사고방식이 어린 마음을 사로잡았습니다.

요즈음 베스트셀러 중 아들러 심리학에 관해 저술한 『미움받을 용기嫌われる勇気』는 제목과 내용이 다 아이들이 충분히 이해할 수 있고 마음이 끌리는 책이었습니다. 이런 책은 베스트셀러가 되기 쉽습니다. 물론 책뿐만 아니라 모든 상품 장르도 아이들이 즐길 수 있다는 점이 중요합니다.

앞으로 새로운 세계인 메타버스가 본격적으로 나타날 것이라는 이야기가 들려옵니다. 만약 많은 사람이 살아가는 메타버스 공간이 생겨난다면 게임 소프트 〈모여봐요 동물의 숲あつまれどうぶつの森〉에 가깝지 않을까 싶습니다. 3D 공간을 VR 고글을 사용해 돌아다녀야 하는 환경은 VR 때문에 멀미를 하거나 얼굴에 고글을 쓰고 싶지 않은 사람에게 거부감을 일으킬 것이고, 3D 그래픽 속을 능숙하게 돌아다닐 수 없는 사람도 있을 것입니다. **공간 파악과 조작이 간단하고 알기 쉬운 세계야말로 많은 사람이 모이는 장소겠지요.**

어른이 빠져들 만한 콘텐츠를 만들면서 언제나 그것이 아이에게도 받아들여질 수 있을 만큼 알기 쉬운 것인지 생각해봅시다.

『초학습법』에 나오는 '백래시' 공부법이란 어려운 문제를 풀어야 한다는 목표가 눈앞에 있을 때 필요한 최소한의 내용만 배운다는 방법입니다. 본질적으로 좋은지 나쁜지는 일단 접어두더라도 당시 수험생이었던 우리에게 적잖은 여운을 남겼습니다.

팔리는 상품을 만들려면 콘셉트와 USP를 이해하라

'콘셉트'라는 비즈니스 용어는 사용하는 사람에 따라 의미 파악이 다르기도 합니다만, 나는 '만드는 사람이 내세우는 일관된 구상으로서 **누구에게, 어떤 장면에서, 어떤 욕구를 채워주는가**'를 뜻한다고 해석합니다.

기획을 발상할 때 '콘셉트'에 맞추어 'USPUnique Selling Proposition'를 생각하는 것이 좋습니다. USP란 '고객이 바라본 상품의 독자적 행보로서 **누가, 어떤 장면에서, 어떤 욕구를 채우는가**'를 뜻합니다. 콘셉트와 USP의 차이는 사업자가 제안하고 싶은 '주관 쪽'이냐 고객이 느끼는 '객관 쪽'이냐에 있습니다. 누구에게 어떤 가치를 건네느냐는 점에서는 거의 비슷합니다.

나는 기획 개발의 요령이란 콘셉트와 USP를 일치시키는 일이라고 봅니다. 예컨대 '무한 뽁뽁이'라는 히트 완구의 콘셉트는 '진짜 뽁뽁이의 감촉을 재현하고 한없이 터뜨릴 수 있는 뽁뽁이'입니다. 이 같은 콘셉트를 제목으로 내걸어 보도자료를 냈더니 고객도 '진짜 뽁뽁이 감촉을 재현한 장난감을 만져보고 싶다'는 욕구를 USP로서 끄집어내고는 실제로 구입하는 흐름이 조성되었습니다.

또한 내가 애용하는 상품 중 '드래프트탑Draft Top'이 있습니다 '맥주 캔의 윗면을 깨끗하게 전부 열어주어 곧바로 맛있게 마실 수 있도록 해주는 따개'입니다. 이 상품은 '맥주 캔의 윗면을 깨끗하게 전부 열어주어 곧바로 맛있게 마실 수 있도록 해주는 따개'라는 콘셉트와 USP가 완벽하게 일치합니다. 제작자와 고객이 느끼는 가치가 일치하는 상품은 잘 팔릴 확률이 높습니다.

Unique Selling Proposition을 직역하면 '독특하고 유일하게 고객에게 팔기 위한 제안'이라고 할 수 있습니다.

따라 할 수 있는 아이디어가 세상을 바꾼다

모처럼 상품을 발매했는데 곧바로 더 싸고 질이 좋은 것을 만들 수 있는 회사가 모방 상품을 발매해버리면 자사의 상품이 팔리지 않습니다. 이런 생각을 하다 보면 특허 등을 취득해 타인이 자기 아이디어를 흉내 내지 못하도록 해야 할 듯합니다.

한편 아무도 따라 할 수 없다는 점이 아이디어의 약점일 때도 꽤 있습니다. 나는 회사원 시절부터 프레젠테이션을 잘하는 편이라 참신한 아이디어 상품을 회사에 제안했고 기획안을 통과시켰습니다. 그러나 상품 제작을 결정한 뒤 판매 방식에 대해 현장의 영업 담당자와 회의해보면 **'이 상품을 어떻게 고객에게 설명해야 좋을지 모르겠다'**는 말을 자주 들었습니다. 원래 상품의 프레젠테이션은 그대로 세일즈 토크Sales Talk가 되어야 합니다. 즉 영업 담당자가 그대로 고객에게 전하면 상품이 팔려야 합니다. 그러나 내 프레젠테이션은 제작자인 나만 이야기할 수 있는 독특한 화술이 필요했기 때문에 **아무도 세일즈 토크를 따라 할 수 없다는 결점이 있었습니다.** 상품의 매력을 전달하는 데 테크닉이 필요하다면 사람들에게 제대로 전해지지도 않고 팔린다는 보장도 없겠지요.

자동으로 퍼져나가야 할 아이디어는 어떻게 해야 모든 사람이 따라 하기 쉬운지가 중요합니다. 다들 자유롭게 활용할 수 있는 아이디어는 세계를 혁혁하게 바꿀 수 있습니다.

7월
19일

현재 나는 진정으로 프레젠테이션이 뛰어난 사람이라면 누구나 따라 할 수 있는 프레젠테이션을 할 수 있어야 한다고 생각합니다.

쓸모없는 것에서 새로운 가치를 발견할 수 있다

쓸모없는 것 만들기無駄づくり라는 활동을 하는 후지와라 마리나藤原麻里菜 씨의 '옷이 흠뻑 젖는 숟가락'이라는 상품을 샀습니다. 숟가락 세 개의 세트인데 음식을 떠먹는 윗부분이 하나같이 기묘하고 씻을 때 믿지 못할 만큼 물이 튑니다. 그래서 쓰기 불편한 상품입니다.

후지와라 마리나 씨는 '돈다발로 뺨을 때리는 기계', '온라인 술자리 긴급 탈출 기계' 등 몇몇 쓸모없는 것을 만들어 유튜브 등에 발표하는데, 이 숟가락만큼 충격적으로 쓸모없는 것은 처음 봤습니다. 어떻게든 이 상품의 가치를 발견하려고 만져보고 살펴보고 나서 결국 목욕탕에서 물을 튀게 하는 분수 놀이에 쓰면 제일 재미있다는 결론을 내렸습니다. 실제로 아이와 해봤더니 신이 났습니다. 이런 지경이면 숟가락도 아니고 뭐도 아니지만 기묘한 형태의 숟가락을 만들면 집에서 손쉽게 분수를 만들 수 있다는 것을 알았습니다.

나는 그때까지 쓸모없는 것 만들기라는 활동은 사람을 웃기는 순수한 오락거리라고 여겼으나 **참으로 쓸모없는 것에서 가치를 찾아내고자 관찰해보면, 지금까지 이 세상에 없었던 새로운 가치를 발견할 가능성이 있음을 알았습니다.**

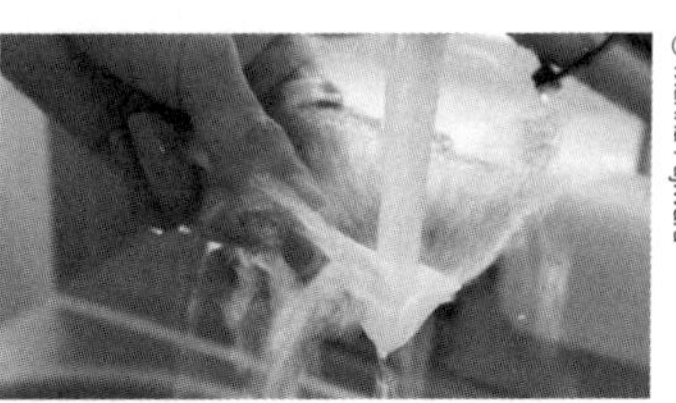
© Marina Fujiwara

나는 신입사원일 때 대기업에 근무하면서 실로 쓸모없는 상품을 대량으로 기획하고 제안했습니다. 그런데 입사한 지 2, 3년쯤 지나자 쓸모없는 것을 고안하는 사고 회로가 머릿속에서 절멸하고 '사람들에게 가치를 전해주자', '팔리는 상품을 만들자' 하는 발상밖에 할 수 없었습니다. 기술이 진보한 나머지 없는 것이 없는 시대가 되고 새로운 가치가 나타나기 어려워진 오늘날이야말로 쓸모없는 것에 힌트가 숨어 있을지도 모릅니다.

쓸모없는 것을 만들어내려는 발상은 어려운데, 하물며 시간과 돈을 들여 쓸모없는 것을 만들어낼 수 있는 사람은 선택받은 사람뿐입니다. 만약 쓸모없는 것 만들기에 도전할 수 있다면 다른 사람과 차별화된 특수 능력을 얻어 껍질을 깨고 비상할 수 있을지도 모릅니다.

컬러 배스 발상법의 진정한 사용법

컬러 배스color bath란 어떤 색을 떠올리면서 행동하고 그 색깔 물건이 눈에 띄면 그것을 힌트로 정보를 모으거나 아이디어를 내는 방법입니다. 이를테면 동영상 촬영의 아이디어를 생각해야 할 때 '오늘은 빨강'이라고 정하고 외출해서는 빨간 차, 빨간 우체통 등 눈에 들어오는 물건을 힌트로 삼아 동영상 아이디어를 생각해나갑니다. 이 발상법은 주위에서 아이디어의 힌트를 얻는 방법인데, **거꾸로 '본인의 색깔이 있어서 세상이 발견하도록 하는 방법'으로 쓸 수도 있다고 생각합니다.**

나는 '장난감과 게임 개발자', '자꾸 장난치는 물건 만들기', '웃을 수 있는 이야기를 연구하기' 같은 색깔을 발휘할 수 있는 일을 벌이기도 하고 SNS 등으로 활동을 알리기도 합니다. 자신에게 색깔이(이미지가) 붙으면 나 같은 사람과 친해지고 싶거나 나에게 일을 부탁하고 싶은 사람이 저절로 찾아옵니다.

7월 21일

컬러 배스의 어원은 'color(색)'을 'bath(뒤집어쓰다)'입니다만, 색이란 다양한 사물의 성질을 가리킨다고 파악할 수 있습니다. 자신의 색은 좋아하는 것이나 잘하는 것을 꾸준히 해나가면 자연스레 나타납니다. 또 서투른 일이나 약점도 누군가에게는 사랑받고 누군가는 필요한 자신의 색을 낳는 재료입니다. 자기 자신을 정직하게 내놓으면 자기의 색이 보입니다.

어떤 색의 사람이 되어 누가 찾아주었으면 하는지 생각해봅시다

컬러 배스는 PR 플래너인 가토 마사하루(加藤昌治) 씨의 『생각의 도구(考具)』에서 맨 처음 소개한 이후 엄청나게 유명해진 발상법입니다.

라인업 매직을 활용해 물건을 팔자

집에서 가장 가까운 역에 가끔 도라야키[1] 노점이 나옵니다. 보통 도라야키는 120엔, 버터 도라야키는 140엔입니다. 노점이 나오면 나도 모르게 가까이 다가갑니다. 타이밍이 맞으면 10엔짜리 만주[2]도 팝니다. 작은 만주가 10개에 100엔입니다. 흑설탕, 우유, 쑥 등 종류가 다양합니다. 그 밖에도 개인적으로 특히 관심이 가는 다이후쿠[3]도 있습니다. 우선 10엔짜리 만주를 몇 종류 사고 보통 도라야키와 단 20엔밖에 차이 나지 않으니까 무척 이득으로 느껴지는 버터 도라야키를 가족 수만큼 삽니다.

집에 돌아가면 가족이 무척 기뻐하기는 하는데 문득 정신을 차려보면 '어라, 뜻밖에 돈을 꽤 썼네' 하고 깨닫습니다. 10엔 만주라는 주요 상품을 보고 마음이 들뜬 나머지 만주 한 가지만 사면 섭섭하다는 생각에 이것저것 사고 맙니다. 하지만 '도라야키가 얼마였더라?' 생각하면 한 개에 10엔짜리 만주 10개보다 비싸다는 사실을 알아챕니다.

이 노점에서 이것저것 사는 이유는 면밀한 계산으로 여러 상품을 진열한 라인업 매직 때문입니다. 버터 도라야키만 있다면 '편의점보다 작고 비싸구나' 하고 금세 눈치 채고 사지 않을지도 모릅니다. 즐비하게 진열해놓은 상품을 보고 가슴이 두근거린 나머지 잘 따져보지도 않고 과자를 사버리는 것입니다.

상품 진열은 매우 심오한 분야입니다. 특별세일 상품, 실은 제일 팔아버리고 싶은 상품, 많이 팔리지 않아도 좋으니까 다른 상품을 팔기 위한 상품 등 상품마다 역할이 다릅니다. **무언가를 판매할 기회가 있는 사람은 고객의 마음을 상상하면서 종류, 가격, 진열 순서 등을 생각해봅시다.**

1 도라야키(どら焼き): 반죽을 둥글납작하게 구워 두 쪽을 맞붙인 사이에 팥소를 넣은 일본 과자.

2 만주(饅頭): 반죽 안에 소를 채워 모양을 빚고 굽거나 쪄낸 일본의 전통 단과자.

3 다이후쿠(大福): 팥소를 넣은 둥근 찹쌀떡으로 일본에서 인기 있는 화과자.

'자세히 보니까 편의점에서 파는 도라야키보다 훨씬 더 작았다', '10엔 만주가 작아서 도라야키가 작다는 것을 알아채지 못했다' 하는 점도 덧붙이겠습니다. '최고로 맛있다'는 점도 빼놓으면 안 됩니다.

하고 싶은 일을 찾아내는 법

넓고 얕게 여러 가지를 해보고 그중 흥미가 있는 것만 **좁고 깊게** 반복하다 보면 하고 싶은 일을 찾을 수 있습니다.

학생들에게 '미래에 하고 싶은 일은 어떻게 찾을 수 있습니까?' 하는 질문을 자주 받습니다. 나는 대학원을 마칠 무렵까지 미래에 하고 싶은 일이 무엇인지 전혀 몰랐습니다. 이러한 내 삶의 경험담을 이야기하면 다음과 같습니다.

① 어릴 무렵 다양한 놀이를 해보는 과정에서 미니카나 프로그래밍에 빠져들었고, 고등학생 때 대학은 공학부로 진학하고 싶다는 생각이 들었다(이 시점에 장래 직업은 전혀 생각하지 않았으나 막연하게 방향성 ①이 보였다).

② 여러 텔레비전 프로그램과 잡지의 영향으로 만담 예능인을 동경하고는 대학 때 라쿠고 연구부에 들어가 라쿠고, 만담, 오기리 등에 몰두했다. 앞으로도 사람을 웃기는 일을 하고 싶다고 생각했다(이 시점에도 아직 장래 직업은 전혀 생각하지 않았으나 막연하게 방향성 ②가 보였다).

③ '① 공학부와 ② 웃음을 조합하면 결론은 장난감이야!' 하는 신념으로 완구 회사에 취직해 이런저런 장난감을 폭넓게 만들다가 캡슐토이나 아날로그 게임을 만드는 일이 특히 좋아졌고, 그 후 줄곧 특기인 장르의 장난감만 만들었다.

이렇듯 무언가에 몰두한 결과 막연하게 감지한 '좋아할 수도 있는 것'의 조합에 따라 우연히 하고 싶은 일을 찾아냈습니다. **'넓고 얕게→좁고 깊게→넓고 얕게→…'를 반복해봅시다.**

그 후 회사에서 이런저런 일을 하며 프레젠테이션이나 보도자료 작성 능력이 좋아졌고, 사업을 벌인 뒤에는 기획 개발과 맞추어 '전달하는 방식'을 지원하는 일도 하고 있습니다. 앞으로도 새로운 '좁고 깊게'를 여럿 찾을 수 있겠지요.

아이디어 축제를 구상하며 이해한 '강한 아이디어'의 조건

세상에는 온갖 '페스티벌(축제)'이 있습니다. 페스티벌이라는 말은 록밴드를 모아 연주를 즐기는 라이브 공연에서 유래합니다만, 다양한 고기 요리를 먹는 '고기 페스티벌', 모두 달리는 '런 페스티벌', 울트라맨 이벤트 '울트라 페스티벌' 등 다양한 축제 이벤트가 페스티벌이라는 이름으로 열리고 있습니다.

앞으로 '아이디어 페스티벌'이라는 것을 개최하려고 생각 중입니다. 업계의 장르를 불문하고 상품, 서비스, 광고, IT, 라이프핵lifehack 등 전 세계의 아이디어를 다 모아 볼 수 있고 체험할 수 있다면 비즈니스맨이나 크리에이터에게는 물론, 다양한 사람에게 즐거움과 유용한 정보를 제공할 수 있을 것입니다.

그렇다면 만약 '아이디어 페스티벌'이라는 행사를 벌였을 때, 그곳에서 세상에 널리 소개할 만한 아이디어란 도대체 어떤 것이냐는 물음이 생겨납니다. 새로운 음악과 창작, 새로운 요리, 개그 한 토막도 아이디어입니다. 그러나 그것을 다 모은다 해도 '어라? 아이디어라는 게 뭐야?' 하고 혼란스럽기만 합니다.

사람들에게 소개할 만한 아이디어란 새로운 발견이자 행복에 공헌하는 무엇입니다. **한마디로 표현하면 '그런 수가 있었던가!'** 하고 무릎을 탁 치는 것입니다. '그런 수가 있었던가!' 하는 것은 다음 사람이 발상할 때 힌트가 됩니다. 특히 직업적으로 새로운 아이디어를 생각해야 하는 사람은 '그런 수가 있었던가!'를 지향하면 세계를 가치 있게 해주는 아이디어를 만들 수 있습니다. 새로운 '수'를 생각해봅시다

'그런 수가 있었던가!' 하고 생각하면 남에게 말하고 싶어지는 효과도 있겠지요. 말하고 싶은 아이디어는 세상으로 퍼져나갑니다. 찾아내지 못한 것은 폭넓은 가치를 낳을 수 없습니다. 미디어나 입소문으로 전해지는 것도 '강력한 아이디어'의 조건입니다.

카드 게임을
회사의 PR 담당자로 삼자

일반 사단법인 일본 앵거 매니지먼트 협회와 함께 〈앵거 매니지먼트 게임〉이라는 카드 게임을 개발한 적이 있습니다. 가지고 놀면 이상하게도 화가 줄어드는 효과를 기대할 수 있는 탁월한 게임입니다.

나는 여러 회사와 함께 카드 게임의 제작과 판매에 도움 주는 일을 하고 있습니다. 카드 게임을 비즈니스에 활용하면 대단히 효과적입니다. 단지 카드 게임을 팔아 수익을 올릴 뿐 아니라 알리고 싶은 지식이나 퍼뜨리고 싶은 사고방식을 보급하는 데 일조하기 위해 다양한 장소에서 게임을 판매하고 플레이를 하며 PR로 이어지는 것입니다. 친구와 함께 〈앵거 매니지먼트 게임〉을 하면 나중에 반드시 '분노 조절 강좌를 들은 것 같다'는 말을 듣습니다.

아날로그 게임은 '자사가 제공하고 싶은 가치를 시험 삼아 체험시키고 돌아다니게 하는 PR 대사'입니다. 단순한 홍보지와 달리 돈을 내고 사들임으로써 확실하게 플레이한다는 점도 핵심입니다. 전국 점포에서 판매한다는 것은 전국으로 PR 대사를 파견하는 일에 비견할 수 있습니다. '투자는 돈이 일하게 하는 것'이라는 말을 자주 듣는데, 이 방법은 '게임이 일을 하게 하는 것'입니다.

여러분이 하는 업무에서도 '일하는 게임 사원'을 낳을 수 있는지 없는지 생각해보지 않으렵니까?

이제까지 '야생동물과 인간의 공생을 생각하는 게임', '원자력발전에 관한 올바른 지식을 아는 게임', '메이드 카페의 경영을 알 수 있는 게임' 등등 다양한 게임 개발에 관여했습니다. 게임으로 만들 수 없는 주제는 없습니다.

남의 고민을 받으면 사업 아이디어가 탄생한다

자신의 재능(장점)을 알 수 있는 스트렝스 파인더strength finder라는 진단 프로그램이 있습니다. 34가지 자질 가운데 가장 특징적인 다섯 가지를 알 수 있는데, 제일 우위를 차지하는 내 강점은 **'공감성'** 입니다. 이것은 타자의 감정을 자기 감정처럼 이해하는 자질입니다. 이 결과를 알았을 때 들어맞는다고 여겼고, **상품을 기획하는 사람으로서 기뻤습니다.**

새로운 비즈니스 기획을 궁리하기 위해 누군가의 고민이나 골칫거리를 알아채고 그 사람 마음에 공감하는 능력을 단련합시다. 사람들에게 '해결하고 싶은 고민이 있습니까?' 하고 물어보고 남의 고민을 자기 일처럼 함께 생각하고 자기가 만약 상대와 같은 상황에 놓였다면 어떤 상품과 서비스를 바랄지 상상해봅시다. 기획의 실마리는 남의 고민 개수만큼 있습니다.

덧붙여 스트렝스 파인더에는 '착상', 즉 번득이는 아이디어를 내는 자질이 있습니다. 아쉽게도 나는 상위 다섯 가지 자질 안에 착상이 없습니다. 나도 그렇겠거니 예상했습니다. 특히 어렸을 때 나는 아이디어 발상에 뛰어나다고 생각한 적도 없고 새로운 아이디어를 어떻게 떠올리면 좋은지도 전혀 몰랐습니다. 그래서 지금 자기 자신을 위해 아이디어 발상법을 언어로 표현하고 그것을 다른 사람에게 전할 수 있습니다. 애초에 약점이었기 때문에 고민한 끝에 전문가가 될 수 있었습니다.

'공감성'이라는 자질의 두드러진 특징은 '따라 울기 쉽다'는 것입니다. 나는 남이 울면 따라 웁니다. 따라 울기를 잘하는 기획 개발자입니다.

최후까지 쓰러지지 않고 링 위에 서 있는 사람이 승리한다

이노베이터(기술 혁신가) 다케바야시 하지메竹林一 씨가 출간한 『혼자서 시작하는 이노베이션 입문たった1人からはじめるイノベーション入門』에는 기술 혁신을 일으키는 핵심에 관해 '최후까지 쓰러지지 않고 링 위에 서 있는 사람이 승리한다'고 쓰여 있습니다. 깊이 공감하는 바입니다.

신규 사업이나 매우 힘들고 낯설고 엄청난 일에 도전할 때는 기획이 뛰어난지 아닌지보다 담당자가 도중에 그만두거나 추진력과 속도를 잃어버리는지 아닌지가 중요합니다. 어떤 기획이라도 진행하는 도중 자칫 방심하면 담당자와 주위 관계자가 서서히 힘을 잃어갑니다. 온갖 곤란한 문제가 닥쳐오기도 하고 지나치게 오래 일을 붙들고 있다가 진저리를 치기도 합니다.

계속 추진하는데도 싹이 트지 않는 일은 일상다반사입니다. 비록 지금은 주위 사람들이 쑥쑥 성장하는 반면 자기 행보는 느릴지라도 끈질기게 자기 일을 계속한다면 주위 사람들은 하나둘 싫증 내고 그만둡니다. **결국 하고 싶은 일을 최후까지 그만두지 않고 살아남아야 성취할 수 있는 사람이 됩니다.**

그렇기 때문에 어떻게 하면 물리거나 포기하지 않고 꾸준히 계속할 수 있는지가 가장 중요합니다. 부담이 없도록 알맞게 목표를 설정해보기도 하고, 팀의 의사소통에 즐거운 규칙을 정해보기도 하고, 마음놓고 대화할 수 있는 멘토를 찾아보기도 하고, 마음속에 몰래 목표를 정해두기도 하고…. 여러 방법이 있습니다. 마지막까지 쓰러지지 않기 위해 우선 즐겁고 건강하게 일하는 방식을 기획해봅시다.

한편 미련 없이 그만두는 쪽이 승리인 경우도 있습니다. 고집을 부리고 고통스럽게 링 위에 버티고 서 있다고 해서 '계속하고 있다'고 말할 수는 없을지도 모릅니다.

아이가 공부를 좋아하게 만드는 방법

초등학생 때 가장 흥분해서 보던 텔레비전 프로그램은 〈미국 횡단 울트라 퀴즈アメリカ横断ウルトラクイズ〉였습니다. 문제를 읽으면 곧장 버튼을 눌러 어려운 문제에 대답하는 출연자를 보고 정말 멋지다고 느꼈습니다. 내가 초등학생 시절에 이 프로그램을 좋아한 이유는 퀴즈 프로그램에 나오는 사람들을 동경했기 때문입니다. **퀴즈 프로그램은 학교 공부가 그다지 즐겁지 않은 아이들에게 '공부를 잘하면 멋있다'는 생각을 불어넣어주는 최고의 오락입니다.**

퀴즈 프로그램이 뛰어난 이유는 여럿 있습니다. 우선은 정답을 맞힌 당자사가 기뻐합니다. 환한 웃음을 짓거나 때로는 승리 자세를 취합니다. 이 모습을 보면 어린이는 '어려운 문제를 맞히면 기쁘겠구나' 하는 생각이 듭니다. 학교에서는 어려운 문제를 풀어도 '앗싸~!' 하고 신나게 기뻐하는 장면이 별로 없습니다.

퀴즈 프로그램은 공부를 스포츠처럼 만들어줍니다. 공부가 즐거워진다는 것이 아니라 '재미있는 스포츠가 때마침 공부야!' 하는 느낌으로 선망하고 즐길 수 있습니다. 이 또한 게임화(게임처럼 설계하여 사람의 행동과 성공을 북돋는 것)입니다.

아이들이 공부하도록 하려면 퀴즈 프로그램을 자주 보여주기를 바랍니다. 앞으로도 최고의 퀴즈 프로그램이 만들어지기를 기원합니다.

30년쯤 지나면 노벨상 수상자가 "어릴 적 『촛불의 과학』을 읽고 과학에 흥미가 생겼습니다" 하는 것이 아니라 "퀴즈 프로그램을 보고 과학자가 되고 싶었습니다" 하고 말하는 시대가 올지도 모릅니다.

보드게임 호텔로 배운 놀이의 제작 방법

2022년 오사카에 보드게임 호텔이 생겼습니다. 가족 여행으로 하룻밤 묵었는데 아무리 놀아도 끝이 나지 않을 만큼 수많은 장치로 가득했습니다. 130가지가 넘는 보드게임으로 놀거나 호텔 전체를 이용한 수수께끼 게임을 하기도 했습니다.

그러던 중 인상적인 사건이 두 가지 일어났습니다. 하나는 로비에서 벌어진 일입니다. 로비는 보드게임으로 잔뜩 꾸며져 있었는데, 체크인을 기다릴 때 어떤 손님이 전시해놓은 보드게임을 쓰러뜨려 흑백 구슬이 대량으로 로비에 흩어지고 말았습니다. 유리구슬 같은 동그란 물체가 틈새 같은 곳으로 굴러가는 바람에 큰일이 난 셈이었으나 플로어에 있던 손님들이 당연하다는 듯 '전부 찾아내겠어!' 하는 분위기로 구슬을 줍기 시작했습니다. 우리 집 다섯 살 딸아이도 테이블 아래 들어가 구슬을 줍고는 칭찬을 받고 의기양양해졌습니다. 그렇게 모두 즐거운 듯 골치 아픈 사건을 처리하려고 한 까닭은 **그 공간 자체가 '게임'이라는 공통인식이 있었기 때문이라고 느꼈습니다.**

7월 29일

또 하나는 숙박한 호텔 방에 금화 스무 장이 감춰져 있었는데 체크아웃할 때까지 전부 찾아야 하는 미션이 주어져 가족 모두 나서서 금화를 찾아 헤맸습니다. 열여덟 장까지는 찾아냈는데 나머지 두 장이 아무리 해도 나오지 않았지요. '정말이지, 없나 봐!' 하고 지쳐 나가떨어졌지만 결국은 다음 날 아침 두 장을 찾아냈습니다. 보통 집에서 물건을 찾는 일은 귀찮고 짜증 나는데 게임이라는 전제만으로 즐겁게 찾을 수 있다는 것을 실감했습니다.

'이것은 게임이다!' 하는 세계를 만들면 골칫거리도, 성가신 일도 즐겁게 해낼 수 있습니다.

다마키 신이치로(玉樹真一郎) 씨가 『탐닉의 설계자들(「ついやってしまう」体験のつくりかた)에서 소개하는 '이야기의 디자인(가지고 놀기 → 성장 → 생각과 뜻)'의 흐름을 이 호텔에서 실제로 체험했습니다. 이 책도 읽어보기를 권합니다.

창작인가, 문제 해결인가? 잘하는 판에서만 승부하자

아이디어 발상의 종류는 크게 두 가지로 나눌 수 있습니다. '창작'과 '문제 해결'입니다. 창작은 마음대로 아이디어를 구현하는 것. 문제 해결은 설정한 문제나 목표를 완수하기 위한 아이디어를 실행하는 것.

어느 쪽을 더 잘하느냐는 사람마다 다릅니다. 자유롭게 생각하는 창작을 좋아하는 사람도 있고, 문제가 앞에 놓였기 때문에 풀어가는 것이 즐겁다는 사람도 있습니다. 우선 본인이 어느 쪽을 더 잘하는지 자기 분석을 해봅시다. 그리고 자기가 잘하는 쪽의 아이디어를 낼 때 **잘하지 못하는 쪽의 틀에 빠지지 않도록 주의합시다.**

예를 들어 창작 아이디어 발상을 더 잘하는 사람이 창작 분야 대회에서 우승하려고 할 때, '어떻게 하면 우승할까?' 하는 문제를 머릿속에 설정해버린 나머지 이기기 위한 경향을 분석하고 그것을 지나치게 자신의 창작에 도입하려고 하면, 전혀 재미있지 않을 수 있습니다. 창작을 더 잘한다면 자유롭게 아이디어를 펼치고 최고의 창작에 매진해야 좋은 작품을 만들 수 있습니다. 반대로 문제 해결을 더 잘하는 사람은 창작에 임할 때도 달성 목표를 설정하고 그것을 완수한다는 목표를 향해 아이디어를 다듬어나가야 좋은 작품을 만들 수 있습니다.

팀에서는 전원을 똑같은 틀에 끼우지 말고 한 사람 한 사람의 특기를 살린 아이디어의 사고방식을 중시합시다. 주어진 과제가 문제 해결이라고 해도 창작형 사람은 창작형으로 아이디어를 생각해야 돌파구를 찾아내기 쉬운 법입니다.

아이디어는 딱히 생각하지 않아도 살아갈 수 있지만…

'모두 다 반드시 훌륭한 아이디어 발상을 합시다!' 하고 말하지는 않습니다. 스스로 아이디어를 생각하지 않아도 좋은 사람은 문제가 생길 때 조사해보거나 남에게 물어보면 도움을 받을 수 있습니다. 아이디어 발상을 아주 좋아하는 사람은 이 세상에 숱하게 있습니다. 나도 언제나 상담에 응할 것입니다.

아이디어를 좋아하는 사람은 스스로 떠올린 즐거운 일로 세상의 다른 사람에게도 즐거움을 주고 기뻐합니다. 자기가 쓴 글, 자기가 지은 노래, 자기가 생각한 만담 등 아이디어를 구체화하여 누군가를 즐겁게 한다면 인생은 최고로 즐겁습니다.

아이디어 발상을 즐기는 사람은 문제를 해결하고 '이렇게 하면 되는 거였구나!' 하고 속이 뻥 뚫리는 쾌감을 체험한 사람입니다. 자기와 타인의 문제를 아이디어 하나로 잘 풀어나가는 것도 기쁜 일이고, 무엇보다 해결할 수 있었다는 것 자체가 말할 수 없이 기쁜 일입니다.

아이디어를 좋아하는 사람에게 생각하는 행위의 목적은 쾌락입니다. 아이디어 탄생을 위한 약간의 고통을 넘어서느냐 아니냐는 하기 나름입니다. 아이디어를 굳이 생각해내지 않아도 살아갈 수 있습니다. 하지만 한 번 아이디어 발상의 쾌감을 맛본 사람은 이 책을 읽으면서 자신도 아무쪼록 '하루 하나 아이디어'를 생각하는 습관을 들이기 시작해보십시오. 참으로 즐거운 매일이 기다리고 있을 것입니다!

나는 트위터로 '#3초_아이디어'라는 기획을 펼치고 있습니다. 주어진 주제에 관해 3초 만에 머리에 떠오른 아이디어를 즉각 써서 올리면 다른 사람이 보고 코멘트를 주고받기도 하고 웃기도 합니다. 함께 참여해주십시오.

8월

남몰래 비밀로 궁리하지 말 것

제로 투 원을 해내려면 자신을 고객으로 설정할 것

제로 투 원(0→1)이란 비즈니스 용어로 '세상에 새로운 가치를 부여하는 사업의 싹을 틔우는 일'입니다. 그 사업을 키워나가는 일을 원 투 텐(1→10)이라고 말하곤 합니다. 제로 투 원을 생각하는 능력이 뛰어난 사람과 원 투 텐을 실현하는 능력이 뛰어난 사람이 있습니다. 나는 제로 투 원을 대량으로 해온 사람입니다.

원 투 텐을 잘하는 사람을 보면 참 대단하다고 여깁니다. 거꾸로 "어떻게 하면 제로 투 원을 생각할 수 있습니까?" 하는 질문을 자주 받는데 나는 이렇게 대답합니다. **"나 자신을 가장 소중한 고객이라고 상상하고서 내가 원하는 것을 만들려고 하면 제로 투 원은 그리 어렵지 않게 해낼 수 있습니다."**

0에서 1을 낳기 위해서는 아이디어를 '실행'해야 합니다. 아이디어는 많이 생각하면 찾아낼 수 있으나 아이디어가 머릿속에 머물러 있는 단계에는 세상에 아무 일도 일어나지 않습니다. 한마디로 그 시점의 상태는 '0'입니다. 그런데 0을 가지고 현실을 살짝 바꾸어내는 '1'을 만들어내려면 회사에서 기획을 통과시킨다든가 예산을 확보해 물건을 만드는 것 같은 **행동이 필요합니다. 행동에는 에너지가 필요합니다. 또한 에너지를 내기 위해서는 '이유'가 필요합니다.**

8월 1일

0이었던 아이디어가 1이 될 때 자기 자신과 가족 등 사랑하는 사람들이 행복해진다면 행동의 에너지가 생겨납니다. 자기 인생과 무관한 아이디어는 1이 되는 싹을 틔우기 매우 어렵습니다.

이 이야기에 나오는 '자기를 위한 아이디어'란 '자기가 실행하고 싶은' 아이디어뿐만 아니라 '자기가 고객으로서 가치를 누리고 싶은' 아이디어입니다. 실행하는 것만 목적이라면 다른 누구에게 가치를 나누어줄 수 없을 때도 있습니다.

프레젠테이션에서는 '우리가 함께'를 전하자

프레젠테이션은 '이렇게 해보지 않으렵니까?', '이 일을 하면 어떻겠습니까?' 하고 제안하는 일인데, 문득 정신을 차려보니 '난 이것을 해보고 싶어요' 하는 **자신의 바람만 이야기하고 말 때가 있습니다.** 그래서는 '네가 하고 싶을 뿐이잖아' 하고 빈축을 삽니다.

또한 상대에게 좋은 일을 제안하려고 생각했다고 해도 '당신이 혼자서 이렇게 하면 좋지 않을까요?' 하면 **남의 일을 이래라저래라 강요하는 꼴이 되고 말 수도 있습니다.** 그러면 '당신은 그렇게 말만 하고 별로 움직이지도 않고 책임지지도 않는 것입니까…?' 하고 상대에게 불안만 부추기고 말겠지요.

상대의 마음을 움직이고 행동으로 이어지게 하는 프레젠테이션은 '내가'도 아니고 '당신이'도 아니고 '우리가 이 일을 하면 이런 미래가 있을 것입니다. 함께 해보지 않으렵니까?' 하는 메시지가 되어야 합니다.

이를테면 회사에서 신상품 개발을 제안할 때 '내가 원하는 상품은 이런 것인데 자신을 위해서 개발하고 싶고, 이 상품을 회사 여러분과 팔면 이런 좋은 일이 있고, 고객도 기뻐할 것입니다' 하는 식으로 관계자 전원이 행복해진다는 점을 전달합니다. 프레젠테이션을 듣는 모든 사람이 자기 일처럼 여기고 제안을 함께 생각할 때 비로소 한 사람 한 사람이 행동에 나섭니다.

나는 프레젠테이션의 흐름을 '기승전결'로 구성합니다. '기: 무슨 이야기인지 한마디로 알기 쉽게 전달, 승: 공감 얻기, 전: 의외성, 결: 리스크의 낮음'입니다. 특히 마무리할 때 얼마나 리스크가 낮은지, 자세하게 제시합니다.

어른과 아이 모두에게 권하는 마음의 관찰

여름방학 숙제로 초등학교 3학년인 딸아이와 '마음의 관찰: 어떻게 하면 기분이 환해질 수 있는가?' 하는 자유탐구를 수행한 적이 있습니다. 3주 동안 매일 아침에 일어나서 잠자리에 들 때까지 +100(기쁘다, 즐겁다)부터 -100(슬프다, 화난다)까지 그래프로 1시간마다 점을 찍어 기분을 표시하고, 무슨 일이 일어났는지 메모하고 기록하면서 감정을 되돌아봅니다. 기록이 끝나면 그래프와 메모를 바탕으로 우울해지고 나서 어떻게 했을 때 기분이 환해지는지 정리했습니다.

초등학생의 자유탐구이므로 대단한 내용을 정리한 것은 아닙니다만, 아이는 몇 가지 흥미로운 깨달음을 얻었습니다. 예컨대 이런 것입니다. "방 정리를 할 때는 음악을 들으면 의욕이 생긴다. 다만 좋아하는 뮤지션의 신곡 등 음악이 지나치게 마음에 들면 집중할 수 없다." 또는 **"스스로 선택한 옷을 엄마가 잘못되었다고 지적하면 특히 짜증이 나는데, 내가 잘못한 것은 아니다."**

8월 3일

자유탐구를 모조지에 정리하는 일보다 딸아이와 과제 도중에 마음에 관해 대화를 나눌 수 있었던 시간이 매우 소중했습니다. 이 일을 계기로 나도 내 마음을 자주 관찰합니다. 특히 일하다가 낙담할 때는 '이 일은 과연 낙담해야 하는 일일까? 어떻게 하면 기분을 바꾸어 다음 작업을 차분하게 해낼 수 있을까?' 하고 걸음을 멈추고 곱씹어보도록 합니다. **어른이야말로 마음을 관찰하라고 권하는 바입니다.**

좋은 연구란 ① 연구에 의해 자신의 욕구가 이루어지는 방향으로 나아가고, ② 결과에서 새로운 질문을 발견하고 연구를 멈추지 않고 계속할 수 있는 연구입니다. 탐구 학습과 같이 주제 설정이 어려운 과제를 하는 중고등학생이나 지도 선생님도 참고해주십시오.

아이디어를 누군가 실현해주면 득을 본다

안경 위에 걸치는 선글라스 중에 디자인이 멋진 것을 갖고 싶어서 계속 찾고 있습니다만 어쩐지 눈에 띄지 않습니다. 나는 안경을 끼고 생활하는데, 햇빛이 강한 여름날이면 눈이 아파 선글라스를 쓰고 싶어집니다. 그러나 도수가 있는 선글라스를 만들어도 바꾸어 쓰는 일이 귀찮기 때문에 안경 위에 걸치고 싶어집니다. 이제까지 '선글라스 on 안경'을 사고 싶어 사방팔방으로 찾아다녔지만, 쓰고 바깥을 돌아다니기에는 모양이 좀 부끄러운 제품뿐이었습니다.

그럴 바에야 내가 직접 만들어볼까도 생각했지만 나는 장난감 개발의 전문가일 뿐이므로 선글라스를 만드는 올바른 방법을 알지 못합니다. 적당히 만들면 눈에 나쁜 영향이 미칠 듯하므로 섣불리 만들 수도 없습니다. 따라서 여러 곳에서 여러 사람에게 "아아, 멋진 '선글라스 on 안경'을 사고 싶어요" 하고 말하고 다닙니다. 누군가 내가 원하는 아이디어를 실현해줄지도 모르고, 이미 존재하는 괜찮은 상품을 발견하고 가르쳐줄지도 모릅니다.

아이디어는 남에게 이야기하기만 해도 이루어질 때가 있습니다. 업무 비밀로 지켜야 하는 상황이 아니라면 떠올린 아이디어를 세계의 공유물로 삼아야 자기에게 좋은 일로 돌아옵니다. **'모든 아이디어는 모두의 것!'** 내가 좋아하는 말입니다. 아이디어는 모든 사람이 행복해지기 위한 것입니다. 그러므로 비밀로 해두고 스스로 실현하는 것이 좋은지, 다른 사람에게 이야기해 누군가가 실현해주는 것이 좋은지 생각해봅시다.

또 하나, 페트병에 담은 맛있는 소다 홍차를 갖고 싶습니다. 시판 아이스티를 탄산수에 섞어 자주 마시고는 있는데 맛이 싱거워집니다. '맛있는 소다 홍차를 팔면 좋겠는데, 누군가 만들어주지 않을까….'

부모와 자식이 함께 사업하기를 권장함

우리 아이들이 10대 청소년인 동안 함께 회사를 운영해보고 싶습니다.

나는 기업에 10년 다니고 나서 개인 사업을 일으켰습니다. 스스로 회사를 경영하고 비로소 장사의 본질을 알기 시작했습니다. 장사의 기본은 '고객에게 가치를 주는 상품을 준비한다 → 팔아서 이익을 남긴다'입니다. 즉 1000엔으로 만든 것을 10개 만들어 2000엔에 전부 팔면 1만 엔을 법니다. 이익률은 50퍼센트입니다. 당연한 말입니다만, 나는 회사원일 때 이런 기본조차 깊이 생각하지 않고 목전에 놓인 일에만 쫓기던 시기도 있었습니다.

오늘날에는 '장래를 대비해 금융투자를 하자' 같은 말이 자주 들려와 불안에 휩싸이기 쉽습니다만, 부모와 자식이 사업을 벌이는 것만큼 좋은 투자는 없습니다. 만약 한 달 월급이 20만 엔이었다고 하지요. 그것을 밑천으로 부모와 자식이 함께 사업을 일으키고, 만약 20만 엔이 40만 엔이 된다면 이익률 50퍼센트입니다. 나아가 아이가 일을 감각적으로 이해하고 장래에 돈을 벌 수 있다면 이익률 따위로는 표현할 수 없는 어마어마한 투자 효과가 있습니다. 무엇보다 눈앞의 이익보다 아이가 느끼는 기쁨이 보물입니다.

이렇게 이야기는 했습니다만, 실은 내가 부모와 자식이 운영하는 회사를 권하는 진정한 이유는 **부모가 아이에게 올바르게 장사를 가르치고 흑자를 내는지 못 내는지 시험해보고 싶기 때문**입니다. 내가 회사에 다닐 때 일을 어떻게 해야 하는지 이해했다고 여겼으나 아무것도 알지 못하다가 사업을 벌이고 나서야 겨우 이해한 것이 많았습니다. 부모와 자식이 함께하는 회사에서 진정으로 성장하는 것은 아이보다 어른입니다. 그런 회사를 세우면 부모의 일하는 능력이 무시무시하게 올라갑니다.

회사원 시절에 '50만 엔을 써도 좋으니까 100만 엔으로 만들어 오라'는 말을 들었다면 아무 일도 해내지 못했을 것입니다. 여러분은 어떻습니까?

기지를 발휘하는 연습으로 1초 만에 고민 정리하기

나는 어느 제조사가 만든 머리 부분이 작은 칫솔을 애용합니다. 어느 날 인터넷으로 칫솔을 일괄 주문했더니 평소에 쓰던 것보다 머리 부분이 큰 칫솔이 왔습니다. 자세히 알아보니 그 칫솔의 크기는 '콤팩트'와 '초콤팩트' 두 가지였고, 평소에는 '초콤팩트'를 썼는데 '작은 것이니까 콤팩트가 맞겠지' 하고 잘못 사버린 것입니다. "이거 말이야, 콤팩트와 초콤팩트가 있는데 구별하기 어렵지 않아? 잔뜩 사버렸으니 어쩌지?" 하고 호들갑을 떨며 아내에게 말했더니 아내는 별일 아니라는 듯 **"솔을 좀 잘라내면 되잖아"** 하고 말했습니다. 머리 부분의 솔을 몇 올 잘라냈더니 머리 부분이 작은 것과 비슷해져서 쾌적하게 사용할 수 있었습니다.

그해 정월 집에 친척 아이가 오기로 했는데 세뱃돈을 넣을 봉투가 없기에 "어쩌지? 봉투가 없어! 곧 아이들이 올 텐데!" 하고 소란을 피웠더니 아내가 흰 종이로 적당히 봉투를 만들고 간지干支를 대충 그림으로 그리더니 거기에 돈을 넣어 주었습니다. 아이들은 봉투에 그린 그림을 좋아했습니다. 이런 식으로 내가 큰일 났다고 부산스럽게 굴면 아내가 재치를 발휘합니다. **나는 맨날 아이디어, 아이디어 떠드는 주제에 실생활에서는 작은 임기응변도 꾸며내지 못하는 인간인 듯합니다.**

곤란한 일이 일어났을 때 90퍼센트는 기지를 발휘해 시원하게 해결할 수 있습니다. 기지는 연습과 '마음가짐'으로 익힐 수 있습니다. 앞으로 일과 생활에서 문제가 생기면 가벼운 아이디어 한 방으로 해결할 수는 없는지 신나게 생각해봅시다.

업무상 인간관계는 스트레스의 가장 주요한 원인인데, 인간관계만큼 '재치 있는 말 한마디'로 해결할 수 있는 문제도 없습니다.

『진격의 거인』으로 배운 한계 돌파 발상법

『진격의 거인進擊の巨人』이라는 만화를 좋아하는데, 발상법에 관해서도 두루두루 영향을 받았습니다(이하 스포일러가 되지 않도록 주의하면서 개요만 이야기하겠습니다).

『진격의 거인』은 식인 거인이 나오는 무서운 이야기입니다. 처음에는 이야기가 인상적인 만큼 쑥쑥 빨려 들어가 정신을 차리지 못했습니다. 중간쯤 가면 의미를 전혀 이해할 수 없어서 일단 읽기를 멈추었습니다. 몇 년 지나 '『진격의 거인』이 최근 얼토당토않게 재미있더라' 하는 사람이 주변에 늘어났고, 그 말을 들은 나도 단행본 속편을 사서 끝까지 다 읽었습니다. 난해한 중간 부분이 후반의 복선을 이루는 점을 포함해 해가 저무는 줄 모를 만큼 재미있었습니다.

『진격의 거인』 후반부에서는 경악할 만한 이야기가 펼쳐집니다. 이 작품에서 나는 매우 중요한 아이디어의 발상 방식을 깨달았습니다. 바로 **공상이란 정말로 한계가 없고 무엇을 생각하든 상관없다는 것입니다.**

8월
7일

비즈니스를 고려하면 아무리 '처음에는 자유롭게 생각해야지' 하고 의식해도 마지막에는 현실성과 수익성이 충분해야 한다는 사실이 머릿속을 떠나지 않기에 궤도를 이탈한 참신한 발상이 나오기 어렵습니다. 대체로 다른 사람과 비슷한 사고방식이 되어버리지요.

현실과 동떨어지고 무엇이든 다 있는 옛날이야기를 생각하는 연습도 해봅시다. 그렇게 해야 완전히 새로운 현실적 아이디어가 실마리를 얻을지도 모릅니다.

참고로 나는 지구에서 전파를 사용할 수 없는 때가 온다고 공상하고 그때 실현할 비즈니스 아이디어의 망상을 펼칩니다. 전파가 없어지면 새로운 장사가 생겨납니다. 인류가 전파를 사용한 지 기껏해야 120년밖에 되지 않았습니다.

'뽁뽁이'를 진화시켜 탄생한 '박박이' 아이디어

깨지기 쉬운 물건을 포장하는 가와카미산업 주식회사의 기포 시트 '뽁뽁이(푸치푸치プチプチ)'는 이제 상식처럼 다들 활용합니다. 그런데 뽁뽁이에서 진화한 신제품 '박박이(스파스파スパスパ)'를 아는지요. 뽁뽁이는 공기 알갱이가 둥근 모양인 반면 박박이는 사각형 공기 알갱이를 바둑판 모양으로 배열하여 알갱이 사이의 틈을 따라 손으로 찢으면 '좌아악' 직선으로 자를 수 있습니다.

성격이 야물지 못한 나는 이제까지 가위로 뽁뽁이를 자르려고 해도 물건 크기에 맞지 않게 자르거나 비뚤배뚤 자르는 바람에 깔끔하게 포장할 수 없었습니다. 그런데 박박이는 가위도 필요 없이 똑바로 잘리고 크기도 재기 쉬워 훨씬 깔끔하게 물건을 포장할 수 있습니다.

뽁뽁이는 50년도 넘는 역사를 지닌 필수 상품이 되어 생활에 이미 많은 도움을 주었는데, 연구 개발 덕분에 박박이라는 더 나은 상품이 나왔다는 것은 대단한 진보라고 생각합니다. **아이디어 발상이란 현재 나와 있는 물건을 '뭔가 부족한 점은 없을까?', '좀 더 나은 것으로 만들 수 없을까?' 하는 시각으로 꾸준히 연구하는 일입니다.** 구석구석 꼼꼼히 살펴 개선할 점이 조금이라도 없는지 즐겁게 궁리한다면 아이디어는 끝없이 생겨납니다.

참고로 '문구왕'이라는 애칭으로 알려진 문구 전문가 다카바타케 마사유키高畠正幸 씨에게 박박이를 사용해보라고 했답니다. 그러자 그는 "포장해서 발송할 때 고정하기 위한 전용 스티커를 만들고, 거기에 '여기부터 손으로 좌악 자를 수 있습니다'라고 써두면 친절하기도 하고 박박이의 장점을 알릴 수 있지 않을까" 하는 아이디어를 냈고, 업체는 그것을 곧장 채용했다고 합니다. 아이디어의 매력이란 이렇듯 하나에 하나를 더하면 솔솔 나오기 마련입니다.

한편, 박박이가 뛰어난 또 다른 점은 바로 이름입니다. '새로운 뽁뽁이의 이름이 박박이'라는 사실은 재미있고 입에서 입으로 전해지기 쉽습니다. 상품명이 '프리미엄 뽁뽁이' 같은 것이었다면 그렇게까지 성공을 거두었을지 알 수 없습니다.

새로운 일을 꾸리려면 언어를 만들 것

새로운 언어는 시대마다 생겨납니다. '블로그'라는 것이 일반화된 시대에 많은 사람이 가벼운 마음으로 블로그에 글을 쓰고, 그 흐름을 따라 '블로거'라는 직업이 탄생했습니다. 지금도 블로그 글쓰기를 본업으로 삼는 사람이 꽤 있습니다. 블로그라는 말을 최초로 만든 사람이 누군지 확실하지는 않으나 **블로그라는 문물이 발명이라기보다 그 이름이 발명이었다고 생각합니다.** '홈페이지 기사' 같은 이름이었다면 세계는 변하지 않았을지도 모릅니다.

'오타쿠', '모에', '오시推し(최애)' 같은 단어도 얼마나 대단한 경제 효과를 낳았는지 알 수 없습니다. 이러한 언어가 없었다면 문화도 생겨나지 않았을 뿐 아니라 대대적인 소비 및 관련 기업의 확대도 일어나지 않았을 것입니다.

언어는 새로운 직업과 비즈니스를 낳습니다. '디지털 전환', '아트 사고'[1], '커뮤니티 매니저', '지방 창생'[2], '탐구 학습', 'SDGs(지속 가능한 발전 목표)', …. 시작의 불씨는 언제나 언어입니다. 비즈니스 용어의 탄생으로 새로운 직업이 탄생하고 자신의 특기로 일거리를 늘릴 수 있는 사람이 대폭 증가합니다.

새로운 일과 직업을 만들어내고 싶을 때는 우선 언어를 생각해봅시다. 그것을 마치 예전부터 있었던 말처럼 주위 사람에게 이야기하는 사이에 모두 그 말을 사용하기 시작하면 사회 현상이 될지도 모릅니다.

---

1 아트 사고: 독자적인 제품을 생산하기 위해 기성 관념에 얽매이지 않는 자유로운 사고법을 기업에 도입한 것.

2 지방 창생: 도쿄중심주의를 시정하고 지방의 인구 감소를 막아 일본 전체에 활력을 더하려는 정책.

널리 퍼지기 쉬운 언어의 조건은 여럿 있겠지만 세 글자의 듣기 좋은 신조어가 많지 않은가 합니다. '오타쿠', '사축(샤치쿠)', '리얼충', '노마드(nomad)' 등 어감이 좋고 신선하며 뜻이 간단하여 입에 담기 쉬운 언어가 침투하기 쉽습니다

대량 인풋으로 사람은 변할 수 있다

2021년 〈쇼트쇼트noteショートショートnote〉라는 소설 쓰는 카드 게임을 개발했을 때, 이에 맞추어 판매 회사와 함께 이 게임으로 쓴 쇼트쇼트 작품 콘테스트를 개최했습니다.

그때 나는 심사위원으로서 총 2600편이 넘는 쇼트쇼트 응모작을 모두 진지하게 읽었습니다. 작품을 2600편 넘게 읽으려니 재미는 있었지만 엄청나게 시간이 걸렸습니다. 약 한 달 동안 다른 일은 손을 대지 못할 만큼 매일 쇼트쇼트 작품만 읽었습니다. 솔직히 힘들었지만 다 읽고 난 다음 글쓰기 방식이나 발상에 관해 힌트를 산더미만큼 머릿속에 넣을 수 있었고, 마치 다른 사람이 된 듯한 감각을 느꼈습니다.

자신이 원하는 분야에서 극적으로 성장하고 싶을 때는 반강제적으로 대량 인풋해보기를 권장합니다. 소설, 만화, 영화, 음악…. 성장하고 싶은 분야에 관한 전 세계의 작품을 흡수한다면 반드시 내면에 변화가 찾아옵니다.

그렇지만 바쁜 가운데 자신의 의지만으로 시간을 들여 대량 인풋을 이루어내기는 어렵기 때문에 **내키지 않더라도 대량 인풋을 해야 하는 일거리를 찾아봅시다.** 예를 들어 조사하고 싶은 일을 한 달쯤 조사해야 하는 기획을 제안하고 통과시킨다면 당당하게 시간을 얻어 조사할 수 있습니다. 자기가 성장하고 싶은 방향으로 성장할 수 있는 비즈니스 기획을 세우면 인풋으로 성장할 뿐 아니라 강한 동기 부여에 힘입어 일을 완수해낼 수 있고 결국 성공 확률이 높아집니다.

이 게임을 함께 제작한 쇼트쇼트 작가 다마루 마사토모(田丸雅智) 씨와 이런 이야기를 나누었습니다. "현대는 자칫 방심하면 SNS 등으로 작품을 아웃풋만 하고 다른 사람이 작품을 읽지 않아 인풋할 시간이 줄어들지요." 이 말에는 자신을 경계하는 마음도 담겨 있습니다.

와이파이가 불안정해진 바람에 깨달은 '눈에 보이지 않는 것'

코로나바이러스 사태 이후 꽤 얼마간 원격 근무가 중심이 되었습니다. 와이파이로 인터넷을 사용했는데 영상통화 도중에 통신이 불안정해지는 일이 자주 벌어졌습니다. 회의 도중 뚝뚝 영상이 끊겼습니다. "아무래도 신페이 씨 집은 전파가 약한 것 같아요." 이런 말을 들을 만큼 곤란해졌지요.

그래서 친구에게 도움을 청하려고 이렇게 페이스북에 올렸습니다. "집의 와이파이가 약해서 영상통화가 자주 끊기는군요. 혹시 대처 방법이 있으면 알려주세요." 이에 가장 많이 달린 댓글은 '랜선을 연결하면 되잖아요'였습니다. '왜 무선을 써?', '유선이 좋지'라며 '당연하잖아' 하는 답변이 쇄도했습니다.

우리 집에는 네트워크 중계 장치인 라우터가 2층에 있고 일터인 1층까지는 랜선이 닿지 않는다고 생각했습니다. 컴퓨터에 케이블 커넥터가 있는지 없는지조차 파악하지 않았었는데 살펴보니 있었습니다. 아마존에서는 랜선을 10미터, 15미터, 20미터 등 다양한 길이로 팔고 있었습니다. 1000엔 대의 긴 케이블을 사서 연결했더니 영상통화의 끊김이 일체 사라졌습니다.

8월 11일

나는 평소에 '아이디어를 발상할 때는 모든 가능성을 생각하자!' 하고 어깨에 힘을 주고 말했는데, '유선 설치'라는 단순한 방법조차 전혀 생각하지 못하고 '인터넷은 보통 무선 와이파이잖아' 하는 고정관념에 젖어 당황했던 것입니다. 이런 식으로 생각에 나사가 하나 빠진 듯할 때가 있습니다. 곤란한 문제가 생기면 당연하게 여기는 무언가를 대충 넘기지 않았는지 살펴봅시다.

웬만한 문제는 주변에 지인 몇 명에게 물어보면 해결할 수 있습니다.

끝까지 깊이 생각하고 나서 버릴 것

'무한 뽁뽁이'라는 장난감 기획이 머릿속에 떠올랐을 때 나는 회사에서 보드게임 개발을 담당하고 있었습니다. 그해는 장난감 시장에서 보드게임 판매 현황이 좋지 못했습니다. 그 이유는 '닌텐도 DS Lite'라는 게임기가 유행했기 때문입니다. 아이들이 DS를 제일 원했기 때문에 보드게임을 사려는 순위가 떨어졌습니다.

회사에서도 보드게임 상품을 줄이자는 목소리가 나왔습니다. 어떻게든 수를 내보려고 매일 아이디어를 생각했으나 무엇을 제안해도 '지금 시장 상태가 좋지 않아서…' 하는 말만 들었습니다. 상품 아이디어 회의 전날 밤 '더는 어쩔 도리가 없어!' 하고 맥이 탁 풀렸고, 이럴 바에야 내일 회의 때 보드게임과 전혀 관계없는 기획을 던져보자고 마음먹었습니다. 사무실 안을 서성거리고 있는데 짐을 싸는 포장재인 뽁뽁이 롤이 눈에 띄었습니다. 공기 알갱이가 버튼으로 보였고, '뽁뽁이는 실리콘과 클릭 느낌이 나는 버튼으로 재현할 수 있을 것 같은데…' 하는 생각이 들었습니다. 당시 핸드폰 걸이가 잘 팔리기도 했으므로 그 발상과 결합해 '뽁뽁이 핸드폰 걸이'라는 기획서를 다음 날 회의 때 냈는데, 이것이 무한 뽁뽁이라는 제품을 만드는 기회가 되어 대히트를 기록할 수 있었습니다.

무한 뽁뽁이라는 발상이 탄생한 핵심은 보드게임을 **일단 끝까지 깊이 생각하고 나서 더는 답이 없다고 판단했을 때 깨끗하게 단념했다는 점입니다.** 현재 붙들고 있는 과제에서 자신을 해방한 순간에 완전히 다른 아이디어가 머릿속에 문득 떠오른 것입니다. 만약 영원히 보드게임에 집착했다면 탄생의 빛을 보지 못한 아이디어였겠지요. 끝까지 깊이 생각하는 것도, 그러고 나서 단념하는 것도 다 중요합니다.

2021년 무한 뽁뽁이를 진화시킨 '무한 뽁뽁이 AIR'를 발매했습니다. 감촉의 현실감과 쾌감이 확실하게 차이 나는 상품이므로 꼭 한번 손에 들고 촉감을 느껴보길 바랍니다.

에키벤 문화로 배우는 동료를 기획에 끌어들이는 법

내가 에키벤[1]의 존재에 눈뜬 것은 유치원에 다닐 무렵이었다고 기억합니다. 목에 커다란 쟁반을 걸고 역에서 에키벤이나 차를 팔며 다니는 사람을 그린 그림책을 보고 에키벤을 동경했습니다. 초등학생일 때는 일본 전국을 여행하면서 에키벤을 수집하는 보드게임을 갖고 놀았지요. 가족이 기차를 타고 여행했을 때 처음으로 플랫폼에서 에키벤 파는 사람을 보고 흥분했습니다.

그 후에도 어쩐지 에키벤을 동경하는 마음은 이어졌고, 대학생 때 처음으로 혼자 빈털터리 여행을 떠났을 때 편의점 에키벤이 아니라 역에서 파는 비싼 에키벤을 사보았습니다. 그만큼 에키벤에 마음을 빼앗겼지요.

에키벤이라는 문화는 전국 도시락 식당이 다양한 에키벤 상품을 만들어 판매함으로써 성립합니다. 에키벤이 이토록 많은 회사가 참여하는 플랫폼이 된 이유는 에키벤이라는 '이름'과 목에 쟁반을 걸고 도시락을 파는 상징적인 '그림', 이 두 가지입니다. 많은 사람이 알기 쉽고 참가하기 쉬운 것은 언어와 겉모습이 다 순간적으로 기억에 새겨지기 쉽습니다. **사람을 끌어들이는 기획을 세우고 싶을 때는 전달하기 쉬운 이름과 그림을 고집해봅시다.**

8월
13일

나아가 내가 좋아하는 에키벤은 소혀 구이 도시락입니다. 옛날부터 유명한 소혀 구이 도시락은 용기의 끈을 잡아당기면 데워지는 뛰어난 상품입니다. 최근 리큐利久라는 가게에서 출시한 소혀 구이 도시락이 용기가 데워지지 않는 방식으로 약간 저렴하게 팔리고 있습니다. 그런데 이것이 식어도 맛있습니다. 나는 단번에 '데워지지 않는' 쪽으로 마음이 기울었습니다. '데워지는 쪽'과 '데워지지 않는 쪽'으로 소혀 구이 도시락의 기술 혁신은 역사상 두 번 일어났다고 생각합니다.

---

1 에키벤: 철도역이나 기차 안에서 파는 도시락. 에키우리 벤토(駅売弁当)의 줄임말.

에키벤을 파는 사람이 목에 거는 쟁반은 '반주(番重)'라든가 '서서 파는 상자(立ち売り箱)'라고 불리는 듯합니다.

'호감 확인 시스템'에서 보인 미래 연애의 모습

살아가면서 에너지를 쓰는 행동 중 '사랑의 고백'이 있습니다. 상대를 좋아한다고 마음을 전했는데 상대가 받아주지 않으면 괴롭습니다.

2019년 페이스북이 만남 주선 기능의 일부로 '시크릿 크러시Secret Crush'라는 기능을 추가하는 계획을 발표해 화제가 되었습니다. 페이스북 친구 중 마음속으로 호의를 느끼는 9명을 등록해두고 서로 좋아하면 쌍방에게 자동으로 통지해주는 기능이었습니다. 한마디로 **'리스크 없는 자동 고백 장치'**라는 구상입니다. 상대가 자기에게 호의를 보이지 않으면 통지가 오지 않을 뿐, '상대는 이 기능을 쓰지 않는가 보다' 하면 그만입니다. 아무에게도 들리지 않고 서로 호감이 있을 때 둘만 알 수 있습니다. 오랫동안 연애의 늦깎이였던 나로서도 꿈같은 기능으로 보였습니다.

이 기능을 언제 실제로 구현할지 구체적인 예정도 모르고 악용에 대비한 장치도 필요한 듯한데, '고백 기술' 아이디어를 생각할 가치는 충분하다고 봅니다. 연애가 잘 풀려야 행복하게 살아가는 사람이 늘어날 수 있습니다.

인터넷이 편리하기는 해도 때에 따라서는 기분이 울적해지거나 상처받을 위험도 적지 않습니다. 인터넷의 새로운 사용 방식을 기획할 때는 인간 감정의 '부不'를 해결하여 행복이 불어나는 방법을 고안하고 싶습니다.

시크릿 크러시 기능은 좋아하는 사람을 9명까지 등록할 수 있는 듯한데, 동시에 여러 사람과 마음이 통하면 어떻게 할까요…. 9명이 과연 가장 적절할까요. 한 명은 안 될까요? 생각할수록 심오합니다.

커다란 문제는 반드시 자잘하게 쪼갤 것

아이디어가 떠오르지 않을 때는 본래 문제의 전체상이 보이지 않는 경우가 많은 법입니다. 때로 문제를 세분화하려고 시도해봅시다.

회사에서 어떤 기획을 제안해도 통과가 되지 않는다는 문제가 있다고 가정합시다. 이 상황에서 '어떻게든 통과할 기획 아이디어를 생각해야 하는데…!' 하는 막연한 사고방식이 지배하는 동안은 아무 아이디어도 생각나지 않습니다. 기획이 통과하지 않는 이유 중 가능성이 있는 것을 세분화해서 전부 헤아려놓고 하나하나에 대한 아이디어를 생각해봅시다.

- 홍보 플랜이 약하다? → 프로모션 수법의 아이디어를 생각한다 → 눈에 띄는 보도자료 안을 구체적으로 제시하면 어떨까?
- 새로운 기획에 착수할 여유가 없으니까 기획이 통과하지 않는다? → 우선은 현재 재고를 줄이는 아이디어를 생각한다 → 복주머니[1]에 넣어 팔아보면 어떨까?
- 자신이 신뢰받지 못하기 때문에 기획이 통과하지 않는다? → 신뢰받을 방법의 아이디어를 생각한다 → 팀 구성원 전원과 따로 대화를 나누어보면 어떨까?

이런 식으로 세분화하는 동안 장애로 작용하는 문제의 핵심이 보이고 해결의 실마리를 붙잡을 수 있습니다. 커다란 문제는 반드시 자잘하게 쪼개서 생각합시다.

1 복주머니(福袋): 여러 물건을 봉하여 싸게 파는 주머니로, 구입한 다음에야 안에 무엇이 들었는지 알 수 있다.

문제를 자잘하게 쪼갤 때는 MECE(미시)[2]하게 생각합시다. 와타나베 겐스케(渡辺健介) 씨가 써낸 『공부의 신들도 모르는 문제 해결의 기술(世界一やさしい問題解決の授業)』이라는 책이 알기 쉽게 설명했습니다.

2 MECE: Mutually Exclusive Collectively Exhaustive. 빠지는 것 없고 겹치는 것 없이.

8월 15일

좋은 아이디어는 기억에 새겨진다

특히 좋아하는 아이디어 관련 서적을 꼽는다면 칩 히스Chip Heath와 댄 히스Dan Heath가 쓴 『스틱!Made to Stick』입니다. 여기에는 아이디어 사고방식의 본질이 담겨 있습니다. 이 책의 주제는 '좋은 아이디어란 기억에 새겨지는 아이디어'라는 것입니다. 다시 말해 **아이디어가 그냥 스쳐 지나가지 않고 기억에 새겨지면 사람이 물건을 사고 일을 하는 행동에 효과가 나타난다는** 이야기입니다.

기억에 새겨지는 아이디어의 조건은 여섯 가지입니다.

① 단순명쾌하다, ② 의외성이 있다. 어떤 성질의 상품이나 서비스든 알기 쉽고 '그럴 줄이야!'하고 놀라게 하는 것이 기억에 오래 남습니다.

③ 구체적이다, ④ 신뢰성이 있다. 세밀한 곳까지 현실성 있게 상상 가능한 아이디어는 더욱 기억에 새겨집니다.

⑤ 감정에 호소한다, ⑥ 서사성이 있다. 이것이 있으면 감동하기도 하고 응원하고 싶기도 하고 친구가 되고 싶기도 합니다.

이 여섯 가지 조건을 외워두면 발상의 힌트도 되고 선택해야 할 아이디어의 기준도 됩니다. 실행하려고 하는 아이디어가 사람들의 기억에 새겨지느냐 마느냐를 의식합시다.

『스틱!』의 서장에는 이런 표현이 나옵니다. "좋은 아이디어는 이해되고 기억에 남아 지속적인 영향력을 지니는, 한마디로 상대의 의견과 행동을 바꾸는 아이디어를 말한다." 처음 이 대목을 읽고는 '오오!' 하는 감탄사가 절로 나왔습니다.

세계 일주 여행 포스터로 배운 전달 타이밍의 중요성

술집 화장실 문에 세계 일주 선박 여행을 100만 엔 정도로 갈 수 있는 여행 상품 포스터가 붙은 모습을 본 적이 있습니다. '술집 화장실에 세계 일주 선박 여행 포스터를 붙인다'는 선전 방법이 탁월하다고 생각합니다.

만약 이 포스터를 쇼핑몰 같은 곳에 붙였다면 그 자리에서 '선박 여행을 가고 싶다'는 생각은 들지 않았을지도 모릅니다. 그러나 술집에서 술을 마시고 취한 상태라면 그 포스터를 보고 '세계 일주로 새로운 자아를 발견하고 싶어!' 하는 사람이 있을 듯합니다. 특히 가격이 저렴한 술집의 손님이기 쉬운, 졸업을 앞둔 대학생에게는 가슴에 와닿지 않을까요. 실제로 내가 아는 사람 중에 그런 생각으로 대학생 때 선박 여행을 떠난 사람이 두 명쯤 있습니다.

처음에는 우연히 술집 화장실 벽에 공간이 있어서 포스터를 붙였을지 모르겠지만 이 사례는 우수한 힌트를 쥐여 주었습니다. 전단지를 배포하거나 CM을 방송하는 타이밍과 장소가 언제 어디라도 무방한 것은 아닙니다. **언제 어디에서 누가 그것을 보면 돈을 내고 사고 싶어지는지 곰곰이 따져볼 필요가 있습니다.**

8월 17일

물론 술에 취했다고 무엇이든 사고 싶어지는 것은 아닙니다. 술집 화장실에 신문 구독 선전 포스터가 붙어 있다면 시야에 들어오지 않았을지도 모릅니다. 모든 일은 '친화성'이 중요합니다.

나는 젊은 시절 술에 취해 편의점에 들르면 반드시 옛날에 읽던 만화 작품, 그것도 두툼한 편의점 전용 만화책을 샀습니다. 서점에서는 눈에 띄었어도 사지 않았을 것입니다.

팔리는 상품 아이디어가 떠오르는 '선물 발상법'

남에게 줄 선물을 진지하게 생각할 기회가 늘어나자 상품을 개발하는 감각이 좋아졌습니다.

선물을 줄 때는 약간 불안을 느끼기 마련입니다. '마음에 들지 않으면 어쩌지?'. '벌써 갖고 있는 것은 아닐까?', '기뻐할 줄 알고 건넸는데 표정이 굳으면 어떡하지?' 하는 생각이 듭니다. 타인의 성격과 행동 패턴을 통찰하고 무슨 선물이 좋을지 생각하다 보면, 사람은 어떤 상품을 기쁘게 살까를 섬세하게 짐작할 수 있습니다.

한번 아는 사람 전원을 떠올리면서 '이 사람이라면 어떤 선물을 사주면 좋아할까?', '어떤 타이밍에 어떤 말을 하면서 선물을 주면 더 좋아할까?' 하고 상상해봅시다. 가능하면 실제로 선물해봅시다. 선물을 줄 때 자신의 감정, 상대의 반응을 관찰하면 장사를 둘러싼 많은 일을 깨달을 것입니다.

기업이 상품을 개발해 고객에게 기쁨을 안겨주기 위해 발매한다는 점은 선물과 똑같습니다. 선물을 기쁘게 받아주어야 비로소 대가를 받을 수 있습니다. **나는 젊은 사원으로서 상품 개발을 어느 때는 '자신의 창작 활동', 어느 때는 '회사의 상사가 내준 과제'라고 이해했습니다.** 상품 개발을 '선물'이라고는 생각지도 못했지요. 오해가 깊었구나 반성하고 있습니다. 모든 일은 고객에 대한 선물입니다.

프레젠테이션도 '선물'입니다. 상대에게 어떤 선물을 할 수 있을까, 그러면 자신도 주위도 얼마나 기뻐할까를 이야기하는 것이 바로 프레젠테이션입니다.

만나고 싶은 사람과 만나는 기획의 힘

아키타현에 살던 고등학생 시절, 〈NHK-FM 뮤직 스퀘어〉라는 라디오 프로그램을 좋아해 매일 청취하면서 공부했습니다. 20년이 넘게 지나 문득 이 프로그램을 떠올리고 블로그에 「뮤직 스퀘어 빙고」라는 기사를 썼습니다.

5×5의 칸에 당시 라디오에서 DJ 나카무라 다카코中村貴子 씨가 자주 들려준 아티스트 이름을 쓰고 동영상을 붙인 다음, "**이 가운데 CD를 산 적이 있는 아티스트를 골라 클릭하여 한 줄을 채우면 빙고입니다!**" 하고 호소했습니다. 그랬더니 '어머, 옛날 생각이 나서 반갑다!' 하는 반향이 있었고 트위터로 사람들이 빙고에 참가했습니다.

그렇게 빙고 행사를 진행하는 사이에 나카무라 다카코 씨 본인이 트위터로 빙고에 참여해주었고, 그것에 내가 '〈NHK-FM 뮤직 스퀘어〉가 내 인생을 만들었다'는 댓글을 달았더니 트윗을 몇 번이나 주고받을 수 있었습니다. 기획 하나로 동경하던 사람과 대화할 수 있었던 것입니다. 고등학생이었던 나에게 가르쳐주고 싶은 점이라고 생각했습니다.

인터넷으로 사람과 사람이 이어지는 시대가 되었습니다. 만약 만나고 싶은 사람이 있다면 상대에게 선물이 되는 기획을 고안해 살짝 발신해보면 좋을지 모릅니다. 기획이란 다른 사람을 기쁘게 하는 동시에 자기 자신을 기쁘게 하기 위한 것입니다.

트위터 같은 SNS는 비즈니스 기획의 성패를 가늠하는 조사 방법으로도 활용할 수 있습니다. 어느 주제의 기획을 시도해보고 많은 사람이 열광하며 참가해준다면, 그 주제로 비즈니스 기획이 가능한지 짐작해보는 척도가 될 수 있습니다.

어릴 적 마음으로 멍하니 지내면 보이는 본심

실업가 히구치 기요노리樋口聖典 씨가 설립한 후쿠오카현 다가와시의 '괜찮을까 Paletteいいかねpalette'라는 시설이 있습니다. 폐교한 초등학교 건물을 통째로 사용해 숙박시설과 레코딩 스튜디오, 도서실, 운동장, 체육관 등 다양한 놀이터를 설치했습니다.

실제로 그곳에 묵으러 갔을 때 공유 사무실도 있다는 소식을 들었으므로 '초등학교에서 일하면 즐거운 것 같다'고 생각해 도착하자마자 컴퓨터를 켜고 일을 하려고 했습니다. **그랬더니 두뇌와 신체가 전혀 움직이지 않은 채 오로지 멍하니 지냈고 정신을 차려보니 다음 날이었습니다. 초등학교의 마력인가 싶었습니다.**

비록 내가 다니던 학교는 아니어도 초등학교라는 공간이 자신을 어린이로 돌려놓은 것 같은 감각을 느꼈습니다. 일을 할 수 없었습니다. 일하기 싫었던 것은 결코 아니지만 약간 동심으로 돌아간 참이라 일에 손을 대보려고 한 것 자체가 부자연스러운 행동인지도 모른다는 생각이 들었습니다.

이 체험을 히구치 기요노리 씨에게 이야기했더니 "그런 상태로 아무 일도 하지 않고 2주일쯤 머물면 심심해져서 앞으로 정말 하고 싶은 일이 떠오른답니다" 하고 말했습니다. 어릴 적에는 어른이 되어 무슨 일을 하고 싶다고 잔뜩 망상을 펼쳤습니다. 어른이 된 지금은 눈앞에 닥친 일만으로 힘에 부칠 때가 종종 있습니다. 새로운 인생의 가능성을 찾고 싶은 사람은 한번 '괜찮을까 Palette'에 가서 초등학생으로 돌아간 듯한 체험을 해보면 어떨까요.

인생은 언제나 몇 번이든 새로운 출발점에 설 수 있습니다.

꼭 가보십시오. '괜찮을까 Palette' 공식 사이트: https://palette.jp.net

일하기가 괴로운 이유는 기쁘게 해줄 고객이 없기 때문

지금 이 책을 읽는 사람 중에는 '일이 너무 바빠서 틈을 낼 수 없다', '스트레스 때문에 괴롭다' 등 힘든 일에 치여 사는 사람도 있을 것입니다. 내게도 예전에는 그런 시간이 있었습니다. **일이 고생스럽다고 느끼는 때는 그 일이 자신을 위한 것도, 다른 사람을 위한 것도 아닐 때입니다.**

아무리 바쁘고 피곤해도 고객이나 함께 일하는 사람들에게 도움을 주고 감사 인사를 받으면 일은 기쁨이 됩니다. 만약 지금 일하기 괴롭다고 느낀다면 **우선 이 세상의 누구 한 사람을 정해놓고 그 사람을 돕고 마음껏 기쁨을 안겨주기 위한 일을 생각해봅시다.** 그 연장선 위에 행복하게 계속 일하는 힌트가 있습니다.

자기 일로 누구 한 사람도 기뻐하지 않는 시기가 있으면 다른 사람을 기쁘게 하는 것은 일단 포기하고 자신을 기쁘게 하기 위한 일을 합시다. 이를테면 일하며 취미를 즐기거나 자기가 원하는 능력을 키워봅시다. 우선은 온 힘을 다해 노력했던 일을 끝내면 좋아하는 음료를 마시자는 목표를 세워도 좋다고 봅니다.

8월 21일

최우선으로 '자기 자신'이라는 고객을 기쁘게 하면 그 연장선 위에서 행복하게 일할 힌트를 찾을 수 있습니다.

인생에서 직업을 몇 번이나 바꿀 수 있는 시대가 되었습니다. 여러분이 기쁘게 할 수 있는 고객은 세상에 아직 넘쳐납니다.

두 번째 자기소개는 '사고 소개'를 하자

처음으로 만난 사람 앞에서 자기소개를 할 때는 잘하는 일, 좋아하는 것 등을 이야기할 때가 많습니다. 맨 처음이라면 그렇게 해도 괜찮겠지만 열심히 좋은 면만 보이려고 하면 상대가 '훌륭한 사람인가 보다…' 하고 거리를 느낄 때가 있습니다. 하지만 상대가 '완벽한 인간이 아니라 약점도 있다'는 사실을 알 때 사람은 안심하는 법입니다.

서로 알아가는 과정에서 한 단계 더 사이가 돈독해지는 시기가 오면 최근이나 과거에 있었던 실패담과 고생담을 이야기해보기를 권합니다. 가령 '어제 애인한테 차여서 괴롭군요', '옛날에 만든 상품이 이 지구상에서 세 개밖에 팔리지 않았어요~' 등등을 말이지요. **그런데 자기소개 단계에서 너무 심각한 이야기를 하지 않는 것이 중요합니다.** 마음이 지나치게 무거워지지 않는 실수 이야기가 좋습니다. 누구에게나 일어날 수 있고 웃음으로 날려버릴 수 있는 이야기, 즉 '맞아, 나도 그래~' 하고 말장구 칠 수 있는 이야깃거리가 바람직합니다.

특히 '일하다가 겪은 실패담'이 가장 쓸 만합니다. 일하는 도중의 사건 사고는 누구에게나 흔히 일어나기 때문에 그 경험담은 웃으며 날려버린 다음 서로 어깨를 두드리며 격려할 수 있는 이야기입니다. '이런 실수를 저질렀지 뭐야' 하고 서로 '실수 자랑'을 늘어놓으면 사이가 친밀해집니다. 나는 이것을 사고 소개事故紹介라고 부릅니다. 사고 소개가 잘 풀리면 주위 사람들에게 사랑받습니다.

자기 성격의 결점 등 '성질'을 이야기하기보다 사건을 이야기해야 신경 쓰는 일 없이 가볍게 웃어넘길 수 있습니다. 라쿠고의 등장인물이 '난 멍청이야!' 하고 말하면 웃을 수 없지요. 멍청한 짓을 저지르기 때문에 웃을 수 있습니다.

아날로그 게임을 만드는 기승전결

아날로그 게임(보드게임, 카드 게임 등)의 기획 개발은 내가 잘하는 일입니다. '어떻게 만들 수 있어요?' 하는 질문을 자주 받는데, 간단히 소개해드리겠습니다. 과정은 **다음과 같이 '기승전결'로 생각합니다.**

- 기: 주제를 생각한다(쇼핑 게임? 탐정 게임? 동물원 게임?).
- 승: 규칙을 생각한다(고금동서의 다양한 게임이 사용하는 규칙을 공부하고 조합하면서 주제에 맞추어 규칙을 만들어간다).
- 전: 플레이하는 사람의 감정이 동요하고 자연스레 대화가 이루어지는 '배신' 장치를 집어넣는다(무슨 일이 일어나야 웃거나 놀라거나 분해서 또다시 놀고 싶어질까를 생각하고 장치를 집어넣는다).
- 결: 테스트 플레이를 되풀이하여 완성한다(재미있게 놀 수 있고 불편한 일이 일어나지 않도록 게임 균형을 정비해간다).

이러한 방식의 흐름을 가르쳐주면 보드게임을 몇 가지 해본 사람은 시행착오를 겪으면서 게임을 만들 수 있습니다. 어른보다 초등학생 중에 더 잘하는 사람이 많습니다. 자기가 만든 게임을 남이 플레이하도록 하는 일은 즐겁습니다. 관심이 있으면 도전해보십시오.

참고로 위에서 말한 기승전결 중에 가장 시간이 드는 부분이 '결'입니다. 재미있는 게임 균형이 이루어질 때까지 조정하는 작업이 90퍼센트를 차지합니다. '결'은 고생스럽습니다.

놀이 제작이란 '현기증' 만들기다

최근 장난감에는 '뇌를 키운다!', '사고력을 단련한다!' 같은 효능을 주장하는 광고 문구가 자주 눈에 띕니다. 부모님 중에도 아이가 노는 것뿐만 아니라 성장해주기를 바라는 의식이 높아졌다는 현실을 실감합니다.

로제 카이와Roger Caillois는 저서 『놀이와 인간Les jeux et les hommes』에서 놀이의 네 가지 요소를 '경쟁', '운', '모방', '현기증'이라고 설명합니다. 경쟁은 달리기, 운은 주사위 놀이, 모방은 소꿉질로 볼 수 있습니다. 그러면 '현기증'은 무엇일까요?

'현기증'은 『놀이와 인간』에서 "유원지에서 탈것에 탔을 때 느끼는 열광·흥분 같은 감각"이라고 설명했으나 나는 **'우와!' 하고 느끼는 충격과 스릴이 현기증**이라고 해석합니다. 어른이 어린이를 위해 놀이를 제작할 때 '우와!' 하고 감동하게 되는 '현기증'을 만들어줄 수 있으면 좋겠습니다.

경쟁, 운, 모방은 어른으로 성장함에 따라 얼마든지 경험합니다. 일하면서는 이런 것이 괴롭다고 느끼거나 그 과정에서 놀림을 당했다고 화를 내고 우는 일도 있겠지요. 어른이 되어서도 이런 것 속에서 놀이를 끌어내기 위해 언제나 현기증의 즐거움을 느낄 수 있기를 바라는 바입니다. 힘든 일 속에서도 성공의 기쁨이나 새로운 경험을 맛볼 때는 흥분을 감추지 않고 그 자리에서 빙글빙글 춤추는 어른이 참으로 강한 사람입니다.

효능이 있는 서비스를 만드는 것도 중요하지만 아이들도 인생을 즐길 수 있도록 최선을 다해 '현기증'을 설계하려고 노력하는 것이 어른의 책임이 아닐까 싶습니다.

나는 자신이 즐겁게 일하는 모습을 아이들에게 보여줍니다. 그것만으로 충분히 '우와!' 하는 현기증 같은 감각을 불러일으킨다고 생각합니다.

발상의 힘을 증폭하는 카드 게임의 규칙

〈가케아이〉라는 카드 게임이 있습니다. '인간의 욕구가 쓰여 있는 카드'와 '업종이 쓰여 있는 카드'를 결합해, 함께 가케아이 토크를 하면서 그 욕구를 채워주는 비즈니스 아이디어를 연상하고 포스트잇 등을 마구 붙이는 놀이입니다. 이 게임의 규칙에는 누구나 유연하게 아이디어를 내도록 해주는 장치가 두 가지 있습니다.

하나는 이 게임의 승리 조건입니다. 다 같이 아이디어를 낸 다음 임의로 뽑은 '상 카드'에 적힌 상의 내용에 가장 어울리는 아이디어를 낸 사람이 승자가 됩니다. '스케일이 엄청 커다란 상', '웃을 수 있는 상', '금세 실현할 수 있을 듯한 상', '주제와 연관 없는 것을 말한 상' 등등 다양한 상이 있습니다. 요컨대 **이 게임은 좋은 아이디어를 내기보다는 머릿속에 떠오른 것을 무엇이든 많이 써내야 이길 가능성이 높습니다.** 이 규칙에 따라 참가자는 생각난 것을 주저하지 않고 적극적으로 써낼 수 있습니다.

8월 25일

또 하나는 다른 사람이 쓴 아이디어를 수시로 보고 참고해도 괜찮다는 조건입니다. 그렇게 하면 '아아, 그런 발상도 할 수 있구나' 하고 새롭게 배우는 바도 있고, 그것을 실마리 삼아 자기 나름대로 아이디어를 낼 수 있습니다.

아이디어를 혼자서만 궁리하면 발상이 막히기 쉽습니다. 다 함께 즐기면서 신명 나게 생각해봅시다.

〈가케아이〉는 줌(Zoom) 등 원격 영상통화로 플레이하는 것도 추천합니다. 대화창에 아이디어를 쓰면 다른 사람의 아이디어를 참고하기 쉽습니다. 온 세계 사람들과 함께 아이디어를 내는 게임을 즐겨봅시다.

상품 아이디어는 억지로 실현하지 않아도 괜찮다

10년도 훨씬 전에 '맹현盲県'이라는 장난감 아이디어를 낸 적이 있습니다. 47개 일본 행정구역 모양의 조각을 주머니에 넣어놓고 눈가리개를 쓴 사람이 손으로 조각을 뽑습니다. 손의 촉감만으로 무슨 행정구역인지 알아맞히고 모두 맞힐 때까지 시간을 다투는 게임 상품이었습니다만, 47개 행정구역의 조각을 만드는 비용이 만만치 않아 상품으로 실현하지 못했습니다.

이후 약 10년이 지나 아이들이 태어났을 때 '구몬의 일본 지도 퍼즐'이라는 상품을 샀습니다. 잘 생각해보니 장난감 업계에는 이미 이렇게 훌륭한 상품이 있었습니다.

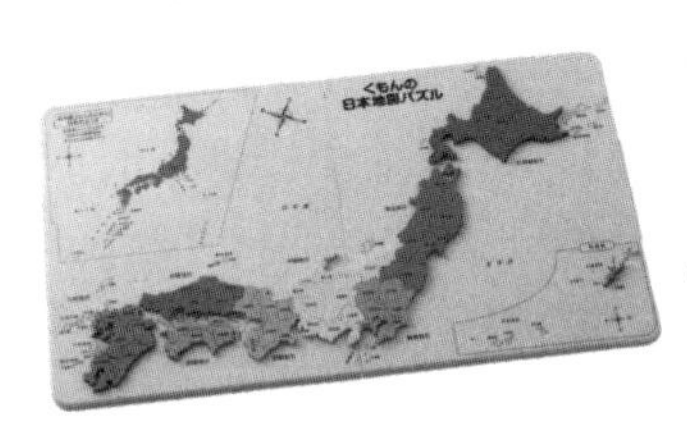
© Kumon Publishing

이 상품의 존재는 알고 있었으나 직접 돈을 내고 자기 자신을 위해 이 상품을 샀을 때 아주 저렴한 가격과 높은 질을 보고 소스라치게 놀랐습니다.

이 퍼즐의 조각을 사용해 손가락 끝 감각만으로 어떤 행정구역인지를 맞히는 연습을 하고, 그 과정을 웹 기사로 써서 공개했습니다. 그러자 내가 올린 기사가 SNS로 퍼져나갔고, 여러 전문 분야 지식인의 코멘트를 받았을 뿐 아니라 존경하던 구몬의 일본 지도 퍼즐 개발 담당자에게도 연락을 받았습니다(이분과는 친해진 나머지 나중에 일도 함께 도모했습니다).

세상에 좋은 상품이 이미 있다면 무리해서 창의적인 상품을 개발하려고 하기보다는 기존 상품의 가치나 스토리를 사람들에게 널리 퍼뜨리는 것도 훌륭한 상품 개발입니다. 나는 기사를 올려 많은 사람이 읽어주는 방식으로 '눈 가리고 현 맞추기目隠し県当て'라는 놀이를 개발해 많은 사람에게 즐거움을 제공할 수 있었습니다. 장난감 개발자로서 좋은 일을 했다고 자부합니다.

'뭐든지 해보기 대장'이라고 불리는 쓰타야 서점 직원 구리마타 리키야(栗俣力也) 씨는 절판된 책의 표지를 갈아 새로운 책으로 부활시켜 어마어마한 수량으로 판매하고 있습니다. 아직 읽지 않은 사람에게 좋은 책을 전달하는 것, 이것이야말로 상품 개발이라고 감탄하면서 책을 읽고 있습니다.

짜증의 원인은 자기 자신이 아니라 짜증 바이러스

자기도 모르게 안달하거나 화를 내고 말았을 때 자신을 힐난하지는 않는가요? '난 마음이 좁은 인간이야!', '어째서 그렇게 벌컥 화를 냈을까?' 하고 말입니다. 인간은 내면에서 짜증을 만들어내지 않습니다. 세계에 가득 퍼진 짜증의 원인이 되는 바이러스 같은 것에 우연히 감염당했기 때문에 짜증이 날 따름입니다. 한마디로 **자기 자신은 결코 나쁘지 않습니다.**

짜증은 감기와 같습니다. 이렇게 생각하면 짜증이 났을 때 어떻게 대처해야 할지 금방 이해할 수 있습니다.

① 나을 때까지 몸을 돌보는 수밖에 없습니다.

② 남에게 짜증을 옮기지 않도록 거리를 두는 것이 좋습니다.
짜증은 옮기 쉽습니다.

③ 누군가가 짜증을 내면 그것이 자기에게 옮지 않도록 조심합시다.
역시 짜증은 옮기 쉬우니까요.

8월
27일

④ 누군가가 짜증을 내면 그 사람을 배려하고 잘해줍시다.

다시 강조하지만 인간은 짜증을 만들어내지 않습니다. 자신도 타인도 결코 나쁜 것이 아닙니다. 그렇게 이해하면 마음이 편해지고 짜증이라는 병에 걸리는 일이 자연스레 줄어듭니다.

짜증은 감기와 비슷하기 때문에 유행하기도 합니다. 짜증 바이러스가 득시글거리는 사회 환경이 조성된다면 싫은 것을 멀리하고 조심합시다. 체력이 충분해야 한다는 점도 중요합니다.

점을 믿고 행동하면 성공 확률이 올라간다

사업 초기에 신규 사업으로 기술 혁신을 일으키는 데 도전하는 각 업계 사람들의 커뮤니티에 참여했습니다. 어느 해 연말 모임 때 한 사람이 용하다는 점성술사를 데려왔습니다. 점성술로 구성원들의 내년 운세를 내다보고 새로 벌이려는 신규 사업이 성공할지 점친다는 기획이었습니다. 이 기획을 꾸민 사람은 "점이 기술 혁신을 추진시킨다고요" 하는 말을 했습니다.

처음에는 무슨 의미인지 전혀 몰랐습니다만, 점을 봤더니 "내년은 비약하는 해니까 펄펄 힘있게 행동해야 좋아요!" 하고 함박웃음을 지으며 말해주었습니다. '그렇구나, 그럼 지금 구상 중인 새로운 사업을 힘차게 추진해보자!' 나도 이런 생각이 들었습니다. 그런데 잘 들어보니 주위 사람들 모두 "내년은 운이 좋을 듯하니 밀고 나가세요!" 하는 말을 듣고 기뻐했습니다.

나는 점이 얼마나 믿을 만한지 모르겠으나 **전혀 알지 못하기 때문에 행동하고 싶다는 마음이 든다는 것을 실감했습니다.** 나중에 뒷소문을 들어보니 그 점성술사의 말을 믿고 힘을 얻어 연애에 성공한 사람이 많았다고 합니다. 웃음을 가득 띠고 힘있게 '지금이 딱 운이 좋은 때!' 하고 말해주면 긍정적인 마음이 들어 행동을 일으키고, 그 결과 성공 확률이 올라갑니다.

논리적으로만 생각하면 자신감을 잃거나 실패의 원인을 미리 짐작하고 행동을 주저하기도 합니다. 그보다는 단순히 '아자, 아자' 하는 기분으로 행동하면 일이 잘될 수 있습니다.

오늘날의 발전된 AI도 행동을 추진하는 데 쓰입니다. 'AI가 이 책을 추천합니다' 하는 말을 들으면 이유를 모를수록 관심이 생깁니다. 논리를 이해할 수 없는 것을 자신만만하게 추천해주는 방법은 사람을 움직일 수 있습니다.

'활발한 성격'을 발휘해 뜻밖의 행운을 불러들일 것

자신의 다섯 가지 강점을 진단하는 프로그램 '스트렝스 파인더'를 실행해서 나온 나의 강점은 ① 공감성, ② 자기반성, ③ 활발한 성격, ④ 학습 욕구, ⑤ 성장 촉진이었습니다. 스스로도 과연 그렇다는 생각이 들었고 친구들도 '잘 맞히네!' 하는 소리를 했습니다만, 유일하게 세 번째 강점인 '활발한 성격'에만 '어라, 네가 그렇게 활발한 사람이었어?' 싶어 의아했습니다.

활발한 성격이라는 강점은 활발한 아이처럼 명랑하고 운동도 잘한다는 뜻과 좀 다릅니다. 오히려 '앞뒤 따지지 않고 생각나는 대로 금방 행동해버리는' 성격을 나타냅니다. 실제로 나는 잘 생각하지 않고 행동해버리는 성격입니다. 스마트폰의 메신저 상태가 좋지 않아서 일단 삭제했더니 과거에 나눈 대화가 전부 사라진 적도 있고, 컴퓨터 상태가 좋지 않아서 적당히 파일을 삭제했더니 구동을 완전히 멈춘 적도 있습니다. 자주 이런 일을 저지릅니다.

실패도 만만치 않았습니다만, 돌이켜보면 행운은 대부분 이 같은 '활발한 성격'이 불러왔다고 생각합니다. 머리에 떠오르는 대로 쓱쓱 써낸 기획서가 히트 상품으로 실현되기도 하고, 만난 지 얼마 안 되어 프러포즈했는데 결혼에 성공하기도 하고, 집을 사고 맏딸이 태어난 직후 회사를 그만두고 사업을 벌였는데 좋은 일이 굴러 들어왔습니다.

8월 29일

깊이 생각하지 않고 저지른 일이 전부 좋은 결과만 낳지는 않았습니다만, 뜻하지 않은 결과로 이어지는 일도 반드시 일어났습니다. 남에게 폐를 끼치지 않는 일이라면 **때때로 활발한 성격을 발휘하여 아이디어가 떠오른 순간 행동해보는 것이 어떻습니까.** 며칠이나 끙끙대고 생각만 하다가 아무 일도 하지 않는 것보다는 인생을 대차게 바꾸어줄지도 모릅니다.

이토 요이치(伊藤洋一) 씨의 『0초 만에 움직여라(0秒で動け)』에서는 금방 행동할 수 있는 사람이 되려면 마음에 의지하지 말고 임시 결론을 내서 시도해볼 수 있는 '사고의 기술'이 필요하다고 주장합니다. 행동력은 곧 아이디어의 힘입니다.

호텔 도미인에서 배우는 남을 기쁘게 하는 방법

도미인[1]이라는 비즈니스호텔이 쾌적하다는 정보를 여러 매체와 지인이 들려주었습니다. 실제 숙박해보니 소문 그대로 쾌적했습니다.

내가 머무른 곳에서는 식당에서 밤참 메밀국수를 내주었습니다. 목욕을 마치고 나왔더니 아이스캔디를 주었고, 복도에는 권수를 전부 갖춘 만화를 대량 구비했습니다. 마사지 의자는 무료였고, 드링크 코너도 언제나 이용할 수 있었습니다. 가장 기뻤던 것은 낮고 딱딱한 베개였습니다. 비즈니스호텔의 베개는 어쩐지 필요 이상으로 두툼하고 폭신해서 머리가 푹 파묻히기 일쑤라 언제나 고개가 아팠습니다. 그런데 집에서 쓰는 것과 같은 베개였기 때문에 '와, 이건 완벽한데…' 하고 혀를 내둘렀고 기쁜 마음으로 들썩이다가 잠을 청했습니다 (그런데 호텔 베개는 어디를 막론하고 왜 그토록 두툼하고 폭신할까요).

이런 서비스를 하나하나 살펴보면 **그렇게 고액으로 돈이 드는 서비스는 하나도 없다는 점**을 짐작할 수 있습니다. 고급 호텔에 있는 장식품이나 카펫에 비하면 간단한 식사나 만화는 쉬이 준비할 수 있고 마사지 의자의 무료 이용은 몇백 엔 유료 사용과 별반 다르지 않습니다. 그런데 대중매체에서 '훌륭한 서비스'라는 말을 듣고 있으니, 그날도 투숙객 수가 엄청났습니다. 도미인의 서비스는 최고로 가성비가 좋은 판촉 활동인 동시에 일반인이 가장 원하는 서비스가 무엇인지 잘 파악하여 제공한 것입니다. 서비스의 본질을 제대로 아는 것이 얼마나 중요한지 깨닫게 해주는 사례입니다.

8월
30일

1 도미인(ドーミーイン): 주식회사 공립 메인티넌스가 운영하는 비즈니스호텔 체인.

유튜브 동영상을 보더라도 돈을 들여 제작하거나 부를 자랑하는 콘텐츠보다 스마트폰 한 대로 찍은 침대열차 동영상이나 식구끼리 술을 마시는 동영상이 막대한 조회 수를 올리기도 합니다.

협동력에 앞서 '고독의 힘'을 단련하자

나는 십대 시절까지 이른바 커뮤니케이션 장애로 친구 사귀기나 팀 활동에 애를 먹었습니다만, 어른이 되고 나서는 의외로 다양한 사람들과 함께 일하거나 활동하는 일에 능숙한 사람이 되었습니다. 그 이유는 혼자서 행동하고 즐기는 힘, 즉 '고독의 힘'이라는 토대가 있기 때문이라고 분석합니다. 무슨 일이 일어나든 먼저 스스로 헤쳐나오려고 하는 정신이 몸에 밴 것이 중요합니다.

남에게 의지하거나 손을 벌리는 일은 중요합니다. 타인의 힘을 빌려야 인생을 헤쳐나갈 수 있는 법입니다. 그러나 그 전에 남의 눈이나 평가를 눈치 보지 말고 스스로 하고 싶은 일이나 믿고 있는 일에 열중하는 힘이 중요합니다. 나는 어릴 적부터 의사소통이 서툴렀기 때문에 고독의 힘을 발휘하는 삶을 살 수 있었습니다. 그것은 이제 와 돌이켜보면 행운이었을지도 모릅니다.

애초부터 주위 사람에게 기대지 말고 혼자서 움직이는 것을 즐길 줄 알면 자기만의 독자적인 사고방식과 장점을 습득할 수 있습니다. 다양한 장점이 있는 개인이 모여 서로 돕고 약점을 보완해야 팀은 매력을 발휘할 수 있습니다. **고독을 즐기지 못하는 사람은 집단에 속해서도 즐길 수 없을지도 모릅니다.**

또한 **고독의 힘 다음으로 '두 사람의 힘'이 중요합니다.** 열 명으로 이루어진 팀이 있다고 해도 그중에서 우선 마음이 맞는 한 사람과 대화를 나누고 무슨 일인가를 함께 도모해봅시다. 일대일 커뮤니케이션의 집합체가 바로 팀입니다.

협업하다 보면 '그 사람도 함께 해볼까?', '그 사람도 끌어들여서…' 하는 말을 꺼내는 사람이 있는데, 나는 '우선 둘이서 해보자' 하고 말합니다.

9월

사건·사고야말로 절호의 기회

돈의 투자보다
시간의 투자를 배울 것

투자라는 말을 들으면 대다수 사람은 돈의 투자를 떠올릴 듯합니다만, 내게 깊이 생각해야 할 투자는 시간의 투자 하나뿐입니다. 누구에게나 시간의 양은 정해져 있습니다. 그것을 누구를 위해, 무엇을 위해 쓰느냐에 따라 인생은 정해집니다. 나는 인생의 친구를 찾는 일에 시간을 투자하고 있습니다. 풍요로운 인생을 살기 위해서는 가족뿐만 아니라 평생 사이좋게 지낼 수 있는 가족 이외의 친구 몇 명이 중요합니다.

실은 **친구 찾기 방법으로서 내가 가장 시간을 투자하는 일이 바로 본업인 상품 개발입니다.** 돈을 벌기 위해서보다 친구를 찾기 위해서 본업에 종사하는 셈입니다. '이 상품에 깊이 공감해주고 기뻐하는 사람과 친구가 되고 싶어!' 이런 생각이 드는 상품만 만들어 팔고 있으니까요. 게다가 돈을 내 상품을 사고 기뻐하는 친구와 나중에 행사에서 만나거나 직접 연락을 받고 친해지는 일이 자주 생깁니다. 결과적으로 그렇게 누군가를 위해 깊이 생각하고 만든 상품은 대체로 잘 팔립니다.

어른은 일하는 데 많은 시간을 투자합니다. 일해서 얻은 이익은 돈뿐만 아니라 자신의 성장, 타인의 기쁨 등 여러 가지가 있습니다. 일에 시간을 들이는 것은 그리 나쁘지 않습니다. 또한 인생의 시간을 쓰는 방법은 다양하기 짝이 없습니다. 놀이, 취미, 학습, 사회 공헌 등 자신의 시간을 원하는 감정이나 가치로 바꾸어나갑시다.

나는 금융상품을 사는 이른바 돈의 투자를 거의 하지 않습니다. 시도 때도 없이 신경을 쓰는 성격인지라 결국 시간이 줄어들 것이기 때문입니다. 돈을 위해서만 시간을 쓰는 일은 하지 않습니다.

아이디어를 내기 어려울 때 도움이 되는 77가지 발상법

아이디어 발상이 서투른 사람에게 내가 만든 '77가지 발상법 리스트'를 소개하겠습니다. 지금 해결하고 싶은 문제가 있다면 그 문제를 떠올리면서 리스트를 따라 **차례로 '이렇게 하면 어떨까?' 하고 생각해보십시오.** 시선을 끄는 것부터 순서대로 적용해보고 가볍게 아이디어를 내보십시오.

모양을 바꾸어보면 어떨까 / 오감(시각·청각·후각·미각·촉각)과 관련한 무언가를 바꾸어보면 어떨까 / 크기 또는 규모(대소·넓이·길이·무게·두께 등)를 바꾸어보면 어떨까 / 까부는(웃기는) 방향으로 해보면 어떨까 / 음악이나 효과음을 사용해보면 어떨까 / 밝기(어둡기)를 바꾸어보면 어떨까 / 보이지 않는 것을 보이거나 보이는 것을 감추어보면 어떨까 / 호소하는 포인트를 바꾸거나 호소하기를 멈추어보면 어떨까 / 제목(이름)을 바꾸어보면 어떨까 / 일석이조를 노려보면 어떨까 / 무언가를 없애거나 거꾸로 여러 가지를 덧붙여보면 어떨까 / 색깔이나 무늬를 바꾸어보면 어떨까 / 온도나 기온을 바꾸어보면 어떨까…

다음 내용은 내가 기사로 정리해두었으므로 '77가지 발상법 리스트77の発想法リスト'로 검색해보십시오. 그리고 시간을 들여 조금씩 자신이 사용하기 쉬운 독창적 발상법 리스트를 만들어봅시다. '아이디어를 생각하는 아이디어'는 중요합니다. **자신이 자유자재로 다룰 수 있는 필살기 같은 발상법이 몇 가지 있고, 그것만 사용하면 아이디어가 떠오른다는 자신감이 있는 상태가 가장 바람직합니다. 우선은 하나의 발상법을 체득하고 유능하게 다루어봅시다.** 초급자에게는 '거꾸로 생각해보기'를 특히 추천합니다.

77가지 발상법 리스트

한번은 이러한 아이디어 발상법을 접하고 자신에게 맞는 요령을 알아두기를 권합니다만, 나는 이러한 발상법의 나열에 실은 진작부터 따분함을 느꼈습니다. 발상법보다는 발상을 즐기고 싶다는 '자세'가 훨씬 든든합니다.

질투를 줄이는 사고방식

살다 보면 타인의 성공을 질투할 때가 있습니다. 질투는 본래 미루어 헤아리기 어려운 야릇한 감정입니다. 그 사람이 성공하든 실패하든 내게 영향이 없을 때도 질투합니다. 모르는 사람이 성공한 이야기를 들으면 전혀 질투하지 않는데 아는 사람이 성공하면 질투합니다. 질투하는 상대가 성공하기 위해 얼마나 고생했는지 알면서도 질투합니다. 상대의 성공한 측면만 보기 때문입니다.

내 이야기를 하자면, 남성을 질투하는 일은 있으나 여성은 질투하지 않습니다. 왜 그런지는 결코 설명할 수 없습니다. 소년기에 운동할 때 늘 남자아이들끼리만 비교했기 때문에 경쟁자는 동성뿐이라는 생각이 머릿속에 박혀 있는 것일까요. 또는 여성에게 호감을 주고 싶으니까 남성에게만 질투를 느끼는 것일까요. 어떤 이유이든 비논리적입니다.

내가 질투를 줄인 계기는 자신이 질투하는 상대를 상상하고 공통점을 생각해본 일이었습니다. 가만히 생각해보니 내가 질투한 대상은 내가 손에 넣고 싶은 것을 손에 넣은 상대가 아니라 **내게 좀 불퉁거리며 짓궂게 말한 적이 있는 상대였습니다. 질투한 이유는 내 성격이 나빠서가 아니라 서로 성격이 맞지 않아서일 뿐**이라고 이해했을 때, 질투한 자신을 용서할 수 있었습니다. 질투하는 자신이 그렇게까지 왜소하고 열등한 인간이 아니라고 여긴 순간부터 신기하게도 질투하는 일에 시들해졌습니다. 자기를 긍정할 수 있다면 타인이야 이러하든 저러하든 별로 신경 쓰이지 않는 법입니다.

자기 긍정의 상대어는 '타자 인정'입니다. 인정 욕구에 시들해지면 질투는 줄어듭니다. 일부러 한번 SNS에서 '좋아요'를 받으려고 용을 써보십시오. 그러는 사이에 시들해집니다.

판촉으로 이어지는 노벨티를 고안하는 법

슈퍼마켓에 비닐을 사러 갔을 때 있었던 일입니다. 그날은 기린 맥주가 발매한 '이치방시보리一番搾り' 6개들이를 사려고 마음먹고 가게에 갔는데, 문득 생각하니 아사히 생맥주 '마루에프マルエフ' 6개들이에 미니사이즈 커플 유리잔이 붙어 있었습니다. 유리잔이야 집에 잔뜩 있으니까 평소에는 그런 덤 때문에 상품을 사려고 하지 않습니다만, 그때는 나도 아내도 캔맥주 하나는 좀 많으니까 반만 마시고 싶다고 얘기하던 중이라 미니사이즈 커플 유리잔이 있으면 캔맥주를 반씩 나누어 마시기에 딱 알맞겠다고 좋아했습니다. 결국은 예정대로 이치방시보리를 샀지만 마루에프를 살지 말지 1분쯤 고민했습니다.

노벨티[1](덤) 기획을 적당히 생각해서는 의미가 없습니다. **노벨티가 붙어 있기 때문에 상품을 샀다는 결과를 내야 합니다.** 나는 맥주 같은 식품에 붙이는 아날로그 게임이나 장난감 노벨티 기획을 자주 맡습니다. 담당자에게는 '맥주를 마시면서 놀 수 있는 게임을 생각해보고 싶다'는 말을 자주 듣지만 어른이 식탁에서 맥주를 마시며 게임을 하는 장면은 드물 것 같습니다. 또 카드에 물방울이 튀어 젖는 일도 쉽게 상상할 수 있습니다. 아버지가 아이들이나 부인에게 줄 수 있는 게임이나 물건을 덤으로 붙여야 가정에서 맥주를 사는 구실이 되고 판촉으로 이어지지 않을까 합니다.

9월 4일

1 노벨티(novelty): 기업이나 상품을 알리기 위해 무료로 배포하는 물건.

그날 집에 돌아가 냉정하게 생각해보니 커플 유리잔이 왜 그렇게 마음을 끌었는지 전혀 알 수 없었습니다.

영업은 철凸이 아니라 요凹부터 이야기할 것

사업을 벌인 지 1년째 나는 '아이디어와 기획력이 뛰어납니다!' 하고 자기를 선전하면서 여러 회사에 영업하러 갔습니다만, 좋은 만남은 하나도 이루어지지 않았습니다. 아마도 '아까 그놈은 도대체 여기 왜 온 거야?' 하는 인상을 주었을 듯합니다.

철凸=장점을 먼저 꺼내 보여주어 상대의 인정을 받고 그것이 상대의 부족한 부분인 요凹=약점과 우연히 딱 맞아들어가는 일은 마치 기적과 같습니다. 접점을 만들려면 자신의 요凹=약점을 먼저 보여주고 그것에 상대가 철凸=장점을 맞추어주는 편이 순조롭습니다. **약점의 모양은 변하기 어렵지만, 장점은 적극적으로 모양을 바꾸어 상대의 약점에 기꺼이 맞추어주기 때문입니다.**

© Usagi inc.

창업 후 나는 점차 "난 장난감 개발자인데 그림도 못 그리고 디자인에도 약해요~" 하고 자신의 요부터 이야기하기 시작했습니다. 그러면 고객이 "우리 장점은 디자인이에요. 하지만 상품 아이디어가 없어서 말이죠~" 하는 이야기를 해주고, "그럼 제가 기획을 생각해봐도 되겠습니까?" 하는 식으로 접점이 생겨났습니다.

불안하면 아무래도 장점을 먼저 내세우고 싶어집니다만, 장점을 무리하게 내세워봤자 좋은 일은 거의 일어나지 않는다는 것을 창업 후 1년 만에 겨우 깨달았습니다. 그 후에는 영업하자는 생각은 하지도 않고 철과 요를 맞추는 식으로 다양한 사람과 친구가 되었습니다. 그러고 나서야 드디어 남에게 도움을 주는 일을 할 수 있었습니다.

제가 운영하는 주식회사 우사기의 로고는 凹의 모양을 본뜬 우사기(토끼) 얼굴입니다. 자신의 약점으로 상대의 강점을 더욱 살리는 일부터 시작하고 싶다는 뜻을 담았습니다.

파도치듯 일하는 방식이 가장 건전하다

사업을 시작하고 한두 해는 줄곧 불안을 떠안고 일을 했습니다. 일거리가 정해지거나 상품이 팔리면 기뻐하고 일거리가 없어지거나 실패해 비난받으면 풀이 죽었지요. 일주일마다 일희일비가 계속 엇갈렸습니다. 회사에 직원으로 다닐 때는 월급이 정해져 있으니까 그런 일은 상상도 해보지 않았습니다. 하지만 직접 회사를 운영하니 1년째 적자, 2년째 흑자, 그리고 3년째는 또 적자였습니다. 이럴 때마다 불안이 밀려왔습니다. 도대체 앞으로 어떻게 하면 좋을까 하고요.

그 후 사업 운영이 손에 익자 일희일비의 간격은 1개월이 되었다가 반년이 되었습니다. 몇 년 지나자 파도치는 상태에 익숙해졌습니다. 5년쯤 지난 무렵에 창업 후 매상과 이익의 추이를 그래프로 그리고 평균을 내보니 직선을 그렸습니다. 파도치는 상태는 당연한데 일주일이니 한 달이니 짧은 기간으로 본들 의미가 없음을 깨달았습니다. 만약 3년째 연이어 흑자를 냈다면 4년째는 폭락했을지도 모릅니다. 그랬다면 불안이 더 심해졌겠지요. 계속 상승하기만 하면 도중에 정신이 붕괴해 쓰러질지도 모릅니다. 파도치는 데 익숙해졌을 때에 그동안 일해온 기간 중 가장 불안이 적어졌습니다.

무슨 일이든 직선을 그리며 같은 상태를 유지하면 의외로 대처하기 어렵습니다. 힘든 시기, 신나는 시기, 느긋한 시기, 바쁜 시기 등이 올라갔다 내려갔다 파도치듯 번갈아 찾아오며 일하는 방식이 가장 건전합니다.

상장 기업은 쉬지 않고 성장할 책임이 있습니다. 반대로 작은 회사의 특권은 자유롭게 올라갔다 내려갔다 하면서 파도치듯 앞으로 나아갈 수 있다는 점입니다.

심리적 안전성을 조성하는 달인은 '싸움의 고수'

심리적 안전성이란 부끄러워하거나 타인을 무서워하지 않고 건전한 의견을 교환하면서 생산적으로 일을 진행할 수 있는 상태를 말합니다. 친밀한 그룹을 지향하거나 서로 배려한다는 것과는 좀 다릅니다.

살짝 삐딱한 시선일지 모르겠으나 나는 심리적 안전성을 조성하는 사람이 '싸움의 고수'라고 생각합니다. 회사원 시절 무서운 상사가 두 사람 있었습니다. A 씨는 큰소리로 호통치는 일 없이 조곤조곤 이야기하는 사람으로 언제나 바른말만 하므로 반론할 여지도 없이 일방적으로 꾸중을 들었습니다. B 씨는 목소리를 높여 호통치는 사람이었으나 꾸중 듣는 도중에도 어쩐지 말대꾸하고 싶은 분위기가 느껴졌습니다. 말할 나위도 없이 내가 진심으로 두려워한 상사는 A 씨였습니다. B 씨는 '싸움의 고수'였다고 생각합니다. 아마도 늘 나 같은 말단 부하에게도 싸울 여지를 만들어주는 꾸중 방식이 아니었을까 합니다. 가끔은 논리도 없이 엉뚱한 이야기를 던지니까 한번 들이받고 싶었겠지요.

나는 이 기술을 **'모성母性을 품고 상대와 싸운다'**고 표현합니다. 상대를 쓰러뜨리기 위해 질책하는 것이 아니라 상대의 좋은 점을 일으켜 세워주기 위해 싸우는 것입니다. 이시이리 료스케石井遼介 씨가 출간한 『심리적 안전성을 만드는 방식心理的安全性のつくりかた』에서는 "변하지 않는 것을 받아들이고 변하는 것에 매진하는 '심리적 유연성'"이 중요하다고 소개했는데, 상대에게 자기 효능감을 안겨주고 '무엇이든 바꿀 수 있다'고 생각하도록 하는 싸움이 최종적으로 심리적 안전성을 낳는다고 생각합니다.

아내와 싸우면 제일 마지막에 스스로 결판을 냅니다. 내가 몸이 마르고 연약하기 때문에 던져져 나뒹구는 것으로 끝납니다. 내가 연약하다는 점에 착안한 방법인데, 내 나름의 싸움 기술입니다.

무의미한 '마이 룰'이 있으면 성공한다

수학 교사이자 예능인인 다카타 선생タカタ先生에게 들은 이야기인데 어떤 수업에서 아이들에게 적당한 숫자를 꼽으라고 하고 그것이 소수素數인지 아닌지 애플리케이션으로 판정하는 '소수 찾기' 놀이를 시켰더니 아이들이 소수를 찾아내고는 무척 흥분하는 바람에 들뜬 분위기를 가라앉히기 어려웠다고 합니다. 적당히 말한 숫자가 소수인지 아닌지는 단순한 우연이고 그런 걸 따지는 일은 굳이 말하자면 '무의미'하지만, 놀이에 정신없이 빠져든 기분은 이해합니다.

일의 수치 계획이나 일하는 방식의 규칙에는 당연히 의미가 있습니다. **의미가 있기에 목표를 달성할 수 없을 때 스트레스도 쌓이고 싫은 기분을 맛보기도 합니다.** 의미가 있는 규칙은 물론 중요합니다. 하지만 때로는 의미 없는 마이 룰을 근거로 삼으면 성공이나 실패와 무관하게 아무 방해도 받지 않고 싫증도 내지 않고 행동을 지속할 수 있습니다.

예전에 나는 마음속으로 상품 이름의 글자 수를 두 글자부터 열 글자까지 맞추어 장난감을 만들어보자는 목표를 세우고 기획을 진행한 적이 있습니다. 장사의 관점으로 보자면 실로 의미가 없는 마이 룰입니다. 현시점에 상품명 세 글자부터 열 글자까지는 장난감을 제작하고 발매하는 목표를 이루었습니다. 그런데 아직도 두 글자 이름의 상품을 만든 적이 없습니다. 만약 앞으로 두 글자 이름의 상품을 제작하려고 기획을 생각한다면, 그것만으로도 새로운 아이디어를 떠올릴 수 있습니다. 과연 어떤 기획이 나올까요.

우리는 의식적으로 언제나 의미를 추구합니다만 의미를 살짝 벗어나보면 어떨까요.

어릴 적 횡단보도를 건널 때 '하얀 곳을 밟으면 천국! 검은 곳을 밟으면 지옥에 떨어진다~!' 하고 말하며 즐겁게 길을 건넌 적은 없습니까? 물론 검은 곳을 밟아 지옥에 떨어져도 아무렇지 않습니다. 무의미한 규칙은 인생에 즐거움을 주는 길잡이입니다.

내려가는 에스컬레이터에서 배운 시야를 넓히는 법

역에 가면 가끔 계단 옆에 있는 에스컬레이터가 내려가는 쪽밖에 없는 광경을 본 적이 없는지요. 젊을 때는 계단을 올라가는 일이 더 피곤할 것 같으니까 이왕이면 올라가는 에스컬레이터를 우선 가동해주면 좋겠다고 생각했습니다.

20대 후반에 몸을 상해 다리와 허리 통증 때문에 죽을힘을 다해 거리를 이동하며 생활한 적이 있습니다. 그때 겨우 깨달았습니다. 계단 오르기는 난간 손잡이를 잡고 한 계단씩 걸으면 어떻게든 올라갈 수 있으나 계단 내려가기는 정말이지 고됩니다. 내려가는 에스컬레이터가 없으면 꼼짝할 수 없는 상황이 몇 번이나 찾아왔습니다. 나와 몸 상태가 같은 사람이 얼마든지 있다는 사실을 알았습니다. 게다가 역 계단에 반드시 붙어 있는 난간 손잡이조차 아프고 나서야 제대로 시야에 들어왔습니다. 대부분 역에는 엘리베이터가 있다는 사실도 처음으로 알았습니다.

자기 일이 아니면 깨닫지 못하는 일이 세상에는 너무 흔합니다. 당사자가 아니면 알 수 없는 사정이나 감정이 있다는 사실은 어쩔 수 없지요. 우리는 다만 정보를 얻으며 다양한 사람이 존재한다는 것을 알 수 있습니다.

9월
9일

다양한 사람에게 관심을 기울이고 서로 자기 삶을 이야기할 수 있다면 시야가 넓어지고 새로운 아이디어 발상이 가능해집니다.

집 근처에 수수께끼 같은 코인 로커가 있습니다. 관광지도 아닌데 버티고 서 있는 그것을 매일 누군가 사용합니다. 누가 무엇을 위해 사용하는지는 알 도리가 없습니다. 언젠가 짐을 꺼내는 사람을 목격하면 이야기를 들어보고 싶습니다.

인터넷의 폭발적인 관심과 실제 판매는 전혀 별개

기업에서 상품을 개발할 때 '인터넷에서 폭발하면 이긴다'고 단단히 착각한 적이 있습니다.

'키의 새싹キーの芽'이라는 캡슐토이 상품을 만들었습니다. 모양은 나무의 싹 같고 만지면 바르르 움직이는 피규어인데, 상품 이름 그대로 컴퓨터의 키보드에 흡착식으로 붙여두면 마치 키보드에서 풀이 자라나는 듯 보이는 액세서리입니다.

이 상품을 발매할 때 신제품 보도자료를 미디어 업체에 배포하자 웹 뉴스 등에서 화제를 일으켰습니다. 제목에는 '정말 풀이 자라나! 무기질 키보드가 대자연으로 변하는 액세서리!' 같은 문구가 반응을 얻었습니다(일본에서 풀이 자란다草が生える는 말은 인터넷 은어로 웃긴다는 의미입니다).

의도한 대로 '어머나, 이런 요상한 상품이 있구나!' 하는 화제를 뿌리는 데 성공했습니다. 그러나 상품은 예상한 대로 팔려나가지 않았습니다. **동영상으로 보면 재미있어도 돈을 내서 사고 싶지는 않다는 뜻입니다.** 인터넷의 폭발적인 관심과 실제로 팔리는 일은 전혀 별개입니다.

이 이야기는 고객이 사주어야 하는 상품을 단지 화제에 올리려는 목적으로 만들어버린 사례입니다. 나는 이런 실패를 셀 수 없이 저지르고 몇 번이나 반성했습니다. 그런데도 또 화제를 일으켜보고 싶다는 생각이 강한 나머지 사고 싶다는 생각이 들지 않는 제재를 상품으로 만들려는 자기 자신의 모습을 봅니다. 인터넷의 폭발적인 관심을 받고 싶다는 욕구는 실로 징그러울 정도입니다.

덧붙여 팔리기보다 화제 일으키기를 명확하게 목적으로 삼는 일도 있습니다. 지금 진행하는 일로 얻고 싶은 이익은 무엇인지 제대로 고려한다면 별문제 없습니다.

하고 싶은 일을 찾으려면 '이건 아니야'를 차례로 버릴 것

'하고 싶은 일을 하면 된다', '좋아하는 것을 발견하자' 하는 말을 자주 입에 올리지만, 그런 것은 그리 쉽게 찾아지지 않습니다. 물론 '게임하고 싶다', '좋아하는 음료를 마시고 싶다' 같은 일상생활 속 행위는 많겠지만, '장래에 하고 싶은 일은?' 하고 물으면 딱히 없다는 사람이 많을 것입니다.

하고 싶은 일보다 '잘하는 일'을 찾는 편이 간단합니다. '잘하는 일이 없어!' 하는 사람은 '할 수 있는 일'을 무언가 손꼽아보십시오. 할 수 있는 일은 실로 잘하지 못하는 일이나 하고 싶지 않은 일을 소거법으로 지워나가면 알 수 있습니다.

싫지 않다 > 할 수 있다 > 잘한다 > 하고 싶다

살아가면서 선택해야 할 때 중요한 감각은 이와 같은 순서입니다. '이것은 싫지 않다' 하는 것이 눈에 띄면 그것이 출발점입니다. '싫지 않으니까 계속할 수 있는 것'을 일로 선택하면 그것이 '할 수 있는 것'이 되고 '잘하는 것'이 되고 결과적으로는 '하고 싶은 일'이 생깁니다.

자리가니 와크스ザリガニワークス 씨의 저서 『놀면서 살기: '이건 아니야'라는 일의 기술遊んで暮らす コレジャナイ仕事術』에는 "자기에게 '바로 이거다' 싶은 것을 찾아내기 위해서는 '이건 아니야'를 깨닫는 것이 중요하다"라고 쓰여 있습니다. 나는 이 사고방식을 깊이 유념합니다.

무언가를 '잘한다'가 아니라 '할 수 있다'고 자각하는 일조차 못하는 사람이 많습니다. 할 수 있다는 것만으로 직업이 될 수 있습니다.

습관화의 목적은 습관화

나는 근육 트레이닝을 아주 싫어해서 평생 몇 번인가 계속해보려고 했지만 싫증을 내고 그만두는 일을 되풀이했습니다. 제일 큰 이유는 성과가 눈에 보이지 않는다는 점이었습니다. 한 달 계속한 정도로는 무슨 변화가 일어났는지 실감할 수 없으니까 헛일이라는 생각으로 그만두는 것입니다.

유튜브 '노가 채널のがちゃんねる'에서 운동을 가르치는 노가 씨와 대담했을 때 배운 습관화의 요령이 있습니다. 바로 **'습관화에 몰두하는 목적은 성장이 아니라 습관화 자체'**라는 사고방식입니다.

결과를 바라고 무언가를 지속하려고 하면 특히 초반에는 변화를 알아챌 수 없기 때문에 동기가 더는 부여되지 않아 계속하기 싫어집니다. 그렇게 되지 않도록 우선 계속하는 것만 목표로 삼습니다. 하루에 5초라도 괜찮으니까 계속했다는 것을 성과로 여겨 기뻐하고, 때로는 주위에 자랑하는 등 성취감을 얻으려고 합니다.

이 이야기를 참고하여 나는 태어나 처음으로 줄넘기 운동을 반년 이상 계속할 수 있었습니다. 다른 이유 없이 단지 즐거우니까, 내가 계속하고 있다는 것을 가족과 지인에게 자랑하고 싶으니까, 매일 쉬지 않고 했습니다. 체력과 근력이 향상했는지 안 했는지 전혀 모릅니다. 아예 그런 점에 신경 쓰는 일을 철저히 멈추었습니다. 그렇게 했더니 자연스럽게 연속으로 뛸 수 있는 횟수가 늘어났습니다.

습관화로 얻을 수 있는 보상은 '습관' 자체입니다. 게임에 푹 빠진 사람도 실은 놀이 자체보다 습관을 즐기고 있는 것입니다.

습관(習慣)의 한자를 사용한 일본 속담으로 '남에게 배우기(習う)보다 스스로 익혀라(慣れろ)' 하는 속담이 있습니다.

조부모와 손주를 이어주는 놀이를 생각해볼 것

손주와 조부모가 마음을 열고 노는 '징검돌 세대의 취미飛び石世代ホビー'라는 아이디어를 적극적으로 생각해보는 중입니다.

옛날에는 장기, 종이접기, 죽마타기, 공기놀이, 딱지치기, 팽이치기, 실뜨기 등 온갖 놀이를 할아버지·할머니에게 배웠습니다. 그때 이루어진 커뮤니케이션은 손주인 내게 특별히 기뻤습니다. 오늘날에도 당연히 손주와 조부모 사이의 커뮤니케이션이 있다고 생각합니다만, 그것을 더욱 흠뻑 즐길 수 있는 놀이 콘텐츠를 만들면 차세대의 히트 상품이 되지 않을까 합니다.

예를 들어 시중에 흔한 놀이인 '요요', '죽방울', '루빅스 큐브', '오셀로' 등을 지금보다 더욱 유행시키기 위해 어르신이 이런 놀이를 하는 장면을 연출하거나 어르신을 위해 특별히 디자인한 상품을 제작해 널리 퍼뜨리는 방법을 생각해볼 수 있습니다.

국내외에서 평균 연령 60세 이상으로 구성한 E스포츠 팀이 세간의 화제가 되었습니다. 참으로 근사합니다. 디지털 게임도 조부모와 손주를 이어줍니다. 20년 전에 돌아가신 우리 할머니는 '한번 패미컴[1]을 해보고 싶다'고 말했습니다. 함께 놀아보지 못한 것이 아쉽습니다.

9월 13일

조부모 세대의 인구가 늘어나면 문화를 만드는 주역이 고령자인 경우도 늘어나겠지요. 이제는 고령자도 SNS를 능숙하게 사용하고 있으니까 말입니다. **아이들이 고령자의 놀이를 흉내 내고 싶다는 흐름을 만들어낼 수 있는 기획**을 생각해봅시다

1 패미컴(Famicom): 패밀리 컴퓨터의 줄임말로 1983년 닌텐도에서 발매한 가정용 게임기.

이 글을 쓰고 있는 최근에 일흔을 바라보는 어머니에게 게임기를 선물했습니다. 어머니가 원했기 때문입니다. 내가 고등학생일 때 어머니와 슈퍼 패미컴으로 테트리스를 한 추억을 소중히 간직하고 있습니다.

『미스터 초밥왕』의 김초밥으로 배우는 일의 기본

고등학생 때 빠져들어 읽었던 데라사와 다이스케寺沢大介 선생의 만화 『미스터 초밥왕将太の寿司』에는 잊히지 않는 에피소드가 있습니다. 배달 주문을 받은 김초밥을 몇백 개나 말고 있는 도중 딱 하나 허술하게 만 것을 요리 장인이 지적하며 혼냅니다. "그 한 점을 먹는 사람에게는 그 김초밥이 전부란 말이다!"

일을 하다가도 이와 같은 일이 일어날 가능성은 충분합니다. 나도 어린이용 장난감 제작 워크숍을 열었을 때 모든 참가자의 작품을 하나하나 평가했는데, 도중에 피곤이 몰려와 집중력이 떨어졌고 한 작품만은 제대로 평가할 수 없었습니다. 그때 김초밥 에피소드를 떠올리고 깊이 반성했습니다. 그 아이에게만 실망한 기억이 남아 장난감 만들기를 싫어하면 어떡하나 하고 말입니다.

모든 일을 100퍼센트 완벽하게 해치우는 일은 불가능할지 모릅니다. 공장에서 대량으로 상품을 만들면 어쩔 수 없이 불량품이 나옵니다. 그래도 자기에게는 대량으로 주어진 일이 고객에게는 단 하나의 추억이 된다는 점을 늘 잊지 말고, 가능하면 성심을 다해 일하자고 다짐합니다.

9월 14일

최근 우리 회사 제품에 고객에게 보내는 감사 편지를 동봉하여 정성으로 제품을 개발했다는 마음을 전하고 있습니다. 그렇게 함으로써 스스로 제품 제작을 소홀히 하지 않도록 주의를 환기하고 있습니다.

실패작이야말로
좋은 아이디어를 찾아내는 열쇠

10년쯤 기업에서 근무했습니다. 당시 회사에서 내가 넘버원이라고 자신만만하게 말할 수 있던 이유는 기획 제안이 채택되지 않고 탈락한 횟수였습니다. 사업을 시작한 지금도 실패작의 수만큼은 자신이 있습니다. 그런 것이 어떻게 자랑거리가 되겠느냐고 반문할지도 모르겠지만, 내 인생에 찾아온 몇 번의 성공은 숱한 실패작의 덕분이라고밖에 할 수 없습니다.

나는 실패작을 수집하는 것이 취미입니다. 입사 1년 차 생각해놓은 아이디어 1000개 중 탈락한 999개의 스케치와 메모를 보물처럼 몇 번이나 다시 들여다보았습니다. 실패작은 그 후 제안을 통과시키기 위한 초석입니다. **탈락한 이유가 탈락한 수만큼 쌓여갈수록 팔리는 기획이란 무엇인지 점점 알아갈 수 있기 때문입니다.**

실패작을 저장해두는 것이 기쁨에 젖어 들면 평생 아이디어를 계속 생각하고 싶어집니다. 반대로 탈락과 실패를 무의미하다거나 창피하다고 느끼면 아이디어 발상이 괴로워집니다.

내 경험적 통계로는 아이디어를 구현할 확률은 100분의 1, 히트 확률은 1000분의 1입니다. 관점을 바꾸어 아이디어를 기껏해야 1000개 생각하기만 하면 히트 상품이 한 개나 만들어진다고 볼 수 있습니다. 보통 사람도 1000분의 1 확률로 당첨될 수 있습니다. 복권에 비교하면 월등하게 높은 확률입니다. 실패작을 즐기고 자랑함으로써 성공을 끌어당깁시다.

당시 신입사원 여성에게 실패작을 전부 모은 작품집을 보여주고는 "이것 봐요, 난 회의 때 이런 시시한 시안을 제안했었어요" 하고 자랑했습니다. 상대방은 질렸다는 듯 한걸음 뒤로 물러났으나 나는 그런 식으로 실패작 모음집을 점점 더 빨리 불려나갔습니다.

세 살 딸의 글자 학습으로 배우는 디자인의 힌트

딸아이가 세 살 무렵 히라가나를 읽을 줄 알았으면 해서 '주종이 뒤바뀌는 그림카드主従逆転かるた'라는 것을 만들었습니다. 카드의 그림 디자인은 히라가나를 크게 쓰고 히라가나로 시작하는 단어의 두 가지 그림을 왼쪽과 오른쪽 아래 모서리에 작게 그렸습니다. 예를 들어 '기き'라고 크게 쓴 카드 끝에 '기쓰네きつね(여우)', '기린きりん(기린)' 일러스트를 그려 넣었습니다.

읽는 쪽인 나는 "기!" 하고 말합니다. 그러면 딸아이는 기쓰네나 기린 그림을 보고 카드를 집어 듭니다. 그림이 작더라도 의미를 알 수 없는 글자보다는 그림에 반응합니다. 이 놀이를 며칠 계속한 다음 그림을 하나로 줄였습니다. 그런데도 문제없이 맞는 카드를 집어 듭니다. 시간이 좀 더 지나자 **일러스트를 없앴습니다.** 그렇게 해도 아이는 "기!" 하고 외치면 '기' 카드를 집어 들었습니다.

보통 그림카드 놀이처럼 일러스트를 중심에 놓고 글자 크기를 줄이면 글자는 시야에 들어오지 않습니다. 주종이 뒤바뀌는 그림카드는 처음엔 일러스트에 의식이 향하도록 하면서 중앙에 써놓은 커다란 히라가나 모양이 시각 정보로 주어지는 디자인으로 글자를 익혀가도록 합니다.

그 후는 내가 갓난아이 역할을 맡아 카드를 뒤집었습니다. 딸아이가 "기!" 하고 읽으면 내가 "기가 어느 것이에요? 잘 모르겠어요!" 하고 말합니다. 그러면 딸아이가 "이거잖아요!" 하고 가르쳐주고, 내가 "어머, 대단하네요!" 하고 말합니다. 이번에는 부모 자식(선생 학생)이 주종을 뒤바꿈으로써 딸아이가 확실히 히라가나를 외웁니다. 최고의 학습 디자인은 배우는 사람이 선생이 되는 것입니다.

사람을 움직이고 정보를 전달하는 디자인의 핵심은 먼저 어디에 관심을 집중시킬지, 우선순위를 생각하는 것입니다.

아사히 생맥주로 배우는 '콘텍스트' 사용법

최근 들어 비즈니스 용어로 '콘텍스트'라는 말을 자주 사용합니다. 번역하면 '문맥'이라는 뜻입니다. 예를 들어 '고객의 콘텍스트를 읽어내면서 대응하자'는 식으로 말합니다. 고객과 의사소통하는 가운데 언어의 배경을 이루는 것이나 그때까지 거쳐온 경위를 이해하고 행동한다는 뜻입니다.

'콘텍스트'라는 사고방식은 업무상 커뮤니케이션 이외에도 상품을 팔기 위한 마케팅에 적절히 사용하면 엄청난 힘을 발휘합니다. 내가 가장 이해하기 쉽다고 생각하는 예를 들자면 2021년 대히트를 기록한 '아사히 생맥주 마루에프 マルエフ'입니다.

마루에프는 코로나바이러스 사태 당시 음식점에 갈 수 없는 시기, 복고풍 감촉의 캔 디자인으로 판매를 개시했습니다. 캔에는 '음식점에서 사랑받아온 부드러운 맛 〈부활의 삶〉'이라고 쓰여 있었습니다. 처음으로 이 캔의 디자인을 보았을 때 마루에프의 역사 따위는 손톱만큼도 알지 못했던 나는 **멋대로 머릿속에 이 맥주의 '문맥'을 상상했습니다. 내가 모르는 옛날옛적에 음식점에서 사람들이 이 맥주를 좋아했으리라고 말입니다.** 그 순간 얼마간 들르지 못했던 술집이 그리워졌고, 문득 정신을 차리고 보니 벌써 맥주를 사고 있었습니다.

© Asahi Group Holdings

9월 17일

이렇듯 고객에게 사물의 전후 문맥에 대한 상상을 불러일으키는 상품 디자인과 메시지 전달법을 생각하면 마음을 움직일 수 있습니다. 손쉽게 따라 하기 어려운 일의 이야기일지 모르겠지만 사람은 받아들인 정보의 전후 문맥을 언제나 상상하고 있습니다.

마루에프는 1986년 침체를 면치 못하던 아사히 맥주를 부활시킨 상품으로 '에프'는 불사조 피닉스의 철자에서 유래했는데, 나중에 스펠링이 'Phoenix'였다는 것을 알았습니다. 이 이야기만으로도 당시 현장의 풍경이 떠오릅니다.

일거리가 생기는 강력한 방법

사업을 시작할 당시 내게 커다란 도움을 준 것은 몇몇 웹 미디어의 편집자 친구들이 주선해준 글 쓰는 일이었습니다. 나는 이 일 덕분에 회사를 정상 궤도에 올려놓을 수 있었습니다.

먼저 최초로 전문가로서 글 쓰는 기술을 익혀둔 것이 전부 힘을 실어주었습니다. 비즈니스 이메일도 잘 쓸 수 있었고 보도자료와 광고 문구 작성도 잘할 수 있었습니다. 전달하기 쉬운 문장을 연습함으로써 전달하기 쉬운 이야기를 쓰는 단계로 나아가는 데 적잖은 영향을 받았습니다.

글쓰기 일이 가져다준 가장 중요한 혜택은 만나고 싶은 사람에게 취재를 요청하고 만남으로써 친구가 되었고, 그 후 친구의 폭이 넓어지거나 일거리를 얻는 기회로 이어졌다는 것입니다. 이름이 알려진 미디어의 기자로서 취재를 요청하면 높은 확률로 받아들여질 수 있습니다. 공공연하게 만나러 갈 이유가 생기고 일에 관한 힌트도 배울 수 있을 뿐 아니라 그 사람의 활동을 미디어에 소개함으로써 기쁨도 줄 수 있습니다. 글쓰기 실력을 연마하라고 강력하게 권하는 바입니다.

최근에는 내가 만든 팟캐스트 방송에 다양한 사람이 게스트로 출연해주었습니다. 글쓰기보다는 말을 더 잘하기 때문에 일이 더 잘 풀립니다. 나는 본업인 장난감 제작과 동시에 간간이 누군가를 취재하고 즐거운 대화를 콘텐츠로 만드는 창작 활동을 계속하고 있습니다. 이것도 세상 사람들에게 즐거움을 주기 위한 장난감 제작의 일환입니다.

요새 자주 함께 노는 친구 중에는 무슨 까닭인지 10년 전에 내가 취재한 작가들이 특히 많습니다. 명확한 이유는 모르겠으나 만나자마자 깊은 대화를 나누었기 때문일까요.

이 세상에 가장 보이지 않는 것은 자기 자신

'자기 일은 자기가 제일 모른다.'

이 말은 진리라고 생각합니다. 나는 자신이 어떤 사람인지 조금도 알지 못합니다. 눈과 귀의 의식이 언제나 바깥을 향해 있기 때문입니다. 특히 시각을 염두에 두면 자기 눈으로 자기 자신을 볼 수는 없으니까 자기가 어떤 인간인지 알 도리가 없습니다.

"저놈은 ○○이라서 영 틀렸단 말이야~" 하고 말하는 사람에게 정작 그 사람이 불만을 토로한 상대도 똑같은 말을 하는 일이 자주 있습니다. **그런 모습을 보면서 '아아, 저 사람은 자기를 제대로 보고 있지 않구나' 하고 생각하는데, 그렇게 생각하는 나 자신도 자기를 제대로 보지 못하고 있습니다.**

나는 자기 자신을 제대로 보는 일이 불가능하다고 아예 포기하고 있습니다. 하지만 될수록 보려고 의식하면 이런저런 것을 고칠 수 있습니다. 예를 들어 부정적인 감정으로 말해버렸을 때, '지금 나는 이런 감정으로 이런 표현으로 이런 발언을 하고 있구나' 하고 돌아보거나 관찰하려고 하는 태도는 매우 중요합니다. 모든 언동과 행동을 돌아보기는 어렵겠지만 특히 분노나 슬픔의 감정이 일 때는 우선 자기 자신을 보도록 노력합시다.

사도시마 요헤이(佐渡島庸平) 씨의 『관찰력 기르는 법(観察力の鍛え方)』에서는 관찰의 중요성과 어려움을 서술하고 있습니다. 자기 내면의 왜곡(사고의 편향)이 관찰을 왜곡한다는 것입니다. 그러한 자신이 자신을 보기는 어렵다는 사실은 어쩔 수 없다는 생각이 듭니다.

전문가에게 물건을 사면 배우는 바가 많다

컴퓨터를 고르는 방법이나 사는 방법은 사람마다 다릅니다만, 나는 인터넷이 아니라 가전제품 상점에서 삽니다. 컴퓨터를 어떻게 사야 좋을지 헤매는 사람에게는 실제 상점에 가서 점원에게 물어보고 사기를 권합니다. **상점에서 일하는 정통한 사람과 대화를 나누면 배우는 것이 수월찮기 때문입니다.**

상점에서 "어느 것을 추천합니까?" 하고 물으면 대체로 처음에는 "이것을 추천합니다" 하고 가르쳐줍니다. 추천한 이유를 묻고 자기가 원하는 것과 다르면 내가 바라는 바를 전달하고 의견을 구합니다. 그렇게 하면 자기가 바라는 조건도 정리할 수 있습니다.

바쁜 점원의 시간을 뺏는 일은 미안하기도 합니다만, 꼬치꼬치 묻다 보면 친절한 점원은 자기가 모르는 것을 조사해서까지 꼼꼼하게 알려줍니다. 무엇이든 질문하고 배움으로써 컴퓨터를 잘 이해할 수 있습니다. 인터넷으로 조사할 수도 있겠으나 역시 전문가에게 직접 물어보면 이해하기 쉽고 그 자리에서 당장 질문할 수 있어서 기억에도 잘 남습니다. 상점에서 물건을 사는 일은 학교에서 수업을 듣는 일과 마찬가지입니다.

또한 컴퓨터에 대해서는 아마추어지만 점원의 대응을 보면 '이 사람은 지식도 많고 친절하구나' 할 때도 있고, '이 사람은 어떻게든 특정 상품을 팔아넘기려고 하고 잘 알지도 못하구나' 할 때도 있습니다. 이렇게 주고받는 일은 의사소통의 공부가 되기도 합니다. 여러 사람이 일하는 현장을 직접 보고 자기의 일하는 자세로 활용할 수 있는 기회는 소중합니다.

서점에서 점원에게 추천하고 싶은 책을 묻는 일은 즐겁습니다. 한 사람이 강력하게 추천하는 것은 읽을 가치가 있습니다. 재미있다는 생각이 들지 않을 때도 있으나 '남의 감성은 왜 이렇게 다를까?' 하고 느끼는 것도 소중한 배움입니다.

재밌는 잡화 제작 아이디어: 비유 이미지

망상 공작가工作家 오쓰하타 게이코乙幡啓子 씨와 함께 워크숍 강사를 담당한 적이 있습니다. 서로 평소의 발상법을 사용해 잡화의 아이디어를 생각하는 강좌였습니다.

나는 일반적으로 잡화의 아이디어를 '언어의 교배'로 생각합니다. 이를테면 재미있는 셀로판테이프 커터의 아이디어를 생각할 때는 '셀로판테이프 커터×화장지=화장지와 셀로판테이프가 다 나오는 장치'라는 식으로 다양한 언어를 활기 있게 교배하여 아이디어를 양산하는 방법입니다.

이와 대조적으로 오쓰하타 게이코 씨는 '비유 이미지[1]'로 잡화를 생각하는 방법을 가르쳐주었습니다. 셀로판테이프 커터의 모양이 다른 무언가로 보이지 않는지 느끼고 이미지를 떠올리는 방법입니다. 이를테면 셀로판테이프 커터가 달팽이로 보이면 그대로 달팽이 셀로판테이프 커터라는 아이디어가 생겨납니다. 이 방법이라면 더욱 매력적인 상품 디자인 아이디어를 생각해낼 수 있습니다.

오쓰하타 게이코 씨가 개발한 '아브냥アブニャン'이라는 천재적 작품이 있습니다. UFO에서 빛이 나와 지상의 고양이를 잡아가는 'UFO 유괴アブダクション'라는 도시 전설을 거대한 고양이로 비유한 소프트 인형으로, 정상 궤도를 이탈한 아이디어입니다. 이런 것은 내가 평생을 쏟아부어도 생각해낼 수 없습니다. 언어의 발상에도 한계가 있음을 알았습니다.

9월 21일

1 비유 이미지(見立て): 대상을 다른 사물에 비유하고 실재하지 않는 것을 존재하듯이 머릿속에 그려낸 것.

오쓰하타 게이코 씨의 작품을 보면 비둘기(하토) 모양 하이힐 '하토힐(ハトヒール)', 벌어진 임연수어(홋케) 구이 모양의 필통(펜케이스) '홋케이스(ほっケース)', 케르베로스처럼 머리가 세 개 달린 아카베코[2]인 '케르베코스(ケルベコス)'…. 모양의 비유 이미지와 말장난이라는 이중 아이디어가 작용한 탁월한 작품을 완성해냅니다.

2 아카베코(赤べこ): 후쿠시마현 아이즈 지방의 종이로 만든 빨간 소 모양 향토 완구.

새로운 아이디어는 우연한 사건에서 생겨난다

나는 목이 약한 편이라 말하는 일이 늘어나는 시기에는 목소리가 나오지 않을 때가 있습니다. 예전에는 그런 상태로 강연이나 연수 강사 일이 있으면 애를 태우며 '어떡하나, 큰일 났다'고 초조해했습니다. 그러나 어느 날 화상 회의로 이루어진 연수 때 강사인 내 목소리가 나오지 않았기 때문에 급히 참가자들이 주로 이야기하는 진행 방식으로 바꾸어 더욱 만족도 높은 연수를 이끌어낼 수 있었습니다. 이후 가능하면 참가자가 이야기하는 연수 방식을 잘 활용하기 시작했고 배움의 질도 높아졌습니다.

어느 해 정원에는 집안 계단에서 떨어져 발목을 다쳐 한동안 고생했는데, 그 일을 계기로 재활치료를 갔다가 실내에서 가능한 근력 강화 방법을 배웠고, 그 일로 허리와 다리의 상태가 이전보다 더 나아졌습니다. 실로 부상의 공이라고 할 만합니다.

처음으로 일어난 사건은 새로운 아이디어를 발상할 기회입니다. 처음으로 일어난 사건을 극복하기 위해서는 새로운 방법이 필요하므로 문제가 생겼을 때는 필사적으로 혼자 생각하거나 남에게 물어보고 해결 방법을 찾는 법입니다. 사건은 이후에 펼쳐진 인생을 더 즐겁게 해주는 중요한 아이디어를 선물해 줍니다.

사업에 실패해 빚을 진 지인은 지금 과거의 실패 경험을 살려 여러 회사 사장님의 오른팔이 되었습니다. 실패 경험은 아주 강력한 무기입니다. 그 나름대로 잘 풀리도록 계속 노력하면 폭발적인 성공이 찾아올지도 모릅니다.

책보다 몇십 배 가치 있는 세미나를 고르는 법

나는 세미나를 주최하거나 기업 연수의 강사로 이런저런 것을 가르치는 기회가 많습니다만, 스스로 다른 사람의 세미나에도 참여합니다. 세미나 참여비는 무료부터 고액까지 다양한데 어느 것이든 좋은 세미나에 참여하면 삶에 도움을 주는 아이디어를 얻을 수 있습니다. 세미나를 고를 때는 강사와 대화를 충분히 나눌 수 있는 것을 추천합니다. 논의와 질문 시간이 충분한 세미나인지 아닌지, 프로그램 내용을 보고 알아봅시다.

비즈니스 책은 2000엔 정도로 구입해 저자 한 사람의 경험과 사고방식을 담아낸 글을 읽을 수 있기에 매우 득이 됩니다만, 세미나는 강사와 직접 이야기하거나 질문하고 자신의 의견이 어떤지 물을 수 있다면 책보다 몇십 배 가치가 큽니다. 또한 참가자가 내놓은 좋은 질문을 듣고 강사가 생각에 잠겼다가 주저주저 언어를 골라 대답한 이야기는 특히 더 가치가 있습니다.

만약 세미나의 내용이 '어긋났을 때'에도 강사와 충분히 이야기할 수 있었다면 가치가 있습니다. 세미나 강사는 강연 내용을 깊이 생각하고 준비해왔기 때문에 그 사람에게 질문이나 의견을 묻고 진지한 대답을 듣는다면, 그 대답에 납득이 가든 가지 않든 적지 않은 깨달음을 얻을 수 있습니다. 만약 스스로 세미나 강사로 나설 기회가 있는 사람이라면 더욱더 다른 사람의 세미나를 듣는 일이 공부가 될 것입니다.

나도 세미나를 열 때는 참가자와 논의할 시간을 조금이라도 더 배분하려고 합니다. 일방적으로 준비해간 이야기를 들려주기만 한다면 책과 별반 다를 바 없으니까요.

잊어버리는 힘의 중요성

총 260만 부 넘게 발행한 명저 『생각의 틀을 바꿔라思考の整理学』를 저술한 도야마 시게히코外山滋比古 선생은 그 밖에도 수많은 아이디어 발상에 관한 저서를 썼는데, 이 저자의 사고방식 중에는 '잊어버리는 힘'을 중시한다는 특징이 있다고 봅니다.

조금 과격한 표현이겠으나 '뭐든지 알고 있는 바보가 되지 말라'고 도야마 시게히코 선생은 말합니다. "지식을 잔뜩 집어넣기만 해서는 아무 일도 할 수 없다. 사고할 줄 아는 것이 중요하고, 사고하기 위해서는 필요 없는 것을 척척 잊어버리는 일이 중요하다" 하는 사고방식입니다. 별로 중요하지 않은 것을 버리면 중요한 생각이 농축되고 세련되어 효과적으로 활용할 수 있습니다. 깊이 있는 사고란 불필요한 것을 깎아내고 없애는 작업을 의미합니다.

잊어버리는 일에는 숱한 효용이 있습니다. 애초에 일방적으로 기억을 담아두기만 한다면 정신은 무너져버리고 말 것입니다. 인간은 과거에 입은 상처나 자신을 얽매는 사고를 잊어버림으로써 마음 편하게 살아갈 수 있습니다. 반성할 만한 경험을 하더라도 배울 것만 남기고 부정적 감정은 잊어버려야 합니다.

의욕을 내기 위해서도 잊어버리는 일이 효과적입니다. 의욕이 나지 않는 이유는 내키지 않는다는 기분에 사로잡혀 있기 때문입니다. 막연한 불안은 잊고 사소한 행동이라도 시작하면 의욕은 솟아나는 법입니다. **잘 잊어버리는 사람이야말로 새로운 일을 창조해낼 수 있을지도 모릅니다.**

발상을 논한 책 중 성서라고 할 만한 제임스 웹 영(James Webb Young)의 『아이디어 생산법(Technique for Producing Ideas)』에서는 "끝까지 생각하고 난 다음에는 일단 그 문제를 떠나야 아이디어가 생겨난다"고 주장합니다. 잊어버리는 힘과 맥락이 같은 이야기입니다.

퇴사하고 사업을 시작한 첫해에 깨달은 일

2014년 개인 사업을 시작했습니다. 여러 조건이 갖추어진 대기업에서 약 10년 동안 일하다가 비로소 자기 회사를 차려 대표가 되었습니다. 전혀 몰랐던 일이 차례로 눈앞에 몰려왔고 예상하지 못한 일이 쉴 새 없이 일어났습니다.

특히 **성장하기 어려워졌다는 점**에 애가 탔습니다. 기업에 근무하던 시절에는 윗선에서 힘든 일을 계속 주문했습니다. 꾸중을 듣는 일도 있었습니다. 괴롭다는 생각을 떨치지 못하면서도 힘껏 노력해서 과제를 완수하면 새로운 개발 기술을 배울 수 있었습니다. 그런데 독립하고 나서 **좋아하는 일만 했더니 몇 개월 후 전혀 성장하지 않았다는 점을 깨닫고는 오싹 소름이 끼쳤습니다.** 기업에서 일한다는 것은 자동으로 성장을 보장받는 대단한 시스템이었던 셈입니다.

이전보다 질책당하는 일은 적어졌지만 이대로 가다가는 제대로 성장할 수 없다는 판단이 들었습니다. 그래서 나는 우선 개발 설계를 가르쳐준 스승과 업무를 제휴하여 함께 일할 수 있는 관계를 맺었습니다. 또 강연과 연수 강사 경험이 풍부한 매니저를 구해 기술을 배우면서 일을 하기로 했습니다. 혼나는 일을 그렇게 싫어했는데, 일부러 돈을 내고 혼내주는 사람을 고용해 곁에 두기로 결정한 것입니다.

나는 스스로 근면한 사람이라고 생각했지만 혼자서는 제 마음이 편한 성장밖에 선택할 수 없으며, 고통을 동반한 성장은 불가능하다는 것을 절실하게 깨달았습니다. 이것이 사업을 시작한 첫해에 얻은 깨달음입니다.

사실 내가 사업을 벌인 것은 이전 직장에서 10년 동안 일한 덕분입니다. 다른 이유는 하나도 없습니다. 기업은 최고의 학교입니다.

대학생에게 취직과 경력에 관해 상담할 때는 "처음에는 될수록 대기업에 들어가는 것이 좋습니다" 하고 개인적인 의견을 피력합니다. 자유롭게 일하는 방식을 알고 나서 대기업에 들어가면 순순히 받아들일 수 없는 일이 많아서 제대로 배우기가 어려울지도 모릅니다.

교육 엔터테인먼트는 놀이 100퍼센트로 만들 것

'놀면서 배우는 것'은 책이나 애플리케이션, 이벤트 등 수없이 존재합니다. 예를 들어 듣는 동안 가사를 외우면 그 내용이 유용한 지식이 되는 노래도 있습니다. 또 직업 체험 놀이 기구로 놀다 보면 세상의 온갖 직업을 알아갈 수 있는 테마파크도 있습니다. 이런 것을 요즘 '에듀테인먼트edutainment'라고 부르는데 다양한 콘텐츠가 생겨나고 있습니다.

자기 자신, 우리 아이들, 회사 스태프를 위해 에듀테인먼트를 만들면 즐겁게 배울 수 있을 것입니다. 그런데 이런 제품을 만들려고 할 때 **'학습에 놀이를 살짝 덧붙이는' 형태가 되어버리는 실패를 자주 저지릅니다.** 이를테면 게임 북 같은 것을 진행하면서 문제를 푸는 어린이용 학습 연습장을 만든다고 합시다. 이때 표면상으로는 게임으로 보여도 결국 풀어야 할 문제가 귀찮으면 손을 대지 않습니다.

개발을 도운 보드게임 중 〈부모와 아이의 사업 체험 게임, 어린이 사장 vs 어른 사장〉이라는 상품이 있습니다. 부모와 아이가 게임을 하는 동안 사업이란 어떤 것이고 무엇이 중요한지 알 수 있는 게임입니다만, 어쨌든 배운다는 감각이 전혀 느껴지지 않도록 재미있는 놀이를 만들어 '맞아, 사업은 이런 거지' 하는 느낌이 어렴풋하게나마 들고 사업이 무엇인지 자연스레 알 수 있도록 설계했습니다.

에듀테인먼트는 100퍼센트 놀이이고, 놀이와는 무관한 교육을 알게 모르게 실시하는 엔터테인먼트입니다. 이러한 주종 관계를 착각하지 말아야 합니다.

〈노부나가의 야망〉[1]이나 〈모모타로 전철〉[2] 같은 게임으로 일본의 역사와 지도를 배운 어린이가 꽤 있는 것은 아닐까요.

1 〈노부나가의 야망(信長の野望)〉: 전국시대 일본을 소재로 삼은 역사 전략 시뮬레이션 게임.

2 〈모모타로 전철(桃太郎電鉄)〉: 철도회사의 사장이 되어 주사위 놀이로 일본 전국의 역을 순회하면서 부동산을 구입하고 자산을 늘리는 게임.

라쿠고의 요령은 대화와 발표에 도움이 된다

내 취미 중 하나는 라쿠고 공연입니다. 라쿠고에는 이야기하는 방식의 기본이 응축되어 있으므로, 참고 삼아 라쿠고를 잘하는 방법을 소개하겠습니다.

① 기본: **긴장을 0으로 만드는** 것이 첫걸음입니다. 재미있게 이야기하기 위해 연기로 긴장과 완화를 만드는 일은 있습니다만, 여기에서 말하는 긴장이란 이야기할 때 가슴이 두근거리는 현상을 말합니다. 당연하게도 높은 자리에 올라간 연기자가 대사가 틀려 허둥대면 관객은 신경이 쓰여 웃을 수 없습니다. 호흡과 마찬가지로 자연스럽게 이야기할 수 있을 때까지 이야기를 머릿속에 넣어두고 확실하게 자신의 언어로 만들어둡시다.

② 웃음: 웃음을 주는 열쇠는 등장인물이 나누는 대화와 대화의 '사이'입니다. 예컨대 한 사람이 이상한 말(멍청한 소리)을 하고 다른 한 사람이 재빠르게 대꾸(받아치기)할 때도 반응 속도가 너무 빠르거나 해서 부자연스러우면 어색합니다. 두 사람이 연기할 때는 한 사람이 처음 꺼낸 말을 듣고 나서 다른 사람이 반응하도록 **말과 말의 사이를 의식합시다.**

③ 대화: 라쿠고는 연기자가 자기 세계에서 이야기하는 모습을 관객이 멀리서 포위하고 지켜보는 것이 아닙니다. 연기자와 관객의 대화이자 함께 만드는 예능입니다. 이야기는 언제나 관객의 반응에 맞추어 진행해야 합니다. 관객이 오래 웃으면 그 간격에 맞추어 등장인물이 대화를 진행해야 합니다. **관객을 내버려두지 말고 그곳에 있는 모든 사람이 참여하도록 이야기를 진행합시다.**

이와 같은 이야기를 라쿠고의 이야기가 아니라 프레젠테이션의 이야기로 바꾸어 읽어보시길 바랍니다.

돈 걱정이 없어지는 '도서관 연금술'

나는 '연금술'이라는 말을 돈 걱정 없이 살아갈 수 있는 기술이라고 해석합니다. 돈 걱정을 없애는 방법 중 누구나 할 수 있는 행위는 독서입니다. 책을 많이 읽으면 인생에 도움이 되는 지식을 얻을 수 있습니다. 그뿐만이 아닙니다.

- 정보를 조사하는 방법 등 인풋의 힘
- 글을 쓰는 방법 등 아웃풋의 힘
- 이야기하는 방법, 경청하는 방법 등 커뮤니케이션의 힘

이러한 힘이 자연스레 몸에 배어 일하는 능력이 올라갑니다. 또 혹시 돈 걱정이 생기더라도 언제나 취직하거나 일거리를 챙길 수 있습니다. 그런 의미에서 독서만 해두면 돈 걱정은 할 필요 없이 살아갈 수 있다고 생각합니다. **지금까지 책을 대량으로 샀습니다만, 독서 경험을 살려 벌어들인 돈을 헤아리면 틀림없이 책을 산 금액보다 몇 배가 될 것입니다. 책을 사서 재산이 줄어드는 일은 없습니다.**

게다가 도서관을 활용하면 무료로 책을 읽을 수 있습니다. 내가 거주하는 지역에서는 인터넷 검색으로 거주 지역 이외의 도서관에서도 책을 빌릴 수 있습니다. 절판한 책도 빌릴 수 있습니다. 독서가 익숙하지 않아도 다양한 장르의 책을 시험 삼아 읽어보고 읽기 쉬운 책을 찾을 수 있습니다. 도서관을 철저하게 이용합시다.

실은 자기 돈을 내어 책을 사서 가능한 만큼 지식을 한껏 흡수할 작정으로 책을 읽으라고 조언하고 싶습니다. 돈을 내서 책을 사면 읽을 때 진지함이 단연 달라집니다.

밝은 뉴스만 읽는 방법

이 책을 쓰고 있는 2022년 현재, 신문이 너무 재미없다고 느낍니다. 코로나바이러스 사태, 국제 문제, 정치 문제 같은 이야기로만 도배를 하고 밝은 뉴스는 놀랄 만큼 실려 있지 않습니다. 인터넷 뉴스도 전면에 나온 것은 사회 문제, 누군가의 발언으로 소란스러워졌다는 이야기 등 우울한 뉴스뿐입니다.

이 세상의 나쁜 사건에 관한 정보로 교훈을 얻거나 위기에 대비해야 한다고 말할 수도 있을지 모르겠으나 단순히 나쁜 뉴스가 중독성 있는 콘텐츠라는 이유로 전면에 나온 듯 보입니다. 결국 나쁜 뉴스의 정보 탓에 스트레스만 받는다면 좋을 일이 하나도 없습니다.

나는 'PR TIMES'라는 보도자료 발신 서비스를 매일 읽고 있습니다. 기업과 자치단체 등이 내보내는 새로운 뉴스인데, **발신처가 사회와 좋은 관계를 맺기 위해 발신하는 PR이기 때문에 당연히 밝은 뉴스만 실려 있습니다.** 이러한 정보는 99퍼센트 이상 굵직한 뉴스는 아니지만, '일본에서는 이토록 재미있는 일이 빈번하게 일어난다', '열심히 노력하는 회사와 지역은 얼마든지 있다'는 소식을 전해줍니다. 이렇게 주류 미디어에서는 볼 수 없는 밝은 정보를 읽다 보면 기운이 납니다. 더구나 이러한 뉴스에는 내가 추진하고 싶은 기획의 힌트가 담겨 있기도 하고 보도자료를 쓰는 방식이나 전달력이 좋은 글쓰기 방식을 공부할 수도 있습니다.

시험 삼아 한번 여러분의 주요한 정보 수집처를 보도자료로 하고, 국가 전역의 밝은 뉴스만 읽어보지 않으렵니까.

지방신문에도 밝은 뉴스가 다수 실려 있습니다. 어두운 뉴스는 모른 채 살아가는 행복한 인생을 누리고 싶다고 생각하곤 합니다.

상품이나 서비스를 기획하는 사고방식의 알짜

비즈니스의 기획을 세우는 사고방식을 응축해서 소개하겠습니다. 이런 생각을 별로 해본 적이 없다면 다음과 같은 흐름에 따라 한번 생각해보십시오.

① 자기 또는 주변 사람이 이루고 싶은 욕구를 하나 꼽아봅니다. 예를 들면 '다리와 허리를 튼튼하게 만들고 싶다', '영어 회화를 익히고 싶다', '방을 정리하고 싶다' 등 당사자가 '실현하면 기꺼이 돈을 내겠다'고 진심으로 생각하는 일을 찾아봅니다.

② 앞서 꼽은 욕구를 이루어주는 상품이나 서비스 아이디어를 **실현 가능성을 염두에 두지 말고 반드시 팔릴 만한 가격을 붙여 생각합니다.** 예를 들어 '다리와 허리를 튼튼하게 만들고 싶다'를 실현하는 서비스라면 '자기가 좋아하는 연예인과 전화하면서 걷기 운동을 할 수 있는 서비스, 매달 1000엔', '앉아 있는 것만으로 다리와 허리의 근력을 강화하는 의자, 1만 5000엔', '근육 트레이닝을 독려하는 고양이 인형, 5000엔' 등입니다. 실현성보다도 그런 것이 있으면 돈을 치르고 사고 싶은지를 진지하게 고려합니다.

③ 방금 생각한 아이디어의 가치를 거의 그대로 유지하는 상태로 실현 가능한 대체 방법을 생각합니다. 예를 들면 '자기가 좋아하는 연예인과 전화하면서 걷기 운동을 하는 것은 무리일 듯하지만, 마음이 맞는 친구를 찾아서 통화하며 걷기 운동을 즐길 수 있는 서비스는 어떨까?' 하는 식입니다.

④ 처음에 떠올린 당사자 이외에도 3번에서 생각한 기획 아이디어를 원하는 사람이 있는지 열 명에게 물어봅니다. 기획 내용과 가격을 알려준 순간 진심으로 '참 좋구나! 내가 살게!' 하고 덤벼드는 사람이 두 명 있으면 성공할 가능성이 충분합니다.

우리 회사의 비즈니스를 생각할 때는 아무래도 '실현성'과 '수익성'을 먼저 고려하기 마련입니다만, 무엇보다도 제외해서는 안 되는 것이 '기꺼이 돈을 낼 사람이 한 명 있느냐' 하는 항목입니다. 비즈니스 기획을 생각하는 일은 즐겁습니다.

10월

발상은 팀플레이다

뛰어난 질문은 그 자리에 있는 모두를 위한 것

나는 회사에 다니던 젊은 시절에 회의 때 질문하는 일이 절망적일 만큼 서툴렀습니다. 부장이 "회의에 참여하면 의견을 내고 질문할 책임이 있어! 발언하게!" 하고 말했기 때문에 책임감을 느끼고 무리하게 쥐어 짜내어 의미 없는 질문을 내놓고는 합니다.

질문은 자기 자신, 상대방, 주변 사람, 즉 그곳에 있는 모든 사람이 깨달음을 얻고 더 나은 방향으로 나아갈 때 효력이 있습니다. 누구나 다 아는데 굳이 질문하는 것도 의미가 없고, 회의 때 손톱자국이라도 낼 듯 날카로운 질문을 꼬치꼬치 캐물어 누군가를 곤란에 빠뜨려도 안 됩니다. 예를 들어 옛날에는 "그 상품, 부품이 시원찮은데도 예전보다 가격이 올라갔어요. 대체 왜 그런 겁니까?" 하고 묻곤 했습니다. 개발 담당자는 그런 것쯤이야 이미 아는 상태에서 비용 상승 요인과 싸우면서 어떻게든 최선의 상품을 만들려고 하는데, 모두 지켜보는 앞에서 그런 질문을 한다면 아무런 의미가 없습니다. 정말 알고 싶으면 나중에 그 사람에게 가서 따로 물어보면 됩니다.

"그 패키지 디자인을 제안한 상품 사진, 좀 작게 느껴지는데요. 특별히 이유가 있나요?" 하고 물어보면 다 같이 생각을 공유하면서 수정할 가능성이 있는 새로운 아이디어가 생겨납니다.

이미 답이 정해진 것이 아니라 자기 자신, 상대방, 주변 사람이 함께 생각을 나눌 수 있는 질문이 이상적입니다. '아, 그 말을 듣고 보니 그건 어떨까?', '어떻게 하면 결과가 좋아질까?' 하고 생산적인 논의가 이루어지는 뛰어난 질문을 내놓을 수 있다면 좋겠지요.

질문에는 사람을 움직이는 절대적인 힘이 있습니다. 질문은 퍼실리테이션(일을 적극적으로 원활하게 진행하는 일)이라고 의식하면 일을 성공으로 이끌 수 있습니다.

쾌적한 수면법을 탐구하면 인생도 쾌적해진다

자기 전에 스마트폰을 보면 숙면에 좋지 않다는 말을 자주 듣습니다만, 나는 스마트폰을 사용해 쾌적하게 잠이 듭니다. 어디까지나 나에게만 맞는 방법이겠지만, 먼저 '핫피엔도はっぴいえんど(해피엔드)'라는 밴드의 곡을 낮은 볼륨으로 틀어놓으면 급속하게 졸립니다. 그대로 화면을 가장 어둡게 해놓고 초등학생용 산수 애플리케이션을 실행하면 한순간에 잠으로 빠져듭니다. **산수 문제를 풀어야지 하고 애플리케이션을 켜려고 생각한 순간 잠이 든 적도 있습니다.**

이 방법으로 일하는 시간 틈틈이 한순간에 잠이 들었다가 10분 후 알람 소리에 일어나는 '10분 낮잠'을 일상적으로 즐기고 있습니다. 졸린 상태로 의지만 내세워 강제로 일하려고 한들 좋은 일은 하나도 없습니다. 얼른 한숨 자고 뇌가 맑아지는 편이 업무 효율 향상에 도움이 됩니다.

졸음이 오는 조건은 사람마다 다릅니다. 여러 가지 조건을 시도해보면서 자신에게 가장 잘 맞는 쾌적한 수면법을 찾는 실험은 재미있습니다. 오감을 둘러싼 것, 잠드는 타이밍, 기온과 체온, 자기 전 운동과 뇌를 사용하는 방식 등 헤아리자면 한이 없습니다. 침구도 중요합니다. 나는 오랜 시간을 들여 가장 적합한 세미오더semi-order 베개를 발견하고 안에 넣는 파이프 양을 꼼꼼하게 조절하며 잠을 잡니다.

자신의 수면법은 남녀노소에게 가장 추천하는 '탐구 주제'입니다. 자신의 수면을 진지한 문제로 삼아 1년 동안 세세한 조건을 변경하면서 쾌적한 수면법을 실험해봅시다. 이 탐구 자체가 재미있는 만큼 반드시 이후의 삶이 쾌적해질 것입니다.

잠들기 전 스마트폰을 보는 것은 원래 몸에 좋지 않을지도 모릅니다. 하지만 나는 위와 같은 방법으로 잠들기 때문에 나쁘지 않다고 봅니다. 앞으로도 변해가는 나이와 함께 이 탐구는 언제까지나 끝나지 않을 것입니다.

히트 상품을 선보였을 때 성패를 좌우하는 핵심

사회인이 되어 바라던 기획 부서에 배속받고 나서 몇 년 동안은 딱히 히트 상품을 내놓지 못한 채 시간이 흘러갔습니다. 그런 상태에서 '20Q'라는 장난감을 미국에서 수입해 일본어판으로 발매한 일이 있었습니다. 20Q란 머리에 무언가를 떠올리고서 '그것은 살아 있는 것?', '그것은 빨간색?' 같은 질문 20개에 예스/노라는 대답으로 알아맞히는 전자 장난감입니다. 이 상품을 발매하는 날 완구점에서는 실제 시연 판매로 날개 돋친 듯 팔려나갔습니다. 처음으로 눈앞에서 장난감이 팔려나가는 장면을 목격하고 나는 강렬한 질투심에 사로잡혔습니다.

그 경험으로 '히트 상품은 온 마음을 다해 생각하지 않으면 제작할 수 없구나' 하는 깨달음을 겨우 얻었고, 마음에 불씨가 옮겨붙은 듯 '사람들이 갖고 싶은 것'이란 무엇인가를 집중적으로 생각하기 시작했습니다. 어느 날 회사의 회식 자리에서 동료들이 몇 시간이나 소문 이야기에 지칠 줄 모르는 모습을 듣고 '사람들은 내밀한 남의 이야기를 좋아하는구나!' 하고 생각했습니다. 여기에서 힌트를 얻어 성격을 진단하면 그 사람과 똑 닮은 캐릭터가 화면에 만들어지고 그 사람의 성격과 닮은 말과 행동을 하는 '휴먼 플레이어Human Player'라는 상품을 내놓았습니다.

10월 3일

이 상품이 성공한 핵심은 스스로 **'물건을 팔자!' 하는 마음이 진지해졌기** 때문입니다. 그때까지는 상품 기획이 '재미있는 것을 만들기'라고 생각하지 못했고 '돈을 내고 사주는 것을 만들기'라고 의식하지 못했습니다. 히트 상품을 보고 질투한 나머지 최선을 다해 자기 일에 몰두했을 때 드디어 진정한 의미의 '상품 개발'을 할 수 있었습니다.

당시 나는 '돈을 내고 사주는 것'에서 도망쳤습니다. 왠지 나쁜 일을 하는 것 같았기 때문입니다. 장사의 책임은 고객에게 돈 이상의 가치를 건네주는 것이므로 지금은 적당히 저렴한 상품을 만드는 것이 오히려 고객에게 실례라고 생각합니다.

구름을 보고 배우는 발상력을 단련하는 법

초등학생 때 하늘에 떠다니는 모든 구름이 어떤 다른 사물의 모양으로 보였습니다. 어른이 되고 나서 이 현상을 파레이돌리아Pareidolia(변상증)이라고 부른다는 사실을 알았습니다만, 당시 모든 구름 형태가 다른 사물로 보이는 일을 자랑스럽게 생각했던 기억이 납니다.

세월이 흘러 성인이 된 지금은 하늘의 구름을 쳐다봐도 거의 다른 사물의 모양으로 보이지 않습니다. 지금 나는 아이디어 발상의 전문가로 일하고 있는데도 사고의 유연성이 초등학생 시절보다 떨어지는지도 모릅니다. 어릴 때는 애매모호한 모양이라도 약간 비슷한 무언가와 연관 지을 수 있었지요. **지금은 모양이 딱 들어맞지 않으면 바로 그 모양이라고 말할 수 없구나 하고 새삼 깨닫습니다.**

또한 어렸을 때는 매일 밤 잠자리에 들 때 누이에게 그 자리에서 즉흥적으로 생각난 이야기를 들려주었습니다. 지금 되돌아보면 그 자리에서 지어낸 이야기를 막힘 없이 술술 언어로 표현했구나 하고 감탄합니다. 대학생이 되어 라쿠고 연구부에 들어가 라쿠고를 시작했을 무렵에 즉흥 라쿠고에 도전했습니다만, 이야기를 전혀 지어낼 수 없었습니다. 훈련으로 즉흥 만담은 특기가 되었지만 구름 모양을 보고 이미지를 떠올리는 일은 아직도 어설프기만 합니다.

나는 주위 사람들에게 이런 말을 전합니다. "아이디어를 낼 때는 정답을 찾아서는 안 됩니다. 적당한 아이디어를 하나, 또 하나 내놓다 보면 어느덧 좋은 아이디어가 나옵니다." 하지만 나도 아직 정답을 찾으려고 합니다. 모호한 아이디어는 정답에 한 걸음씩 가까이 다가가기 위해 중요합니다.

하늘에 떠 있는 구름을 보고 모두 무언가의 모양을 떠올렸던 시절로 돌아갈 수 있는지 연습해보고 있습니다. 어른은 어떻게 하면 어릴 적 유연한 발상의 힘을 잃지 않을까요.

인스타그램에 일기를 썼더니 벌어진 일

나는 인스타그램에 '정방형 일기正方形日記'라는 제목으로 꾸미지 않은 텍스트로 쓴 일기의 동영상을 올리고 있습니다. 나는 사진을 정성스럽게 찍는 걸 별로 좋아하지 않기 때문에 인스타그램을 사용하지 않았습니다만, '사진이 아니라도 그날 일어난 일을 글자로 남기면 좋지 않을까' 생각하고 시작했습니다. 자신의 감정이나 깨달음 등을 쓰는 것이 아니라 가능하면 사진과 마찬가지로 사건이나 본 것만 글로 써서 현실에서 일어난 일을 그대로 전하려고 합니다.

무심하게 시작한 일기였지만 주변 동료들이 '정말 재미있다'고 칭찬해줍니다. 나는 원래 글쓰기를 좋아하고 잘하기 때문에 사진보다 더 매력적으로 풍경을 전달할 수 있는 것이라고 여깁니다.

그러는 동안 생활에 변화가 나타났습니다. 일기를 재미있는 내용으로 채우기 위해 될수록 우연히 재미있는 일이 일어날 것 같은 행동을 취하기 시작했습니다. 일기 내용이 매력적으로 보이도록 생활의 즐거움을 꾀하고자 한 것입니다. '인스타 돋보이기インスタ映え'라고 일컬어지는 행동과 비슷하기는 한데 명확하게 다른 점이 있습니다. **사진이라면 한순간의 즐거움을 보여주는 것이 중요하지만 글로 표현하는 일기를 재미있게 만들려면 한순간이 아닌 즐거운 시간을 일정하게 창출할 필요가 있습니다.** 그런 까닭에 본새를 차리고 꾸미는 일과 관계없이 즐거운 시간을 만들어내자는 의식이 작용합니다.

'문장 돋보이기'는 멋진 사진을 찍는 일보다 인생의 알맹이를 변화시키는 계기가 될지도 모릅니다.

여하튼 표현 수단은 자기 적성에 맞는 것을 선택하면 그만입니다. 글, 그림, 이야기, 음악, 영화, 운동…. 또 뭐가 있을까요?

노후에 돈 걱정이 없어지는 사고방식

일본에서 '노후 2000만 엔 문제'라는 말이 화제에 올랐습니다. 한마디로 일본에서 60대 퇴직한 부부에게 생활비가 평균 2000만 엔쯤 부족하다는 계산을 발표한 것입니다. 신빙성이 있는지는 알 수 없으나 그런 말을 들으면 미래에 필요한 돈에 대해 막연하게 불안을 느끼는 사람이 많을 것입니다. 나도 불안하지 않다고 하면 거짓말이겠지요.

금융투자가 적성에 맞는 사람은 그런 방법으로 대책을 세우는 것도 나쁘지 않으나 나는 돈의 투자는 하지 말자고 결심했습니다. 성격상 투자 상품을 소유하면 한시도 잊지 못하고 종일 그것만 생각하느라 시간을 빼앗길 것 같기 때문입니다. 스트레스도 받겠지요.

살아가는 데 가장 중요한 것은 제한된 시간과 한 번 잃어버리면 돌이키기 어려운 건강입니다. 특히 노후의 돈 문제가 불안하다고 느낀다면 두뇌·육체·정신의 건강이 가장 중요해집니다. 건강에 적신호가 켜지면 일에 힘을 쏟는 일도 힘들어집니다. **건강만 있으면 무슨 일이 일어나도 몇 번이든 다시 일어설 수 있습니다.** 한가한 틈이 있으면 건강을 위해 운동·취미·휴식에 시간을 들입시다.

여러분은 돈을 무엇이라고 인식합니까? 나는 '번거로운 일을 회피하는 티켓'이라고 파악합니다. 돈을 내면 여러 가지 일을 편하게 할 수 있고 가벼운 마음으로 즐길 수 있고 남에게 신경 쓰지 않고 행동할 수 있습니다. 거꾸로 말해 약간 노력을 들여 번거로운 일을 해치우면 돈의 씀씀이를 줄일 수 있습니다. 번거로운 일도 즐길 수 있을 만큼 건강을 유지한다면 돈 걱정은 할 필요가 없습니다.

건강하게 지내기 위해서는 '사회적 관계망'도 필요합니다. 친구를 소중하게 여깁시다.

월요일의 우울을 없애는 방법 4

어린 시절에는 월요일이 우울하다고 느낀 적이 별로 없었습니다. '아아, 벌써 쉬는 날이 끝났다니 학교 가기 싫구나' 하고 생각하면서도 별로 우울해하지 않고 학교에 갔습니다.

나는 학생 시절 따돌림당하는 아이였는데, 그래도 월요일에 풀이 죽거나 하지 않았습니다. 어릴 때는 가까운 미래밖에 보이지 않으니까 먼 미래를 불안하게 보는 일이 없었습니다. 예를 들어 중학생 때는 '앞으로 1, 2년만 지나면 고등학교에 갈 수 있어. 그러면 새로운 생활을 시작하는 거야' 하는 식으로 몇 년 후 치를 졸업식과 새로운 미래를 보았을 뿐, 잘 모르는 먼 미래를 볼 필요가 없었습니다.

어른은 막연하게 먼 미래를 불안하게 바라볼 때가 많습니다. 어지러울 만큼 변화가 극심한 오늘날, '10년 후는 괜찮을까? 그때도 안정적으로 일할 수 있을까? 저금은 해놓았을까?' 또는 '언제까지 이렇게 바쁘게 지내야 할까? 평생 이런 생활을 탈출할 수는 있을까?' 하고 걱정합니다. 그러나 그런 생각을 한다고 뾰족한 수가 있지는 않습니다. 몇 년 후에는 무슨 일이 일어나 어떻게 변해 있을지 전혀 알 수 없는 시대입니다.

먼 미래를 내다보지 않으려면 무언가의 '졸업식'을 가까운 미래에 설정해봅시다. 비록 실현하지 않더라도 '2년 후 다른 부서로 가자'든가 '다른 지역으로 이사 가자' 하고 마음속에 가까운 미래의 계획을 세워두기를 권합니다. 잠자코 있으면 어른에게 졸업식은 찾아오지 않습니다. 어떤 일이든 무방하니까 몇 년마다 새로운 목표를 준비해놓고 그것을 향해 나아가면 먼 미래를 의지하지 않고 지낼 수 있습니다.

앞으로 일어날 일이 막연한 상태가 가장 불안합니다. 이를테면 내일 같은 가까운 미래일지라도 어떤 예정이 있는지 종이에 써놓고 10분쯤 바라보기만 해도 마음이 차분하게 가라앉습니다.

간이 점점 더 세지지 않도록 싱거운 맛을 유지할 것

이런저런 SNS를 운영하고 있습니다만, 남이 보아주길 바라는 마음으로 발신하고 있으면 점점 '간이 세지는' 현상이 일어나곤 합니다.

내가 '보이시'라는 음성 미디어 프로그램으로 방송을 시작한 당초와 최근의 방송을 비교해서 들으면, 이야기 속도가 점점 빨라지고 과장스러운 표현이 늘어난 점에 놀라고 맙니다. 전혀 눈치채지 못하고 있었는데 '계속 들어주었으면 좋겠다!'는 바람이 강한 탓에 점차 간이 세지고 말았는지도 모릅니다. 옛날에 유행한 애니메이션 〈북두의 권北斗の拳〉의 다음 회 예고편을 보면 첫 회와 마지막 회의 긴장감은 완전히 다릅니다. 아마도 계산적으로 의도한 결과가 아니라 회를 거듭할수록 자연스럽게 그렇게 되어버리지 않았나 싶습니다.

유튜브나 틱톡 같은 미디어에 매일 동영상을 올리는 사람도 계속 보고 있으면 점점 행동과 표현의 간이 세질 때가 많습니다. 그렇게 해야 재미있어하는 효과도 있는 만큼 나쁜 일은 아닙니다만, 냉정하게 다시 보면 인터넷에 휘둘려 그 사람의 성격을 과격하다고 여긴 일이 있을지도 모릅니다.

나는 특히 일하는 현상에서는 '싱거운 맛'을 의식하려고 합니다. 사근사근하고 차분하게 개발 업무를 수행함으로써 안심하고 신뢰할 수 있는 사람이 되고자 합니다. **인터넷 사회로 진입한 현대에는 아무래도 간을 세게 맞추어 자극적인 맛을 보이려고 하기 쉽습니다만, 현실을 제대로 직시하면 싱거운 맛이 나는 사람에게 안심하는 사람이 더 많습니다.**

회사에 다닐 때 기획 상품이 히트 치고 취재 요청을 받았는데, 취재 도중에 상사에게 휴대전화로 질책을 받고 반성한 적이 있습니다. 무의식중에 신이 나 있었을지도 모릅니다. 좋을 때야말로 겸허함과 정중함이 중요합니다. 꼭 주의해야 합니다.

아이디어 연습: 500엔 컨설턴트

나는 여러 기업의 아이디어 발상을 돕고 있습니다만, 다양한 업종의 기획 개발 업무에 실질적으로 도움을 주기까지는 개인 사업 개시 후 2년쯤 걸렸습니다. 창업 초기인 미숙한 시기에 함께 일하고 성장을 도와준 파트너 기업에는 평생 감사한 마음입니다. 이제야 겨우 하나씩 은혜를 갚아가고 있습니다.

지금 나와 마찬가지로 비즈니스 기획 아이디어를 내거나 현재 진행하는 사업의 성공을 위해 아이디어를 고안하는 일에 종사해 성취를 이루어내고 싶다면 경험을 쌓는 수밖에 없습니다. 어쨌든 일을 시작해보는 수밖에 없는데, 실제로 그런 일을 하는 것이 처음이고 아직 자신이 없는 사람은 '500엔 아이디어 컨설턴트'부터 시작해보면 좋을 듯합니다.

온갖 주제에 관해 아이디어 내는 일을 돕고 있는데, **기념할 만한 첫 고객은 시간당 500엔을 받고 상담에 응했습니다. 전부 5시간 동안 상담해주었더니 그다음 5시간은 시간당 1000엔, 그다음은 1500엔으로 서서히 보수가 올라갔습니다.** 100시간 상담한 경험을 얻은 무렵에는 시급 만 엔이 되었습니다. 그렇게 아이디어 내는 일을 만 시간 해낸다면 그다음 날은 시급 100만 엔이 된다는 계산이 나옵니다.

미국 작가인 말콤 글래드웰Malcolm Gladwell은 1만 시간 동안 한 가지 일을 계속 하면 전문가가 될 수 있다고 발언했습니다. 취미나 동아리 활동 등의 자그마한 시작부터 아이디어의 전문가가 될 때까지 성장을 향해 나아가는 것도 하나의 방법입니다.

10월 9일

위에서 제안한 것은 예시일 따름이고 처음부터 시급 5만 엔부터 시작해도 괜찮습니다. 그렇게 하면 고객의 기대에 부응하려고 필사적으로 준비할 테고, 그 결과 눈부시게 성장해갈 수 있습니다.

'아이디어는 실현하지 않으면 무의미'
라고 하는 사람이 많다

"아이디어라는 것이 말이야~, 생각만 해서는 의미가 없어. 실현해서 세상에 가치를 내놓지 않으면 무의미하니까." 이런 말을 하는 사람이 최근 들어 주위에 늘어났습니다. 유명한 기업가가 매스컴에 출연해 이런 말을 하고, 비슷한 연배의 지인 중에도 이런 말을 하는 사람이 있습니다. 일하는 사람에게 이 말은 한치도 틀림없는 바른 말입니다. 그러나 학생, 막 들어온 신입, 젊은 사원에게는 이런 말을 해서는 안 됩니다. 가히 NG 워드라고 단언합니다.

위에 제시한 말에 세뇌되어 자란 비즈니스맨은 **무의식적으로 '실현하기 쉬운 아이디어'를 생각하려고 합니다.** 그 결과 대세를 따라 발상하려고만 할 뿐 개성 있는 참신한 아이디어가 머리 바깥으로 나오지 못하고 안에 갇히고 맙니다. 그러면 발상의 힘도 급격하게 약해집니다.

실현하기 위한 행동은 그럴듯한 타이밍이 오면 다 함께 방법을 의논하고 서로 지원하면서 밀고 나갑시다. 아이디어는 자유롭게 생각하는 동안 즐겁고, 생각을 즐기면 아이디어가 쉽게 생겨납니다. 아이디어 발상이 조금이라도 힘들어지는 발언은 하지 맙시다.

실현하지 않는 아이디어에도 대단한 의미가 있습니다. 아이디어는 사람에게서 사람으로 전해집니다. 아이디어를 패스받은 누군가가 골을 터뜨리는 사회 전체의 팀플레이입니다.

아이디어 발상의 전문가와 아이디어 실행의 전문가는 둘 다 다른 분야의 장점을 지닌 전문가입니다. 어느 쪽이든 전문가를 지향하여 최고의 상대와 만날 수 있기를 바랍니다.

수평 사고 퀴즈를 만들어 두뇌를 말랑하게 해보자

수평 사고 퀴즈를 아십니까? 유명한 문제에서 유래하여 통칭 '바다거북 수프ウミガメのスープ'라고도 불립니다. 출제자는 오묘하고 이상한 상황의 이야기를 읽고, 답변자는 출제자가 '네', '아니오'로 대답할 수 있는 질문을 하면서 진상을 밝혀가는 추리 퀴즈입니다. '바다거북 수프'라는 문제는 다음과 같습니다.

> 바다가 보이는 레스토랑에서 남자가 '바다거북 수프'를 주문했다. 수프를 꿀꺽 한숨에 마신 남자는 진짜 '바다거북 수프'였는지 아닌지 요리사에게 확인하고는 식당을 나온 다음 자살해버렸다. 도대체 왜 그랬을까?

답은 생략하겠습니다. 수평 사고 퀴즈에는 기본적으로 정해진 답이 있습니다만, 다양한 답을 생각할 수 있다는 점이 이 퀴즈의 매력입니다. 예컨대 '책을 거꾸로 뒤에서부터 읽는 사람이 있습니다. 왜 그럴까요?' 하는 문제라면 다음과 같이 답하겠지요.

- 책의 맨 끝에 실린 목차를 보고 싶었다.
- 사전에서 마지막 철자가 들어간 단어를 찾고 있었다.
- 아이에게 그림책을 읽어주는 사람이 맨 뒤부터 거꾸로 읽고 있었다.

이런저런 가능성을 추측할 수 있겠지요. **실은 적당히 요상한 상황을 이야기하면 대체로 수평 사고 퀴즈가 됩니다.** 적당한 문제를 내고 다양한 유형으로 일부러 쥐어 짜내어 머리를 말랑하게 하는 두뇌 체조를 추천합니다.

나는 다양한 퀴즈를 만드는 일에 관여합니다만, 기본적으로 퀴즈는 답을 먼저 정해놓고 답이라는 도착지에 접근하는 문제 글을 작성합니다. 수평 사고 퀴즈는 문제 글(오묘하고 이상한 상황)이 답(재치 있는 결말)이 되기 때문에 생각하는 순서가 뒤바뀝니다.

아이나 부하가 95점을 받았을 때 뭐라고 해줄까?

우리 아이가 시험에서 95점을 받아왔을 때 나는 칭찬과 기쁨이 섞인 소리로 "우와~, 아깝다! 100점 받을 수도 있었는데! 문제를 다시 봤으면 100점이었을지도 몰라. 대단하다~!" 이렇게 말해줍니다. **칭찬해주는 표정으로 다음 과제를 전달해주려고 합니다.**

후배에게 신규 사업 계획을 상담해줄 때도 "와, 참 좋은데! 이건 제품을 고품질로 생산할 수만 있으면 100점이겠어!" 하고 말해줍니다. "이 계획은 95점이야" 하지 않고 "여기를 이렇게 실현할 수 있으면 필시 성공할 거야" 하는 식으로 흥분한 듯 칭찬하는 어조로 전해줍니다.

"95점이구나~. 다음에는 좀 더 노력해서 100점 받도록 하자!" 이렇게 말하면 이번에 그다지 잘하지 못했다는 뉘앙스를 풍기므로 동기 부여가 되지 않습니다. 또한 95점을 무조건 칭찬하면 95점이 최고의 결과라고 생각해버립니다. 미래를 기대하도록 메시지를 전하는 방식이 바람직합니다.

덧붙여 나는 아이들이 노력했더라도 결과에 따라서는 결코 칭찬하지 않는 일이 딱 하나 있습니다. 남을 웃기려고 농담을 말하려다가 실패했을 때입니다. 웃음에 대한 감각은 인생에 아주 중요한 기술이라고 여기기 때문에 품위가 없는 말을 하거나 공격적으로 따지고 들어 재미가 없었을 때는 가볍게 고개를 끄덕이는 반응으로 본인이 실패했다는 것을 느끼도록 해줍니다. 진심으로 웃을 수 있을 때만 배를 잡고 마음껏 웃어줍니다.

비록 30점이라도 우선은 칭찬할 만한 점을 찾아내어 칭찬합니다. 능수능란한 '칭찬'은 상대의 마음에 남아 미래로 나아가는 힘이 됩니다.

프로 야구 선수에게 일이란 연습일까, 시합일까?

야구선수는 시합에 이기기 위해 매일 연습하고 시합에 나갑니다. '연습'과 '시합' 중 어느 쪽이 일이라고 생각합니까? 물론 둘 다 일일지도 모르고, 둘 다 일이 아니라 놀이라고 할지도 모릅니다. 록밴드 연주와 라쿠고 등 퍼포먼스 계통의 일도 대체로 연습과 공연으로 나뉩니다. 이상하게도 **'준비'와 '실전'으로 나눔으로써 모든 일은 놀이로 변합니다.**

어느 날은 다음 날 회의에 나가 이야기할 프레젠테이션 아이디어를 구상하고 각 항목을 쓰거나 회의 진행의 흐름을 미리 떠올려보고 확인해봅니다. 그리고 다음 날에는 전날 준비한 내용을 바탕으로 일을 실행합니다.

준비할 때는 '이것은 준비이고 당일이 실전 업무니까 지금은 실패해도 괜찮아' 하고 생각합니다. 한편 프레젠테이션이나 세미나를 진행하는 당일은 '어제는 내용을 생각하는 실질적 업무를 해두었으니까 오늘은 실행하기만 하면 괜찮아' 하고 생각합니다. 준비와 실전으로 나눔으로써 한쪽 작업을 일이라고 파악하면 현재 진행하는 일이 놀이로 느껴집니다.

준비는 '기획이라는 놀이', 실전은 '실험이라는 놀이'입니다. 실은 일이란 기획과 실전의 반복이라는 놀이입니다.

10월
13일

목표의 방향이 모호한 채 일을 진행하기보다 조금 준비하고 나서 일에 관여하면 효율이 현격하게 올라갑니다. 구성과 절차 내용을 종이에 적고 아직 하지 않은 일을 정리하는 등 실제 작업에 들어가면 시간이 5분의 1로 줄어들기도 합니다.

셔츠의 첫 단추 하나로 일이 순조롭게 풀린다

나는 여름에도 티셔츠만 입고 나가는 일이 거의 없고 옷깃이 있는 긴소매 셔츠를 입습니다. 남의 앞에서는 셔츠 맨 위에 있는 단추를 잠급니다. 내키지 않는데 억지로 그러는 것이 아니라 좋아서 그렇게 합니다.

이런 차림을 보고 회사원 시절 동료와 선배는 "이야, 맨 윗단추까지 끼웠구나. 답답하지 않아? 풀면 어때?" 하는 반응을 보여주었습니다. 그러면 나는 그런 반응에 대해 '아아, 역시 너무 고지식하게 보이나 보다' 하면서도 기분이 그리 나쁘지 않았습니다. 처음 만난 사람에게도 적당하게 차분하고 성실한 사람으로 보이고 싶었기 때문입니다.

셔츠는 단추를 전부 잠그고 입고 싶지만, 그렇다고 옷을 남보다 두 배로 잘 입고 싶은 것은 아닙니다. 캐주얼 바지를 입고 캐주얼 재킷을 걸칠 따름입니다. 하지만 단추를 맨 위까지 잠그기만 해도 성실한 사람이라는 인상을 주는 효과가 있습니다.

나는 직업상 장난감과 게임, 놀이 아이디어 등 사람을 웃게 하는 재미있고 신기한 것을 생각하고, 때로는 실없이 보이는 일도 계속 이야기합니다. 그때 성실해 보이는 사람으로 보이면 상대가 아웃풋을 더 재미있어하는 효과를 실감하곤 합니다. 야무지지 못한 듯이 보이는 사람이 실없는 이야기를 하는 것과 성실해 보이는 사람이 실없는 이야기를 하는 것을 상상해보십시오. 어느 쪽이 더 흥미롭습니까?

실제로 나는 꽤 성실한 성격입니다. 겉모습만 성실해 보이려고 하는 것이 아닙니다. 자신의 성격을 정확하게 전하고 싶을 뿐입니다.

거꾸로 무슨 일이든 적당히 넘어갈 것 같은 사람이 야무지게 말하는 것을 들으면 묘하게 설득력이 있습니다.

이야기를 생각해내기 위해 인형을 움직여보자

서른 개 이상 관절을 움직여 자유자재로 자세를 취하게 할 수 있는 스틱본즈Stickybones라는 막대기 인간 피규어가 있습니다. 고성능 디자인 인형으로서 일러스트 제작 등의 모델로 쓰기도 하고, 재미있는 자세를 취하게 해서 SNS에 사진을 올리는 식으로 즐기는 장난감입니다. 미국에서 수입하는 제품이었는데, 상품에 반해버린 나는 일본 판매의 크라우드펀딩 프로젝트를 실행하여 8000만 엔 넘는 펀딩 금액을 모았습니다.

간단하게 움직이는 막대기 인간 피규어에 다양한 자세를 잡게 하면 놀랄 만큼 마구 자유롭게 이야기 아이디어가 떠오릅니다. 이를테면 '이런 기술을 부리는 주인공이 있으면 재미있겠는데…' 아니면 '이런 식으로 등을 구부리고 다가오는 악역이라면 무섭겠는데…' 하고요. 이야기를 생각해내기는 어렵습니다. 설정 등을 머리로 생각하기 전에 피규어의 자세를 취하거나 피규어를 움직여보면 캐릭터의 성격이나 특징을 상상할 수 있고, 이런 캐릭터라면 어떤 일을 일으키겠구나 상상할 수 있고 이야기의 줄거리가 나타납니다.

『죠죠의 기묘한 모험ジョジョの奇妙な冒険』 시리즈의 작가 아라키 히로히코荒木飛呂彦 선생의 저서 『아라키 히로히코의 만화술荒木飛呂彦の漫画術』에서는 "캐릭터의 설정을 자세하게 만들어두면 이후 캐릭터가 멋대로 이야기를 끌고 나가기 시작한다"고 설명합니다. 인간 세계의 모든 아이디어는 구체적인 인간 한 사람을 상상하는 일에서 출발합니다.

스틱본즈를 만지고 있으면 자기가 하늘에서 내려다보는 듯한 감각에 빠지고 이상하게 안심할 수 있습니다. 가까운 미래에 스스로 자기 자신을 관찰할 수 있는 증강현실(AR)의 표현이 인간의 진화에 공헌하지 않을까 생각합니다.

말을 듣거나 전하는 요령: 서로 마른 스펀지가 될 것

나도 자주 실패하지만 중요한 일을 전하려고 일방적으로 오랜 시간을 들여 이야기할 때가 있습니다. 듣는 사람의 처지를 고려한다면 많은 내용을 한 번에 길게 이야기한들 계속 듣기가 어렵겠지요.

간단한 볼일, 알아주었으면 하는 자신의 감정은 재빨리 전달하면 되겠지만, **긴 이야기를 전하고 싶을 때는 먼저 상대의 이야기를 충분히 듣는 일부터 시작합니다.** 만약 대화 시간이 30분이라면 25분은 상대의 이야기를 듣습니다. 싱긋 웃기도 하고 고개를 끄덕거리면서 상대가 하고 싶은 이야기를 실컷 하게 둡니다. 말하고 싶은 것이 없어질 만큼 이야깃거리를 전부 꺼내놓으면 그 사람 마음속 진심이 수면 위로 떠오른 상태가 됩니다. 그것이 슬쩍 보였을 때 마지막으로 5분 동안 '제가 전하고 싶은 말은…' 하고 상대를 앞으로 밀어주기 위해 전하고 싶은 이야기를 합니다. 까칠하고 딱딱하게 말라버린 스펀지처럼 되어서야 비로소 사람은 상대의 이야기를 자연스레 흡수합니다. 전달하는 방식에 관한 중요한 핵심은 세 가지입니다.

- 상대가 '듣는 자세'를 취하게 하고 나서 짧고 이해하기 쉽게 전하는 것이 좋다.
- 전하고 싶은 내용은 상대 이야기를 듣는 동안 바뀌어도 좋다.
- 아무것도 전하지 않았다고 해도 상대가 무언가를 깨달았다면 충분하다.

말을 전하는 것이란 곧 듣는 것입니다.

이 이야기는 남의 이야기를 듣는 자세를 취하기 위한 실마리이기도 합니다. 아무것도 떠오르지 않을 만큼 평소에 생각을 다 내버리면 공연히 새로운 것을 받아들이고 싶어집니다. '아웃풋 과다'에 의해 사람은 변신하는 법입니다.

미래 예측은 현대의 필수 기술

미래를 예측해보고 싶은 적이 있습니까? 10년 후, 20년 후, 세계는 어떻게 변해 있을까요. 미래를 짐작해보는 일은 앞으로 어떤 일을 하면 좋은지를 생각하는 데 도움을 줍니다. 미래를 예측하는 방법에는 '포캐스트forecast', '백캐스트backcast'라고 부르는 두 가지 방법이 있습니다. **포캐스트란 과거부터 현재까지 세계 변화의 데이터로 미래를 예측하는 방법입니다.**

① 저출생 고령화 사회가 진행되어 농업·어업 및 돌봄에 종사하는 사람이 부족해지는 경향이 있다면, 아마도 그런 일을 담당하는 로봇이 필요해질 것이다.

→ 로봇 개발에 종사하는 사람이 늘어나고, 로봇을 조작하는 일거리도 늘어날 것이다.

→ 그 밖에도 로봇이 사람의 일을 보완하는 장면은 없을까.

한편 **백캐스트는 실현하고 싶은 미래를 상정하고 그것에 다다르기 위해 현재 무엇을 하면 좋을지 생각합니다.**

② 분쟁 없는 평화로운 세계가 되었으면 좋겠다.

→ 사람의 마음을 착하게 만드는 로봇이나 AI 시스템을 만들 수는 없을까.

→ 착하다는 감정의 조성 방법을 연구하는 일이 필요해지지 않을까.

미래 예측은 벌써 비즈니스맨의 필수 기술이 되었습니다.

유행이 변하는 속도가 참 빨라졌습니다. 현재 시대적 흐름과 유행을 포착하는 기획을 생각하려는 것은 이미 때늦은 발상일지도 모릅니다. 반년 후의 기획, 1년 후의 기획, 3년 후의 기획을 병행하여 생각해봅시다.

'당연한 아이디어'를 남에게 이야기해보자

어느 날 트위터에서 "부엌에서 튀김 요리를 할 때 튀긴 음식을 생선 굽는 그릴 망에 올려놓으니까 편리하더라" 하는 글이 올라왔습니다. '눈이 번쩍!' 하는 댓글과 함께 조회 수가 폭발적으로 올라갔습니다. 우리 집에서는 예전부터 튀김을 그릴 망에 올려놓는 일이 당연했기 때문에 이 글이 그토록 화제를 일으킨다는 사실에 깜짝 놀랐습니다.

자기에게는 지극히 당연한 지식이 다른 사람에게는 인생을 바꾸는 아이디어인 경우는 실로 자주 있습니다. 하지만 자기에게는 너무 당연하니까 '이런 걸 남에게 말한들 이미 다 알 거야…' 하고 지레짐작하고는 중요한 정보를 공유하지 않는 일이 상당히 많습니다. 안타까운 일입니다.

남과 대화하거나 SNS로 '내게는 당연한 일이지만 만약 모르는 사람이 있으면 가르쳐주고 싶은 것'을 공유해봅시다. 대다수 사람이 안다고 해도 단 한 사람이 처음 알고 인생에 도움을 받았다면, 그러한 정보 공유는 세계에 영향을 미쳤다고 할 수 있을 만큼 좋은 일이고 고마운 일입니다.

'이거 정말 당연한 걸까…?' 하는 생각에 말하기를 주저하는 때가 있다면 '어때, 이 정보! 대단하지!' 하고 뽐내는 분위기가 아니라 '나도 최근에 알았는데…' 하는 식으로 공유한다면, 이미 아는 사람에게는 '공감', 몰랐던 사람에게는 '경탄'이라는 좋은 반응을 얻을 뿐, 결코 이상하게 여겨지는 일은 없습니다.

여러분은 이 책에 써놓은 내용 중 364개를 이미 알지도 모릅니다. 하지만 단 하나라도 새로운 깨달음을 얻는다면 커다란 가치가 있습니다.

서투른 것에서 벗어나는 리얼 탈출 게임

수수께끼 퀴즈를 공략해 제한 시간 안에 방에서 탈출하는 '리얼 탈출 게임'을 좋아해 한동안 친구들과 함께 게임을 즐겼습니다. 실제로 건물 한 칸에 갇혀서 제한 시간이 줄어가는 설정 속에서 아슬아슬하게 퀴즈를 생각하는 긴장감은 중독될 만큼 즐겁습니다. 이와 비슷한 놀이를 이용해 서투른 일이 장기가 되는 게임을 만들 수 있습니다. 서투른 일로 고민하는 삶에서 탈출하는 놀이입니다.

영어 회화에 자신 없다는 의식을 없애고 싶다면 일정한 공간에 갇혀 영어로만 대화할 수 있는 사람이 몇 명 모여 강제로 영어 회화 의사소통을 이루어내면 탈출할 수 있는 게임을 만들 수 있습니다. 비슷한 짜임새로서 무언가를 암기하지 못하면 탈출할 수 없다든가, 정해진 근육 트레이닝을 해내지 못하면 탈출할 수 없는 게임도 가능합니다. 스마트폰으로 지인에게 연락하면서 어떤 방법을 쓰든 이성 친구를 사귀지 못하면 탈출할 수 없는 게임도 만들 수 있을지 모릅니다.

게임으로 시간과 조건에 쫓기면서 목적을 달성하려고 하면 평소에 한 걸음도 내딛지 못하던 서투른 일을 실행해내곤 합니다. **극복하고 싶은 약점이나 서투른 일에서 벗어나는 탈출 게임을 고안해 실제로 만들어 플레이해보면 어떨까요.** 물론 이런 게임은 비즈니스 기획의 아이디어로도 활용할 수 있습니다.

나는 선배가 기획한 맞선 파티에서 만난 사람과 결혼했습니다. '선배가 준비해준 자리니까!' 하는 생각에 적극적으로 행동했습니다. 그 파티는 독신 생활을 탈출하게 해준 게임 설계였습니다.

프릭션볼이 바꾼 두 가지 상식

'지울 수 있는 볼펜'으로 낯익은 파이롯트Pilot사의 프릭션볼[1]은 많은 사람의 필수품이 되었습니다. 나도 오랫동안 사용하고 있습니다.

어린 시절 볼펜으로 종이에 쓴 글자를 지우개로 지우려고 했을 때 어머니가 "볼펜은 지울 수 없단다" 하고 가르쳐준 기억이 있습니다. 다들 나와 같은 경험을 하지 않았을까요. 어릴 적부터 머릿속에 새겨진 상식, 즉 '볼펜은 한번 쓰면 지울 수 없다'는 상식을 깨뜨린 아이디어이기 때문에 사람들은 설레는 가슴으로 '갖고 싶어!' 하고 외쳤을 것입니다.

프릭션볼이 바꾸어버린 상식에 대해 내가 대단하다고 생각하는 점이 또 하나 있습니다. **잉크가 금방 없어지는데도 싫기는커녕 좀 기쁘다는 점**입니다. 어릴 때부터 볼펜 한 자루의 잉크가 없어질 때까지 다 쓴 적이 없습니다. 볼펜의 잉크는 웬만하면 없어지지 않기 때문에 도중에 펜을 잃어버리기도 하고, 잉크는 남아 있는데 볼 부분이 망가져 쓸 수 없어지기도 하고, 성능이 더 나은 볼펜이 등장하면 새것을 사기도 해서 잉크를 끝까지 쓰고 버리는 일은 한 번도 없었던 것입니다.

프릭션볼의 잉크는 그렇게 오래 쓰지 않았는데도 금세 없어지니까 교환용 잉크를 사야 합니다. 하지만 나는 '잉크를 다 쓸 정도로 일을 열심히 한 것 같아서 기분이 좋구나' 하는 느낌입니다. 교환용 잉크를 구입해야 하는 일이 기분 좋게 느껴지는 상품이 있다는 말은 들어보지 못했습니다. 사람에게는 '끝까지 다 사용하고 싶은 욕구'가 있습니다.

1 프릭션볼(フリクションボール): 마찰열로 온도가 올라가면 잉크의 색이 없어지는 신개발품 볼펜.

시골에 사는 어머니도 프릭션볼의 존재를 알고 나서는 "도쿄에서 좀 사다 주렴!" 하고 내게 연락하셨습니다.

자세가 좋아지는 아이디어 중 가장 뛰어난 것은?

어릴 때부터 줄곧 자세가 나빴습니다만, 어른이 되고는 바른 자세를 유지하려고 합니다. 자세를 바르게 하기 위한 아이디어는 여러 가지 있습니다. 가능하면 책상이나 테이블 정중앙에 앉으려고 합니다. 책상 아래 한쪽에 물건을 두는 등 몸이 책상의 정중앙으로 오지 못하는 상태에서는 무의식중에 몸이 기울어집니다. 책상 위와 아래를 다 정돈해 정중앙에 앉기만 해도 자세가 좋아집니다.

책상 높이도 중요합니다. 읽고 쓰거나 컴퓨터를 조작할 때 눈높이와 손의 위치가 낮으면 새우등이 될 수밖에 없으니까 허리를 쭉 폈을 때 딱 알맞다 싶을 수준으로 책상 높이를 조절합니다. 또 슬랙 레일Slack Rail이라는 전신 트레이닝 상품이 있는데, 의자에 앉을 때 엉덩이 아래 깔고 앉으면 골반을 세워주어 자세가 편해집니다.

그 밖에도 다른 방법이 있으나 내가 자세를 바르게 하려고 생각한 직접적인 이유는 어느 세미나에서 수강생이 강사인 내 모습을 찍어 SNS에 올린 사진을 보았기 때문입니다. 그 사진을 보니 나는 등이 굽어 있고 자세가 나빴습니다. 부끄러운 마음이 들어 그 후 열심히 자세를 교정했습니다. **말하자면 결국 자기 상태를 알고 부끄러움을 느끼는 것이 자신의 나쁜 점을 고치는 가장 좋은 방법입니다.**

안 좋은 자세는 독보다 몸에 더 나쁘고 중대한 병을 일으킬 가능성이 있다고 합니다. 이 이야기는 예전부터 들어 알고 있었으나 앞일을 알고도 행동하지 못하는 법입니다. '앗, 이러다간 큰일 나겠어!' 하고 경각심을 갖지 않으면 행동을 바꾸기는 어렵습니다.

마케팅을 공부하는 간단한 방법은 낫토 사러 가기

마케팅이란 '자연스레 팔리는 상태를 조성하는 일'이라고들 말합니다. 3C → STP → 4P 등 전문적인 마케팅 기술은 입문서를 한 권 읽으면 이해할 수 있으니까 그 방법에 맡기기로 하고, 우선은 슈퍼에 낫토[1]를 사러 가보기를 권합니다(낫토를 싫어한다면 갑티슈, 샴푸, 감자칩을 추천합니다).

낫토 매장에 가면 아마도 최소한 세 종류쯤 낫토 상품을 팔고 있을 것입니다. 첫 번째는 텔레비전 CM으로 본 적이 있는 유명한 것, 두 번째는 첫 번째보다 약간 값싼 것, 세 번째는 매우 값싼 것입니다. 이 중 여러분은 어느 것을 사고 싶은지요? 사고 싶은 것을 들고 계산대로 가서 그것을 선택한 이유를 가능한 만큼 자세히 말로 설명해보십시오. 사람마다 다른 이유가 있을 것입니다. 유명함, 포장 디자인의 색깔, 광고 카피가 내세운 특징, 가격, 진열대에 놓인 위치…. 사지 않은 사람에게는 사지 않은 이유가 있겠지요. 세 가지가 나란히 놓였으니까 산 것이고 만약 한 종류밖에 없었다면 사지 않았을지도 모릅니다.

여러분은 낫토를 자연스럽게 샀습니다. 이는 마케팅이 불러일으킨 행동입니다. 마케팅의 영향을 받은 경험을 늘려 업무에 활용하면 자연히 마케팅 기술이 좋아집니다. 최근에 낫토 상품을 산 다른 사람에게 구매 이유를 자세히 듣고 자기 경험과 어떻게 다른지도 언어로 표현할 수 있다면 더욱 좋을 듯합니다.

1 낫토(納豆): 삶거나 찐 메주콩을 볏짚 꾸러미나 보자기 등에 넣고 발효시킨 식품.

마케팅의 영향으로 물건을 사고 그 경험을 언어로 표현해 생각하고 나서 마케팅의 입문서를 읽으면 이해하는 수준이 월등하게 높아집니다.

원격 근무 때 좋은 인상을 주는 아이디어

원격 근무는 이제 상식이 되었습니다만, 영상통화 때 상대에게 좋은 인상을 주는 아이디어는 여러 가지 있습니다.

우선 영상과 목소리가 좋아지는 외장 카메라와 마이크를 컴퓨터에 연결해 사용하기를 꼭 추천합니다. 나는 약 1만 5000엔을 들여 카메라와 마이크를 샀는데, 화면에 비치는 얼굴색이 확연하게 좋아지는 바람에 깜짝 놀랐습니다. 나는 얼굴색이 창백하기 때문에 만나는 사람에게 걱정하는 소리를 자주 듣는데, 카메라에 붙어 있는 얼굴색 보정 기능을 사용했더니 실물보다 건강해 보였습니다. 상대에게 들리는 목소리의 질도 좋아졌습니다. 참으로 사길 잘했다 싶습니다. '비싸다'고 생각하는 사람도 있겠으나 **옷이나 화장품에 비하면 매우 저렴한 가격으로 남에게 좋은 인상을 줄 수 있습니다.**

또 영상통화를 할 때도 웃는 표정으로 연결을 끊는 것이 중요합니다. 무표정한 얼굴로 화면에 나오는 것보다 웃는 얼굴로 화면에 나타나야 첫인상이 좋습니다. 나갈 때도 갑자기 나가는 것보다 손을 흔들고 웃으며 퇴장하면 좋은 인상으로 남습니다.

사정이 있어서 얼굴을 보이지 않고 회의에 들어오는 사람도 있을 것입니다. 가능하면 얼굴을 보이고 참가하기를 권합니다. 예의를 차린다기보다는 생글웃는 표정이나 동의의 표시로 고개를 끄덕이는 반응을 보여줄 수 있는 기회를 놓치면 아깝습니다. 전할 수 있는 정보가 적다면 더욱 적극적으로 즐거운 마음이나 상대방을 향한 호의를 한껏 전합시다.

카메라를 바꾸기 전에는 화면에 비치는 자신의 치열도 신경이 쓰였습니다만, 얼굴색을 보정하고 나서는 별로 신경이 쓰이지 않았습니다. 이전에는 치아 교정도 검토할 만큼 고민이 었는데 그럴 필요가 없어진 것입니다. 세상 참 좋아졌습니다.

나에게 맞는 건강법은 얼마든지 찾을 수 있다

영양학에 정통한 친구에게 비타민 C 분말을 복용하면 몸 상태가 좋아진다는 말을 듣고 한번 먹어보았더니 즉각 효과가 있었습니다. 나는 감기에 걸리기 쉬운 체질인데 비타민 C를 먹고 나서부터 이전보다 감기에 걸리는 일이 적어지고 감기에 걸리더라도 빨리 낫는다는 느낌이 듭니다.

들은 바에 따르면 비타민 C는 몸에 좋은 매우 뛰어난 영양소이고 몸 안에서도 끌어들이려는 곳이 많아 여기에서도 저기에서도 다 가져다 쓰려고 하기 때문에 금방 부족해지는 듯합니다. 여러 주장이 있는데 비타민 C가 충분하면 몸의 이곳저곳에 좋은 효과를 본다고 합니다.

위가 자극을 받지 않도록 주의하면서 식후 매일 비타민 C를 복용했더니 몸 상태가 나아졌습니다. 자기를 속이는 플라세보 효과일지는 몰라도 삶의 질이 달라졌습니다.

효과를 톡톡히 보았기 때문에 친구들에게도 권유했으나 역시 개인마다 효과는 달랐습니다. 전혀 효과를 실감하지 못했다는 친구도 꽤 있었습니다. 자기에게 맞는 건강법을 발견하는 일이 중요합니다. 인터넷 등으로 건강법에 관한 정보를 편하게 알아볼 수 있는 시대입니다. 그 정보가 옳은지 아닌지는 알 수 없지요. **다양한 방법을 시도해보고 자기 몸이 기뻐하는 감각을 얻을 수 있는 건강법을 찾아봅시다.** 덧붙여 나는 몸을 쓰다듬으면서 고맙다고 말을 걸면 뭉친 근육이 풀어집니다

10월
24일

비타민 C가 감기에 좋다는 증거는 확실하지 않은 듯합니다만, 내가 치료를 받은 적 있는 침술사, 내과 의사, 치과 의사 선생님은 한결같이 '이론보다 자기 몸이 편하게 느끼는 방법이 옳다'고 말합니다.

루빅스 큐브로 배우는 관촉과 디자인의 아이디어

30대였을 때 태어나 처음으로 루빅스 큐브 6면을 다 맞추었습니다. 큐브의 달인인 대학 선배가 방법을 가르쳐주었지요. 맨 처음에는 매뉴얼을 보면서 다 맞추는 데 10분 넘게 걸렸습니다만, 열심히 연습한 끝에 결국에는 2분대에 맞출 수 있었습니다(대학 선배는 20초쯤 걸립니다).

매뉴얼을 보지 않고도 맞출 수 있었을 무렵, 나는 전철 안에서 계속 큐브를 맞추었습니다. 스마트폰 게임을 하는 것이나 마찬가지라는 감각으로 큐브를 맞추고 있는데 전철에 탄 사람들이 힐끗힐끗 쳐다보았습니다. 화려하게 보이는 장난감을 손에 쥐고 재빠르게 움직이는 모습과 손이 움직일수록 색깔이 점점 하나로 맞추어지는 모습에 누구나 무의식적으로 시선을 빼앗긴 것입니다.

그때 나는 만약 내가 루빅스 큐브 기획 담당자라면 루빅큐브 맞추기를 익힌 1000명에게 전철을 타고 돌아다니며 큐브를 맞추라고 했을 텐데 하고 상상했습니다. 누군가 누워서 떡 먹기라는 듯 척척 큐브를 맞추는 모습을 보면 흥미가 솟아오릅니다. **전문가가 하는 모습을 본다면 '전문가는 대단하구나' 하고 감탄할 뿐이지만 보통 사람이 하는 모습을 보면 갑작스레 따라 하고 싶어집니다.** 나도 선배가 큐브를 권했을 때는 약간 마음이 내키지 않았지만, 선배가 멋지게 색깔을 맞추어내는 모습을 보자마자 연습해보고 싶은 마음을 억누를 수 없었습니다.

루빅스 큐브라는 물건은 겉모습이나 기능으로 자신을 팔아넘기는 힘이 있습니다. 디자인은 최대의 선전 요소입니다.

색깔을 6면 다 맞출 수 없을 때는 루빅스 큐브 맞추기 기술이 마치 신의 한 수처럼 보였습니다. 큐브 맞추기를 익히는 일은 어른이 되어서도 누구나 단기간에 해낼 수 있는 '대변신'입니다.

상품 개발이란 사용자들의 대화를 상상하는 일

갓 대학을 졸업해 신규로 입사하려고 했을 때 나는 면접에서 '사람에게 웃음을 주는 조크 토이를 만들고 싶습니다!' 하는 말을 계속한 덕분에 합격할 수 있었습니다. 바라던 상품 기획 부서에 배치받은 나는 허무맹랑한 상품 아이디어를 계속 제안했습니다. 거꾸로 회전하는 테루테루보즈[1] 피규어라든지 시부야 거리의 대형 전광판 모양 텔레비전이라든지…. 선배들은 '이놈은 대체 무슨 소리를 하는 거야?' 하고 질린다는 듯 쳐다보았습니다.

그 무렵 나는 사람에게 웃음을 안겨주는 장난감이란 그 자체가 사람을 웃길 만큼 외양이나 동작이 재미있고 요상해야 한다고 생각했습니다. 그러나 사람을 웃기는 상품이란 그것을 사용하는 가운데 대화가 생겨나고 웃음이 일어나는 상품이라는 깨달음을 얻었습니다. **상품이 사람을 웃기는 것이 아니라 상품을 매개로 사람이 사람에게 웃음을 안겨주는 것입니다.**

이 사실을 깨닫고 나서부터 친구와 가족 사이에 대화의 웃음꽃이 피어나는 휴대 완구나 캡슐토이, 카드 게임 등 진정한 의미에서 사람에게 웃음을 주는 장난감을 만들기 시작했습니다. 상품의 기획 개발과 제작은 언제나 '이것이 있으면 누구와 어떤 대화가 생겨날까'를 상상하고, 상상 속 대화의 대사를 적어가면서 진행합시다. 상품 만들기는 대화 만들기입니다.

10월 26일

1 테루테루보즈(てるてるぼうず): 날이 맑기를 기원하기 위해 추녀 끝에 매달아 두는 종이 인형.

'그 상품을 사용한 사람이 SNS에 어떤 댓글을 쓰고 싶을까?'를 상상하는 것도 대화의 상상과 비슷한 효과적인 사고방식입니다.

충격을 덜 받고 잘 풀어나가기 쉬운 고백 방법

좋아하는 이성에게 '나랑 사귀자' 하고 고백하는 일은 용기 있는 행동입니다. '미안하지만 싫다'는 대답을 들으면 어쩌나, 평생 헤어지는 일이 되어버리면 어쩌나, 이렇게 생각하면 섣불리 말이 입 밖으로 나오지 않습니다.

내가 제일 좋다고 생각하는 고백 대사는 '당신을 좋아합니다. 한번 데이트 해주세요'입니다. 물론 이렇게 말하고 거절당할 때도 있지만 데이트를 거절당하는 것과 사귀자는 제안을 거절당하는 것은 충격의 정도가 전혀 다릅니다. 상대에게 연인이 있어도 사귀어 달라는 말까지는 하지 않았으니까 거절당할 때 충격이 작아집니다. 이른바 스몰 스텝을 시작하자는 말이지요.

한편 내가 아내와 결혼했을 때는 서둘러 '결혼하고 싶다'고 말했습니다. 이 경우는 격렬한 비약이기 때문에 거절당하더라도 '그럼 사귀기라도…' 하는 흐름이 될지도 모르므로 역시 충격이 작습니다. '사귐'이라는 모호한 상태를 부탁하니까 비정상적인 용기가 필요한 것입니다. 애초에 '사귐'이란 무엇일까요. 그 말이나 정의가 사람마다 다르다는 점 때문에 좋아하는 사람에게 고백하기 힘들어진다고 생각합니다.

스몰 스텝이냐, 격렬한 비약이냐? 여러분에게는 어느 쪽이 문턱이 낮나요? 이는 연애뿐만 아니라 다른 행동에도 발상의 실마리를 제공해주는 질문입니다.

좀 다른 이야기입니다만, 모르는 것을 상대에게 질문하는 방법에도 두 가지가 있습니다. 듣고 싶은 내용을 세분화해서 명확하게 묻는 스몰 스텝 방식과 '여하튼 뭔지 전혀 모르겠습니다. 도와주세요' 하고 매달리는 격렬한 비약 방식이 그것입니다.

아이디어 잡담을 나눌 음식점은 '꼬치구이 식당'

나는 외식 메뉴 중 꼬치구이를 제일 좋아합니다. 코로나바이러스 사태 이전에는 마음에 드는 꼬치구이 식당을 발굴하는 일이 취미였고, 그런 곳이 있으면 사람들을 데려가 옹기종기 이야기 나누기를 좋아했습니다. 그런 일이 출발점이 되어 친구를 사귀거나 일거리를 얻은 경우가 이루 셀 수 없습니다.

물론 꼬치구이를 좋아합니다만, 내가 꼬치구이 식당을 선호하는 이유는 다른 사람과 이야기를 나누기 쉬운 효과가 있다는 점입니다. **다른 음식점을 생각해보면, 예를 들어 고깃집 야키니쿠는 맛있습니다만 굽느라 바쁩니다. 술집은 샐러드 같은 음식을 앞접시에 나눌 때 신경을 써야 합니다. 초밥 식당은 지나치게 고급이라 부담스러워서 제정신을 차릴 수 없습니다.** 꼬치구이는 값도 싸고 한 손으로 먹을 수 있으니까 먹는 일에 그다지 주의가 흩어지지 않습니다. 식당 안에 긴장감도 없으니까 푸념을 털어놓기 쉬운 분위기에서 본심을 드러낼 수 있습니다.

두 사람이 카운터에 나란히 앉아 같은 방향을 바라보고 대화를 나눈다는 점도 좋습니다. 서로 얼굴을 마주하면 논점을 두고 싸움을 벌이는 듯 느껴지기도 하는데, 한 방향을 보고 이야기하면 신기하게도 상대의 의견에 다가가는 듯한 기분으로 이야기를 나눌 수 있습니다.

또 하나, 꼬치구이 식당에는 가게마다 특징이 다릅니다. 내 맛보기 수준으로는 솔직히 초밥 식당마다 무엇이 다른지 자세히 알지 못합니다. 꼬치구이는 식당마다 고기의 질, 양념, 굽는 방법 등 특징이 전혀 다를 뿐 아니라 내장 꼬치구이 같은 메뉴를 추가하면 다양성의 세계가 무한대로 늘어납니다. 다른 가게에 가면 다른 즐거움이 있기 때문에 "오늘은 이 식당으로 정하면 좋을 듯하군" 하는 대화도 서먹서먹한 분위기를 깨는 아이스브레이킹이 되기도 합니다. 아이디어를 내고 싶을 때 가장 배제해야 할 요소가 바로 긴장감입니다.

여러분과도 조만간 꼬치구이 식당에 함께 가면 기쁘겠습니다.

『세계사를 바꾼 6가지 음료』로 배우는 아이디어의 조건

톰 스탠디지Tom Standage가 저술한 『세계사를 바꾼 6가지 음료A History Of The World In Six Glasses』라는 명저가 있습니다. 맥주, 포도주, 증류주, 커피, 차, 콜라의 발명이 상업뿐만 아니라 문명까지 발전시켰다는 이야기입니다.

이집트 및 메소포타미아 문명이 일어날 무렵 맥주를 어쩌다 발견했는데, 이후 맥주를 마시고 싶다는 생각에 보리를 안정적으로 키우려고 하자 농업이 발전했고, 철학자들이 포도주 파티를 열고 싶어 모여드는 동안 학문이 발전했고, 브랜디 같은 증류주 때문에 항해가 발전하는 등 음료가 세계를 만들어나갔다고 이 책은 말합니다.

나는 콜라가 세계를 제패했다는 이야기에서 특별한 배움을 얻었습니다. 평소 맥주를 좋아하기 때문에 '맥주야말로 지고의 음료이고말고!' 하고 생각했으나 맥주에 비해 콜라는 낮부터 마실 수 있고 미성년자도 마실 수 있다는 점에서 훨씬 압도적으로 폭넓은 음료입니다.

이 책을 읽고, 인간의 생명 활동을 편안하도록 도모하는 것보다 더한 가치는 없으며 그것이 인간의 생산성을 올려준다는 깨달음을 얻었습니다. 나아가 남녀노소, 어떤 특성이 있는 사람이라도 즐길 수 있는 만인을 위한 것이 세계를 바꾸어나간다는 배움도 얻었습니다.

오늘날 새로운 것을 발명하는 일이 여간 어렵지 않기 때문에 틈새 고객층을 공략하는 비즈니스를 생각하기 쉬운 분위기가 강해졌습니다만, **정면으로 인류 전체를 즐겁게 해주는 방법이란 무엇인가를 생각해보면 세계를 바꾸는 초대형 아이디어가 탄생할지도 모릅니다.**

맥주는 처음에 '물보다 안전한 음료'라는 점에서 필수품으로 인정받아 널리 퍼져나간 듯합니다.

시간 단축 병에서 벗어나 첫걸음을 내딛자

동영상을 두 배로 빨리 돌려 보는 사람이 늘었다는 둥 세상은 시간 단축이 대유행입니다. 오래 걸릴 것 같으면 시작하기를 주저하는 사람도 많습니다.

요즈음 기업 연수에 가서 새로운 비즈니스 아이디어를 생각하라고 하면 '요리 시간 단축', '수면 시간 단축', '목욕 시간 단축' 같은 무언가를 짧은 시간에 끝내는 상품이나 서비스를 기획하는 사람이 꽤 있습니다.

시간을 단축하고 싶은 병의 일종인지, 통상 업무 중에 지금 파는 상품의 판촉 아이디어를 고안해내는 회의에서도 '어떻게든 한 방에 폭발시킬 수 없을까?' 하는 비본질적 발상으로 달려가기 쉽습니다. 물론 기적은 일어나지 않는다고 말할 수 없으나 '아아, 뭔가 기적이 일어나지 않을까~' 하고 생각할 짬이 있으면 조금씩 성장하기 위한 한 걸음을 당장 내디뎌주십시오. 자신의 활동을 선전하고 싶으면 우선 한 사람에게 소개하든지, 홈페이지를 만들어보십시오. 최초의 걸음은 실로 미약할지 모르지만 모든 것은 거기서 시작하는 법입니다.

내가 세운 현재의 회사는 창업하고 나서 3년 동안 적자를 면치 못했습니다. 그러나 4년째부터 일거리가 늘어났습니다. 창업 때부터 꾸준히 운영해온 홈페이지가 검색하기 쉬워지기도 하고, SNS의 팔로워가 늘어나기도 했기 때문입니다. 이런 일은 한꺼번에 비약적으로 성장하지 않습니다. 생물의 성장과 마찬가지로 어느 정도 정해진 시간이 걸립니다. 그러나 시간을 들여 정성스럽게 지속하기만 한다면 성장하지 않는 법은 없습니다. 속담을 빌려 말하자면 '로마는 하루아침에 이루어지지 않았다', '급할수록 돌아가라'와 같습니다.

어떤 시간을 단축하는 아이디어를 생각하고 싶다면 잠자코 생각만 하지 말고 한 걸음씩 또박또박 걸어나가면서 생각합시다.

이나다 도요시(稲田豊史) 씨가 쓴『영화를 빨리 감기로 보는 사람들(映画を早送りで観る人たち)』에서는 신속 시청의 이유 중 하나를 '실패하고 싶지 않기 때문'이라고 말합니다. 나는 '실패는 성공의 어머니'라는 속담을 좋아하는데, 오늘날에는 별로 설득력이 없을까요.

손님을 실망시키는 상품은 만들지 말 것

나는 10년도 넘게 캡슐토이(가차가차)의 기획 개발에 관여하고 있는데, 실은 캡슐토이를 사는 것을 아주 좋아했다고 잘라 말하기는 어렵습니다. 캡슐토이의 경우 좋은 상품은 몇 번이든 돌려도 기쁘기만 하지만 좋지 않은 상품을 돌리면 스트레스가 쌓입니다.

가장 좋지 않은 것은 노골적으로 꽝이 들어간 상품입니다. 예를 들어 우리 아이는 갖고 싶은 것을 얻기 위해 소중한 용돈을 넣어 돌렸는데 꽝이면 실망합니다. 그런 정도까지는 아니더라도 캡슐토이는 아무래도 두 번 연속으로 같은 것이 나올 때가 있기 때문에 또 한 번 돌렸을 때 다시 똑같은 꽝이 나오면 슬퍼집니다. 그렇다고 나오는 것이 전부 당첨이라 한 번에 만족해버리면 몇 번이든 돌려서 캡슐토이를 모으는 사람이 없어집니다. 캡슐토이는 몇 번이든 돌려주어야 성공하는 장사입니다.

내가 좋아하는 과거의 캡슐토이 중 '산지에서 곧장 달려 도망친 무 스윙産地直走 逃げたて大根スイング'이라는 것이 있습니다. 사람의 다리 같은 모양으로 자란 무의 피규어로 재미있는 모양이 여럿 있는데, 라인업 중 하나가 **아주 가느다란 무순의 리얼 피규어입니다.** 그것은 꽝이 아니라 당첨입니다. 또 '접이식 파이프 의자'라는 캡슐토이는 거의 파이프 의자인데 그것을 수납해 운반하는 손수레가 당첨 상품입니다. 파이프 의자를 몇 개 늘어놓아도 귀여우니까 자꾸 돌려도 즐겁고 손수레가 나오면 기쁩니다. 꽝을 섞어놓기보다는 당첨을 섞어놓는 것이 좋겠지요.

손님을 실망시킬 가능성이 있는 상품을 만들면 나중에 반드시 자신이 손해를 봅니다.

내가 특히 좋아하는 캡슐토이는 상어튀김(サメフライ)이라는 상품입니다. '고래상어 튀김, 몸 길이 13.7미터'라고 쓰여 있는 취급 설명서와 튀김옷 틈으로 보이는 꼬리, 거기에 약간 붙어 있는 튀김 가루 등이 최고입니다.

11월

핵심 고객은 단 한 사람

사업에 성공하는 사람의 첫 번째 특징

나는 '사업을 벌이고 싶다!'는 사람에게 자주 상담 요청을 받습니다. 내가 조언해준 사람은 대체로 성공하는 편입니다. '이거, 내 아이디어가 좋았던 것 아닐까?' 하고 우쭐하는 마음이 들었습니다만, 그야말로 자의식 과잉, 착각은 자유였다고 깨달았습니다. 그 사람은 나뿐만 아니라 **여러 사람에게 상담받았기 때문에 성공한 것입니다.** 우연히 그중 한 사람이 나였을 뿐입니다.

사업을 벌이면 힘든 일이 수월찮게 일어납니다. 여러 사람에게 기대어 힘을 빌리면 해결할 수 없는 일은 없습니다. 나도 2014년 처음 사업에 손을 댔을 당시는 아직 남의 힘을 빌리는 요령이 부족해 혼자서 해결하려고 했습니다만, 혼자서는 아무 일도 할 수 없었습니다. 서둘러 이런저런 사람에게 '가르쳐주세요! 힘을 보태주세요!' 하고 부탁하지 않으면 돌파구가 없었습니다.

사업을 벌여 성공하는 사람은 자신의 약점을 드러내고 남에게 도와달라고 손을 내미는 사람이라고 생각합니다. 물론 결국에는 스스로 결단하고 길을 열어나가야 하겠으나 그럴 수 있는 힘을 얻을 때까지는 다양한 사람에게 도움을 청합시다. 여러분의 선배는 특히 새로 배를 띄우고 바다로 나가려는 타이밍에 기꺼이 가르침을 베풀어줄 것입니다.

내가 회사를 그만둘 때 다른 회사로 옮길지, 사업주가 될지 망설였습니다. 어느 선배에게 고민을 털어놓자 '사업을 해야지!' 하더니 강제로 회사 등록까지 밀어붙이는 바람에 갑자기 사장이 되었습니다. 3년째까지는 고역을 면하지 못했으나 4년째부터는 잘 풀리고 있습니다.

비즈니스 아이디어는 '개인적 욕구'를 바탕으로 짜낼 것

회사에서 상품과 서비스를 기획할 때는 '세상 사람들의 욕구를 채워주는 것은 무엇인가?' 하는 질문을 출발점 삼아 발상하려는 사람이 많을 듯합니다. 이렇듯 먼저 시장을 살피는 방법과 나란히 나는 **'자기 자신' 또는 '내가 가장 사랑하는 사람' 등 잘 아는 단 한 사람의 개인적 욕구를 채워주는 무언가를 생산할 수 있는** 비즈니스 기획을 세우라고 제안합니다.

누군가 한 사람이 열렬하게 원하는 것을 만든다고 했을 때, 이 세상에서 오직 그 사람만 그것을 원한다고 단정할 수는 없습니다. 반드시 그 상품이나 서비스를 보고 '얼마나 기다렸다고요!' 하고 기뻐할 사람이 있습니다. 처음부터 실체가 보이지 않는 대다수를 위한 상품을 만드는 일은 대단히 난도가 높습니다만, 우선 자기 자신이나 소중한 사람을 위한 최고의 상품을 만드는 일은 누구나 할 수 있습니다.

이러한 기획 방식으로 상품을 제작하면, **일을 추진할 때 싫증 나는 일도 없고 진심의 언어로 주위에 본인이 하고 싶은 일이 무엇인지 전하기 때문에 협력자도 늘어난다**는 장점이 있습니다. 자기 인생과 별로 관계없는 기획을 강제로 추진하려고 하면 누군가에게 반대 의견을 들었을 때 제대로 설명할 수도 없고 장애가 나타났을 때 금세 포기하거나 흥미를 잃고 맙니다. 자기 일처럼 여길 수 있는 일의 기획이야말로 행동력을 낳고 자기 편을 늘릴 수 있기에 성공 확률이 올라갑니다.

마지막으로 세계를 바꾸는 사업을 펼치고 싶을 때도 출발점은 단 한 사람의 욕구로 설정합니다. **자신이나 소중한 사람에게 자기 손으로 행복을 안겨주는 일을 통해 결과적으로 세상에 기쁨을 안겨줍시다.**

개인적 욕구는 새로운 직업도 발명합니다. 현재 존재하는 직업 중에 원하는 일을 찾는 것도 좋지만, 자기에게 가치 있는 새 직업을 만들어 스스로 일을 해보면 어떨까요.

내 안의 소수자가 인생을 빛나게 한다

어릴 때 나는 심장에 부정맥이 있어 몸도 약하고 성격도 우울해서 '아, 난 남과 다르구나' 하는 고민이 떠나지 않았습니다. 대학 동아리에서 만담가 활동을 시작하고 나서는 말할 때 자신 없이 소곤거리는 방식이나 연약한 외모가 모조리 남에게 웃음을 주는 소재가 되었습니다. 참으로 여리여리하게 태어나서 그때는 상당히 덕을 봤다고 생각합니다.

사회인이 되어 회사에 들어가자 우수한 동기가 **"나한테는 다른 사람처럼 눈에 띄는 특징이 없어서 고민이야"** 하고 말했습니다. 내가 입사했을 때 그는 확실히 남다른 면과 약한 면이 다 있었고, 그것이 각각 강점으로 작용하는 개성 넘치는 멤버였습니다. 평범하게 우수하기만 하면 고민할 수도 있구나 생각했습니다. 어린 나였다면 평범하게 우수한 사람이 부럽기 짝이 없었을 것입니다.

그 친구는 스스로 특징이 없는 것이 특징인 '소수자minority'라고 느꼈겠지요. 소수자라는 고민은 남이 상상도 할 수 없습니다. 나아가 소수자가 될 수 없는 사람, 또는 소수자라고 주위의 인정을 받지 못하는 사람도 마찬가지로 고민합니다.

사람은 모두 소수자라고 말할 수 있습니다. 어떤 특정한 축으로 보면 다른 사람에게 없는 소수파의 성질이 있습니다. 모든 사람과 동일한 부분보다 자기 안의 소수자 부분을 발견하고, 그 부분의 능력을 발휘할 수 있는 기회에 남을 도와주는 것이 행복한 삶의 방식입니다. 소수파이기 때문에 고통스럽고 쓸쓸한 마음이 들 때도 있으나 사람은 누구나 강바닥에 있는 각양각색의 자갈돌 중에 매력적으로 생긴 돌과 같습니다. 돌은 보기에 따라 달라집니다.

세계유루스포츠협회[1]의 사와다 도모히로(澤田智洋) 씨는 저서『마이너리티 디자인(マイノリティデザイン)』에서 운동을 잘 못하기 때문에 누구나 즐길 수 있는 스포츠를 만들었다고 말합니다. 그 일은 약함에서 시작하는 즐거운 역습이라고 하는군요.

1 세계유루스포츠협회(世界ゆるスポーツ協会): 장애인이나 고령자 등 '스포츠 약자'를 위해 새 종목을 만들고 경기를 주최하는 협회.

남이 발견해주는 라이프핵 기술

2020년 세계의 데이터 총량이 40제타바이트zettabyte를 넘었다는 기사를 읽었습니다. 1제타는 10의 21승으로 지구상 사막의 모래알 수와 비슷하다고 합니다. 상상할 수도 없는 숫자입니다만, 우리를 둘러싼 세계에 매일 나타나는 정보량이 당치도 않게 많다는 사실은 상상할 수 있습니다.

이러한 시대인 만큼 자신이 누군가에게 전하고 싶은 정보를 발신해도 상대가 그 정보를 찾아내는 일은 지극히 어렵습니다. 업무나 창작 활동 중에 많은 사람이 알아주었으면 하는 정보가 있으면, 숨바꼭질이 아니라 '들키기 놀이'를 해야 할 지경입니다.

전화번호부를 자주 사용하던 시대에 전화번호부에서 찾을 수 있는 업종의 사무소는 고객에게 조금이라도 먼저 전화를 받기 위해 회사명을 히라가나 순으로 빨리 찾을 수 있는 음절로 지었다고 합니다. 히라가나 맨 첫음절인 '아'로 시작하는 '아이 법률사무소' 같은 이름으로 지었을까요.

아무도 찾아내지 못하는 것보다는 특정인에게 눈에 띄기 위해 '42세인 당신에게' 같은 제목을 붙인 책도 있습니다. 내 나이가 쓰여 있으면 나는 그런 책을 곧 손에 집어 듭니다.

우리 회사, 즉 주식회사 우사기 홈페이지는 검색엔진 최적화에 능숙한 전문가에게 위탁해 만들었습니다만, 구글 검색 순위 상위에 올라가기를 노리고 외관 디자인을 화려하게 꾸미기보다 사람들이 찾아내기 쉬운 점을 우선시하고 있습니다.

발견해주는 것이 중요하다면 넓디넓은 세상에서 찾아내기 편리한 아이디어를 생각해봅시다(음, 단지 눈에 잘 띄기만 하면 좋다는 것도 아닙니다만).

덧붙여 게재 순위의 꼭대기를 차지하는 일이 어렵다면 어중간한 정중앙보다는 마지막 순서를 노려보겠습니다. 뒤부터 보는 사람도 꽤 있으니까요. 이 책에도 마지막 12월 31일에 가장 중요할지도 모르는 이야기를 기술해놓았습니다.

아이디어를 낼 때는 '3초' '3초' '3초'의 연속으로

'온종일 아이디어를 생각하고 있나요?' 하는 질문을 받곤 합니다만 그렇지 않습니다. 아이디어를 생각한다고 한 번도 의식하지 않는 날도 있습니다.

눈앞에 대응해야 할 일이 일어나거나 생각해야 할 일의 주제가 나타나면 우선 3초에 첫 번째 안을 생각합니다. 첫 번째 안은 대개 전혀 쓸모가 없는 시시한 아이디어입니다. 그러나 첫 번째 안에 더 파고들 점이 있으면 그것을 바탕으로 두 번째 안을 생각해내고 세 번째, 네 번째로 이어갑니다.

숙고하여 좋은 아이디어를 찾아내기보다는 문득 생각난 것이 연속해서 나올 때 우연히 좋은 아이디어를 찾아낼 가능성이 높아집니다.

이러한 사고방식을 처음부터 갖추지는 않았습니다. **이는 훈련으로 획득한 기술입니다.** 실은 사회인이 되고 나서 약 3년 동안은 온종일 아이디어를 생각했습니다. 녹음기를 지참하고 다니다가 무언가 생각난 순간 즉시 어디에서든 아이디어를 중얼중얼 녹음한 시절도 있었습니다.

발상의 전문가가 되고 싶으면 한번 작정하고 생각하는 훈련에 매진할 필요가 있습니다. 몇 년쯤 진심으로 훈련하면 누구나 반드시 전문가가 될 수 있습니다.

11월
5일

회사에 다닌 지 3년이 되었을 때 밤늦게 집에 도착했더니 온몸이 흠뻑 젖어 있었습니다. 바깥을 내다보니 호우가 내리더군요. 비가 오는 줄도 모르고 기획 아이디어를 생각하다가 우산도 쓰지 않고 걸어서 귀가했던 것입니다.

신기술을 쓰지 않는 '의미의 이노베이션'

의미의 이노베이션innovation of meaning이란 밀라노 공과대학의 로베르토 베르간티Roberto Verganti 교수가 제창한 사고방식이라고 알려져 있습니다. 예를 들어 조명 도구였던 초는 전등의 등장으로 수요가 줄었습니다만, 치료를 목적으로 아로마 향초를 개발함으로써 전혀 다른 의미의 인기 상품으로 변했습니다. 이렇듯 기술이 아니라 '의미'에 의해 가치의 전환을 이루어낸 상품을 만들어 혁신을 일으키는 것이 의미의 이노베이션입니다.

친구가 경영하는 '한코즈ハンコズ'라는 인쇄소는 사회의 전자화·페이퍼리스[1]에 따라 인감 수요가 줄어드는 현상 때문에 고민했습니다만, 캐릭터의 그림을 사용한 막도장 '도감 시리즈'라는 상품을 개발하여 대성공을 이룩했습니다. 예컨대 게임 소프트 〈포켓몬스터〉에 나오는 수백 종류의 포켓몬 중 하나를 고르고 자기 이름을 웹 사이트에 입력해 주문하면 좋아하는 포켓몬과 자기 이름이 새겨진 인감을 받을 수 있습니다. 물론 실용성도 실용성이지만 고객 중에는 포켓몬 인감을 모으는 사람도 있다고 합니다. **그때까지는 한 개면 충분한 인감을 한 사람이 몇십 개나 사는 일이 벌어지기 시작한 것입니다.** 실로 의미의 이노베이션이라 할 만합니다.

나는 지금 새로운 명함을 생각하는 중입니다. 명함도 원격 근무 사회에서는 멸종 위기종입니다만, 명함 교환은 즐겁습니다. 그래서 명함을 교환할 때 대전 격투 게임을 할 수 있는지, 남의 이름을 모아 능력 카드 배틀을 할 수 있는지, 상대 명함에 타고난 성품에 관한 퀴즈를 실을 수 있는지 등등 새 시대 명함의 표준을 만들고 싶습니다.

---

1 페이퍼리스(paperless): 기록 매체를 종이 문서에서 마이크로필름이나 자기 매체로 변환하여 종이가 없는 사무실을 지향하는 일.

무덤이나 불단에 관한 의미의 이노베이션도 생각해보고 싶습니다. 그 밖에도 주제는 얼마든지 있습니다.

누구나 실패하지 않고 만들 수 있는 요리는 최고의 발명

나는 요리하기를 좋아하기에 혼자 살기 시작한 대학 시절부터 자취 생활을 했습니다. 특히 지금도 가족이 기뻐하는 요리는 오므라이스, 멘치카쓰, 마파두부 등인데, '잘하는 요리는 무엇입니까?' 하고 누가 묻는다면 마파두부라는 대답은 하지 않으려고 합니다. 왜냐하면 오므라이스와 멘치카쓰는 요령이 있어야 하니까 특기라고 말할 수 있으나 가정요리 정도의 마파두부라면 조미료를 넣어 볶거나 졸이기만 하면 맛있는 요리가 되니까 특별히 '특기'라고 내세우기가 좀 망설여지기 때문입니다.

그러나 위에 열거한 세 가지 요리 중 어느 것이 가장 훌륭한 아이디어 요리인지 꼽으라면 마파부두라고 생각합니다. 솜씨가 뛰어나지 않은 나 같은 사람도 실패하지 않고 만들 수 있기 때문입니다. 기술이 있든지 없든지 누구나 맛있게 완성할 수 있는 요리는 가히 최고의 발명입니다.

특별할 것 없는 일상 요리는 세상에 셀 수 없이 많지만 '카레라이스', '볶음밥'처럼 누구나 만들 수 있는 요리는 앞으로도 발명할 여지가 있습니다. 이러저러한 재료를 배합하고 조리법을 시도해본 다음 간을 맞춥니다. 요리법은 다양한 창작 아이디어의 사고방식과 매우 비슷합니다.

누구나 금방 따라 할 수 있는 아이디어는 세계에 널리 퍼질 가능성이 있습니다. **널리 도움이 되는 아이디어야말로 진정한 가치가 있는 아이디어입니다.** 냉장고에 남은 재료를 가지고 세계 최초의 요리를 발명해보면 어떨까요.

사회인이 되고 나서 자취를 하지 않은 시기가 3년쯤 있었습니다. 어느 날 3년 만에 요리를 다시 하려고 했더니 3년 동안 손을 놓고 있었는데도 학생 시절보다 훨씬 솜씨가 좋아졌습니다. 역시 요리와 회사 일은 닮았습니다.

남에게 말할 수 없는 '흑역사 법칙'으로 암기하기

중학생 시절 영단어로 요일을 외울 때 Sunday, Monday, Tuesday, Wednesday, Thursday, Friday, Saturday를 보고 로마자를 그대로 읽듯 이렇게 외웠습니다. 순다이, 몬다이, 쓰에스다이, 웨드네스다이, 쓰루스다이, 프리다이, 싸쓰루다이.

지금도 이렇게 외웁니다. 고등학생 때 cordial(마음이 깃든)이라는 단어는 '마음이 깃들지 않으면 코우데아르こうである'[1] 하고 외웠습니다. 이런 이야기는 남에게 한 적도 없고 가족에게 말하는 것도 좀 부끄럽습니다.

암기는 부끄러울 만큼 억지로 갖다 붙이는 마이 룰을 만들어 아무에게도 말하지 않고 속으로 외우면 잊어버리지 않습니다. 옛날에는 친구의 전화번호 또한 말도 안 되는 엉뚱한 언어유희에 맞추어 외웠습니다.

나는 이 방법을 '흑역사 법칙 암기법'이라고 부릅니다. **부끄러운 흑역사가 그렇듯 잊어버리고 싶은데도 잊지 못할 만큼 뇌에 새겨지는 방법입니다.** 이 방법을 이용해 '아니 어떻게 이런 부끄러운 암기법을 쓰는 거야?' 하고 오싹할 정도여야 평생 잊어버리지 않는 기억으로 남는 법입니다. 잊고 싶지 않은 것이 있으면 남에게 말할 수 없는 비밀의 암기법을 활용해봅시다.

---

1 코우데아르: cordial의 철자를 히라가나로 표기한 것으로 일본어로 '이러하다'라는 뜻.

우울(憂鬱)이라는 단어의 '울(鬱)'은 '깡통(缶)을 나무(木) 사이에 끼워 받침대(冖)에 올리고 쌀(米)을 불(匕)에 올려 바람을 쏘인다(彡)'고 외웁니다. 이 설명이 다른 사람에게 전해질 것 같지는 않으나 나는 평생 잊지 않을 듯합니다.

동네 사진관에서 배우는 서비스 만들어내는 법

근처에 인기 있는 사진관이 있다는 소문을 듣고 아이가 어릴 때 가족사진을 찍으러 갔습니다. 사진사 아저씨는 커뮤니케이션이 뛰어나 다루기 까다로운 아이를 웃게도 하고 예쁜 표정도 짓게 하면서 사진을 척척 찍어주었습니다.

데이터를 열 장 구입하고 1만 엔을 내려고 했었지요. 촬영이 끝난 뒤 모니터로 사진을 일람하고서 사진사는 이렇게 말했습니다. "이 중에 열 장을 골라주세요. 딱 열 장만 고르기는 어려울 것 같으니 처음에는 넉넉하게 후보를 고르고 두 번째에 엄선하면 되겠지요." 우리 부부가 사진을 고르고 보니 스물일곱 장이나 되었습니다. 이것도 저것도 다 귀여우니 열 장만 추리기가 무척 어려울 것 같았습니다. 그때 사진사가 "참고로 말씀드리면 스무 장에 1만 3000엔입니다" 하고 말했습니다. 그 말을 듣고 스무 장이 훨씬 이득일지도 모른다고 생각하고 있는데, 옆에 서 있던 사진사가 "하지만 지금 보니 모든 사진이 다 귀엽네요. 스물일곱 장 다 해서 1만 3000엔만 내시지요" 하고 말했습니다. 그 말을 듣고 우리 부부는 "우와, 잘됐다, 돈 벌었네" 하며 그 자리에서 1만 3000엔을 내고 사진 스물일곱 장을 샀습니다.

이 일을 냉정하게 돌아보면 열 장이든, 스무 장이든, 스물일곱 장이든 전부 데이터니까 본전이 달라질 리 없습니다. 그 점은 알고 있었으나 우리 부부는 사진을 산 순간도, 그 사진을 프린트해서 방에 걸어놓은 지금도 대만족입니다. 이 사진관에는 좋은 인상만 남아 있습니다. 그것은 **이 사진사의 제안이 매상을 올린 액수보다 열 배쯤 우리 부부 고객을 기쁘게 해주었다고 생각하기 때문입니다.**

이때 이 사진관은 하루에 약 서른 팀을 촬영했습니다. 낮게 잡아도 하루 매상이 30만 엔입니다. 한 달이면…. 음, 대단하지 않습니까? 관점에 따라서는 일을 못하는 기업의 신규 사업보다 훨씬 대단하지 않은가요?

진실로 손님의 입장에서 생각하고 있는가?

10년 전에 점심을 먹으려고 우연히 파스타 가게에 들어갔습니다. 카르보나라를 주문했더니 "S, M, L 사이즈가 있는데 가격은 전부 똑같습니다" 하더군요. 배가 고팠기 때문에 L을 주문했습니다.

얼마 뒤 테이블 위에 놓인 카르보나라는 양이 꽤 많았지만 맛있게 먹고 있었습니다. 그런데 점원이 다가오더니 이렇게 말했습니다. "손님, 죄송합니다. 아까 나온 음식은 M이었어요. 저희 잘못으로 그만…! 다시 L 사이즈를 만들어 오겠습니다. 괜찮으시면 아까 나온 M도 드세요!" 추가로 나온 L 사이즈는 그야말로 초대형 사이즈였습니다. 테이블에 커다란 카르보나라가 두 접시 놓였습니다. 음식을 남기는 일은 나쁘다고 생각해 열심히 먹었으나 도저히 다 먹을 수 없어 남기고 말았습니다. 그때 대량 카르보나라와 격투를 벌인 추억 때문에 카르보나라가 싫어졌습니다. 지금도 별로 먹고 싶지 않습니다.

하다못해 내 의견을 물어보고 나서 대응해주었다면 좋았을 텐데…. 이 일을 겪고 나서 진심으로 상대의 입장에서 생각하지 않으면 고객이 좋아하는 음식을 싫어하게 만들어버릴 수도 있다는 것을 배웠습니다.

당시 나는 점원에게 내가 느낀 점을 전하지 않고 돌아왔습니다. 돌이켜보면 나야말로 의사소통 능력이 부족했다고 봅니다. 나도 상대의 입장에서 미처 생각하지 못했던 것입니다.

'끝까지 다 해놓지 않는' 정리의 기술

나는 방 정리를 잘하지 못합니다. 일하는 방에는 업무상 사용하는 장난감 샘플이 흩어져 있는데, 한번 꺼내놓으면 제자리에 수납하는 일이 귀찮아서 방바닥에 내버려둡니다. 그래서 매일 조금씩 방바닥이 물건으로 채워지고 발 디딜 틈이 없어집니다.

그렇지만 나는 매주 토요일에 방을 정리합니다. 이때 방을 깨끗하게 정리하지 않고 대충 정리가 되었다 싶으면 끝내버립니다. 시간을 들여 완벽하게 정리해도 어차피 다음 주에 일을 시작하면 어지럽힌다는 것을 알기 때문에 대충 OK 상태로 둡니다. 그렇게 하면 '연속성'을 유지할 수 있습니다. 대충이라도 방을 정리한 자신을 칭찬할 수 있고, 대충만 정리하기 때문에 다음 주 방을 어지럽혀도 자기혐오에 빠지지 않으며, 다음 주 토요일에도 '대충은 정리할 수 있어' 하고 편한 마음으로 방 정리에 착수할 수 있습니다. 한 번이라도 완벽하게 정리하면 방을 어지럽히는 일도, 다음에 정리하는 일도 마음에 걸립니다. **연속성이 끊어지면 습관화할 수 없습니다.**

일도 마찬가지입니다. 어느 날 현재 남은 일을 완전히 마무리해서 할 일이 0이 되어버렸다고 합시다. 그 순간은 속이 시원하고 기분이 좋을지 모릅니다. 그러나 다음 날 또 일이 쌓여갑니다. 그 순간 '어제 그토록 힘들게 일했건만 또…' 하고 기운이 빠지면 연속성을 잃고 귀찮아집니다. 계속 흐르는 물처럼 매일 꾸준히 하는 것이 오래도록 지속하는 요령입니다. 내일의 자신을 위해 '약간 남겨두기'로 연속성을 유지합시다.

혼자 살던 시절에는 방을 60군데로 나누어 목록을 짜고 매일 두 군데씩 한 달에 걸쳐 방을 청소했습니다. 이렇게 하면 당연히 전체가 완전히 깨끗해지는 순간은 없으나 대충 봐줄 만큼은 청결을 유지할 수 있었습니다.

성인 수학 교실에서 배우는 '좋아하는 것'을 일로 삼는 방법

'나고미和'라는 성인 대상의 수학 교실이 있습니다. 이것을 설립한 대표 호리구치 도모유키堀口智之 씨 이야기가 얼마나 재미있는지 모릅니다. 나는 이 사업을 존경의 눈길로 바라봅니다.

그는 학생 시절부터 수학을 좋아했는데 일본의 수학 교육 방법에 의문을 품었다고 합니다. 왜 학교의 수학 수업은 수학의 소용이 어디에 있는지 가르치지 않느냐고 말입니다. 그러고 보면 나도 학생 시절 무엇을 위해 수학을 배우는지 모르는 채 이차함수 미분과 적분, 행렬 등을 배우고 문제 풀이 방법만 기계적으로 외웠습니다. 지금은 일이나 생활에 수학을 활용하는 일이 거의 없습니다.

호리구치 도모유키 씨는 수학이 여러 측면에서 일에 도움이 될 수 있다는 것을 성인에게 알려주고 싶다고 생각했습니다. 다시 말해 옛날에 수학을 배웠으면서도 현재는 활용하지 못하는 성인을 대상으로 수학 교실을 설립하려고 생각한 것입니다. 주위에서 반대하기도 했지만 본인이라면 그런 수학 교실을 원한다는 개인적 욕구를 확신했기 때문에 첫 수강생을 카페에서 가르치는 일부터 시작했습니다. 그 결과 한 달 만에 수백 명에 이르는 수강생이 생겼고 수학 교실은 성장했습니다.

이 이야기는 '잘하는 분야를 일로 삼았다', '작은 규모로 시작했다' 등 여러 가지가 있겠으나 **'본인이 고객으로서 원하는 서비스를 만들어냈다'**는 점이 가장 참고삼을 만한 핵심이라고 생각합니다. 어릴 적부터 품었던 의문의 답을 당사자로서 진지하게 탐구한 결과, 같은 욕구가 있는 수많은 고객을 모을 수 있었습니다.

창업 전에 인터넷에서 성인 대상 수학 교실을 찾는 사람을 검색했더니 열 명쯤 있는 것을 보고, '이 정도면 통계적으로 잠재 고객은 충분할 것 같다'고 확신하며 개업했다고 합니다. 진짜 좋아하는 것을 일로 삼은 일뿐 아니라 이렇게 사업을 일으킨 준비 과정 이야기도 매우 마음에 듭니다.

결국 하고 싶은 일은 다른 사람이 가르쳐준다

나는 지금 하고 싶은 일이 많은 삶을 영위하고 있습니다만, 그것은 전부 다른 사람이 계기를 마련해주었기 때문에 찾아낸 일일 뿐입니다.

장난감 개발 중에서도 특기라고 할 만한 피젯fidget(촉감을 즐기는 감촉 장난감), 아날로그 게임, 캡슐토이 등의 기획 개발은 모조리 회사원 시절에 담당자로서 업무를 맡았던 일을 계기로 특히 하고 싶은 일이 되었습니다. 또 프레젠테이션, 보도자료 작성 등도 회사에서 필요한 업무라 어쩔 수 없이 익혀두었는데 어느새 좋아하는 일이 되어 전문가의 기술을 확보할 수 있었습니다.

학생 시절 취미로 손댄 음악 제작도 좋아하는 뮤지션을 동경하는 마음으로 시작했고, 동아리 활동으로 시작한 만담도 텔레비전에서 본 예능인을 동경한 것이 계기였습니다.

'하고 싶은 일을 찾고 싶어' 하면서도 어떻게 찾는지 모르는 사람은 어쩌면 자기 내면에서 하고 싶은 일이 솟아오르게 하고 있을지도 모릅니다. 내 경험으로 볼 때 **하고 싶은 일은 다른 사람의 영향을 받아야만 찾을 수 있다고 생각합니다.** 생각만 하기보다는 억지로 새 일이 주어지는 직장에서 근무해보거나 동경하는 사람을 따라 해봅시다.

우리 아이에게 하고 싶은 일을 찾게 해주고 싶다는 부모라면 아이에게 무언가를 시키기 전에 스스로 여러 가지 일을 직접 하는 모습을 보여주고 동경하는 마음을 불러일으키는 것이 좋을지 모릅니다. 나도 옛날에 부모님을 따라 하고 싶었던 기억이 있습니다. 부모의 영향은 가볍지 않습니다.

자기가 시작하고 싶은 활동이나 기획을 실행에 옮기는 방법도 '누군가에게 말하고 끌려가는 것'이 최고입니다. 행동력은 다른 사람에게 받는 것입니다.

행운을 부르려면 온갖 것을 '운반'하자

회사에 다닐 때 'simpei(신페이)'라는 보드게임을 기획 개발하여 2005년에 전국으로 발매했습니다. 이 게임 이름은 성姓을 뺀 내 이름입니다.

고등학생 때 규칙을 생각한 게임입니다. 같은 반 친구가 내 생일날 갑자기 나무로 만든 '틱택토tic-tac-toe'라는 잡화를 건네주었습니다. 3×3 격자무늬에 말을 놓고 세 개가 일렬을 이루면 승리하는 놀이입니다. 설마 생일을 기억해주는 친구가 있을 줄은 몰랐기 때문에 기뻐서 그 친구와 쉬는 시간에 함께 놀았습니다. 그러나 이 게임은 두 사람이 말을 잘 놓으면 반드시 무승부가 되기 때문에 놀이가 금방 끝나버립니다. 나는 친구와 노는 시간이 끝나는 것이 아쉬운 나머지, "그럼 무승부가 되지 않는 규칙을 생각하자!" 하고는 칸을 더하거나 해서 '신新 틱택토'라는 놀이를 만들었습니다.

시간이 흘러 회사에 들어와 이 놀이를 '상품으로 만들고 싶다!'고 말하고 프레젠테이션으로 상사와 선배의 지원을 얻어 'simpei'는 발매에 이르렀습니다. 상품 이름은 상사가 붙여주었습니다. 자기 이름을 붙인 상품을 국내외에서 발매한 경험은 인생의 보물입니다. 이러한 성과를 올린 계기는 한둘이 아닙니다. 친구가 선물을 준 일, 그것을 새로운 놀이로 개조한 일, 그것을 회사에 제안한 일 등등이 그것입니다.

운運이란 우연이 아닙니다. 자기 행동이나 남이 해준 행동으로 글자 그대로 여러 가지가 **'운반되어運ばれて' 얻어지는 것입니다.** 자신과 타인에게 행복을 안겨주기 위해 좋은 일을 많이 운반합시다.

오늘날 스스로 만든 상품을 발매하는 일은 누구나 할 수 있습니다. 자기 이름을 붙인 상품도 만들 수 있습니다. 만약 자기 이름을 붙인 상품을 만들고자 한다면 여러분은 무엇을 만들겠습니까?

최고의 발상법 '아이디어의 꼬리 물기'

나는 책이나 스피치 동영상으로 내가 개발한 '아이디어 꼬리 물기'라는 발상법을 소개하고 실제로 기획 개발 같은 업무에 활용하는 동시에 남에게도 추천하고 있습니다. 어떤 방법인지 설명하면 '어렵다'고 하는 사람도 꽤 있습니다만, 익혀서 숙달하면 최강의 아이디어 발상법이 된다고 약속합니다.

우선 아이디어를 생각하고 싶은 주제가 있으면 아무것도 생각하지 말고 혼자 끝말잇기 놀이를 합니다. 다음에 나올 말을 힌트로 삼아 머리에 떠오르는 아이디어를 종이에 적어갑니다. 간단하게 예를 들어보겠습니다. 휴일에 가족끼리 무슨 놀이를 할까 생각할 때, 링고(사과) → 고리라(고릴라) → 랏파(나팔)… 이런 식으로 끝말잇기를 하면서 다음과 같이 나아갑니다.

- 링고(사과) → 사과 껍질 깎기 경쟁? 빨간 구슬을 종이로 만들어 공 넣기?[1]
- 고리라(고릴라) → 고릴라 흉내 내기? 동물원에 갈까?
- 랏파(나팔) → 수제 악기로 밴드를 만들까? 악기점에 갈까?

이런 식으로 아이디어 발상을 진행합니다. 물론 무엇을 어떻게 연상한다는 규칙 따위는 없습니다. 머릿속에 떠오른 것을 빠짐없이 메모하다가 제일 좋은 아이디어를 선택하면 OK입니다.

예를 들어 '다툰 사람과 화해하는 방법'이라는 주제에 대해서도 '링고(사과) → 과일을 들고 놀러 간다', '고리라(고릴라) → 아예 한바탕 싸우고 속풀이를 한다', '랏파(나팔) → 사과하는 노래를 만든다' 등 선택지는 얼마든지 생각해낼 수 있습니다. 우선은 지금 생각하고 싶은 주제로 시험해보고 서서히 다양한 장면에서 활용해보십시오. 진심으로 추천합니다.

1 공 넣기: 일본어로 다마이레(玉入れ). 장대 끝에 달린 바구니에 공을 넣어 승패를 겨루는 경기.

보수적인 업종의 업무 아이디어 제안에도 활용할 수 있습니다. 기업을 비롯해 초중고대 등 학교까지 다양한 곳의 아이디어 발상 워크숍에서 아이디어 끝말잇기 놀이를 활용할 수 있습니다. 나이가 적은 어린이일수록 이 발상법을 솜씨 있게 활용합니다.

승리의 몸짓조차 하지 못할 만큼 즐거운 일을 만들자

2007년 대히트를 기록한 장난감 '무한 뽁뽁이'는 수많은 동료와 사외 협력자의 힘으로 탄생했습니다. 특히 직속 상사와 이인삼각으로 만들어냈다고 할 수 있습니다. 발매에 이르기까지 힘든 과정이었습니다. 개발을 진행하면서 기필코 대히트를 이루어내고 싶다고 바랐습니다.

드디어 발매하는 날, 상사와 둘이서 잔뜩 긴장하고 완구점 가게에 가서 실연 판매를 했습니다. 그날 하루에 1000개 이상 팔렸습니다. 1분에 두 개 넘게 팔린 셈입니다. 날개 돋친 듯 팔린다는 말이 바로 이런 것인가 실감하는 듯했습니다.

가게 문을 닫고 상사와 둘이서 술을 마시러 갔습니다. 이른바 뒤풀이입니다. 건배하고 맥주를 마신 뒤 나와 상사는 둘 다 입을 다물고 있었습니다. 뭐라고 말해야 좋을지 몰랐던 것입니다. 그때 우리를 둘러싼 광경과 감정은 평생 잊을 수 없습니다.

필사적으로 개발과 판매 준비에 몰두하는 동안 만약 이 상품이 대히트를 친다면 '와, 신난다~!' 하고 소리 높여 외치며 승리의 몸짓과 더불어 눈물을 흘릴지도 모른다고 상상했습니다. 하지만 정말 기쁠 때는 아무 말도 할 수 없다는 것을 알았습니다.

관계자가 서로 기뻐하고 칭찬하고 안타까워하면서 감정을 드러내놓고 즐겨야 일은 잘 풀린다고 생각합니다. 최후에 다들 모여 승리의 몸짓을 표현하기를 바라고 일한다는 것은 행복입니다. 그런 일거리를 만드는 아이디어를 생각해내고 싶습니다. **그리고 승리의 몸짓을 넘어서 말조차 나오지 않을 만큼 기쁜 일도 일어날 수 있다는 것을 알았으면 합니다.** 일은 멋지고 훌륭합니다.

성공하든지 실패하든지 개의치 않고 담담하게 진행하는 일도 있을지 모르겠습니다. 그래도 기쁠 때는 동료들과 '기쁘다!' 하고 서로 말할 수 있는 관계가 되고 싶습니다.

과정을 드러내지 않는 것도 좋은 수

'프로세스 이코노미process economy'라는 말이 비즈니스 용어로 등장했습니다. 콘텐츠를 생산할 때 생산 과정 자체를 시청 콘텐츠로 판매하거나 과정을 제시하고 분위기를 띄움으로써 콘텐츠 판매를 촉진하는 일을 가리킵니다. 과정이야말로 가치가 있다는 사고방식입니다.

일리가 있어 보이기는 합니다만, 나는 과정을 적당히 감질나게 보여주는 것을 좋아하지 않습니다. 누구의 어떤 과정이라도 보여주기만 하면 좋은 것이 아닙니다. **물 밑에서 계속 준비하다가 갑자기 깜짝 발표로 신선한 인상을 던져줄 수도 있습니다.**

상품의 최종 아웃풋이 매력적이고 많은 사람이 원하는 것이라면 보도자료 등으로 발표했을 때 반드시 반응이 있습니다. 그러고 나서 '실은 발상과 개발 도중에 이런 과정이 있었는데…' 하고 과정을 나중에 제시하면 이중의 즐거움을 제공할 수 있습니다.

과정을 알면서 완성품을 즐겨야 전체 만족도가 올라가는 상품과 완성품을 정보 없이 즐긴 다음에 과정의 정보를 알아야 만족도가 올라가는 상품이 있습니다. 이 점을 철저하게 예상해서 과정을 어떻게 활용할지 가장 바람직한 방법을 생각해봅시다.

11월
17일

좋아하는 밴드의 CD를 사고 나서 제작 다큐멘터리 비디오를 보고 대만족을 느낀 적이 있습니다. 만약 이 순서가 바뀌었다면 감동은 옅어졌을 것 같습니다. 사전 정보 없이 CD를 들었을 때 소름이 돋았으니까요.

거꾸로 해보는 것만으로도 재미있어진다

가치가 있는 기존 상품을 반대로 놓으면 새로운 가치가 생겨나기도 합니다.

'이혼식' 이라는 서비스가 있습니다. 결혼이 아니라 이혼할 때 식을 거행하는 것입니다. 이혼하는 부부가 가족과 친구 앞에서 '다시 출발하겠다는 결의'를 맹세하고 반지를 부순다고 합니다(그 결과 생각을 고쳐 이혼을 취소하는 경우도 있는 듯합니다).

울음이 나오는 이야기를 듣는 **'나쿠고**泣語'라는 활동도 있습니다. 웃음을 주는 라쿠고楽語의 상대어로서 울음을 주니까 나쿠고라고 합니다. 나쿠고는 울어서 스트레스를 발산하는 '눈물 활동涙活'의 일환으로 고안했습니다. 울어서 눈물을 한 방울 흘리기만 해도 스트레스 해소 효과가 1시간 이어진다고 합니다.

철도 회사 조시전기철도가 판매하는 과자 중에 '맛없는 막대기'[1]라는 것이 있습니다. 경영 상황이 좋지 않아서 전차 운행의 존속을 위해 만든 신토불이 과자 상품입니다. 2018년 8월 3일(파산의 날)부터 판매를 시작해 2022년까지 판매량 누계 400만 개를 돌파했다고 합니다. 물론 맛없는 막대기는 맛있는 막대기가 있지 않고서는 있을 수 없지요.

이 사례는 모두 실업가 데라이 히로키寺井広樹 씨가 창안한 기획입니다. 데라이 히로키 씨는 『기획은 뒤집기만 할 뿐!企画はひっくり返すだけ！』이라는 책을 썼는데, 실로 참고할 만합니다. 거꾸로 하는 발상법을 얼른 실행해보십시오.

1 맛없는 막대기(まずい棒): 일본의 인기 옥수수 과자 우마이보(うまい棒, 맛있는 막대기)의 상대어.

'거꾸로 하면 어떻게 될까?' 하는 발상법은 가장 단순하고 효과가 있기에 누구에게나 맨 처음 추천하고 싶은 방법입니다. 만화 『귀멸의 칼날(鬼滅の刃)』의 등장인물로 단 하나의 기술만 쓰는 아가쓰마 젠이쓰처럼 발상법의 한 가지 유형만 계속 파고들어도 최강의 아이디어를 내는 달인이 될 수 있습니다.

분야를 좁히면 누구나 디자이너가 될 수 있다

지인이 시골에서 디자이너 일을 하고 있습니다. 전단지나 포스터 제작 같은 그래픽 디자인 일을 하면서 웹 사이트도 만들고 선전용 유튜브 동영상도 만들고 무엇이든 다 합니다.

기본적으로 자신이 사는 지역에 있는 가게나 회사 일을 돕는데, 무엇이든 상담할 수 있다는 소문으로 좋은 평판을 얻어 이웃 마을에서도 의뢰가 오는 등 일거리가 끊이지 않고 들어온다고 합니다.

만약 이 사람이 인터넷으로 전국 어디든 장소를 가리지 않고 일거리를 받는 방식을 고수했다면, 어쩌면 지역에서는 일을 의뢰하기 어려운 존재가 되었을지도 모릅니다. 지역의 일거리만 맡는다는 점 때문에 여기저기서 손을 내밀어 주는 사람이 많아졌겠지요.

분야를 한정하면 세계가 넓어지고 깊이도 생깁니다. 오구라 히라쿠小倉ヒラク 씨라는 '발효 디자이너'가 있습니다. 원래는 일반 디자인 업무에 종사했는데 어느 날부터 발효에 관한 디자인 일만 특화하기 시작했고, 그 후 발효에 관한 일이 점점 늘어났다고 합니다. 지금은 발효라는 분야의 연구자로서도 활발하게 활약하고 있습니다.

나도 게임 디자이너로서 여러 게임의 규칙을 만들고 있는데, 그래픽 디자인은 전혀 못합니다. 그래도 디자이너라고 자칭하고 있습니다. 분야, 장소, 시간, 나이, 성별…. 범위를 좁히는 방법은 다양합니다. 자신이 'OO 디자이너'가 된다면 OO에 무엇이 들어갈지 생각해보시길 바랍니다.

11월
19일

Design이라는 단어에는 '계획하다' '입안하다', '꾀하다' 같은 의미가 있습니다. 그림을 그리지 않더라도, 물건을 만들지 않더라도, 디자이너가 될 수 있습니다.

참고: 오구라 히라쿠, 『발효 문화인류학(発酵文化人類学)』(가도카와문고, 2020년).

수준을 끌어올리면 뒷걸음질 칠 수 없어진다

일, 동아리 활동, 취미 등 '수준을 높이고 싶다'고 생각하는 것이 있겠지요. 나는 무언가의 수준을 끌어올리고 싶으면 한번 시간을 들이고 정성을 다해 지금까지 자신이 내놓은 아웃풋에 비해 수준이 몇 단계 높은 것을 만드는 데 도전합니다.

나는 창작 플랫폼에 기사를 쓰고 있습니다만, 그만그만한 기사를 자주 쓰는 것이 아니라 몇 시간, 때로는 몇 날을 들여 스스로 대만족할 수 있는 기사를 한 편 쓰려고 합니다. 그리하여 때때로 1년 전에 쓴 기사를 다시 읽어보면 기분이 씁쓸할 만큼 과거의 글이 형편없다고 느낍니다. 또한 다음에는 더 좋은 글을 써야지 하고 마음을 다집니다.

한번 자신의 수준을 끌어올려 과거의 자신에 비해 수준 높은 것을 만들 수 있다고 깨달으면, 수준이 낮은 시절로 돌아가기 어렵습니다. **적당히 날림으로 얼버무리는 일이 기분 나빠집니다.** 이것이 바로 레벨 업입니다.

사람의 성장은 비례 직선을 그리지 않습니다. 어느 날 J 곡선, 즉 이차함수 곡선 같은 급성장을 이룹니다. 한편, 어지간히 성장하지 못해 괴로운 시기가 있는 것도 필연적입니다. 늘 열심히 노력하지 않아도 좋으니까 가끔씩 수준을 끌어올리기 위해 진심으로 온 힘을 다 쏟아봅시다.

초등학생 시절 서예 연습 시간에 무턱대고 빨리 몇 장이나 써냈다가 "서둘러 많이 쓰려고 하지 말고 정성스럽게 써야지!" 하고 선생님께 혼난 적이 있습니다. 어릴 때 추억입니다만 어른이 되어서도 일상에서 똑같은 일이 일어날 수 있습니다.

사람을 잘 키우려면 곁에서 떠날 것

딸아이가 초등학교 저학년일 때 스스로 생각하고 반짝 행동하지 못하는 아이라고 생각했습니다. 아침에 등교 시간이 되어도 멍하니 있기 일쑤여서 매일 야단맞고 늦게서야 허둥지둥 집을 나서는 식이었습니다. 아이가 부모 곁을 떠나지 못해서 자율성을 발휘하지 못하는구나 하고 추측했습니다만, 곰곰이 따져보니 **'부모가 아이 곁을 떠나지 못하고 있다'**는 사실을 깨달았습니다.

나와 아내는 아이가 실패하지 않도록 미리 조심하라고 채근하기도 하고 도중에 잘못을 시시콜콜 시정해줌으로써 아이가 부모의 판단을 기다리는 버릇을 들이게 했는지도 모른다고 깊이 반성했습니다.

내가 신참 사회인으로서 회사에 들어간 지 얼마 안 되었을 때인데, "이 회사 회의에 갈 수 없는 사정이 생겼으니 대신 가주게" 하는 상사의 부탁으로 어느 유명한 회사에서 열리는 수수께끼 같은 회의에 갑자기 나간 적이 있습니다. 아무 말도 듣지 못한 채 그 회사에 가보니 보안 게이트도 없고 학교 직원실 같은 장소였는데 들어가도 좋은지 판단하기조차 머뭇거릴 만한 공간이었습니다. 겨우 여기저기 물어 담당자와 만나 회의를 마치고 돌아왔습니다. 이 경험은 나에게 비즈니스맨의 자율성과 행동력을 몸에 익히는 기회였습니다. 그 상사는 사람을 키우는 일의 본질을 잘 이해하고 있었을지 모릅니다. **부모나 상사는 '보호자', 즉 지켜보며 책임을 지기만 하는 존재일 때 딱 적당한 법입니다.**

11월
21일

어느 날 아침 시험 삼아 딸아이가 학교에 가는 시간에 아내는 장을 보러 나가고 나는 일하는 방에서 잠자코 작업을 하고 있었는데, 딸아이는 출발 시간 1분 전에 멋대로 바깥으로 나갔습니다. '비가 올지도 모르니까' 하고 중얼거리며 현관 수납장에서 우산을 꺼내 들고 갔습니다.

다양한 사물의 제조법을 알면 발상의 폭이 넓어진다

과거에 애니메이션 상품 전문점에서 '점보 깔개ジャンボ下敷き'라는 상품이 히트 친 적이 있습니다. 캐릭터 그림을 커다랗게 인쇄한 깔개 같은 플라스틱 소재의 판으로 포스터처럼 벽에 붙이거나 장식물로 이용할 수 있습니다.

이 상품이 어떻게 탄생했는지를 지인에게 들은 적이 있습니다. 깔개를 만들던 회사 담당자가 생산 공장을 시찰하러 갔을 때 깔개를 만들기 위해 커다란 판을 '퍼퍽!' 하고 넷으로 자르는 과정을 보았다고 합니다. 현장 사람에게 **"이거, 혹시 자르지 않고 커다란 판을 그대로 사용하면 네 장으로 만드는 것보다 가공비가 내려가지 않나요?"** 하고 물었더니 그렇다고 대답했다고 합니다. 그래서 일반 깔개보다 네 배 크고 인쇄 질이 선명한 포스터로 사용할 만한 점보 깔개라는 상품을 발명했다고 합니다. 더구나 적어도 4000장부터 생산할 수 있었던 깔개를 1000장부터 생산할 수 있었던 점도 상품 개발의 중요한 요소였습니다. 무엇보다 **이 점보 깔개는 일반 깔개 넉 장보다 더 높은 가격을 매길 수 있었습니다.** 포스터가 문구보다 더 고액으로 팔리는 문화가 있기 때문이지요. 이 이야기는 실로 훌륭한 아이디어의 예라고 봅니다. 이 상품을 생각한 사람은 장사의 천재입니다.

세상에 존재하는 다양한 제품이 어떻게 만들어졌는지를 알아내면서 새로운 아이디어가 나오기도 합니다. 상품 제작을 담당하는 나도 세상을 훑어보면 제작 방법을 알지 못하는 것이 가득합니다. 주변의 사물을 주의 깊게 보고 만드는 방법을 상상하거나 조사해봅시다.

장난감 개발자가 되고 나서도 오랫동안 종이접기용 색종이의 생산 방법을 알지 못했을 뿐 아니라 생각해본 적도 없습니다. 종이접기용 색종이는 뒷면이 백지입니다. 뒷면이 하얗지 않으면 여러 사물을 접을 때 모양이 나오지 않습니다. 그래서 일부러 한쪽에만 색을 칠합니다.

초등학생 시절 아이디어를 20년 후에 상품화할 수 있다

아라빅 야마토アラビックヤマト라는 액상 풀이 있습니다. 오렌지색 뚜껑이 인상적인 롱셀러 상품입니다. 일본에는 초등학생 때 자주 사용한 기억이 있는 사람이 많을 듯합니다.

나는 초등학생 때 심장이 좋지 않아 운동부 같은 활동을 금지당했습니다. 동급생이 스포츠를 즐기는 쉬는 시간에 약 3년 동안 줄곧 아라빅 야마토를 만지작거렸습니다. 풀통을 기울이거나 방향을 틀어 움직이면서 풀 안에 떠오르는 공기 방울을 둘로 쪼개며 놀았습니다(이 이야기를 듣고 '나도 그랬는데!' 하고 공감해주는 사람이 있으면 친구가 될 듯합니다).

30년이 흐른 뒤 어느 파티에 참여했을 때 그 일을 떠올리고 같은 연배 사람들에게 아라빅 야마토를 가지고 놀던 이야기를 했더니 다들 입을 모아 "그거, 나도 했었어!" 하는 반응이 나왔습니다. '어라, 혹시 공기 방울을 쪼개는 놀이를 옛날에 좋아했던 사람이 꽤 있는 거 아닐까…?' 하는 생각이 들어 그 길로 아라빅 야마토의 제조회사인 야마토 주식회사 고객 문의 센터에 연락하여 며칠 후 회사에 찾아갔습니다. 내가 기획을 제안하자 '공기 방울을 가장 기분 좋게 쪼개는 놀이 전용 아라빅 야마토'를 상품으로 만들어주었습니다.

이렇듯 **문득 생각난 것을 곧장 행동으로 옮기는 순발력을 발휘할 수 있었던 까닭은 본인의 인생과 깊은 관계가 있는 일이었기 때문입니다.** 이 아이디어는 '아키타현의 산기슭에서 공기 방울을 쪼개며 놀았던 내가 실현해야 해!' 하는 사명감조차 느꼈기에 깊이 생각하지 않고 즉시 움직였던 것입니다.

과거를 회상해보면 자기의 인생을 걸고 실현할 만한 아이디어를 발견할지도 모릅니다.

일반적인 풀의 사용 방식은 아닙니다만, 아라빅 야마토 풀을 사용한 놀이는 그 밖에도 '풀을 칠하는 스펀지 모양의 입구에서 방울을 내뿜기', '깔개에 풀을 칠하고 말려서 얇은 막을 벗겨내기' 등이 있습니다. 여러분도 해본 적 있지요?

트위터에 글을 올릴 때 제안하는 한 가지

나는 트위터에 140자 이내로 중얼거리기 위해 20분쯤 시간을 들여 내용을 생각하고 문장을 다듬어 트윗을 올립니다. 이 말을 들으면 '어이쿠, 중얼거리는 일은 그냥 반짝 생각난 것을 가볍게 적으면 되잖아', '촌스러워', '아이, 거북해' 같은 반응이 나올 수도 있겠지만, 나는 그런 식으로 숙고해서 중얼거리기를 추천합니다. 그렇게 사용하는 트위터만큼 글쓰기나 말하기 등 표현 연습에 바람직한 것은 없습니다.

'중얼거리다'의 어원은 여러 설이 있습니다만, 어떤 설에 따르면 '중얼중얼'이란 말에서 유래했다고 합니다. 중얼중얼은 '입 속에서 〈중얼중얼〉 말한다'는 뜻도 있으나 '세세하게, 자세하게'라는 의미도 있습니다. 따라서 **중얼거림이란 소소하고 가느다란 말을 주워 모으는 것처럼 표현하는 일**이라는 생각이 듭니다.

나는 중얼거림을 한마디 또 한마디 아무렇게나 방류하기보다는 띄엄띄엄 언어와 의미를 모아 잘 추려서 표현하는 것이 마음에 들고 성정에도 맞습니다. 그렇게 하면 실로 문장을 쓰거나 이야기를 한데 모으는 일을 숙련하는 데 도움이 됩니다.

트위터는 자신에게 어울리는 표현 방법을 발견하기에 적당한 도구입니다. 나는 사진과 일러스트를 잘 다루지 못하지만, 문자보다는 시각 자료로 전달하고자 하는 바를 잘 전달하는 사람도 있습니다. 동영상, 음성, 또는 긴 글이 뛰어난 사람도 있습니다. 트위터에서 여러 가지 트윗 방식을 시도하면서 자기가 좋아하는 표현 방법, 남보다 뛰어난 표현 방법을 이해하기를 바랍니다. 우수한 표현 방법이 하나 있으면 그것만으로도 잘될 수 있습니다.

아내는 내게 '당신은 언어를 소중하게 여기지만 나는 행동을 소중하게 여긴다'는 말을 자주 합니다. 언어가 행동을 만들어낼까요? 행동이 언어를 만들어낼까요? 여러분은 어떻게 생각합니까?

틈새 장기를 연마하면 평생 일로 곤란해지지 않는다

나는 '장난감 크리에이터'라는 호칭을 내걸고 일합니다만, 장난감이라고 아무것이나 다 만들 수는 없습니다. 손으로 느끼는 촉감을 즐기는 감촉 완구, 캡슐토이, 아날로그 게임을 개발하는 일이 특기입니다. 기묘하게 모습을 변형하는 로봇 장난감 같은 것은 꿈도 꾸지 않습니다. 앞으로도 내가 잘할 수 있는 일만 더욱 잘해나가자고 마음먹고 있습니다. **자기가 비교적 잘한다고 여기는 일을 다른 사람은 상상 이상으로 '서투르고 귀찮은' 일이라고 생각합니다.** 조금 더 나은 점을 가지고 남을 돕는 것이 바로 '일'입니다.

남에게 도움이 될 수 있는 일을 늘려나가고 싶으면 틈새 장기를 연마해둡시다. 예를 들어 '나는 작가입니다' 하기보다는 'OO밖에 쓰지 않는 OO 작가입니다' 하고 선언하고, 그에 관한 글만 쓰기로 결심하면 다른 사람이 내 존재를 찾아내기 쉽습니다. 이런 식으로 일을 해나가는 동안 결과적으로 틈새 장기 이외의 일거리도 늘어납니다. 이렇게만 할 수 있다면 평생 남에게 도움을 주는 유용한 일거리를 만들 수 있습니다.

내가 동경하는 비즈니스맨으로 사카나 군さかなクン을 꼽을 수 있습니다. 생선이라는 생물의 머리 부분을 본뜨고 있기 때문에 '생선(=사카나) 하면 사카나 군'이 됩니다. 이토록 대대적으로 모든 사람과 관계있는 분야에서 으뜸이 되는 일은 대단합니다만, '약간 특기'가 있으면 당당하게 자신감을 가집시다. 참고로 아무것도 떠오르지 않는다면 우선 **다른 사람이 하는 일을 '거꾸로 해보기'**를 권합니다. 다수가 주목하지 않는 방향이지만 자기가 흥미를 쏟을 수 있는 것이 있다면 당차게 역주행을 해봅시다.

좋아하는 일이나 잘하는 일은 자기 성격에 따라 다르므로 자유롭게 선택할 수 없을지도 모릅니다. 주어진 운명을 맛보는 것이야말로 행복한 인생입니다.

'공정·공평'이란 무엇인지 생각해보자

IT 비평가로 알려진 오바라 가즈히로尾原和啓 씨의 저서 『알고리즘 페어네스アルゴリズム フェアネス』에는 다음과 같은 대목이 있습니다. "노력한 사람이 노력한 만큼 보수를 얻을 수 있는 것이 공정·공평하다고 생각하는 사람이 있는가 하면, 모든 사람에게 균등하게 배분하는 것이 공정·공평하다고 생각하는 사람도 있습니다."

이 책에는 IT가 더욱 공정·공평한 세상을 만들어가는 경향 덕분에 전 세계의 개인들이 바라는 자유로운 인생을 손에 넣을 수 있는 날이 오리라고 쓰여 있습니다. 이 글을 읽으면 '공정·공평'이 무엇인지 깊이 생각하기에 이릅니다. 게으른 사람이 손해를 보는 것은 공정·공평할까요? 목표 달성 능력이 부족해서 몇십 년 노력해도 대가를 받지 못하는 사람이 있는 것은 공정·공평할까요? 태어난 환경의 불평등은 공정·공평하지 않은 것일까요? 심오하기 짝이 없습니다.

내가 생각하는 공정·공평은 '대다수가 악의 없는 약자를 공격하지 않는 것'입니다. 나는 특히 중학교에 다닐 때 따돌림을 당했습니다. 따돌림 공격을 없애는 방법은 이 세상에서 가장 어려운 과제라고 생각합니다. **만약 인공지능이 급속하게 진화한다면 온당하지 못한 따돌림을 없애는 구조에 공헌해주면 좋겠습니다.** 현시점에 인터넷 알고리즘은 아직 '악플 쇄도', '중상비방' 등이 일어나기 쉬운 취약한 시스템이 아닌가 합니다. 온 세계 사람이 한 덩어리로 뭉쳐 따돌림과 괴롭힘을 없애는 아이디어를 궁리한다면, 그것을 생각하는 당사자가 되는 시점에 적어도 그런 악행에 관여하지는 않으리라 생각합니다.

중상비방을 알아내서 벌칙을 부여하는 알고리즘이 생겨난다면 어떨까요. 아마도 다른 장소의 다른 다툼이라는 여파가 생겨납니다. 테크놀로지나 놀이의 힘이 따돌림과 괴롭힘을 없앨 수 있을까요. 내가 끊임없이 생각하는 화두입니다.

디지털과 아날로그가 공존하는 미래는 마음 든든하다

우리 집에서는 '그림 그리기 아티스트おえがきアーティスト'라는 장난감이 인기를 끌고 있습니다. 터치펜을 가지고 액정 디스플레이에 좋아하는 색으로 그림을 그리고 보존할 수 있는 디지털 그림 그리기 보드입니다. 이 장난감에는 그림을 지우기 위한 막대 모양의 스위치가 붙어 있습니다. 이 막대는 '원조 그림 그리기 보드'에 붙어 있는 막대와 디자인이 같습니다. 옛날부터 자석이 달린 펜과 자성磁性 가루로 그림을 그리는 보드였지요. 새로운 보드는 디지털이니까 버튼 하나로 그림을 지우는 디자인으로 만들어도 괜찮았겠지만, 일부러 좌우로 미끄러뜨려 그림을 지우는 아날로그 감각을 남김으로써 장난감의 즐거움을 훨씬 배가했습니다.

대히트 완구 '다마고치たまごっち'의 최신 기종도 터치패널 조작으로 버튼이 별로 필요 없는데도 구태여 누르지 않을 버튼이 붙어 있습니다. 다마고치의 오래된 팬을 향해 다마고치다운 멋을 남김으로써 훨씬 더한 매력을 발산하고 있습니다.

디지털이냐 아날로그냐는 양자택일할 문제가 아닙니다. 디지털과 아날로그의 적당한 공존이 인간에게 상쾌함과 편안함을 줍니다.

'가까운 미래에 로봇이나 AI가 사람의 일거리를 빼앗을 것'이라는 이야기를 듣곤 합니다만, 인간과 테크놀로지는 협력하는 관계가 이상적입니다. 기계가 사람이 못하는 일을 해주고 인간이 잘하는 일을 통해 활약할 수 있는 기계를 만들어야 합니다. **사람과 기술이 서로 일거리를 빼앗는 것이 아니라 사람이 일에 푹 빠져서 그만두지 못할 만큼 일을 기분 좋게 즐길 수 있는 기술을 개발하는 것**이 행복한 미래를 만들어가는 방법입니다.

앞으로 다가올 미래에 물건 제작의 핵심은 '감촉'입니다. 원격 커뮤니케이션이나 VR이 당연해지는 환경에서는 상쾌한 감촉의 욕구가 생겨납니다. 사람은 감촉으로 위로받습니다. 지금보다 더 조작하는 느낌이나 만지는 기분으로 상품을 선택하는 시대가 올 것입니다.

고객의 눈높이에 맞추는 기획 개발

우리 집에는 아이리스오야마[1] 주식회사의 상품이 많습니다. 일본에서는 이 회사 이름을 들어본 사람도 적지 않겠지요. 최근 나는 노즐이 두 개 붙어 있는 이불 건조기를 구입했습니다. 아이들의 이불 두 채에 노즐을 하나씩 넣어 동시에 말릴 수 있습니다. 내가 어릴 적 시골집에서도 이불 건조기를 사용했으나 **가족 네 명의 이불을 한 채씩 말리는 일이 귀찮게 여겨졌습니다. 그래도 그 일을 '어쩔 수 없다'고 당연한 듯 받아들였습니다.**

아이리스오야마의 상품 중 일반 소비자를 대상으로 대히트를 기록한 것은 '옷 수납용 투명 케이스衣装用クリアケース'라고 알려져 있습니다. 혹시 집이나 본가의 수납 공간에 몇 개쯤 있지 않습니까? 옛날에는 옷을 수납하는 곳이 옷장, 안이 들여다보이지 않는 케이스, 종이상자 등이었습니다. 그러나 '안이 훤히 보여야 무엇이 들었는지 알 수 있어서 편하다'는 이유로 커다란 투명 케이스를 만들었고, 이제는 상식이라고 할 정도로 많이들 사용하는 상품이 되었습니다.

저렴한 LED 전구를 만든 것도 이 회사라고 합니다. LED 전구가 나오기 시작한 당시에는 전기료를 절약할 수 있음에도 전구 자체는 비싸다는 이유로 구입할까 말까 망설이는 사람이 많았습니다. 그런데 제조 공정을 연구하여 가격을 극적으로 낮춤으로써 LED 전구를 싸게 살 수 있도록 만들었습니다.

이렇듯 아이리스오야마의 제품은 철저한 고객의 시선으로 개발을 진행합니다. 생활인이 무엇을 불편하게 느끼는지 알아채는 일은 곧 비즈니스 기획 사고의 기본입니다. 우선은 자신이 생활인으로서 무엇을 불편하게 느끼는지 알아내는 연습을 해봅시다.

11월
28일

1 아이리스오야마(アイリスオーヤマ): 일본 최대의 생활용품 기획·제조·판매 회사.

아이리스오야마는 특히 여성의 시선에 맞춘 상품 개발이 뛰어납니다. 이 회사의 제품은 거의 아내가 발견해 사들였습니다. 남녀의 성격에는 다른 점이 있습니다. 이성과 생활 이야기를 나누면 기획 아이디어를 얻을 수도 있습니다.

비밀을 품고 있으면 위로받는다

나는 사업을 시작하고 몇 년 동안은 특히 회사에 일거리가 들어오는 기회를 만들고자 SNS에 흠뻑 집중하고 신변 일을 이러쿵저러쿵 모조리 발신했습니다. 나날이 일어난 일과 생각한 일, 일하는 내용 등 최근의 화제를 비롯해 내가 살아온 과정과 옛날 흑역사까지 SNS에 적극적으로 올렸습니다. 당시는 나에 대해 많은 사람에게 알리는 것보다 더 나은 방법은 없다고 생각했습니다.

다른 사람과 거리를 좁히고 지원을 받기 위해 '드러내는 일'이 중요하다고들 말하지만, 나는 필요 이상으로 지나치게 드러냈다고 봅니다. 아무리 자신의 정보를 인터넷이나 대화를 통해 다량으로 발신해도 정확하게 다 전해지는 일은 있을 리 만무하고, 자칫 '이 사람은 어떤 사람인지 대충 알았어' 하는 인상을 주면 도리어 인간적 매력을 잃어 더 나은 관계로 발전하지 못합니다.

이시카와 요시키石川善樹 씨와 요시다 히사노리吉田尚記 씨의 공저 『옛날 옛적 어느 곳에 웰빙이 있었습니다むかしむかしあるところにウェルビーイングがありました』에서 승려 세토우치 자쿠초瀬戸内寂聴 씨가 매일 즐겁지 않다고 말하는 사람에게 '비밀을 품으세요' 하고 이야기한 에피소드를 소개합니다. 남에게 말하지 않은 비밀을 품고 혼자 설레면서 즐기는 것이 웰빙(행복, 건강)이라고 말입니다. 지금 나는 그 말을 매우 잘 이해하고 있습니다.

아무에게도 부정당하지 않는 자기만의 기쁨으로 인생은 빛이 나고 비밀을 지닌(지닌 듯 보이는) 사람은 다른 사람에게 매력적으로 보입니다. **발신이 단순해진 시대이기 때문이야말로 비밀이 더욱 가치 있게 여겨집니다.**

내가 지닌 비밀의 예를 여기에 써볼까 했습니다만 비밀이라서 쓸 수 없었습니다.

화해하는 방법의 아이디어

나는 옛날에 부모님에게 들은 어떤 말을 용서하지 못하고 아저씨가 될 때까지 20년 동안 고투했습니다. 과거의 원망을 한번 시원하게 퍼부어주고 싶다든지 사과를 받고 싶다고 생각하면서 긴 세월 괴로워했습니다만, 어느 사건을 계기로 싱겁게 화해했습니다.

어느 해 일꾼을 소개하는 텔레비전 프로그램의 취재 요청을 받았는데, 감독이 "부모님과 인터뷰하고 싶어요. 줌Zoom으로 말씀을 나눌 수 없을까요?" 하고 물었습니다. 당황스러웠지만 고마운 말이기도 해서 부모님에게 부탁해 인터뷰를 성사시키기로 했습니다.

부모님은 줌을 모르기 때문에 전화로 설명해서 연결해야 했습니다. 우선 아버지가 지메일Gmail 계정을 등록하면 거기로 줌 링크를 보내 클릭하는 방식을 선택했습니다. 그러나 이 일이 얼마나 힘들었는지 모릅니다. 마치 '서로 엇나가는 콩트'를 찍는 듯했습니다. 시간을 꽤 잡아먹은 뒤 드디어 줌 화면에 아버지 얼굴이 나타난 순간, 묘하게 감동하여 우리는 무의식중에 서로 "오오~!" 하고 탄성을 질렀습니다. 그 후 어머니가 화면에 나타났고 자연스레 근황에 대한 잡담을 나누었습니다.

이렇게 이런저런 일이 벌어지는 동안 그 텔레비전 기획이 중지되어 취재는 없던 일이 되었습니다. 그 일을 사과하려고 어머니에게 연락했더니 "그런 일은 됐고, 휴대전화를 스마트폰으로 바꾸고 싶으니까 방법을 가르쳐주렴" 하셨고, 그 순간 우리는 완전히 화해했습니다.

남과 화해하고 싶을 때 과거를 돌아보고 서로 이야기를 나누는 일은 필요 없습니다. **다만 관계없는 잡담을 나누거나 공동 작업을 하는 기획을 만들 것**을 추천합니다.

이 이야기는 내가 생각해도 고투하고 괴로워한 20년을 떠올릴 수 없을 만큼 마법 같은 사건이었고, 평생 간직할 소중한 추억입니다.

12월

작게 낳아서 크게 키우자

친구에게 받은 연하장 한 통으로 삶을 구원받은 이야기

고등학생 때 친구가 어떤 사정으로 학교를 그만두는 바람에 갑자기 헤어졌습니다. 나는 그 일에 스스로 책임을 느끼고 오랫동안 고민하면서 지냈습니다. 그 아이가 건강하게 내 앞에 나타나 함께 노는 모습을 보고 '아아, 다행이다!' 하고 안도하는 꿈을 몇 번이나 꾸면서 어른이 되었습니다. 우편으로 편지를 몇 통 보냈으나 답장이 오지 않았습니다. 그러다가 나는 도쿄에서 회사 일로 바빠지기도 해서 편지 쓰는 일을 그만두었습니다.

10년도 넘게 세월이 흘러 어느 해 병이 나 쓰러진 나는 시골 본가에서 요양하기로 했습니다. 온몸이 아프고 움직일 수 없어 울면서 지냈습니다. 이대로 평생 누워서 살아가야 할지로 모른다는 생각이 들어 절망했습니다. **그렇게 자리에 누운 채 맞이한 다음 해 설날에 그 친구의 연하장이 본가에 도착했습니다.** 거기에는 "오랫동안 편지 답장을 쓰지 못해 미안해. 사정이 있었어. 지금 도쿄에서 일하고 있어" 하는 사연이 적혀 있었습니다. 놀라고 기쁜 마음에 몸이 다시 움직이려는 것 같았습니다. 그날 밤 방에서 몸을 움직이는 연습을 시작했고 9개월 후 도쿄로 돌아가 친구와 재회했습니다.

친구에게 연하장이 오지 않았다면 난 그대로 자리보전했을지도 모릅니다. 나는 친구 덕분에 삶을 구원받았습니다. 그 사건이 있고 나서 나도 단 한 가지 행동으로 누군가를 구해줄 수 있을지도 모른다는 생각을 늘 품었습니다. 마음이 쓰이는 사람이 있으면 말을 걸어보기도 하고 편지나 이메일을 보내기도 했습니다. 무언가 사소한 한 가지가 누군가의 인생을 혁혁하게 바꿀 수 있을지도 모릅니다.

왜 그 시점에 연하장이 왔을까요. 인생이란 얼마나 신기한 것인지 놀랄 따름입니다.

전심전력으로 단판 승부를 지향할 것

일할 때 우선 한 방 터뜨리려는 목표를 세우는 일은 좋은 전략입니다. 현실적으로는 모든 일에 똑같은 정열과 시간을 기울이기는 상당히 어렵습니다. 모든 것에 100퍼센트 힘을 들여 움직이면 몸이 남아나지 않습니다. 깊이 생각하고 반드시 성공시키려는 일일수록 힘을 흠뻑 배분하는 것은 필연적입니다.

나는 몇몇 히트 상품을 전심전력으로 만들어낸 덕분에 개인 사업을 벌여 성공했습니다. 실적을 쌓아 신뢰를 얻은 부분도 있고 끝까지 최선을 다하기도 했고 성공 방법을 알고 있었기 때문입니다. 그 밖에도 중간 히트, 작은 히트도 있었는데 그런 상품은 대개 사람들의 기억에서 사라졌을 듯하고, 또 다른 상품은 예상한 대로 팔리지 않았습니다.

승부를 가릴 때라고 느꼈을 때 단 한 번이라도 좋으니까 자신의 모든 것을 걸고 단판 승부를 내보십시오. 결과가 어떠하든 그렇게 해본 경험으로 얻은 무언가가 평생을 버티게 해줄 것입니다. **모든 일에 한결같이 힘을 70~80퍼센트 정도만 쏟는다면 소중한 것은 아무것도 얻지 못합니다.**

취미 활동도 승부를 걸고 최선을 다해보는 일이 중요합니다. 나는 기사 지면이나 팟캐스트에서 활동할 때도 가끔 '승부를 가리는 이야깃거리'를 만들어 발신합니다. 많은 사람이 기뻐할 수 있도록 기도하면서 업로드 버튼을 누릅니다.

모든 비즈니스 스킬을 끌어올리는 '오기리 연수'

버라이어티 프로그램에서 예능인이 오기리[1]를 하는 것을 보면 나는 도저히 흉내 낼 수 없는 대단한 점이 있다고 느낍니다. 정답이 없는 질문을 듣고 관객의 웃음을 유발하는 능숙한 답변을 순간적으로 내놓는 것은 그럴 능력이 없는 사람이 보기에는 믿을 수 없을 만큼 엄청난 기예입니다.

나는 대학 시절에 라쿠고 연구부라는 동아리에서 선배와 후배와 함께 오기리를 했습니다. 처음에는 답이 전혀 떠오르지 않거나 어쩌다가 죽을힘을 다해 내놓은 답도 지옥의 나락으로 떨어지는 듯했습니다만, 반복의 효과로 갈수록 답을 내는 감각이 좋아지고 답을 낼 때 표현도 미끈해졌습니다.

오기리의 능력은 모든 비즈니스 스킬과 통합니다. 임기응변, 커뮤니케이션 능력, 표현력, 유머 능력…. 업무 능력을 높이기 위해 기업에 오기리 연수를 도입할 것을 추천합니다. **우선 오기리가 아니라 '중기리**中喜利**'부터 시작하는 것**이 요령입니다. 중기리란 내가 만들어 사용하는 조어인데 '웃기지 않아도 좋은 오기리'라는 뜻입니다. 한마디로 일단 답만 낼 수 있으면 OK로 봅니다. 그렇게 하면 중기리인데도 다들 웃는 '오기리 회답'이 속출합니다. 웃기려고 하기 때문에 어려울 뿐이지 자유로운 연상을 발표하다 보면 우연히 재미있어지는 법입니다.

1 오기리(大喜利): 대중 연예장에서 여흥으로 그날의 출연자가 다시 등장해 주제를 놓고 기예를 겨루는 대목으로 오늘날 앙코르에 해당한다.

연예인과 같이 이야기하고 답하는 것이 아니라 채팅이나 SNS의 댓글 등으로 답을 보내는 형식이라면, 재미있는 답을 낼 수 있는 사람이 꽤 나타납니다. 나도 트위터나 보이시를 통해 오기리를 기획하고 있는데 한번 참여해주십시오.

『54자 이야기』로 배우는 참가형 포맷을 기획하는 방법

기획 작가 우지타 유스케氏田雄介 씨의 작품에 『54자 이야기54字の物語』라는 소설 시리즈가 있습니다. 겨우 54글자 이내로 뛰어난 반전이 녹아 있는 이야기를 써냅니다.

이 작품에 관해서는 '54글자 이야기 제너레이터'라는 웹 사이트가 마련되어 있다는 점이 흥미롭습니다. 누구나 머릿속에 있는 문장을 이 사이트에 입력하면 소설 작품이 사각형 이미지로 말끔하게 표시되어 그대로 SNS에 그것을 올릴 수 있습니다. 이 사이트 덕분에 작가 본인 이외에도 54글자 이야기를 쓰는 사람이 속출하고 있으며 그것이 각자의 SNS에서 퍼져나감으로써 이 부류의 작품군이 늘어나고 있습니다. 우지타 유스케 씨는 이러한 '포맷型'을 설정하는 기획에 뛰어난데, 그 밖에도 '열 글자 호러' 같은 다양한 참가형 포맷 기획을 만들어내고 있습니다.

포맷을 만들면 작품이 계속 태어나고 참가하고 싶은 사람도 모여들어 온통 좋은 일 일색인 듯합니다만, 좋은 포맷을 만드는 일이 그리 간단치는 않습니다. **포맷 기획의 좋고 나쁨을 결정하는 핵심은 '겉모양 디자인'이라고 생각합니다.** 54글자 이야기는 누구나 평생 한 번은 문장을 써본 적 있는 원고지를 모티브로 삼은 귀여운 정사각형 디자인으로 소설 작품을 완성할 수 있습니다. 만약 단조로운 바둑판 무늬였다면 이 기획은 이렇게 성공하지 못하지 않았나 싶습니다. 포맷을 만들 때는 겉모양부터 '와, 바로 이거야!' 하는 인상을 주어 사랑받는 디자인을 생각합시다.

포맷은 작품을 편하게 양산하도록 해주지만 비슷한 작품이 되풀이되어 싫증 나기 쉽다는 우려도 있습니다. 신문에 오래 연재하던 네 칸 만화는 짜임새와 캐릭터 설정이라는 두 가지 면에서 훌륭한 포맷입니다.

세기의 발명 '계단'은 아이디어로 탄생했을까?

만약 계단이 없었다면 이 세상은 형편없는 곳이 되었을 겁니다. 계단은 누가 발명했을까요? 조사해도 명확한 답을 찾을 수 없습니다. 피라미드를 만들었더니 그것이 그냥 계단이 되었을까요? 계단이 생겨나지 않은 미래는 아예 있을 수 없었을까요. 인간이라면 필시 계단을 생각해내고 이용하기 시작했을까요.

계단은 아이디어일까요? 내 답은 물론 '그렇다'입니다. 나는 계단이야말로 아이디어 자체이고 아이디어 발상이란 계단을 발견하는 것과 같다고 생각합니다. 올라가야 할 높은 곳이 있으니까 상자를 쌓아 올렸던 일부터 시작했을지도 모르고, 적당히 돌을 쌓았더니 위로 올라갈 수 있어서 기뻐했을지도 모릅니다. 그러다가 나선형 계단이 생겨나고 에스컬레이터가 생겨났습니다. 앞으로 계단에 어떠한 진화가 더 일어날지 알 수 없습니다.

'작게 낳아서 크게 키운다'는 속담이 있는데, 나는 **아이디어란 '작게 낳아 클 수 있을 때까지 키우는 것'**이라고 설명합니다. 씨앗을 심고 물을 주면 아이디어는 멋대로 자랄 때까지 자랍니다. 커다랗게 자라는 것도 있고 자그맣게 자라는 것도 있습니다. 시작은 언제나 별 것 아닌 행동이나 우연으로 일어납니다.

컵과 포크도 훌륭한 아이디어입니다. 빨대와 젓가락은 놀라운 아이디어이고요.

행동력을 발휘하는 열쇠는 '심심함'

가끔 생각나는 대로 카드 게임이나 잡화를 만들어 한정 판매로 인터넷에 내놓고는 합니다만, 이런 행동력을 발휘하는 이유는 대개 '심심하니까'입니다.

바쁜 와중에는 딱히 만들지 않아도 곤란하지 않은 물건은 대체로 만들어볼 마음이 들지 않습니다. 시간이 있으니까 해볼 수 있다는 물리적 조건과 더불어 '심심함'이라는 상태가 어느 날 갑자기 옆구리를 찌르고 어느 날 귀에 속삭입니다. '뭔가 만들어봐!'

실제로 심심해서 만들어본 작품이 전환점이 되어준 적이 꽤 있습니다. 변덕을 부려 만든 상품을 발견하고 공감해준 사람이 처음 만났는데도 새 일거리를 상담해줍니다. 또 심심한 듯 보이면 친구가 놀자고 불러주어 새로운 일이 시작됩니다.

학교를 뜻하는 영단어 **school의 어원은 심심함을 의미하는 그리스어 'schole(스콜레)'라고 한답니다.** 고대 그리스인은 심심한 시간을 학문에 할애했습니다.

'심심함暇'이라는 한자 오른쪽의 '叚' 부분은 암석에서 원석을 잘라내려는 모습을 나타낸다는 설도 있습니다. 지브리 영화 〈귀를 기울이면耳をすませば〉의 주인공 시즈쿠가 아마사와 세이지의 할아버지에게 '막 잘라낸 원석'이라는 평을 듣는 이야기를 썼던 것도 '심심하니까'라고 생각합니다. 나도 아이들이 좋아하는 일을 찾아주기를 바라면서도 머릿속에 공부와 배움만 잔뜩 집어넣으려고 합니다. 육아의 열쇠도 심심함에 있습니다.

뮤지션 도모후스키(トモフスキー)는 〈다이쿠쓰카라〉[1]라는 곡에서도 "심심함이라는 말은 히말라야가 뿌리야. 그러니까 너무 심심하면 괜히 터무니없는 짓을 하고 싶어지지. 올라간 적 없는 산이 나를 부르네" 하고 노래합니다. 모든 것은 심심하니까 시작됩니다.

1 다이쿠쓰카라(タイクツカラ): '심심함으로부터/심심함을 통해'라는 뜻.

사회로 널리 퍼지는 보도자료를 쓰는 요령

보도자료는 미디어로 신제품 개발이나 새로운 서비스 개시 같은 정보를 안내하는 글입니다. 보도자료를 쓰는 방법의 핵심은 **표제어의 최초 스무 글자와 첫 장의 이미지로 정보의 가치를 전달하는 것**입니다.

웹 미디어, TV 방송국 등에는 몇 백 통씩 보도자료가 매일 쏟아져 들어옵니다. 그것을 보는 기자가 전부 숙독할 수는 없는 노릇이므로 보도자료는 90퍼센트 이상 한순간에 쓰레기통으로 들어갑니다. 표제어와 이미지를 보는 단 몇 초 만에 '이 정보를 널리 알리면 가치가 발생하겠다'는 판단이 들어야 기사로 써 줍니다. PR TIMES 같은 보도자료를 보내주는 서비스 웹사이트에서 대량의 보도자료를 보면 알 수 있는데, 한눈에 매력을 느끼지 못하는 보도자료는 상세한 내용까지 볼 마음이 들지 않습니다.

이를테면 '무한 뽁뽁이'라는 장난감 개발을 알리는 보도자료 표제어의 첫머리는 '몇 번 눌러 터뜨려도 없어지지 않고 뽁뽁이의 감촉을 재현한 완구'였습니다. 아울러 상품의 사진을 보면 '도대체 어떤 구조이고 어떤 감촉일까?' 하는 흥미가 솟는 까닭에 숱한 기사가 쏟아져 나왔고 일반 소비자도 정보를 확산해 주었습니다.

보도자료로 전달하는 정보가 개인 또는 사회의 새로운 욕구를 채워주어야 한다는 점이 중요합니다. 인기를 노리기만 해서는 상품이 팔리지 않고 화제에 오르지도 않습니다. 우선은 사업과 활동 내용 자체를 가치 있게 만드는 것이 본질입니다. 가치를 전하고 건네주는 일이 중요합니다. 기획 개발과 보도자료를 언제나 나란히 생각하고, 좋은 상품과 사업으로 사회에 가치를 제공합시다.

자기의 개인적 활동에 관해 보도자료를 써보면 진정으로 무슨 일을 하고 싶었는지, 무엇을 보지 못하고 놓쳤는지, 갖가지 깨달음을 얻을 수 있습니다.

아이디어 발상에는 긴장과 여유가 다 필요하다

아이디어를 생각할 때는 긴장하는 편이 좋을까요? 아니면 여유 있는 편이 좋을까요? 회사원일 때 자유롭게 아이디어를 내라는 취지의 회의에 임원이 참관하러 와서는 "자, 오늘은 다들 좋은 아이디어를 내자고!" 하고 말한 순간, 전원이 아무 생각도 하지 못한 적이 있었습니다. 이렇듯 긴장감은 발상을 방해합니다. 한편, 느긋하게 아이디어를 생각하려고 리조트 호텔 같은 곳에 갔다가 멍하게 있거나 잠만 잘 뿐 아이디어를 생각할 수 없을 때도 있습니다.

스포츠 용어에 '존zone'이라는 말이 있습니다. 긴장과 여유의 균형이 알맞고 초집중을 유지하는 상태를 말합니다. 존에는 해명되지 않은 부분도 많다고 합니다만, 목적을 향해 일사불란하게 매진하다가 여유 상태에 이르면 존으로 들어간다고 말하는 운동선수와 전문가가 적지 않은 듯합니다.

아이디어가 활발하게 떠오르는 상태도 존에 가깝다고 생각합니다. 긴장만 있어도 안 되고 여유만 있어도 안 됩니다. **집중력을 높일 수 있는 질 좋은 긴장 상태에서 긴장을 잊어버릴 정도로 여유 상태에 들어가면 두뇌가 돌아가기 시작합니다.** 의도적으로 존에 들어가기는 꽤 어렵겠으나 '아이디어 폭발 존'으로 들어가는 방법을 찾아내도록 여러 가지를 시도해봅시다.

질 좋은 긴장이란 온 정신을 몰두할 수 있는 목적으로 향해가는 긴장입니다. 실패를 두려워하는 긴장이 아닙니다. 회사의 높은 사람이 지켜보면 실패를 두려워하는 긴장감이 고조됩니다. 그렇게 생각하면 회사의 높은 사람은 어떻게 행동해야 하는지 고민하기 마련입니다.

사람 초상을 본떠 만드는 '자기 인형' 서비스의 대단함

'자기 인형じぶんぐるみ'이라는 서비스가 있습니다. 스마트폰으로 아바타를 조합해 초상화를 작성해서 주문하면 그 얼굴대로 헝겊 인형을 만들어 보내주는 획기적인 서비스입니다. 가족의 놀이용, 지인의 선물용, SNS 아이콘 화상용, 여행 촬영용(여행할 때 인형과 풍경의 사진을 함께 찍는 일) 등 다양하게 즐길 수 있습니다.

기획 아이디어도 물론 훌륭하지만, 가장 훌륭한 점은 **이 상품을 '실현해냈다'는 점입니다.** 이 상품은 한마디로 '있을 것 같은데 실제로는 없었던 상품'이라고 표현하면 딱 들어맞습니다. 실은 우리처럼 장난감 기획 개발에 종사하는 사람에게 이렇게 디지털 아바타를 헝겊 인형으로 만들어낸다는 아이디어는 누구나 한 번쯤 상상해본 적이 있다고 해도 무리가 아닙니다. 그러나 아바타 디자인 제작의 어려움, 생산의 어려움, 비즈니스의 난이도 때문에 아무도 실행에 옮기지 못했습니다. 주식회사 판다드FUNDARD의 대표 무라세 가즈에村瀬和絵 씨가 열심히 노력한 결과 비로소 이 아이디어가 사람들에게 기쁨을 안겨준 것입니다.

왜 실현할 수 있었을까요. 아마도 무라세 가즈에 씨에게는 이 아이디어를 실현하는 일이 매우 자연스러웠기 때문입니다. 실현해내는 아이디어란 '힘내서 실현해야지!' 하고 기세부리며 분발하는 목표라기보다는 해보지 않으면 성이 차지 않는 생각입니다. 그런 운명의 아이디어와 만날 때까지 여러 아이디어를 즐겁게 상상해봅시다.

자기 인형의 공식 사이트에서는 아바타를 무료로 만들 수 있으니까 놀이를 즐겨보길 바랍니다. https://jibungurumi.com

콩나물 피규어를 개발한 진정한 이유

2022년 설날에 우리 회사는 '오마모야시御守やし'라는 상품을 개발해 기간 한정으로 판매했습니다. 부적(오마모리お守り)을 넣는 케이스에 극도로 리얼한 콩나물(모야시もやし) 피규어를 넣은 잡화입니다.

나는 어릴 때부터 체형이 아주 말라서 부모와 학급 친구에게 '콩나물 같구나' 하는 소리를 들으며 자랐습니다. 당시는 슬펐으나 어른이 되어 조사해보니까 콩나물에는 길한 조짐을 드러내는 특징이 많다는 것을 알았습니다. 우선 성장 속도가 빠릅니다. 콩나물은 빛을 차단한 어두운 곳에서 겨우 일주일 만에 5~10센티미터 길이로 성장한다고 합니다. 또 일반적으로는 값싼 반찬거리지만 비타민 C를 비롯해 영양소가 풍부하게 들어 있어 다양한 병에도 효능이 있다고 합니다. 이런 사실을 알았을 때 나는 '콩나물 아이'라고 불리던 인생이 자랑스럽게 느껴지기까지 했습니다. 이 같은 경위로 콩나물을 모티브로 삼아 길조를 부르는 부적이라는 아이디어를 생각해냈습니다.

실은 이 상품의 발상은 이전부터 머릿속에 있었습니다만, 코로나바이러스 사태 당시 아내가 외출하지 못하고 집에 갇혀 기운이 없어 보인 것이 상품화의 계기였습니다. 아내에게 콩나물 피규어를 핸드메이드로 생산하는 일을 의뢰했더니 믿을 수 없을 만큼 리얼한 콩나물 피규어를 만들어냈습니다. 이 상품의 참된 개발 목적은 판매해서 이득을 남기거나 내 인생을 표현하려는 것이 아니라 아내에게 기운을 불어넣기 위한 것이었습니다.

일은 고객을 위해 하는 것 이전에 자신과 주위 사람들을 위해 하는 것입니다.

자신이 기쁨을 느끼는 일을 하고 결과적으로 다른 사람에게도 이익을 안겨주는 '자기 중심적 이타(利他)', 이것이야말로 좋은 일의 기본이라고 생각합니다.

알고리즘을 역행하여 아이디어를 생각해보자

유튜브나 틱톡에서는 유행하는 주제의 동영상과 비슷한 것, 인기곡을 사용한 것을 추천해 사람들에게 자주 보이도록 하는 알고리즘이 작동하고 있습니다. 이러한 플랫폼에서 창작 및 발신 활동을 벌이면 처음에는 자기가 좋아하는 일을 다루더라도 시청 횟수에 주의를 빼앗겨 더욱 '숫자'를 늘리는 방법 쪽으로 시선이 쏠리고 기울기 십상입니다.

이 명확한 현상을 부정하지는 않겠으나 알고리즘에 따라 사고를 펼치면 세상 사람들 다수와 발상이 겹치고 맙니다. 아직 세상에 존재하지 않는 아이디어를 찾아내기 위해 가끔은 '이 일을 하면 알고리즘이 추천하지 않겠지' 하는 역행 아웃풋을 생각해보길 추천합니다.

그런 식으로 생각한 참신한 아이디어는 어쩌면 다음에 알고리즘을 타고 세상에 유행할 가능성이 있습니다. 이 일이 이루어지면 여러분은 발명가입니다. 도도한 흐름을 타고 성공하는 것도 일을 능숙하게 해나가는 데 유효한 수단입니다만, 때로는 커다란 흐름과 관계없는 곳에서 '하극상'을 일으켜보면 어떨까요.

알고리즘에 발견당하지 않을 새로운 제재는 아무리 헛다리를 짚어도 아무도 찾아내지 못하기 때문에 부끄럽지도 않고 아무렇지도 않습니다. 마음껏 도전하면 됩니다. 아직 세상에 얼굴을 내밀지 않았을 때 참신한 일에 적극적으로 도전해봅시다.

대하기 어려운 사람에게는 '시시한 질문'을 해보자

닛폰 방송 아나운서 요시다 히사노리吉田尚記 씨와 대담을 나누었을 때 '대하기 어려운 상사와 마음 놓고 격의 없이 지내려면 〈우문〉을 준비해두라'는 조언을 들었습니다. 사람과 거리를 좁히기 위해서는 대화의 양을 늘리는 것이 최선입니다. 하지만 회사에서 약간 무서운 상사에게 진지하게 업무 이야기를 꺼냈다가는 자칫 내용이 형편없다고 질책을 당할지도 모른다는 염려가 들기도 합니다.

이렇게 '뛰어난 질문'을 하려고 어깨에 잔뜩 힘이 들어갈 만큼 긴장하기보다 '만화를 읽지 않으십니까? 좋아하는 만화가 있어요?', '술 드시나요? 어떤 술을 좋아하세요?' 등 누구나 가볍게 대답할 수 있고 어떤 대답을 하더라도 딱히 부끄럽지 않은 질문을 가볍게 던지는 것이 좋습니다.

특히 좋은 우문은 자기 업무나 취미와 관련 있는 **'물어야 할 필연성이 있는 우문'**입니다. 예를 들어 장난감 개발자인 나는 여러 사람에게 '어렸을 때 무슨 장난감을 좋아했어요?' 하고 묻습니다. 만약 '왜 그런 걸 물어요?' 하고 반문하더라도 '지금 업무 관련해서 옛날 장난감을 조사하는데 참고하고 싶어서요' 하고 말하면 이해해줄 것입니다. 이런 식으로 자신의 '틀림없이 먹힐 의문'을 준비해 둡시다.

사이가 좋아지기 위해서는 대화의 질을 높이려고 하기보다 대화의 양을 늘립시다. 처음에는 이야기가 어긋나기 쉬워도 이야기를 많이 할수록 커뮤니케이션의 어긋남은 자연히 조금씩 줄어들기 마련입니다.

옛날에 좋아한 제이팝에 관해 이야기하는 팟캐스트 프로그램 〈J-POP★ 가위바위보〉를 커뮤니티 액셀레이터[1] 가와하라 아즈사(河原あずさ) 씨와 함께 운영하고 있습니다. 제이팝 이야기도 말할 것도 없이 우문우답입니다. 나는 일본의 록밴드 유니콘의 곡을 들으며 자랐습니다.

1 커뮤니티 액셀레이터(コミュニティアクセラレーター): 가와하라 아즈사가 스스로에게 붙인 호칭으로 기업의 커뮤니티 만들기나 이벤트 기획, 조직 개발과 팀 구성, 인재 육성 연수 등을 꾸리는 담당자를 가리킨다.

미래를 개척하는 것은 자신의 '약점'

심리테스트 비슷한 놀이입니다. 자신의 특징을 여러 가지 꼽아보고 '강점'과 '약점'으로 나누면서 다음과 같은 네 종류를 적용해보십시오.

1. 지금보다 개선하고 싶은 강점 (내 경우 토크 능력. 자신은 있으나 더욱 능력을 높이고 싶다.)

2. 지금보다 개선하고 싶은 약점 (내 경우 근력. 전혀 없기 때문에 노후를 위해 단련하고 싶다.)

3. 지금 그대로 좋은 약점 (내 경우 영어 능력. 특히 써먹을 예정이 없다.)

4. 지금 그대로 좋은 강점 (내 경우 계산 능력. 특기지만 지금도 만족한다.)

자기에게 1~4에 해당하는 것을 여러 가지 써보고 다음을 읽어보십시오.

1은 '현재'입니다. 앞으로도 줄곧 즐기면서 능력을 쌓아가십시오. 여러분의 인생을 이끌어주는 힘이 될 것입니다.

2는 '미래'입니다. 이것을 극복하기 위한 아이디어를 생각하면 새로운 자신으로 변신할 수 있습니다. 또 똑같은 약점 탓에 고민하는 사람을 도와주는 새로운 기획을 세울 수도 있습니다.

3은 '진실한 자신'입니다. 이 약점을 자신만만하게 이야기하면 주위 사람들에게 사랑받습니다.

4는 '과거'입니다. 더는 그것에 시간을 들이지 말고 신경 쓰지 않은 채 살아가십시오.

이는 내가 터득한 기획 기술의 진수입니다. 내가 만든 장난감이나 콘텐츠는 거의 자신의 약점을 극복하기 위해 만들었고, 그것을 통해 회사의 새로운 미래가 열리도록 노력하고 있습니다.

좋은 아이디어를 '증거가 없어!' 하고 부정하지 말 것

나는 침술 치료를 좋아하기 때문에 여러 치료원에 다니는데, 침술사들에게 "침은 왜 효과가 있나요?" 하고 질문하면 사람마다 대답이 다를 뿐 아니라 "논리로 설명하지 못하는 영역도 아직 있지요" 하고 가르쳐줄 때도 있습니다. 물론 나는 그저 초심자 고객이기 때문에 전혀 모르는 일이지만, **침을 맞고 나서 몸 상태가 좋아졌고 정말 도움을 받은 것은 사실입니다.**

내가 가장 자주 침과 뜸 치료를 받는 선생에게 다음과 같은 논문이 있다는 말을 들었습니다. 산속에서 5000년 전 빙하 속에 갇힌 인간을 발견했는데 몸 구석구석에 문신이 있었다고 합니다. 조사해보니 문신이 있는 부위는 오늘날 침술 치료를 하는 부위와 꽤 겹치는 듯했습니다. 한마디로 문신은 어떤 치료를 위한 조치였고, 침술 치료가 생겨나기 이전에도 고대인은 경험칙으로 혈을 알았을 가능성이 있다는 것입니다. 실로 믿을지 말지는 여러분에게 맡겨야 할 가설입니다만, 과거의 인간은 감각적인 혈 치료를 통해 몸 상태를 상쾌하게 해주었을지도 모릅니다.

장난감 업계에서는 여자아이들 중심으로 '귀여운' 것이 팔립니다. 이런 상품의 제작을 결정하는 회의에서는 다들 만장일치로 '귀엽다!'고 외치고 기획을 통과시킵니다. 왜 귀여운지, 개발 담당자도 논리적으로 설명하지 못합니다만, '귀여우니까 팔린다'고 모두 생각한 상품이야말로 팔리는 논리를 늘어놓을 수 있는 상품보다 잘 팔립니다.

논리를 완벽하게 설명할 수 없어도 자신과 타인에게 도움이 되고 기쁨을 줄 수 있는 물건은 훌륭한 아이디어의 결과물입니다. 논리를 잘 이해할 수 없다는 이유로 눈앞에 실재하는 가치를 무시하지 않도록 주의합시다.

'다마고치', '퍼비'[1] 등 완구 업계의 메가히트 상품은 팔리는 이유를 잘 설명할 수 없습니다. 상품화 프레젠테이션에서 팔리는 이유를 논리적으로 설명할 수 있는 것은 고만고만한 히트로 막을 내립니다. 재미있으면서도 어려운 이야기입니다.

1 퍼비(Furby): 미국의 타이거 일렉트로닉스(Tiger Electronics)사가 1998년에 발매한 애완 로봇 장난감.

재밌는 일에 쉽게 불려 나오는 사람이 되는 아이디어

사업을 벌인 지 얼마 안 되어 일이 바쁜 시기에 SNS 등에 '아이고, 바쁘다, 바빠!' 하고 중얼거린 적이 있었습니다만, 그렇게 해서 득을 본 일은 하나도 없습니다. 주위에서 내게 말을 걸기 어렵기 때문입니다.

바쁜 상황을 상대에게 전함으로써 다른 사람이 일을 불러주지 않기를 바라는 사람도 있을지 모르겠으나 '언제나 분주해 보이는 사람'은 부담스러우니까 마음 가볍게 불러내기 어렵습니다. 재미있는 체험과 만남의 계기가 기다리고 있을지도 모르는 일이나 놀이에 불러주지 않는다면 참 안타까울 따름입니다.

나는 재미있는 일에 불러주기를 바라기 때문에 '나는 아직 시간적 여유가 약간 있어요' 하는 하야시야 곤페林家こん平 라쿠고 스승님 같은 자세를 보이고 있습니다. 잠들기 전 슈퍼 패미컴으로 놀았다거나 친구와 보드게임 모임을 즐겼다는 이야기를 남에게 하거나 SNS에 올립니다. 이렇게 해도 좋고 안 해도 좋은 놀이를 즐기는 모습을 보여주면 뭔가 같이 하자고 불러내도 괜찮은 사람이라고 알아줍니다.

남들이 자신을 불러내기 쉽다고 여기게 하는 최고의 요령은 **일이나 취미에 관한 'OO 인간'이라는 '꼬리표'를 자기 자신에게 붙이고, 그 이미지를 주위 사람에게 심어놓는 것**입니다. 이를테면 나는 '장난감·게임 인간'이라는 꼬리표가 있으니까 비슷한 취미가 있는 사람들이 불러주기도 하고, 좀 별난 사람이 참여해주었으면 하는 회합에 불려가기도 합니다. '등산 인간', '한방약 인간', '가전 마니아 인간'…. 여러분은 무슨 인간입니까?

12월
15일

당연하지만 지금도 생긋 웃으며 즐거워 보이는 사람이 결국 제일 불러내기 쉽다는 점을 부언해둡니다.

어깨결림과 허리 통증을 예방하려면 공간을 넓힐 것

평소에 무엇이든 상담해주는 주치의 선생님은 내가 어깨와 허리에 통증이 생겼을 때 "저기 있는 슈퍼 목욕탕에 가게나" 하고 근처에 있는 대형 목욕탕을 추천해주었습니다. "어머, 거기 온천에 효능이 있나요?" 하고 물었더니 "그냥 목욕탕이야. 하지만 널찍하다는 것만으로도 몸이 풀어질 거야" 하고 말씀하셨습니다. 선생님 말씀대로 넓은 목욕탕에 다녔더니 통증이 완화되었습니다.

생각해보면 대학 1학년 때 세 평짜리 좁은 방에서 커다란 침대와 책상을 놓고 처음으로 자취 생활을 시작한 때부터 어깨결림과 허리 통증 인생이 막을 올렸습니다. 그다지 외출하지 않는 성격이었던 나는 그때까지 경험해본 적 없을 만큼 장딴지, 고관절, 목둘레 등이 점점 아파지기에 '왜 그럴까…?' 하며 슬퍼했습니다. 키가 큰데도 오랜 시간 머무는 공간이 좁으니까 압박감과 긴장감이 쌓이고 자연스레 몸이 움츠러들고 점점 딱딱해졌다고 봅니다.

지금 거주하는 집을 매입할 때 '맨션 또는 주택', '자가 또는 임대' 등 여러 조건을 생각했습니다만, 결국 방 개수는 적어도 괜찮으니까 **방 한 칸의 넓이와 천정의 높이** 등을 고려했습니다. 주거 공간의 압박감이 없어야 평생 건강하게 지낼 수 있기 때문입니다. 키가 크면 언제나 낮은 천정이 신경 쓰이니까 긴장하며 살아가야 합니다. 어릴 적에도 그랬습니다. 순간적인 긴장이 근육의 결림을 조장합니다.

방의 넓이를 바꾸기는 어려워도 틈틈이 바깥으로 나가 산책하며 넓디넓은 공원에서 지내는 것만으로도 몸이 휴식을 취할 수 있습니다. 가능하면 넓은 공간에서 지내고 팔과 다리를 활짝 펴서 움직일 수 있는 환경을 어떻게 조성할지 궁리해봅시다.

'네코제(猫背, 고양이 등)'라는 이름의 상품을 만든 적이 있습니다. 쳐다볼 때마다 자세를 교정하도록 경고하는 피규어입니다. 정체원(整體院)에서 어깨결림과 허리 통증 대책으로 가장 효과가 좋은 방법으로 '몸이 움츠러들지 않도록 이따금 주의하라'는 가르침을 얻고서 이 피규어를 개발하고 제작했습니다.

잔업을 줄이려면 '펀업'을 늘릴 것

노동 방식을 개선하려는 사회의 움직임이 있으나 잔업이 아직도 많아서 괴로워하는 사람도 있을 듯합니다. 업무량을 손쉽게 줄이는 방법이 있으면 좋겠으나…, 매우 다루기 힘든 예민한 문제입니다.

잔업의 의미를 사전에서 찾아보면 "규정해놓은 근무 시간이 지나도 남아서 일하는 것. 초과 노동"이라는 풀이가 나옵니다. 이 풀이의 뉘앙스만 보더라도 '남아서 하는 일'은 즐겁지 않은 듯합니다.

잘하지 못하는 경리 업무 등을 늦은 시간까지 해야 하는 날은 괴롭기 짝이 없습니다만, 좋아하는 게임 개발 등은 시간 가는 줄 모르고 계속 작업합니다. 그런 일은 시간을 오래 끌어도 잔업이라는 생각이 들지 않습니다. 이렇듯 취미와 놀이나 마찬가지로 즐거운 일을 나는 '펀업Fun業'이라고 부릅니다.

지금 하는 일 중에 펀업의 비율을 조금씩 높여가면 잔업이라는 생각이 드는 시간이 줄어듭니다. 지금 하는 잔업이 펀업으로 바뀔 수 있습니다. **그 일을 하면 즐거운 일이 일어나도록 잔업에 의미를 덧붙이는 것입니다.**

나는 어떤 일을 하든지 최근에 약간 소원하게 지내는 지인에게 상담으로 도움을 받고, 그것을 조금 더 친해지는 구실로 삼습니다. 해야 할 작업에서 원하는 이익을 얻는 이른바 일석이조 전략입니다.

하고 싶은 일을 새롭게 기획하고 착수하는 일도 물론 좋지만, 우선 지금 하는 일을 통해 알고 싶은 것을 배우거나 유명해지거나 좋아하는 사람을 기쁘게 하는 등 덤으로 얻는 이득이 있도록 궁리해보고, 자기의 펀업을 만들어내는 아이디어를 생각해봅시다.

일하고 싶은 사람에게 '규정 시간이 지났으니까 작업 금지'라고 말하는 것을 나는 좋아하지 않습니다. 잔업수당도 있으니까 복잡한 문제입니다만, 일을 좋아하는 사람의 '호사(好事)'를 금지할 필요는 없다고 봅니다.

기획에는 '새로움'이 꼭 필요할까? 평범하면 안 되나?

개인이 자기만의 즐거움을 얻기 위해 세운 기획은 딱히 새로울 필요가 없으나 상품 기획 및 광고 기획 등 **비즈니스에 관한 기획에는 '새로움'이 필요하다고 단언하는 바입니다.**

젊은 회사원이었을 때 나는 팀의 아이디어 회의에 상품 아이디어를 냈다가 '식상해!' 하고 자주 질책당했습니다. 예컨대 헝겊 소재 다트판에 매직테이프로 감싼 공을 던져 맞추는 '공 다트', 오리발로 볼을 튕겨 과녁에 맞추는 '핀볼' 등 일상에 존재하는 장난감을 '기획'이라는 이름 아래 소개하며 프레젠테이션을 펼쳤습니다. 나아가 심할 때는 기획을 내려고 구글 동영상을 검색해 재미있는 것이 나오면 '이거, 재미있는걸!' 하고 똑같은 상품의 개발 기획을 제안하기도 했습니다.

지금까지 5000엔 내야 살 수 있었던 상품을 1000엔으로 살 수 있게 만드는 것은 '새로운' 기획입니다. 마찬가지로 지금까지 촌스러운 디자인으로 만들 수밖에 없었던 것을 멋진 디자인으로 만드는 것도 '새로운' 기획입니다. 이런 것은 이제까지 충족하지 못했던 누군가의 욕구를 처음으로 채워줄 가능성이 있기 때문입니다. **새롭다는 것은 다시 말해 욕구를 채워준다는 뜻입니다.**

지금 이 세상에 존재하면서 사람들의 욕구를 채워주는 것이 있는데 똑같이 만든다면 의미가 없습니다. 지금 존재하는 것에 비해 어딘가 살짝 나은 것을 만들어 사회의 새로운 욕구를 채워봅시다.

기존 제품에 무언가를 덧붙이거나 빼는 방식으로 아무도 원하지 않는 것을 만들어버리면 그런 것을 새로운 기획이라고 말할 수 없습니다. 퇴화시키는 행위니까요.

아이에게 호감을 얻는 방법은 참된 '눈높이 맞추기'

나는 장난감 개발자이기 때문에 유행하는 장난감과 게임에 정통합니다. 조카들이나 아이들 친구가 집에 놀러 올 때 장난감과 게임에 관한 전문가다운 이야기를 들려주면 눈을 빤짝거리며 기뻐합니다.

내가 어릴 적에도 장난감을 잘 아는 어른이 있으면 묘하게 기쁨과 흥분을 느꼈습니다. 초등학생 때 검도를 배웠는데 무뚝뚝하다고 느낀 검도 선생님이 어느 날 갑자기 마니아만 알 수 있는 미니카의 차종 이야기를 했고, 그 이후 친밀감이 솟구쳤습니다. 중학교 선생님이 수업 중 게임 소프트 이야기를 했을 때도 일상을 일탈한 느낌이 들어 가슴이 뛰었습니다.

'연장자가 어린이나 젊은이와 의사소통을 나누려면 눈높이를 맞추는 것이 중요하다'는 말을 자주 듣습니다만, 아이가 자기만의 세계라고 믿는 문화에 관해 아이 수준에 맞추어 이야기하면 아이들이 좋아합니다. 특히 교사처럼 아이들이 거리를 느끼기 쉬운 성인이라면 한 번쯤 아이들의 트렌드에 흠뻑 빠져들어 그들의 마음을 이해하는 것도 전문가의 직접 정신이 아닐까 합니다.

또 자기의 어릴 적 추억을 이야기하는 것도 효과적입니다. 상대방 어린이와 나이가 같았을 때 자신은 무엇을 고민하고 무엇에 열중했는지 이야기하기만 해도 아이는 어른에게도 자기와 비슷한 시절이 있었구나 새삼 깨닫고 지금보다 친근하게 느끼기 마련입니다. **눈높이를 맞춘다는 것은 아이의 마음이 어떤지 짐작하려는 것이 아니라 진정으로 자신이 아이에게 가깝게 다가가는 것을 의미합니다.**

12월
19일

물론 자신의 어릴 적 이야기를 한다는 것은 '내가 젊을 때 시절이 험했는데도 얼마나 노력했는지 몰라!' 하고 설교하거나 자랑하는 일이 아닙니다.

정신에는 강해질 수 있는 부분과 강해질 수 없는 부분이 있다

'우울한 일이 있어도 얼른 털고 일어나고 싶다', '상처 입고 싶지 않다' 등 정신이 강해지고 싶다는 사람이 꽤 있을 듯합니다.

한마디로 정신이라고 해도 그중에는 스스로 스트레스 내성이 강한 부분과 스트레스 내성이 없어 견디기조차 힘든 부분이 있습니다. 내 이야기를 하자면 나는 남 앞에서 이야기할 때 조금도 긴장하지 않습니다. 십대 무렵까지는 몸이 후들거릴 만큼 공포를 느꼈습니다만 어른이 되어 남 앞에서 이야기할 기회가 많아지자 점점 장점이 되어갔습니다. 원래부터 남 앞에서 이야기하는 일에 관한 스트레스 내성이 높은 인간이었겠지요. 한편 마감에 쫓기는 스트레스, 돈 문제를 생각하는 스트레스, 무섭고 압박감을 느끼는 사람과 의사소통하는 스트레스 등에는 절망적으로 약한 까닭에 심지어 강해진다는 이미지조차 떠오르지 않습니다.

강한 스트레스 내성이 있는 '남 앞에서 이야기하기'라는 면에서 오로지 성장만 이루어냄으로써 나는 그렇게까지 약하지 않은 자신을 길러낼 수 있었습니다. 자신을 단련할 수 있는 한 가지를 찾아내어 그것만 철저하게 강점으로 키운다면 정신은 대체로 단단해지고 강해집니다. 본인에게 특기가 있다는 자각만 있으면 다른 일로 괴로움을 겪어도 결코 꺾이거나 주저앉지 않습니다.

자신이 견디기 어려운 스트레스는 일단 도망가서 누군가에게 도움을 받읍시다. **다른 사람이 힘들어하는 일 중에 자기에게 스트레스 내성이 강한 부분이 있으면 그 사람 대신 스트레스를 건네받읍시다.** 인생은 그렇게 역할을 분담하며 살아가기 마련입니다.

가끔 첫 경험을 하는 생활만으로도 정신은 강해집니다. 새로운 놀라움이 때때로 일어나기만 해도 평소에 초조한 마음이 적어집니다. 스트레스가 전혀 없는 생활이라면 사소한 골칫거리만으로도 안절부절못합니다.

아이디어 회의에서 결과를 내는 핵심 두 가지

나는 아이디어 회의를 아주 좋아합니다. 다양한 개성을 지닌 구성원이 모여 같은 주제를 놓고 온갖 생각을 자유롭게 이야기하는 일은 가장 즐겁습니다. 결과를 내는 아이디어 회의가 되기 위한 핵심 두 가지를 소개합니다.

1. 다 같이 모여 아이디어를 생각할 때는 참가 구성원이 반드시 사전에 무엇을 이야기하는 회의인지 확인하고 **생각해둔 아이디어를 가지고 회의를 엽니다.** 만약 무슨 회의인지 알지 못하고 아무 생각도 없이 모이면 첫 번째 안건에 대해 구체성이 있는 아이디어가 나오지 않아 처음부터 회의가 제자리를 벗어나지 못합니다. 우선 누군가 충분하게 탐구해온 한 가지 아이디어를 출구 삼아 의견을 교환하기 시작하면 아이디어가 척척 늘어갑니다. 이때 모든 사람이 제출한 아이디어를 순서대로 품평하지 말고, '새로운 아이디어를 잔뜩 생각해내는 일'이 중요합니다. 회의에 제출한 아이디어를 전부 하나하나 공유하는 것이 목적이 아니고 활발한 논의를 이끌어 내기 위한 재료를 들고 온다는 취지가 중요합니다.

2. 참가자 전원이 활발하게 적극적으로 발언해야 한다는 규칙은 없습니다. '좀 더 활발하게 적극적으로 발언합시다!' 하는 대사는 바람직하지 않습니다. **한 사람 한 사람이 잘하는 분야가 다르다는 처지를 존중해야 합니다.** 예를 들어 회의 중에 한마디도 하지 않고 묵묵히 메모하면서 숙고하다가 마지막에 가서야 아이디어를 하나 내놓는 사람이 있어도 상관없습니다. 전원이 쾌적하게 아이디어를 생각할 수 있는 회의 진행 방식을 선택합시다.

그 밖에도 상세한 기술은 여럿 있는데, 결국 아이디어 회의를 잘 이끌기 위한 최고의 핵심은 아이디어 회의를 좋아하는 마음입니다. 자기뿐만 아니라 참가자 전원이 회의를 좋아할 수 있는 환경을 조성합시다.

빅 아이디어를 실현하기 위한 미래 일기 쓰기

대기업에서는 대규모 신규 사업의 기획 입안을 요구합니다. 개인이 사업을 벌일 때도 사회를 바꾸어내는 대규모 스케일의 비즈니스 아이디어를 생각하곤 합니다. 그렇게 엄청난 변화를 일으키는 아이디어를 빅 아이디어big idea라고 부릅니다.

빅 아이디어를 내고 싶은 사람이 있다면 빅 아이디어는 스몰 아이디어가 쌓인 결과물이라는 점을 꼭 전해두고 싶습니다. 스마트폰의 완성으로 세상이 거대한 변화를 맞이할 때까지 도대체 얼마나 많은 사람이 얼마나 많은 작은 아이디어를 고안해냈을까요. 그중 얼마나 많은 아이디어가 거의 다 버려지고 한 줌 아이디어(그러나 방대한 아이디어)를 엮글어 현실이 변했는지 상상할 수 있을까요. 좋은 아이디어는 결코 단번에 완성되지 않습니다. 작은 아이디어가 한편으로 쌓이고 한편으로 깎여나간 끝에 목적을 이루는 법입니다.

커다란 변화나 가치를 창출하고 싶을 때는 **빅 아이디어를 성취하기까지 미래 일기 같은 계획표를 써볼 것**을 권합니다. 예로서 1년 후 히트할 책을 쓰고 싶다면 '1개월 후까지 쓰고 싶은 내용의 아이디어를 나열한다 → 2개월 후까지 기획서를 쓰고 ○○ 씨와 상담한다 → 3개월 후까지 100페이지를 써본다… → 1년 후에 출판하고 □□ 씨와 대담 행사를 개최한다…'는 식입니다. 처음에는 망상이라도 상관없습니다. 때때로 몇 번이나 다시 씁니다. 미래 일기의 리얼리티가 불어날수록 뜻하지 않은 순간에 불현듯 현실이 되기도 합니다.

빅 아이디어를 성취하고 난 미래에 세상 사람들의 아이디어가 멋대로 모이고 가치가 확산해간다는 흐름을 그려보는 망상에 빠져보는 것이 중요합니다. 스마트폰 중심으로 돌아가는 요즘 세상은 천재 경영자 혼자서 만들어나갈 수 없습니다.

우선은 온 힘을 쏟아 남의 성공 사례를 따라 하자

나는 대학생 시절에 스스로 작사와 작곡을 하고 집에서 녹음하며 곡을 만들었습니다. 어른이 되어 옛날 녹음을 발견하고 들어봤더니 곡은 어느 정도 들어줄 만했으나 가사가 부끄러울 만큼 형편없어서 도저히 남에게 들려줄 수 없다고 판단하고 곡이 들어 있는 MD를 깡그리 처분했습니다. 자작곡이 그러했던 것은 곡의 경우 전문가 아티스트의 코드 진행과 편곡을 따라 했으나 가사의 경우 누구도 따라 하지 않고 자유롭게 썼기 때문입니다.

배우다学ぶ의 어원은 '흉내 내다まねぶ'이고, 배움은 따라 하기에서 시작한다고들 합니다. 대학에서 라쿠고 동아리 활동을 하던 때도 나는 처음부터 전문가가 이야기하는 음원을 조금 듣기만 한 주제에 창작 개그를 잔뜩 넣은 라쿠고를 했습니다. 기절할 만큼 반응이 좋지 않았습니다. 전문가의 음원을 충실하게 복사한 다른 부원들이 호의적인 반응을 받았습니다. 나는 '창의성이 있는 시도를 하지 않다니 참 시시하군' 하고 속으로 생각했으나 사실은 전문가를 제대로 흉내 내는 일을 회피했다고 생각합니다. 진지하게 훌륭한 것을 따라 하기는 사실 매우 어렵습니다. **아무것이나 해도 좋은 창조성이 훨씬 편합니다.**

수행하는 사람에게 '수파리守破離'라는 말은 참으로 금과옥조입니다. '수'는 스승의 가르침을 충실하게 지킨다, '파'는 가르침을 발전시킨다, '리'는 독자적으로 새로운 것을 낳는다는 뜻으로, 요컨대 '수파리'란 가르침의 순서를 나타내는 말입니다. 일, 취미, 동아리 활동에서 성공하지 못했다고 고민하는 사람에게 묻고 싶습니다. 성공한 사람을 제대로 따라 한 적이 있습니까? 자유로운 활동으로 성공할 수 있는 사람은 천재뿐입니다.

물론 따라 한다고 해도 다른 사람의 작품을 표절해서 발표한다는 뜻은 아니라는 점에 주의해주십시오.

장난감 아이디어를 생각하는 세 단계

'평소에 어떤 식으로 장난감 아이디어를 생각하고 있습니까?' 자주 듣는 질문입니다. 나는 세 단계로 나름의 방법을 소개하고자 합니다.

1. 눈에 들어온 모든 것을 장난감으로 만들 수 없는지 생각합니다. 예를 들어 의자를 보면 의자 장난감은 무엇이 있는지 떠올립니다. 두 가지 모티프를 합체해 봐도 좋습니다. 가지와 의자를 보면 가지 모양의 의자를 떠올리는 식입니다.

2. 다양한 동사에서 어떤 움직임의 놀이가 생겨날 수 있는지 상상합니다. '던지다', '차다', '미끄러지다', '끌다', '밀다', '비틀다', '숨기다', '보다'…. 사람은 자신이 움직이는 모습을 편하다고 느끼고 다른 것이 움직이는 모습을 재미있다고 느낍니다. 동작을 출발점으로 삼아 재미있는 놀이나 장치를 생각하면 일반적으로 사람에게 즐거움을 주는 장난감 아이디어가 생겨납니다. 만약 의자라면 '달리는 의자', '말하는 의자', '스스로 조립하는 의자 퍼즐', '변형하는 의자'…. 가지 모양의 의자라면 '나이스!'[1]하는 입버릇으로 말한다고 설정할 수도 있겠지요. 컴퓨터를 켜면 언제나 동사 목록이 보이도록 해놓습니다.

3. 사용한 사람들 사이에서 나누었으면 하는 대화를 정하고, 그 대화가 발생하는 방법을 생각합니다. 예를 들어 둘이서 앉으면 상대방이 좋아지는 바람에 '좋아합니다!' 하고 고백해버리는 의자를 떠올릴 수 있습니다. 이를 실현하기 위해서는 의자가 두 사람의 성격이 맞는지 추측하거나 '생각을 말해버려' 하고 재촉한다는 설정을 상상해볼 수 있습니다.

'동기 → 사물과 인간의 움직임 → 대화'의 순서입니다.

1 나이스: 일본어로 가지는 '나스(なす)', 의자는 '이스(いす)'라는 점에서 나온 말놀이.

장난감 업계에 들어갔을 무렵 선배가 "재미있는 장난감의 세 가지 요소는 '움직이다, 빛나다, 소리 나다'야" 하고 가르쳐주었습니다. 그 말이 과연 맞는지 의아해하면서 지금도 카드게임을 생각할 때 '움직이다 · 빛나다 · 소리 나다'를 이루어낼 수 있는지 한 번은 상상해봅니다.

크리스마스에서 배우는 서사를 이용한 비즈니스

100년 전쯤 일본에 등장했다고 알려져 있는데, 장난감 업계를 왕성하게 일으킨 역사적 인물이 있습니다. 바로 산타클로스입니다.

장난감이 팔리는 시기로서 크리스마스는 상당히 의미 있는 비율을 차지합니다. 그런데 크리스마스 선물은 산타클로스가 자루에 넣어 들고 온다고 되어 있습니다. 산타클로스의 자루에는 다운로드 데이터나 정기구독 계약 같은 것이 들어가지 않습니다. 대개 장난감이 들어갑니다. 산타클로스의 존재는 철이 들지 않은 어릴 적부터 신처럼 마음속에 새겨져 있습니다. 상황이 이러한 이상 장난감이 팔리지 않을 리가 없습니다.

역사에서 장난감 일에 관여해온 사람들은 선물 문화를 정성스럽게 형성해왔습니다. 장난감은 필수품이 아니기 때문에 시간을 들이고 머리를 쥐어짜고 가슴을 두근거리면서 상대를 위해 선택합니다. 크리스마스 이외에도 장난감과 재미있는 잡화를 선물로 주고받는 시점은 한 해에 몇 번이나 마련되어 있습니다. 생일, 연휴, 여름방학에 시골에 있는 할아버지, 할머니가 장난감을 보내줍니다. 최근에는 핼러윈도 있습니다.

자신의 비즈니스 기획이 미래에 남는 지속 가능한 것이 되기를 바란다면, '꿈이 있는 서사'와 함께 문화로 형성할 수 없을까를 생각해봅시다.

입춘 전날 에호마키[1]를 먹기 시작한 것은 대단한 비즈니스 효과를 낳았습니다. 에호마키를 퍼뜨린 것은 편의점 체인인 세븐일레븐 재팬이라고 합니다. 대기업이라고 간단하게 해낼 수 있는 일이 아닙니다. 서사를 정성스럽게 만든 결과입니다.

1 에호마키(恵方巻き): 입춘 전날 운세가 좋으라고 먹는 두꺼운 김밥.

집안일을 적극적으로 하는 요령은 '자신을 떠받들기'

나는 대청소를 끔찍하게 싫어합니다. 창문을 닦는 일이 가장 싫습니다. 어떻게든 의욕을 내기 위해 '대청소 때만큼은 헝겊을 원 없이 써도 좋다'는 마이룰을 정해놓았습니다. 낡아서 못 입는 아이들 옷이나 티셔츠를 잘라 아내가 걸레를 만들어주기 때문에 몇 번이고 빨아서 쓰지 않고, 청소하고 나서 약간 더러워지면 그냥 쓰레기통에 버립니다. 물론 원칙적으로는 낡은 헝겊도 소중하게 써야 할 것 같습니다만 대청소 때 창문을 닦는 도구의 사용법만은 스스로 응석 부리기를 허용하고 있습니다.

아내는 가사 일을 하기 위해 부엌에 텔레비전 모니터를 설치하고 아마존의 파이어 TV 스틱을 꽂고 평소에 나와 아이들이 절대로 시청하지 않는 공포 드라마를 보면서 요리와 설거지를 합니다. **그 시간을 '최고로 행복한 때'라고 말합니다.**

싫은 일을 해야 할 때는 '자신을 떠받들어주기'가 제일 효과적입니다. 괴로운 일을 해야 할 때는 좋아하는 음악을 틀고 간식을 충분히 준비하고 쾌적한 도구를 사용해 작업하는 편이 좋습니다.

덧붙여 우리 집은 상당히 절약하는 집안입니다. 보통 때는 절약하며 생활하니까 자신을 떠받들어주고 싶을 때는 하고 싶은 대로 다 해도 괜찮다고 생각할지도 모릅니다. 거북한 일을 어떻게 기분 좋게 하느냐는 진지하게 고려해볼 만한 중요한 주제입니다.

'대청소는 추운 연말이 아니라 여름에 해야 쾌적하다'고 말하는 친구도 있습니다. 나는 모기를 매우 싫어해서 여름에 창문을 닦거나 마당을 대청소하는 일은 적극적으로 피하고 싶습니다. 봄이나 가을이 좋지요. 쾌적한 시점을 생각하는 것도 하나의 아이디어입니다.

연하장은 한 해에 한 번 찾아오는 커다란 기회

연하장은 어쩌다가 소원해진 사람에게 당당하게 연락할 수 있는 절호의 기회입니다. 1월 1일 편지를 보내는 일은 지극히 자연스럽다는 분위기를 살려 다시 만나고 싶은 사람, 오랜만에 연락해서 이야기를 나누고 싶은 사람에게 마음이 담긴 연하장을 써봅시다. 물론 연하장에 한 마디 덧붙이지도 않고 시중에서 파는 완성품을 그대로 보내는 것은 의미가 없습니다. 엄청나게 공들인 디자인까지는 필요 없으므로 개별 메시지를 적어 안부를 전합시다.

오늘날에는 소식을 알고 싶으면 라인이나 SNS 등 어떻게든 연락할 방법이 얼마든지 있기 때문에 '종이 연하장 따위는 필요 없어' 하는 의견도 꽤 있는 듯합니다만, 나는 한 해에 한 번 연하장을 보낼 수 있는 기회를 대대적으로 활용합니다. 매년 만화 대사를 넣는 테두리처럼 여백을 만들어 개별 메시지를 써넣는 형식으로 오랫동안 연락하지 못한 사람에게 전하고 싶은 말을 씁니다.

일부러 손으로 쓴 메시지가 도착하면 기뻐하는 사람이 반드시 있습니다. '도착하면 난처하다'는 사람도 없지는 않겠으나, 그래도 실제로 정성스럽게 쓴 편지를 받으면 조금은 특별한 감정을 느끼기 마련입니다.

인터넷 시대를 맞이하여 편지가 사람의 마음을 움직이는 힘이 강해지는 방향으로 나아가고 있습니다. SNS로는 메시지가 도착해도 당연한 듯 느끼는 시대입니다. 정말로 연하장은 불필요할까요. 편지 한 통으로 새로운 인간관계가 시작할지도 모릅니다.

인터넷의 페이스북으로 생일 축하 메시지를 보내는 기능도 귀중합니다. 생일 카드도 상대에게 호감이나 함께 하고 싶은 일 이야기를 허심탄회하게 전할 기회입니다.

퇴사하고 사업을 벌일 때 아내를 설득한 방법

10년간 근무한 대기업을 사직하고 독립하여 사업을 벌이자고 마음먹었을 때 어떻게 아내에게 내 결심을 전할까 고민했습니다. 생각하고 또 생각한 끝에 **"수입이 이 기준을 밑돌면 즉시 취직할게" 하는 약속을 영원히 지킨다는 말**로 설득했고, 서로 안심하고 도전할 수 있었습니다. 지금도 물론 약속은 효력이 여전하고 만약 직장을 찾으면 어느 회사에서 일할까 망상을 펼치곤 합니다.

퇴로를 보여주면서 설득하다니 결기가 너무 없는 것 아니냐고 생각할지도 모르겠습니다만, 나는 리스크가 낮은 정보를 공유하는 일이 중요하다고 여깁니다. 신상품 개발이나 신규 사업의 프레젠테이션을 발표할 때도 나는 이렇게 말합니다. "일이 잘 풀리지 않더라도 손익분기점을 낮추어놓았기 때문에 최소한 이만큼만 팔리면 적자가 나지는 않을 것입니다." 이렇게 하면 '처음부터 그렇게 약한 소리를 하면 어쩌자는 거야!' 하고 따끔한 소리를 들을 때도 있으나 나는 역시 가능하면 제안하는 내용의 본질을 파악하고 리스크를 낮추는 대책을 마련해둘 책임이 있다고 생각합니다.

하고 싶은 일을 인정받기 위해서는 물론 '무슨 일이 있어도 하고 싶어!' 하는 열의를 보여주는 것이 중요합니다. 그렇기에 나는 실패해도 타격이 가벼워질 수 있는 상황을 마련해놓고 앞으로 밀고 나가려고 합니다. 안심 재료를 쟁여놓는 것은 행동력을 높이기 위함입니다.

실패했을 때 손해를 입는 사람은 나 혼자가 아닙니다. 함께 책임을 져야 할 사람도 있고 개중에는 마음고생을 치러야 할 사람도 있을 것입니다. 관계자에게 불안 재료를 없애주는 일은 자기 일을 생각하는 것과 똑같이 중요합니다.

하고 싶은 일은 업종이 아니라 '직감'으로 정할 것

최근 들어 장래 할 일을 선택해야 할 학생이나 사회인을 향해 '하고 싶은 일을 찾아보자'는 표어가 뜨겁게 달아오르고 있습니다만, 구체적으로 하고 싶은 일은 그렇게 대충 찾아지는 법이 없습니다. 나도 '하고 싶은 일이 무엇입니까?' 하는 질문을 받으면 지금도 잘 모르겠습니다. 다만 내 감정의 성향을 보건대 확실하게 '바로 이것'이라고 단언할 수 있는 것이 두 가지 있습니다.

1. 나는 사람에게 웃음을 주는 일이 무엇보다도 기분 좋다.
2. 나는 마음의 스트레스에 취약하다.

현재 장난감 개발 일에 종사하는데, 솔직하게 말하면 장난감을 개발하고 싶어서 이 일을 하는 것이 아닙니다. 20년 가까이 경험이 있으니까 잘하는 일이고 마음의 스트레스를 적게 받으면서 할 수 있는 일이기 때문에 할 뿐입니다. 하고 싶은 일은 사람을 웃기는 일입니다. 따라서 웃음이 없는 분야의 장난감은 만들지 않을 뿐 아니라 애초부터 만들 재주도 없습니다.

학생에게 앞으로 하고 싶은 일이 무엇이냐고 물으면 '사회 공헌', '글로벌 업무', '팀 업무를 통한 성과 올리기' 같은 대답이 많을 듯합니다만, 한번 물어보지요. **정말 그렇습니까?**

자기가 잘하지 못하는 일은 솔직하게 피하고 즐거운 일을 찾으면 정열을 쏟아부을 수 있고 성공 확률이 높아집니다. 구체적인 업종을 해보지도 않은 상태에서 콕 짚어내어 선택할 수 있을 리 없습니다. 직감으로 자기 마음이 기뻐할 것 같은 일에 뛰어듭시다.

하고 싶은 일이 무엇인지 물었을 때 '유명해지고 싶다', '소수 인원으로 오붓하게 일하고 싶다', '5000만 엔을 통장에 넣어놓고 싶다' 하고 말하는 사람은 천직을 만나면 폭발적인 힘을 낼 듯합니다. 성공으로 이끌어주는 요인은 '진심'입니다.

꿈을 이루는 가장 좋은 방법은 '남에게 이야기해놓기'

나는 대학 시절부터 라멘즈ラーメンズ라는 만담 콤비를 아주 좋아해서 혼자 자취 생활하던 10년 동안 집에서 저녁 식사를 하는 날은 매일 라멘즈의 콩트 DVD를 보면서 밥을 먹었습니다. 라멘즈의 발상은 내 아이디어 발상에 든든한 반석이 되어주었습니다. 언젠가 라멘즈와 직접 아이디어 이야기를 하고 싶다고 말하고 다녔더니 회사원 시절 다른 부서에 있던 선배가 라멘즈의 가타기리 진片桐仁 씨와 만날 기회가 있다고 불러주었습니다. 그래서 라멘즈와 만났고 친구가 되었습니다. 그 후에도 종종 만나 웹 기사의 기획으로 대담을 나누기도 했습니다.

이것은 주위 사람이 베풀어준 행운이었는데, 내가 주위에 라멘즈를 아주 좋아한다고 말했기 때문에 일어난 일로서 **만약 말하지 않았다면 라멘즈와 만나는 일은 절대로 일어나지 않았을 것입니다.** 이 일로 꿈을 이룰 수 있는 작은 발걸음을 어떻게 내디뎌야 하는지 깨달은 나는 하고 싶은 일이 있으면 망상에 불과할지라도 여러 사람에게 말하기 시작했습니다. '이런 장난감을 만들고 싶어요' 하고 꿈을 이야기하면 이것을 실현할 기술을 이야기해준 적이 있는 사람이 힌트를 주거나 관계자를 소개해주기도 합니다.

꿈을 이루는 일은 혼자 힘으로 어려울지도 모릅니다. 남에게 꿈을 이야기하는 것만이 꿈을 이루는 유일한 방법이라고 생각합니다. 꿈은 부끄러운 것이 아니라 자랑스러운 것입니다. 가족과 친구에게 말해둡시다. 그리고 나에게도 이루고 싶은 꿈을 가르쳐주십시오. 무엇이든 여러분에게 도움이 되는 일을 가르쳐줄 수 있을지도 모릅니다.

입 밖으로 꺼내기 망설여지는 꿈은 마음속 깊이 그렇게까지 절실하게 이루고 싶다고 생각하지 않는 꿈입니다.

'하루에 아이디어 하나씩' 찾는 무적의 인생

이 책은 나 자신을 위해 썼다고 할 수 있습니다. 매일 아침 아이디어를 하나씩 이야기하는 음성 발신 프로그램, 〈다카하시 신페이의 『1일 1아이디어』〉도 나 자신이 매일 아이디어를 하나씩 찾아내는 일을 의식하면서 생활하기 위해 계속하고 있습니다. 독자나 청취자 여러분이 재미있다고 해주면 더할 나위 없으나 솔직히 가장 기쁨을 안겨주고 싶은 고객은 나 자신입니다.

작은 아이디어는 심리학, 의학, 철학 등 위대한 학문을 능가하는 강력한 무기이자 **살아가면서 '하고 싶은 일'을 실현하는 마법입니다.** 한 사람 한 사람이 자기에게 맞는 아이디어를 발견해서 언제나 마음속에 간직해두는 것이 중요합니다. 그러한 아이디어는 스스로 생각한 것이든, 남에게 배운 것이든, 무언가를 참고해서 살짝 변주한 것이든, 무언가를 따라 한 것이든 상관없습니다. 물론 아이디어를 생각하거나 아는 것만으로 끝내지 말고 실행함으로써 행복하게 해주는 효과가 있는지 없는지 시도해보십시오.

자기 인생의 궁극적인 아이디어 하나를 발견하기 위해 매일 아이디어를 하나씩 생각하거나 발견하려는 버릇을 들여주십시오. 최고의 아이디어는 숱한 아이디어를 모아야 찾을 수 있기 마련입니다. 여러분의 취미가 오늘부터 '하루 하나 아이디어'가 된다면 그보다 기뻐할 일이 없을 듯합니다.

우선은 올해 1년을 돌아보고 자신을 도와주고 성장시키고 행복하게 해준 아이디어 하나를 종이에 적어보면 어떨까요. 단 하나의 아이디어가 여러분의 인생을 바꾸어냅니다. 우리 함께 다양한 아이디어를 즐겨봅시다!

물론 아이디어 하나만이 아니라 아이디어 10개, 아이디어 100개, 아이디어 1000개도 좋습니다.

맺음말

핵심 아이디어 11가지

이 책에서 소개한 아이디어 365개는 내 인생을 바꾸어주었습니다. 이번에 이렇게 중요한 아이디어를 읽어준 일로 많은 사람의 인생이 지금보다 더 행복해지는 방향으로 열리기를 바라는 마음으로 모든 것을 걸고 이 책을 집필했습니다.

비슷한 이야기가 거듭 나오긴 합니다만, 이 책의 독자가 중요한 사고방식을 즐기면서 반복적으로 환기하는 동안 아이디어 발상의 힘을 '함양'할 수 있는 책으로 완성하고 싶었습니다. 함양이란 물이 자연스레 스며들 듯 억지스럽지 않게 천천히 기른다는 뜻입니다.

이 책을 집필한 후 새삼 인생에서 만나온 수많은 아이디어를 나열해보고 중복하는 부분을 꼼꼼하게 정리해보았습니다. 그랬더니 **내가 진실로 전하고 싶었던 사고방식의 핵심인 아이디어 열한 개가 표면으로 떠올랐습니다.** 평소 업무로 개발한 장난감과 게임으로 전하거나 연수와 세미나, 미디어 발신 등으로 하던 것을 돌이켜보니 전부 열한 개가 기본을 이루었습니다. 내 인생도 이 아이디어를 축으로 생각하고 행동한 결과 행복해졌다는 것을 알았습니다.

이 책 마지막에 기본 아이디어 열한 개를 소개하겠습니다.

"아니, 그러면 처음부터 열한 개만 썼으면 좋았잖아! 두꺼운 책을 읽을 시간도 아까운데 말이야!" 이렇게 불평하는 사람도 있을지 모르겠으나 참된 아이디어 발상의 힘은 1분 만에 얻어지지 않습니다. 매일 성장해야 하고, 또 성장이 끝도 아닙니다. 인생의 어떤 장면과 마주치더라도 고민의 씨앗을 척척 처리하고 진정으로 하고 싶은 일을 실현하는 힘을 키우기 위해 앞으로 하루에 아이디어 하나를 찾아 행동해보는 나날을 보냈으면 좋겠습니다.

이제부터 이 책으로 전하고 싶었던 아이디어 열한 개를 기술하겠습니다. 가능하면 각각 짧고 응축한 형태로 쓰도록 노력하겠습니다. 이 책을 자주 손에 들고 페이지를 넘겨본 사람이라면 각각의 의미를 금세 이해하고 자기 것으로 만들어 능란하게 이용할 줄 알 것입니다. 다 읽고 나면 아무쪼록 여러분의 인생이 어떤 핵심 아이디어로 이루어져 있는지도 생각해보십시오.

책을 끝맺기 전에 도움의 손길을 베풀어준 분들께 이 자리를 빌려 감사를 드립니다. 물론 이제까지 만난 모든 사람이 나라는 인간을 이만큼 키워주었지만, 그중에서도 인생에 결정적인 전환점이 되어준 만남이 세 번 있었습니다.

첫 번째 만남은 이러저러한 사정으로 울적한 마음으로 지낸 고등학생 시절을 거쳐 도호쿠대학에 진학하여 가입한 동아리인 라쿠고 연구부입니다. 당시 만난 선배, 동급생, 후배와는 지금도 사이좋게 지내고 있는데, 모두 다 내게 '웃음'의 훌륭함을 가르쳐준 은인입니다. 재미있는 인간과는 거리가 멀었던 내가 열심히 라쿠고를 무대 위에서 펼쳤을 때, 처음으로 관객이 웃음으로 화답해준 순간 눈물이 나올 만큼 기뻤습니다. 나는 그 순간을 평생 잊지 못합니다. 라쿠고 연구부에서 지낸 세월 덕분에 나는 주위 사람들과 웃으며 살아가는 것이 인생에서 가장 소중하다고 확신했습니다. 내 모든 지혜를 살려 세계의 웃음 총량을 늘리는 일을 하고 싶다고 진심으로 소망했습니다.

두 번째 만남은 '웃음'을 만들고 싶다는 마음을 품고 입사한 주식회사 반다이입니다. 여기서도 10년이라는 오랜 회사 생활에서 훌륭한 선배, 동기, 후배와 만났습니다. 힘든 일을 해내려고 함께 노력하는 동안 셀 수 없을 만큼 실패하기도 하고 울음을 터뜨릴 만큼 기쁜 성공을 거머쥐기도 했습니다. 이날들이 없었다면 현재의 나는 이 자리에 없습니다. 회사를 나와 개인 기업을 세운 뒤에도 함께 장난감 제작에 힘을 보태준 일에는 이루 말할 수 없이 감사합니다.

세 번째 만남은 개인 사업을 응원해준 많은 사람입니다. 다음에는 어떤 경력을 쌓으면 좋을지 고민하는 내게 선배 몇 사람이 "자네, 이제까지 열심히 애썼네. 이제는 자네가 제일 좋아하는 일을 해보는 것이 어떻겠나?" 하고 제안을 해주었습니다. 그로부터 지금 8년이 지났습니다만 아직껏 그때 응원해준 선배들의 말씀을 우직하게 믿고 있습니다. 먼 미래를 생각하지 않고 지금 하고 싶은 아이디어를 실현해보는 삶을 살고 있지요. 파트너인 토머스 틸 씨와 둘이서 주식회사 우사기를 설립하고 다양한 사람과 만나고 도움을 받으면서 여러 작업을 해나가고 있습니다. 함께 일하는 사람을 거래처라고 부르지 않고 '친구'라고 부르는 까닭은 친절하고 선한 동료들을 만난 덕분입니다. 한 사람 한 사람 도저히 이름을 다 부를 수 없을 만큼 수많은 사람의 지지를 받으며 함께 놀고 있습니다. 언제나 감사할 따름입니다.

그리하여 나를 이만큼 성장시켜준 많은 사람을 위해서라도 세계에서 이미 중요성을 인지한 '아이디어'라는 훌륭한 것을 한 걸음 더 밀고 나가 남녀노소가 행복해지는 놀이로 침투시켜 사랑받을 수 있도록 평생 전해볼까 합니다.

음성 미디어 보이시의 프로그램 〈다카하시 신페이의 『1일 1아이디어』〉를 듣고 출판사 가도카와의 편집자 히로세 아키하루 씨가 기획을 제안한 것이 이 책을 출판한 계기입니다. 끝까지 마치 공저인 듯 자기 작품처럼 편집을 담당하여 최고의 책으로 만들어준 히로세 아키하루 씨에게 진심으로 감사드립니다.

또한 히로세 아키하루 씨에게 눈에 띄는 프로그램을 시작하게 해준 사람이 담당자 와타나베 하루카 씨, 대표 오가타 겐타로 씨를 비롯한 주식회사 보이시의 관계자들입니다. 나는 고등학생 시절부터 언젠가 라디오 프로그램의 진행자가 되고 싶었습니다. 지금 매일 아침 보이시에서 전국으로 토크를 내보냄으로써 누구보다 깨달음을 얻고 성장하고 있는 것은 물론 나 자신입니다. 보이시라는 훌륭한 서비스를 만들어준 점에 감사드립니다. 물론 매일 아침 프로그램을 들어주는 청취자 여러분도 얼마나 감사한지 모릅니다. 늘 감사합니다.

보이시 이외에도 언제나 SNS 등으로 교류해주는 친구 여러분에게도 특히 감사의 말씀을 전하고 싶습니다. 배움과 만남의 기회, 그리고 매일 즐거운 SNS 라이프를 베풀어주어 감사합니다. 또 이 책을 쓰기 위해 인터넷 설문 조사로 '가르쳐주고 싶은 아이디어 주제'를 모집한 결과 매우 많은 주제를 모았습니다. 설문 조사에 협력해주신 여러분도 감사합니다. 이 책에서 소개한 에피소드 중에는 친구에게 배운 아이디어, 내 인생을 계속 뒷받침해준 귀중한 아이디어도 많이 있습니다. 소중한 친구들에게 감사합니다.

가도카와에서 이 책에 관여해준 여러분, 도움을 준 각 회사의 여러분, 유한회사 프레지오의 오쿠보 나미 씨, 이 책을 독자에게 소개해준 서점 여러분에게 감사드립니다. 이번 출판을 계기로 많은 응원을 받았습니다. 이제까지 인생에서 만난 모든 사람에게 영원히 감사합니다. 그리고 누구보다 아내와 딸아이들과 부모님에게 감사합니다. 행복한 삶을 누리게 해주어서 고맙습니다.

그러면 다음 페이지부터 전하고 싶었던 아이디어 열한 개로 이 책을 마무리하겠습니다. 읽어준 독자에게 정말 감사드립니다. 오늘도 건강하게 지내세요.

날씨가 아주 맑은 날, 집에서,

다카하시 신페이

이 책에 대한 감상을 비롯해 함께 일하고 싶은 상담 등
무엇이라도 좋으니까 이하 이메일 주소 또는 SNS로 연락해주세요.

메일 contact@usagi-inc.com
(주식회사 우사기, 다카하시 신페이 직통)

트위터 @simpeiidea

핵심 아이디어 11가지

❶ 아이디어는 우선 세계의 단 한 사람을 행복하게 해주기 위한 것이다. 그 한 사람이 자신이라면 최고. 자신에게 딱 맞고, 자신을 행복하게 해주는 아이디어가 언젠가 다른 사람도 행복하게 해준다.

❷ 자기라는 인간이 인생에서 무엇을 원하는지 안다면 아이디어를 찾을 수 있다. 인풋이란 그 앎을 계기로 인생을 돌이켜보고 자신의 욕구를 알기 위한 것이다.

❸ 좋은 아이디어는 자신의 우수한 발상을 확산하는 방법을 발견하고 온갖 방향으로 사고한 끝에 충분한 '양'을 내야 찾을 수 있다. 아웃풋의 질은 양을 통해서만 높아진다.

❹ 인생의 목적, 아이디어를 내고 싶은 주제가 언제나 머릿속에 있으면 제멋대로 인지의 안테나가 쫑긋 서고 아이디어가 모여든다. 아이디어는 자기 혼자서 생각할 필요 없이 남에게 부탁해도 된다.

❺ 아이디어는 작게 낳아 클 수 있을 때까지 키운다. 뛰어난 아이디어는 한 방에 생겨나지 않는다. 작은 아이디어를 쌓아 올리고 또 깎아내어야 한다.

❻ 아이디어의 최고 가치는 생각하기를 즐기는 것이다. 생각하는 일이 헛수고인 아이디어는 없다. 찾아낸 아이디어는 시도해보아도 좋고 탈락시킨 채 내버려두어도 좋다. 아이디어는 억지로 실행하지 않아도 메모해두거나 남에 이야기하는 것만으로 미래에 건네는 바통이 된다.

❼ 이익이 무엇인가는 사람에 따라 다르다. 꼭 돈이라고 할 수 없다. 그때 원하는 이익을 얻을 수 있는 아이디어가 선택해야 할 아이디어다.

❽ 약점은 강점이고, 강점은 약점이다.

❾ 언어가 행동을 만들고 행동이 언어를 만든다.

❿ 건강이 제일이다. 건강에 가장 좋은 요소는 친절하게 방긋 웃기 또는 아하하 하고 웃는 것이다.

⓫ 인생에 단 한 번이라도 좋으니까 있는 힘 없는 힘 다 내어 승부를 내고 성공을 하나 거머쥐자. 비록 성공하지 못하더라도 온 힘으로 노력한 경험은 인생을 바꾼다. 나머지는 과정에서 찾아낸 자신의 특기로 척척 해나가면 된다.

1. 우선은 아이디어 발상을 좋아하고 싶다

2. 활발하게 생각나는 아이디어 발상법을 알고 싶다

3월 30일 당신의 아이디어 뇌는 선공형인가, 후공형인가?
4월 4일 1년에 아이디어 1000개를 던져라
4월 16일 망했다는 것을 깨달으면서 계속 망하자
5월 4일 최후의 한순간까지 매달리기의 중요성
5월 14일 네 잎 클로버를 잘 찾는 사람은 아이디어도 잘 찾는다
5월 16일 단념한다는 아이디어도 있다
7월 5일 아이디어는 머리보다 입이 먼저 말한다
7월 20일 쓸모없는 것에서 새로운 가치를 발견할 수 있다
7월 30일 창작인가, 문제 해결인가? 잘하는 판에서만 승부하자
8월 7일 『진격의 거인』으로 배운 한계 돌파 발상법
8월 11일 와이파이가 불안정해진 바람에 깨달은 '눈에 보이지 않는 것'
8월 12일 끝까지 깊이 생각하고 나서 버릴 것
8월 16일 좋은 아이디어는 기억에 새겨진다
8월 25일 발상의 힘을 증폭하는 카드 게임의 규칙
9월 2일 아이디어를 내기 어려울 때 도움이 되는 77가지 발상법
9월 15일 실패작이야말로 좋은 아이디어를 찾아내는 열쇠
10월 4일 구름을 보고 배우는 발상력을 단련하는 법
10월 11일 수평 사고 퀴즈를 만들어 두뇌를 말랑하게 해보자
10월 17일 미래 예측은 현대의 필수 기술
10월 28일 아이디어 잡담을 나눌 음식점은 '꼬치구이 식당'
11월 5일 아이디어를 낼 때는 '3초' '3초' '3초'의 연속으로
11월 7일 누구나 실패하지 않고 만들 수 있는 요리는 최고의 발명
11월 15일 최고의 발상법 '아이디어의 꼬리 물기'
11월 18일 거꾸로 해보는 것만으로도 재미있어진다
12월 5일 세기의 대발명품 '계단'은 아이디어로 탄생했을까?
12월 8일 아이디어 발상에는 긴장과 여유가 다 필요하다
12월 22일 빅 아이디어를 실현하기 위한 미래 일기 쓰기

3. 비즈니스 아이디어(신상품이나 신규 사업)의 씨앗을 발견하고 싶다

1월 6일 개발 두뇌를 기르는 습관

11월2일 비즈니스 아이디어는 '개인적 욕구'를 바탕으로 짜낼 것
11월6일 신기술을 쓰지 않는 '의미의 이노베이션'
11월22일 다양한 사물의 제조법을 알면 발상의 폭이 넓어진다
11월26일 '공정·공평'이란 무엇인지 생각해보자
11월27일 디지털과 아날로그가 공존하는 미래는 마음 든든하다
11월28일 고객의 눈높이에 맞추는 기획 개발
12월11일 알고리즘을 역행하여 아이디어를 생각해보자
12월18일 기획에는 '새로움'이 꼭 필요할까? 평범하면 안 되나?
12월26일 집안일을 적극적으로 하는 요령은 '자신을 떠받들기'

4. 하고 싶은 일을 실현해내는 행동력을 갖추고 싶다

1월28일 온라인 영어 회화로 배운 불순한 동기의 중요성
2월26일 반응의 0.5초 차이가 기획의 성패를 가른다
3월9일 아이디어를 산만하게 늘어놓기만 하지 말라
4월10일 남과 의견이 둘로 나뉠 때 선택할 한 가지
4월29일 세계를 바꾸는 것은 망상이 아니라 맹신
5월27일 빨간색 화장실로 배운 선택해서는 안 되는 아이디어
7월27일 최후까지 쓰러지지 않고 링 위에 서 있는 사람이 승리한다
7월29일 보드게임 호텔로 배운 놀이의 제작 방법
8월4일 아이디어를 누군가 실현해주면 득을 본다
8월13일 에키벤 문화로 배우는 동료를 기획에 끌어들이는 법
8월26일 상품 아이디어는 억지로 실현하지 않아도 괜찮다
10월3일 히트 상품을 선보였을 때 성패를 좌우하는 핵심
11월23일 초등학생 시절 아이디어를 20년 후에 상품화할 수 있다
12월6일 행동력을 발휘하는 열쇠는 '심심함'
12월9일 사람 초상을 본떠 만드는 '자기 인형' 서비스의 대단함
12월30일 꿈을 이루는 가장 좋은 방법은 '남에게 이야기해놓기'

5. 물건을 원활히 제작해서 상품으로 내고 싶다

1월13일 아이디어를 생각하면서도 과제를 의심하자

6. 상품의 판매 및 마케팅의 달인이 되고 싶다

7. 즐겁고 편하게 일하는 방식을 찾고 싶다

8. 좋은 팀을 구성하고 싶다

9. 인간관계가 원만해지는 의사소통 기술을 익히고 싶다

10. 프레젠테이션이나 영업의 기술을 향상하고 싶다

9월 5일 영업은 철凸이 아니라 요凹부터 이야기할 것
9월 27일 라쿠고의 요령은 대화와 발표에 도움이 된다
10월 8일 간이 점점 더 세지지 않도록 싱거운 맛을 유지할 것
12월 28일 퇴사하고 사업을 벌일 때 아내를 설득한 방법

11. 정보 수집과 메모 기술 등 인풋을 효율적으로 하고 싶다

1월 29일 다양한 정보를 입력하기 위해 신문을 주 2회 구독하자
3월 25일 아이디어는 3초 만에 도망간다
4월 8일 아이디어 메모는 적당히 해도 괜찮다
5월 21일 현장에서 찾는 아이디어는 SNS에서와 질이 다르다
5월 29일 아이디어를 남에게 가르치면 세계에 보존할 수 있다
5월 30일 망상을 사고파는 서비스 'MouMa'가 산출하는 가치
6월 5일 아이디어 메모는 어디까지 적어야 할까?
6월 24일 교수님께 야단맞고 배운 발상의 기술
6월 29일 크리에이터 안테나를 세우는 취미와 메모
8월 10일 대량 인풋으로 사람은 변할 수 있다
9월 9일 내려가는 에스컬레이터에서 배운 시야를 넓히는 법
9월 22일 새로운 아이디어는 우연한 사건에서 생겨난다
9월 29일 밝은 뉴스만 읽는 방법

12. 창작, 취미, 물건 제작 등 아웃풋을 하고 싶다

1월 5일 쇼핑에 실패할수록 센스가 좋아진다
1월 8일 아이디어가 무한하게 증식하는 캡슐토이의 위대함
2월 18일 야구 규칙의 변천으로 배우는 진화라는 방법
3월 7일 워드, 엑셀, 파워포인트를 제대로 구별해 쓸 것
3월 12일 독창적인 캐릭터나 스토리를 생각해내는 방법
3월 16일 분위기를 띄우는 즉흥 말놀이
3월 17일 우체통에 가득한 남을 기쁘게 하는 힌트
3월 18일 그림책 나뭇조각 맞추기로 배우는 재료 선택
4월 12일 색깔 디자인의 마술사가 되는 연습

13. 자신을 성장시키는 공부법 또는 습관을 익히고 싶다

8월 3일 어른과 아이 모두에게 권하는 마음의 관찰
9월 12일 습관화의 목적은 습관화
9월 19일 이 세상에 가장 보이지 않는 것은 자기 자신
9월 20일 전문가에게 물건을 사면 배우는 바가 많다
9월 23일 책보다 몇십 배 가치 있는 세미나를 고르는 법
11월 8일 남에게 말할 수 없는 '흑역사 법칙'으로 암기하기
11월 20일 수준을 끌어올리면 뒷걸음질 칠 수 없어진다
11월 24일 트위터에 글을 올릴 때 제안하는 한 가지
12월 3일 모든 비즈니스 스킬을 끌어올리는 '오기리 연수'
12월 23일 우선은 온 힘을 쏟아 남의 성공 사례를 따라 하자

14. 육아, 부하 육성 등 '기르는 방법'의 요령을 배우고 싶다

1월 18일 육아가 쉬워지는 마법의 주문
3월 2일 칭찬은 구석구석 질책은 세 가지만
4월 6일 망설이는 사람이 성장하고, 성장시킨다
4월 17일 페달 없는 자전거로 배우는 교육의 기술
4월 27일 스트레칭 선생에게 배운 전문가의 자세
5월 5일 아이도 어른도 기뻐하는 역할 놀이
5월 18일 벽에 마법 카드를 매달았더니 아이들 싸움이 줄었다
7월 28일 아이가 공부를 좋아하게 만드는 방법
9월 16일 세 살 딸의 글자 학습으로 배우는 디자인의 힌트
10월 12일 아이나 부하가 95점을 받았을 때 뭐라고 해줄까?
11월 21일 사람을 잘 키우려면 곁에서 떠날 것

15. 개인 사업 및 사내 사업을 벌이고 싶다

3월 21일 좋은 이름을 어떻게 생각해낼까?
4월 15일 망설이지 않고 비용 견적을 내는 방법
4월 30일 아이디어 전문가가 되는 네 가지 유형
5월 23일 내 돈으로 상품을 1000개 만들 때 깨어난 감각
5월 28일 사업을 일으킬 때는 아르바이트부터 시작한다

16. 몸과 마음을 건강하게 하고 싶다

17. 생활을 즐겁고 풍요롭게 하고 싶다

3월 14일 비좁은 만원 전철에서는 괄약근 운동을 하자
5월 26일 처음 만난 사람의 이름을 기억하고 잊지 않는 법
8월 6일 기지를 발휘하는 연습으로 1초 만에 고민 정리하기
9월 28일 돈 걱정이 없어지는 '도서관 연금술'
10월 2일 쾌적한 수면법을 탐구하면 인생도 쾌적해진다
10월 5일 인스타그램에 일기를 썼더니 벌어진 일
10월 6일 노후에 돈 걱정이 없어지는 사고방식
11월 11일 '끝까지 다 해놓지 않는' 정리의 기술
11월 29일 비밀을 품고 있으면 위로받는다
11월 30일 화해하는 방법의 아이디어
12월 24일 장난감 아이디어를 생각하는 세 단계

18. 미래 삶의 방식이나 사회생활 경력을 생각하고 싶다

1월 3일 자신이 진정으로 원하는 것을 기획하자
1월 24일 지속 가능한 발전의 첫걸음: 이웃집 눈을 치워주기
1월 30일 인생의 과제를 언제나 염두에 두기
2월 20일 컴퓨터의 속도는 몇 년 지나면 왜 느려지는가?
2월 28일 열심히 분발하기보다 더 중요한 것
3월 1일 하고 싶은 일을 깨닫는 단 하나의 질문
3월 31일 출세하지 않더라도 입세를 선택하면 된다
4월 2일 2등을 목표로 삼으면 좋은 일이 가득하다
4월 13일 억지로 만든 커뮤니티는 관계의 수명을 줄인다
4월 21일 인생에서 하고 싶은 일을 기획하기
5월 1일 안달복달하지 않고 성장하는 마음가짐
5월 17일 정직함은 어떤 아이디어도 이긴다
5월 24일 비즈니스의 트렌드 워드에 흔들리지 말라
6월 8일 파이어족을 동경하면 위험하다
7월 14일 '최강의 힘 결정 토너먼트'로 배운 일생에 가장 중요한 힘
7월 21일 컬러 배스 발상법의 진정한 사용법
7월 23일 하고 싶은 일을 찾아내는 법

8월 19일 만나고 싶은 사람과 만나는 기획의 힘
8월 20일 어릴 적 마음으로 멍하니 지내면 보이는 본심
9월 1일 돈의 투자보다 시간의 투자를 배울 것
9월 3일 질투를 줄이는 사고방식
9월 11일 하고 싶은 일을 찾으려면 '이건 아니야'를 차례로 버릴 것
9월 25일 퇴사하고 사업을 시작한 첫해에 깨달은 일
11월 3일 내 안의 소수자가 인생을 빛나게 한다
11월 13일 결국 하고 싶은 일은 다른 사람이 가르쳐준다
12월 13일 미래를 개척하는 것은 자신의 '약점'
12월 29일 하고 싶은 일은 업종이 아니라 '직감'으로 정할 것
12월 31일 '하루에 아이디어 하나씩' 찾는 무적의 인생

지은이 다카하시 신페이高橋晋平

장난감 창작자, 아이디어 발상 퍼실리테이터. 아키다현 출생으로 2004년에 주식회사 반다이에 입사했다. 제1회 일본장난감대상을 수상하고 시리즈로 국내외 누계 500만 개를 판매한 '무한 뽁뽁이(무겐 푸치푸치)' 등 완구, 게임의 기획 개발과 마케팅에 종사했다. 2014년 주식회사 우사기ウサギ를 설립했다. 제품이나 작동 방식, 회사 과제 해결 등 '놀이화'하는 전문가로서 각종 기업과 사업을 공동 개발하고 있다. 이 책에서도 인생에 얽힌 다양한 문제를 놀이하듯 해결하는 방법을 전하고 있다. 기획 아이디어의 발상 세미나와 워크숍도 전국적으로 실시 중이다. 테드x도쿄에서 열린 아이디어 발상법 강연 동영상은 누적 조회 수 200만 이상을 기록했다. 저서로는 『기획의 메모 기술企画のメモ技』 등이 있다.

옮긴이 김경원

서울대 인문대학 국문과를 졸업하고 동 대학원에서 박사학위를 받았다. 일본 홋카이도대학 객원연구원을 지냈으며, 인하대 한국학연구소와 한양대 비교역사연구소에서 전임연구원을 역임했다. 서울대, 강원대, 인하대, 서울시립대 등 여러 대학과 이화여대 통역번역대학원에서 강의했다. 동서문학상 평론부문 신인상을 수상한 후 문학평론가로도 활동했고, 현재는 한겨레교육문화센터에서 강의하고 있다. 저서로는 『국어 실력이 밥 먹여준다』(공저)가 있고, 역서로는 『가난뱅이의 역습』, 『단편적인 것의 사회학』, 『어떤 글이 살아남는가』, 『정정 가능성의 철학』, 『하루키 씨를 조심하세요』, 『아니, 이 쓰레기는 뭐지?』, 『어떻게든 되겠지』 등이 있다.

1일 1씽킹 아이디어 수업

펴낸날 초판 1쇄 2025년 1월 9일

지은이 다카하시 신페이

옮긴이 김경원

펴낸이 이주애, 홍영완

편집장 최혜리

편집3팀 강민우, 안형욱, 이소연

편집 김하영, 박효주, 한수정, 홍은비, 김혜원, 최서영, 송현근, 이은일

디자인 박소현, 김주연, 기조숙, 박정원, 윤소정

콘텐츠 양혜영, 이태은, 조유진

홍보마케팅 백지혜, 김태윤, 김준영, 김민준

해외기획 정미현, 정수림

경영지원 박소현

펴낸곳 (주)윌북 **출판등록** 제2006-000017호

주소 10881 경기도 파주시 광인사길 217

홈페이지 willbookspub.com **전화** 031-955-3777 **팩스** 031-955-3778

블로그 blog.naver.com/willbooks **포스트** post.naver.com/willbooks

트위터 @onwillbooks **인스타그램** @willbooks_pub

ISBN 979-11-5581-778-0 (03190)